Master

對於人類心理現象的描述與詮釋
有著源遠流長的古典主張，有著素簡華麗的現代議題
構築一座探究心靈活動的殿堂
我們在文字與閱讀中，找尋那奠基的源頭

我們之間：薩提爾模式婚姻伴侶治療

The Practice of the Satir Model in Couple Therapy

成蒂—著

成長與綻放

瑪莉亞・葛莫利（Maria Gomori）

我很榮幸能對此書有所貢獻！

對一位老師來說，最大的回報莫過於能看到學生的成長與綻放，這本書無疑地對我和所有讀者來說都是一份禮物。

當我三十多年前，於香港和台灣開始進行教學時，我的願望和期待就是自己的華人學生，會接著持續在亞洲進行他們自己薩提爾工作的教學。本書及其作者成蒂實現了我這個夢想，此外，成蒂發展和創造她自己在伴侶和家庭治療的訓練課程，也令我感到自豪。

在生活的各方面和各種文化中，都有永無止境的機會拓展薩提爾模式的教學。

薩提爾模式聚焦在完整的全人，並在個人、家庭和社會系統中帶出轉化性的改變，其治療過程是經驗性、系統化、正向導向和強調改變的。由於我們每個人都是宇宙系統的一部分，其生命力會提供我們成長的能量。這個成長的模式也聚焦在潛能的發展上，喚起人們的覺察去表達自我、重視自己的需要、感覺被認可，因此自我認可成為薩提爾工作的重要基石。

這個治療過程要求治療師具備高水準的治療勝任能力、示範一致性和提供安全與指導。

治療師的運用自我，要如何在治療關係中發揮正向價值呢？

在傳統權威型醫療模式中，醫生─病患關係的目的在於權力與控制和消除症狀。但在薩提爾模式中，治療關係是互動、分享，和發現來訪者想要的是什麼，再接著朝此目標行進，其治療焦點會放在健康上而非病理上。

治療師的自我與來訪者的自我之間的互動，理想上是奠基於夥伴關係上，他們一起共同合作，而治療師被期待要成為一致性的典範。

治療情境則以學習、互動和分享為基礎，因此治療情境是教育，目標在於成長和改變，所以在這樣的脈絡中，治療師成為改變的工具，他需要全然地處在當下，覺察自己的想法、感受和自我。當治療師越是成為一個「完整」的人時，越能產生正向的接觸。

維琴尼亞・薩提爾（Virginia Satir）曾有一個隱喻形容治療關係：治療師的自我好像是一個音樂的樂器，來訪者的展現形成其音樂，音樂如何被治療師聽到和被理解即為治療中的重要因子。薩提爾建議治療師的自我與來訪者的自我可以同頻，使得深層次的改變因此而發生。因此，治療關係的目標在於開啟療癒的能量以去到來訪者更深的自我，當這個現象發生時，即能創造一種脆弱和對改變開放的情境，使得真實性和信任感得以展開。

人們都已具備所有成長之所需，治療師的任務是鼓勵他們去使用自己的生命力和資源。治療師的信念和這個過程之間有著密切的關聯，如果治療師相信每個人都是神聖的，他／她就會支持人們去活出這種神聖性；信念和行動之間亦存在著密切的關係，如果治療師相信來訪者是受害者，他／她就會想辦法去拯救他們。

治療師的成長是個永不停歇的過程，轉化性的治療則是內在深處靈性的歷程。

本書作者成蒂已與我深入地學習了二十七個年頭，她從未停止學習、成長和體現出如上所述的治療師的最佳典範。她不斷在成長中去協助他人，也教導其他治療師成長，她是支持我在台灣和大陸工作的最得力同事。

我希望並知道，這本書和她的教學將幫助許多夫妻、家庭以及學生繼續這項寶貴的工作。我很高興有機會向我的這位朋友和同事表達深切的感謝和愛，感謝她多年來的支持、分享和一致性關係。

作者序

　　在過去有薩提爾模式相伴的歲月中，我見證了眾多來訪者和我自己，因為與生命力連結而產生豐盛美麗的人生體驗。這些都是學習薩提爾模式所得到的珍貴禮物，也是我想藉撰寫此書與更多同好分享的目的之一。

　　本書主題雖然環繞在此模式關於婚姻伴侶治療的專業實踐，但書中許多部份的描述，都能反映出治療師自己和普羅大眾在親密關係中所必經的修練道場。薩提爾認為當兩個人相遇產生一段關係，就由「我」和「你」形成了「我們」，於是這兩個人在「我們」之間連結和靠近，同時學習真實做自己並尊重對方是獨立的他自己。本書即採取此概念，將書名定為「我們之間」。

　　應眾多薩提爾模式學習者的呼喚，我將過去點點滴滴所累積的學習經驗書寫成冊，一方面提供有興趣的讀者系統化的參考依據，另一方面也讓薩提爾模式可以有更普遍廣泛的傳播。然而，本書記載的是個人學習心得與實務經驗，關於人與人的關係，我相信我不知道的遠比我所知道的要多得多！

　　很幸運在過去生命的歲月中，除了薩提爾外，還有許多老師教給我關於家庭和婚姻的寶貴功課。這些深具啟發的老師們並不侷限於薩提爾模式專業領域，還包括在我生命中曾經相遇的家人、朋友、熟識或不熟識者、和所有來訪者等，我對他們心中充滿無限感激和尊敬。

　　首先最為感謝的是影響我至深的瑪莉亞・葛莫利（Maria Gomori）女士，她對我來說是忘年之交也是心靈導師，從她身上我學習了薩提爾模式的核心精華，也因為她，才有本書的產生。從瑪莉亞學到關於薩提

爾模式的重要心得都將在本書一一呈現，讀者們因此可看到此學派的博大精深。

另外一位重要的導師為約翰‧貝曼（John Banmen）博士，感謝他在台灣剛剛解嚴之初來到台灣，堅持不懈地將他對薩提爾模式的闡釋，以獨到的見解傳遞給我們。可以說，從他的教學中，我開始有系統的認識薩提爾的家庭治療。

感謝我的先生黃程貫願意與我在三十七年的婚姻中，一起修鍊伴侶關係的課題，我們在水裡來火裡去的驚險中度過一關又一關，至今仍不斷在堅持和學習中。這些珍貴的體驗，讓我有機會實驗薩提爾的理念於自己身上和運用在關係中，並因此淬鍊出生命無限的韌力。

我也感謝我的女兒黃勻，在她的聰慧敏銳中，我幾乎無所遁逃地必須要面對自己在伴侶關係中的脆弱、傲慢和自以為是；她的直覺、靈性、柔軟、真實，讓我能發現純粹的自己、正視自己存在的價值、珍愛自己生命能量，並願意為自己選擇的關係負起責任來。

至於我的原生家庭，我從過去學習薩提爾模式的過程中，越來越看見那是我這個人核心自我成長的沃土，也是灌溉我之所以為我的養分。從中我學習了人與人之間愛的連結，也在父母水深火熱的衝突中蘊育了豐富的資源。所以對於我的父母和手足，我有著滿懷的愛和感恩。

感謝過去近三十年來一起學習的同儕夥伴、在台灣和大陸工作中支持我的同行者、小組老師們、和參加婚姻伴侶治療專業訓練的學員們。感謝同伴好友陳桂芳和已世的王鳳蕾，在過去多年的討論、演練，探究，相互督導，這些共學的歲月，使我們精進個人成長和專業品質，而桂芳至今則一直都是我在訓練課程中緊密合作的好夥伴。

推動台灣薩提爾模式發展最大貢獻的首推旭立文教基金會創始人黃序美、呂旭亞，她們在 1992 年成立台灣薩提爾人文發展中心，舉辦相關的成長課程和專業訓練至今。前執行長練炫村和課程部范曉玫在行政業務的大力支持，使相關的專業訓練可以順利進行。此外還要衷心感謝上海薩提爾中心的蘇青、北京齊家的魏敏、深圳圓融的葛明君等好友、以

及參與成長工作坊的諸位朋友們，都在我發展婚姻伴侶治療的生涯中給予最大信任和支持。

本書能順利出版有許多貴人和摯友的協助，首先謝謝張老師文化前總編輯俞壽成、編輯李美貞對初稿提供的珍貴協助。感謝老友楊志賢、曹中瑋在本書遇到瓶頸時，所給予的溫暖關懷；非常謝謝賴好涵在家庭、工作繁忙中，協助潤稿和聯繫資源。最為感念的是一起成長多年的老友吳貴君，在健康違和的情況下，還不斷給我加油打氣，又投入許多時間心力為本書提出細膩深刻的回饋。其他還有多位不具名的好友們願意閱讀書稿和提供豐富見解，幫助我能有更深入多元的思考，一併在此致謝！

衷心欣賞和感謝的是大學時代的義張老友、心靈工坊總編輯王桂花的睿智與遠見，願意為推廣薩提爾模式的理想出版本書，並在我遇到困難時提供熱忱的鼓勵與支援。此外，非常感謝佩服編輯林妘嘉的細心和堅持，我們一起奮鬥打拼，在最短的時程內完成了不可能的任務。這次能認識心靈工坊的團隊夥伴們，大家同心為本書之前和之後的繁瑣出版事務共同努力，真是我莫大的福氣！

最後，在我心中最真摯、最深重的感謝，要送給我所有會見的夫妻和伴侶們，他們是我專業學習與生命歷練中最重要的導師，給予我充分的信任和允許，與他們一起走入隱密和神聖之生命園地；也允許我有榮幸與他們共同經歷親密關係的探險之旅。這些學習讓我體會人性的本質、愛與被愛、痛苦與掙扎、困頓和成長、孤獨與連結，也讓我學習謙卑，和見證每位朋友的生命都是奇蹟。

在此對曾經參與和貢獻本書的老師、同伴、朋友、家人、和來訪者獻上我深深的祝福與感恩！

祈願所有閱讀本書的讀者，都能從中獲得靈感，使自己的生命更為璀璨綻放、親密關係更加幸福美好。

目次

〔推薦序〕成長與綻放／瑪莉亞・葛莫利⋯⋯⋯⋯⋯⋯⋯⋯⋯⋯⋯ *005*

〔作者序〕⋯⋯⋯⋯⋯⋯⋯⋯⋯⋯⋯⋯⋯⋯⋯⋯⋯⋯⋯⋯⋯⋯⋯ *007*

前　言　你、我，和我們之間⋯⋯⋯⋯⋯⋯⋯⋯⋯⋯⋯⋯⋯⋯⋯015

　　　與薩提爾結緣／*017*

　　　薩提爾模式易懂難學／*020*

　　　書寫原由／*022*

　　　內容概述／*024*

　　　適用對象／*028*

　　　限制與期待／*030*

　　　用詞說明／*032*

第一部　基礎理論

第 1 章　薩提爾模式婚姻伴侶治療的理論基礎⋯⋯⋯⋯⋯⋯⋯⋯⋯037

　　　基本信念／*040*

　　　　　人的本質・家庭・選擇與改變・治療

　　　五個基本要素／*044*

　　　　　體驗性・系統性・正向性・改變性・治療師運用自我

　　　四大目標／*054*

　　　　　提升彼此的自我價值・為自己和關係做選擇・為自己和關係
　　　　　負責任・促進與自己和相互間的一致性

　　　有關薩提爾模式的三項誤解／*062*

　　　　　誤解 1：薩提爾是靠個人魅力而成功，別人是學不來的・誤

解 2：薩提爾模式缺乏清楚架構的理論和技術・誤解 3：薩

提爾模式只著重溝通和感受層面

薩提爾模式治療師的養成 / 067

專業訓練・培養七項特點・薩提爾治療師的角色

第 2 章　薩提爾模式婚姻伴侶治療的基本技術 ⋯⋯⋯⋯⋯⋯⋯⋯ 073

同理 / 076

反映 / 079

基本的反映・深層次反映

肯定 / 084

重新界定 / 086

導引對話 / 088

緩解指責 / 090

探索指責底下的深層感受・運用「互動要素」來處理指責・

處理情緒下的期待和渴望・由感受進入原生家庭系統

交織串連 / 098

第 3 章　薩提爾模式婚姻伴侶治療四階段 ⋯⋯⋯⋯⋯⋯⋯⋯⋯⋯ 101

階段一：建立安全信任的合作關係 / 104

預備自己・做出接觸・發展安全信任・聆聽難題・建立正向

的治療目標・案例練習：設定目標・促進合作・觀察與評估

階段二：拓展探索與覺察 / 137

由內容導向歷程・探索伴侶互動系統（第一把金鑰匙）・探

索個人內在系統（第二把金鑰匙）・探索原生家庭系統（第

三把金鑰匙）・接觸資源與力量

階段三：改變與轉化 / 144

轉化伴侶互動系統・轉化個人內在系統・轉化原生家庭之影響

階段四：鞏固與落實 / 149

分享學習・彼此欣賞與肯定・家庭作業與承諾

第二部 實務與應用

第 4 章 第一把金鑰匙：親密關係與伴侶互動系統.....................155

薩提爾的溝通理論 / 157

　　不一致的應對姿態・不一致應對姿態的成因・四種不一致應
　　對姿態・不一致應對姿態的力量・一致性・一致性溝通・一
　　致性溝通的要點・發展一致性溝通常見的障礙・一致性是一
　　個選擇・治療師的一致性

探索和轉化伴侶互動系統 / 187

　　奇妙的雙人舞・覺察不一致溝通姿態・探索無效的互動循
　　環・發展新的互動模式・分享學習並提供家庭作業・案例練
　　習：探索與轉化互動模式

轉化伴侶互動系統的工具與歷程 / 201

　　雕塑・雕塑伴侶之間的壓力舞蹈・互動要素・鏡照・天氣報告

第 5 章 第二把金鑰匙：親密關係與個人內在系統.....................229

個人內在系統——冰山的隱喻 / 231

　　個人內在冰山的內涵・由外在事件的「內容」進入內在冰山
　　的「歷程」・人際間兩座冰山之內和之間的移動

探索和轉化個人內在系統 / 248

　　轉化個人內在系統過程・開啟一致性對話・為個人的感受負
　　責・觀點的調整與添加・認回期待並做出選擇・滋養自己和
　　伴侶的渴望・與真實自我相遇・案例練習：探索與轉化冰山

轉化個人內在系統的工具與歷程 / 281

　　提升彼此的自我價值感・分享冰山・歷程式提問——在人際
　　冰山之內和之間的移動・分享和協商彼此未滿足的期待・雕
　　塑伴侶雙方的自我・雙人面貌舞會・隱喻與幽默・冥想・只
　　有一位伴侶來做治療時……

第 6 章　第三把金鑰匙：親密關係與原生家庭系統 ⋯⋯⋯⋯⋯⋯ 323

原生家庭影響親密關係的深層動力 / 327

複製父母的互動模式・在親密關係中重現兒時的熟悉感・兩
個受傷的人想要療傷卻傷得更深・情緒按鈕・深層脆弱・相
互連鎖的深層脆弱・因為低自我價值而無法靠近・與原生家
庭的糾纏・將對父母未滿足的期待放在伴侶身上

探索和轉化原生家庭的影響 / 357

深化足夠的安全和信任・覺察與辨識情緒按鈕・情緒被勾到
時的應對姿態及其感受・探索與轉化深層脆弱經驗・與原生
家庭解除糾纏・落實與慶祝・案例練習：探索和轉化原生家
庭的影響

轉化原生家庭影響的工具與歷程 / 404

繪製和探索家庭圖・雕塑原生三角和伴侶關係・脆弱合約・
家庭重塑

結　語　薩提爾模式詮釋關係中的親密 ⋯⋯⋯⋯⋯⋯⋯⋯⋯⋯ 421

一致性的親密關係 / 423

親密是可以分享脆弱 / 425

親密是施與受之間的平衡 / 426

親密是自我和生命力的連結 / 427

〔附錄 1〕薩提爾模式婚姻伴侶治療督導評估表 / 431

〔附錄 2〕薩提爾模式治療師培訓架構 / 433

〔附錄 3〕薩提爾模式婚姻伴侶治療提案（督導）摘要 / 434

〔附錄 4〕人際間兩座冰山的歷程式提問 / 435

參考文獻 ⋯⋯⋯⋯⋯⋯⋯⋯⋯⋯⋯⋯⋯⋯⋯⋯⋯⋯⋯⋯⋯⋯⋯ 441

索引 ⋯⋯⋯⋯⋯⋯⋯⋯⋯⋯⋯⋯⋯⋯⋯⋯⋯⋯⋯⋯⋯⋯⋯⋯⋯ 449

你、我，和我們之間

我的目標

我想要愛你，而不抓緊你；

欣賞你，而不評斷你；

參與你，而不侵犯你；

邀請你，而不強求你；

離開你，而不覺歉疚；

批評你，而不責備你；

並且幫助你，而不侮辱你。

如果，我也能由你那裡獲得相同的對待，

那麼，我們就可以真誠的相會，

而且滋潤彼此。

——薩提爾

許多人在親密關係中，最大的挑戰，莫過於掙扎於我與無我兩個極端之間來回的擺盪。我當然也不例外！

我在年輕時，也跟多數人一樣嚮往刻骨銘心的愛情，憧憬著兩個人相愛之後就一定會有電光石火般的激情到長長久久。結果卻發現無論怎麼努力，在親密關係中，若要保有自我，就會失去對方，但若要保有對方常常就得放棄自己。我和所有來訪者一樣，就在這樣的兩極中來來回回，也在衝突矛盾中浮浮沉沉。

即使做了婚姻家庭治療師，這個矛盾仍舊如影隨形地在來訪者和我自己的親密關係中不斷浮現，但卻無法在心理治療理論與研究中找到解答。直到遇見薩提爾（Virginia Satir, 1916-1988）及之後不間斷學習此模式，才漸漸意識到，兩個人的親密關係不僅僅是柴米油鹽，而是人生中最好的機會，去遇見自己和對方真實的自我，並且可以滿足彼此內在深處最核心的渴望。在其中會激發出一個人內心最脆弱的部分，因此也是最容易受傷和最可以療傷的地方。此時伴侶兩人因為生命能量相互碰撞激盪，往往撼動的是內在個人存在的價值和底層的生命力，所以親密關係不僅僅是外在表層人際互動系統的運作，更觸發了一個人內心深處自我存在的課題。

薩提爾認為當兩個人相遇並且開始一段關係後，他們就要去努力「我們」的部分，即「你」和「我」要如何成為「我們」是極為重要的任務。如同上面這首詩，薩提爾在詩裡對人跟人的關係有深刻極致的描述。在親密關係中，我們可以彼此靠近，相互滋養，也可以有自由去發展自己，但不用因此感到抱歉，慢慢的，透過真誠的相遇和交流，終會達到相知相惜、深厚潤澤的關係，同時也在我和你之間，慢慢找到屬於我們之間的平衡。

我發現也許每個人的生命故事不同，但在千變萬化的親密關係中都跌跌撞撞，經歷相似的歷程，如同薩提爾所說，人類的歷程都是普遍性的，不分文化和環境，因為我們都是宇宙間生命能量的展現。每對伴侶因為關係中的盤根錯結，都必須耗盡千辛萬苦，才能慢慢大夢初醒回

到殘酷的現實中，願意停止戰鬥，謙虛地面對自己、面對伴侶、面對關係，重新學習兩個人在你和我之間要如何共處。因此學習薩提爾模式對我的意義是，我在其中找到關於親密關係和人類生存的疑惑的答案，不但可將之應用在個人成長和專業工作中，發現生命成長和改變的無限可能，也因此接觸生命能量而體驗到自己和來訪者內心深處的喜悅。

與薩提爾結緣

與薩提爾結緣是在 1983 年陽明山「家之生工作坊」的專業訓練中，那時我對人類的心理歷程一知半解，對未來生命的方向感到困惑茫然，但卻從此開啟了我對人性與生命的好奇和學習。猶記當時在工作坊中，我提出一個進行婚姻諮商時卡住的專業問題，卻自以為聰明的暗自想著，這位金髮碧眼的西方高大女士應該會被我問倒吧！她會如何看待我們東方婚姻和家庭中的複雜衝突呢？她可能沒辦法瞭解，更別說是解決這些困境了。沒想到她竟要求我走到眾人面前，找到一位男士扮演先生，而我扮演指責的妻子，用身體姿態呈現雙方的溝通模式，再由互動中藉由我在雙向溝通的轉變，來找到我所提問的婚姻衝突的出路。短短幾分鐘的時間，我所扮演的夫妻就自己找到了方向，進入另一種新的平衡狀態。這個過程使我印象深刻，至今餘味猶存。後來我學習更多薩提爾模式之後，才理解薩提爾當時運用動態的身體雕塑來讓我領悟，伴侶間坦白真實地用語言表達出自己內在經驗後，即可由無效的溝通轉化成新的互動，使得原本存在的僵局迎刃而解。

那時候的我年輕氣盛，原本期待的是薩提爾能根據我的專業問題，給予一段關於家庭治療中親密關係與衝突歷程的學理說明。沒想到我得到的卻是一個特殊深刻的體驗，不但認識來訪者難題底下的內在歷程，也使當時陷入專業困境的我，開啟了探索和整合自我的豐盛之旅。

時間一晃就匆匆過了三十多個年頭，當年這個短暫卻彌足珍貴的經驗，竟在我心中埋下了深刻的種子。之後我自己進入婚姻，隨夫至德國

留學，在異鄉因文化、生涯、親密關係、學業各方面的失調和困頓，重新閱讀薩提爾的著作，這才謙卑下來，虛心學習薩提爾的家庭治療論述，包括原生家庭的影響、溝通應對姿態與一致性、治療師運用自我、人性觀、靈性與生命力，和家庭關係與動力等。回國之後我在 1990 年參加瑪莉亞·葛莫利（Maria Gomori）的家庭重塑專業訓練，同年旭立文教基金會成立了台灣第一所「薩提爾人文發展中心」，我接著在 1992 年參與約翰·貝曼（John Banmen）的薩提爾模式專業訓練。瑪莉亞和約翰都是我敬重的老師，也是我在薩提爾模式專業工作上重要的典範。自此之後即與此流派建立一種不解之緣，即便我仍然對其他治療模式有許多好奇，陸續也參與各種不同的訓練，但薩提爾模式依舊是我的最愛和工作的主軸，而其他學派的學習則成為專業道路上豐富我的養分。

最令我感恩的是在過去這些年中，我陸續跟著薩提爾的同事和密友瑪莉亞·葛莫利學習薩提爾模式家庭婚姻治療，獲得此模式家庭婚姻治療專業認證和家庭重塑導引者專業資格後，仍一直未中斷地跟隨她學習，也很榮幸成為她的助教至今。之後我也在旭立文教基金會和其他機構不斷推廣薩提爾模式並成為此學派的治療師和訓練導師。2006 年後我開始以瑪莉亞助教的身分到大陸參與她的專業訓練和成長課程，使得我在個人整合和專業實踐上，更加深入體驗薩提爾模式的精髓，2009 年我則開始在北京、上海、西安、深圳、瀋陽、廣州、廈門和新加坡等地推廣此學派，進行專業訓練和成長工作坊至今。

結識瑪莉亞是我生命中最奇妙和美麗的相遇，對我來說瑪莉亞亦師亦友、相知相惜。她的坦率、直接、充滿好奇、做自己，讓我與她深深連結。我經常從她閃亮的眼神中感染她對生命的熱情，也從她充滿興味的分享中體驗生命的無常和美好。我驚喜的發現從薩提爾和瑪莉亞所學到的人生功課，竟然不知不覺幫助了我，讓我運用自己的內在寶藏，度過一波波生命的困境和生涯的低潮。

回顧過去這些年來，因為瑪莉亞和約翰在近三十年鍥而不捨的來到亞洲傾囊相授，才能使薩提爾的智慧造福成千上萬個家庭和個人。我和

其他同儕，更因為他們慷慨無私、堅毅不拔的付出，才能學習到這個學派的核心精華。當年瑪莉亞、約翰與珍・歌柏（Jane Gerber）這個學習三人組，在 1981 至 1988 年間參與薩提爾教學，後來與薩提爾合寫《薩提爾的家族治療模式》一書，呈現出來的是薩提爾「歷程社群」最早一代的智慧結晶（Gomori & Adaskin, 2009）。薩提爾過世之後，他們在世界各地繼續推廣此模式的訓練與教學，協助臨床工作者的成長和傳承。瑪莉亞、約翰和其他的訓練者也繼續撰寫理論與實務方面的論述，使得後進更容易找到薩提爾模式的門路和方法。在這個領域中，每位學習者都有其個人對此模式的理解和應用，透過這種多元的聲音和做法，累積了薩提爾模式更豐富的內涵。薩提爾相信每個人都會盡己所能的學習然後發展出自己獨特的風格，而不用模仿老師或彼此模仿。瑪莉亞也秉持這樣的原則，時常鼓勵我們做自己，發揮個人擅長的部分找到自己的獨創性。

我尤其感念瑪莉亞帶領我們成長、學習，並且領略此學派中的愛、希望、意義、人類靈魂之美，並可以人性化的活出薩提爾精神。我們看到瑪莉亞在治療中爐火純青、行雲流水的薩提爾模式治療歷程，所呈現出來的體驗性、創造性、改變性、積極性、一致性、系統性等特色，現今幾乎無人能出其右。這是一個不容易學會的治療派別，更遑論要做到她這樣深入靈性、深刻轉化的層次。但她總是要我們發現自己、走出自己的路來。對於治療師來說最大的心願，莫過於能找到適合自己的學派、又可以遇到能徹底如實教導此學派精髓的好老師了。我何德何能，竟然有這樣大的福氣，在遇見瑪莉亞之後這兩個願望都實現了。她曾分享第一次參加完薩提爾的工作坊時，她對薩提爾說只有薩提爾才能有這樣神奇的魔力來創造奇蹟，而薩提爾回答她：「每個人都有魔力，我希望每個人都能找到自己的魔力。」多年前，同樣的對話也發生在我與瑪莉亞之間，並因此深深鼓舞打動我的心。如今我和其他跟隨瑪莉亞學習的朋友們，在這樣美好奇妙的傳承中，也都各別經驗自己生命的奇蹟，並找到自己獨特的魔力。

薩提爾模式在華人地區發展的這些年，許多優秀的實踐者已開啟了一股活力四射的學習風潮，我們這群緊緊跟隨瑪莉亞的同修們，也都各自開枝散葉，以自己獨特的方式和風格繼續推動這門學問。因著大家這樣長期的耕耘和貢獻，也為婚姻家庭治療領域，注入一股旺盛的學習風潮和蓬勃的生命力。此學派如今更廣泛的應用在教育領域、家庭溝通、親子教育、企業組織、青少年工作、司法與監獄、婚姻家庭教育、家暴防治和媒體等廣大的群體與情境中，使得薩提爾模式的闡釋和應用更加廣泛和深入。也難怪瑪莉亞在各地演講都會很自豪的誇讚：「台灣的薩提爾學習者是最優秀也最能將薩提爾模式發揚光大的一群人。」每每聽到她這麼說，都充滿感動！

回首過去，心中滿懷對所有老師的愛和感恩，我有這樣的福氣能跟隨他們學習薩提爾模式的真諦，又有珍貴的機會將之運用在專業和生活中，這些實踐與應用隨著歲月的洗禮更趨純熟洗練。懷抱著如此知遇之恩，也帶著傳承薩提爾模式的使命，當然義不容辭要將實作經驗紀錄下來，將應用於婚姻伴侶治療的深遠意義傳遞下去，讓更多人認識薩提爾模式，同時藉書寫與有興趣的讀者朋友共同體會薩提爾模式的豐富、創意、人性、隨和、實際、深入人心的力量等特色。

薩提爾模式易懂難學

由於許多治療師都反應薩提爾模式易懂難學，知易行難，即便能使個一招半式卻無法彰顯其精神。但其實此模式看似無章法實則有其操作上的理念依據，必須長期深入浸潤其中才能逐漸掌握其訣竅。我歸納出下列幾個薩提爾模式難學的可能原因：

首先，因為大家誤解薩提爾之所以會成為當代最有影響力的家族治療大師，是因為她善於運用其個人獨特魅力、創意、和親和力，所以大家相信薩提爾是唯一能運作她自己模式的人。但她總是希望並相信，其他人也可以學習並應用她的理論到生活和專業中（Banmen, 2006）。實

際上由後人所整理的論述中，我們看到雖然薩提爾是唯一的，但每位薩提爾模式的治療師都可以用自己獨特的方式來學習。因此本書也在這樣的展望中，意圖呈現和分享我所見、所知和所學的內涵。

在學習此模式的過程中，很多崇尚科學研究和理性辯證的治療師，因為無法駕馭薩提爾這種自發性和體驗式的治療歷程，在達不到所預期、可量化的效果時就很容易放棄。實際上，薩提爾模式有其深厚的人本心理學理念為基礎，在尊重人性的前提下，她發展出由系統化視角，強調改變而發展正向目標導向，以體驗性為特色的歷程。本書即針對以往專業者和非專業者學習薩提爾模式的困難，試圖以清晰的說明來解讀薩提爾模式應用在夫妻伴侶治療的理論與技術，讓讀者們能在本書中找到適合自己的學習路徑而因此領略其中的奧妙無窮。

此外，如同薩提爾和瑪莉亞所強調，薩提爾模式治療師不但需具備專業知能，包括家庭動力與系統、溝通模式、權力關係、家庭結構與界限、個人與家庭發展週期、各種治療歷程和工具等；還需要投注大量精力時間去探索和整合自己成為一位高自我價值、一致性和統整的個人。這樣他才能在人性的層次，從心到心與來訪者連結。這是個經驗和行動取向並重的治療流派，治療師需運用自我，將身、心、靈完全投入與來訪者同在，否則僅在認知理論上的碰撞，並不足以達到深層的轉化。

所以薩提爾模式治療師不只要學習理論和方法，還需要深入探索覺察自己，並將原生家庭成長歷程中的痛苦和失落轉化成資源，這是薩提爾模式治療師在養成過程中不可或缺的一環也是最大的挑戰。只有當治療師能將這些專業學識與個人經驗整合後，才能減少他自己的情感投射、真誠地與來訪者接觸，為他們指引一盞明燈，陪伴他們走向成長之路。而以上所提到的這些專業素養和個人修煉的漫漫長路，往往讓想要習得簡易技術即上路的治療師知難而退。

薩提爾模式之所以難學，除了以上的因素外，極其不易的還在於，如何在錯縱複雜的故事「內容」中，進入「歷程」──即不會迷失在故事情節中失去治療方向，還要能撥雲見日深入潛藏的核心議題。薩提爾

邀請治療師做「**深海的潛水人**」（deep sea divers）（Banmen, 2006），陪伴來訪者進入內心世界的深處，增加對自己深入的覺察，就能找到心的方向而得出答案。因此她後來發展了冰山隱喻（The Personal Iceberg Metaphor）來洞悉和探索個人內在系統，藉由「應對姿態」（survival coping stances）、「壓力舞蹈」（stress ballet）來看人們在關係系統中面對壓力的互動循環，以各種創意自發的「身體雕塑」（Physical Sculpting）、「面貌舞會」（Parts Party）、「冥想」（Meditation）、「互動要素」（The Ingredients of an Interaction）、「天氣報告」（Temperature Reading）等工具（Satir et al., 1991; Banmen, 2002, 2006, 2008; Gomori and Adaskin, 2009; Satir, 1976; Schwab, 1990）。

　　來訪者能從這些身心靈深刻體驗中去接觸內在生命力，與伴侶和家人連結，並因此豐富自己的人生。但由於許多工具並未有步驟分明的架構讓後學者依樣畫葫蘆，我們在學習過程中就如同瞎子摸象般困難，也找不著頭緒。經過三十年與瑪莉亞緊密的學習，才慢慢理出些頭緒，好像在深邃的森林中不再茫然無所適從，而能漸漸找到出路穿越迷霧、看到曙光。

　　以上這些困境，使得許多薩提爾模式的學習者帶著熱情進入此領域，卻常乘興而至敗興而歸！我很慶幸藉著對此模式的堅持、好奇、實踐和不放棄，而有機會紀錄這些學習和實踐過程提供同好們參考，希望能因此減少大家摸索的時間，少走一些冤枉路，之後則更容易找到自己獨特的途徑，體會薩提爾模式帶來的驚艷和美麗，並且享受在其中。

書寫原由

　　我和同伴們歸納出以上大家對學習薩提爾模式望而生畏的諸多困難，但實際上，這些年來多位導師和訓練者已逐漸將此模式整理出一些實務上可依循和理解的脈絡，因此現在學習薩提爾模式已不再是那麼遙不可及了。我在本書中，將會分享過去所閱讀的文獻、學習經驗和實務

歷程給所有對此模式有興趣的讀者，相信不論是哪個學派或領域，薩提爾模式的理念與方法都能在原有的專業背景、個人探索或自助助人各種角度提供有趣又鮮活的素材。

在此要強調的是，本書內容描述的是個人的經驗與詮釋，不代表薩提爾模式標準正確的次第（事實上也不存在），每位治療師也都有其獨到特定的見解，但在撰寫本書過程中，我則盡可能依照薩提爾論述中的精神和真諦來闡述。

透過此書希望能為所有學習者和我自己帶來以下裨益：

1. 整合和分享自己的學習經驗，傳播和深耕薩提爾模式。

2. 創造一個平台，讓實務工作者能應用和落實薩提爾模式的專業理念與技術於婚姻伴侶治療上，且不限哪個學派，皆可自由擷取所需。

3. 將薩提爾模式的骨幹加入血肉，使治療師能運用自我將治療歷程創造出精采奇妙的生命能量，讓來訪者和治療師皆在婚姻伴侶治療中被賦能。

4. 拓展治療師對婚姻伴侶治療的專業能力和理論基礎，「知其然，並知其所以然」，才不會變成機械性或教條式地運用技術。

5. 提供豐富多元的路徑藍圖，讓有興趣探索親密關係的專業者和非專業者，在關係的迷宮中為來訪者、自己和伴侶找到出路。

6. 系統性的介紹薩提爾模式應用在婚姻伴侶治療的概念與工具，讓讀者能清晰認識其中的豐富與奧祕。

在過去三十年學習薩提爾模式的過程中，我和同儕好友不斷研討、演練薩提爾的所有治療工具和技術，經由逐句解析她的教學錄影，以及向瑪莉亞緊密的學習和請益，並仔細觀察記錄她所進行的治療過程，逐漸將薩提爾模式的內涵拆解開來，再對照薩提爾相關的論述即豁然開

朗，似乎透過這些不同面向所學到的心得，使我較能知其所以然了。

現在我將這些美好的學習心得應用在婚姻伴侶治療實務和親密關係工作坊中，親眼見證薩提爾模式為這些參與者帶來的神奇力量，使他們的生命產生奇妙的轉變。在來訪者親密關係中所創造新的突破，讓我因此更確信薩提爾模式能為人們帶來生命能量深層的轉化和成長。走筆至此，內心充滿熱情與感恩，祈願當這些學習經驗和領悟以文字記錄下來後，能讓有心學習的讀者們，一窺薩提爾模式的妙趣無窮，也藉此讓大家可以為自己在伴侶關係中找到實用切合的答案。

內容概述

著名的婚姻伴侶治療研究者高特曼（Gottman, 1999）曾整理過往關於婚姻治療效果的研究，得到驚人的結論：現代婚姻治療所得到的實際效益很低，一旦結束治療，短期內復發率極高，很快就退回原點，甚至離婚率反而因此升高。即使夫妻們接受了最好的婚姻治療，也只有低於20% 是有成效的。因此他建議婚姻治療需要有個巨大的變革，因為過去幾十年婚姻家族治療的發展已達某個瓶頸，這個瓶頸出現的主因是缺乏堅實的實證研究資料為基礎，以使治療師明白婚姻失敗和成功的主要原因為何。高特曼的研究對我們的實務做出極大貢獻，但不可否認的，伴侶關係盤根錯節、千絲萬縷，即使有研究佐證，婚姻伴侶治療師仍需要一套完整的治療體系做為指引，全方位地貼近兩位伴侶的生命歷程和關係困境的根源，才有可能讓來訪者為自己找到答案、運用內在資源和智慧，為彼此的關係做努力。

從多年實務中，我相信薩提爾模式可以為婚姻伴侶治療者提供一個全人和全相觀（holistic）的藍圖（McLendon, 2006），使得夫妻或伴侶們在治療師的陪伴中，體會到豐富的學習和成長。任何心理學背景的讀者們也都可以嘗試將過去的生命經驗和專業知識與此模式融合，使自己的專業實踐因此變得更加寬廣和深入。尤其薩提爾模式並非抽象難懂、

曲高和寡的學問，實際上，它很平易近人又容易理解，應用在每個人的日常生活中，包括治療師自己，都是一個再自然不過的歷程。

本書內容除了記錄過去多年來與薩提爾、葛莫利和貝曼的學習經驗外，還盡可能將許多理論和技術在薩提爾的第一手論述與影音資料中求證，以期符合薩提爾模式原始的精神。此外，我也試圖系統化書寫薩提爾模式婚姻伴侶治療中的臨床實務，及其自助助人的實作過程。瑪莉亞常說，她不會教給大家她自己都覺得沒有用或不相信的東西。同樣的，在撰寫此書時，我也是秉持這樣的原則，亦即書中所分享的內容，都是在婚姻伴侶治療專業中可資應用、且有效益的技術與工具。儘管目前仍缺乏堅實足夠的研究證據，但這些方法和理念，在我個人的生活和家庭，以及許許多多夫妻伴侶身上都已證實極具效益。許多人甚至因此在生命能量、親密關係、家庭互動，乃至教育系統、社會組織中，帶來意想不到的變化。透過眾多學習者的測試和證明，讓我們看到只要有意願嘗試並持之以恆，體驗薩提爾模式會是助人工作者、來訪者和一般民眾都值得長期投入並收獲良多的學習之旅。

在此旅程中，薩提爾治療師相信每個人內在都蘊藏珍貴的力量和資源，他會由此立足點與來訪者相遇，並運用自我與來訪者內在的生命力連結。同時治療師還要創造一個安全信任的治療氛圍，讓夫妻或伴侶能在其中發展出心與心的連結，由彼此的相知相惜，進一步建立兩人想要的親密關係。他們需要攜手並進，一起為共同的關係參與和努力，不論做出何種選擇，他們都會歷經荊棘密布又千辛萬苦的掙扎，因此治療師在此過程中必須兼備清楚的頭腦和深刻的關愛與伴侶們同行。

婚姻伴侶治療之所以這麼有挑戰性，實因親密關係包含四個不斷交互作用的複雜系統：**文化社會系統、個人內在系統、伴侶互動系統、和原生家庭系統**（Banmen, 2002, 2008），它們就像四套鎖鏈緊緊纏繞，彼此間交織連動且相互影響。由於文化社會系統像個大傘涵蓋後三項系統，其影響已充分滲入個人、關係和原生家庭已是不爭的事實，所以本書不會再花費篇幅去討論文化社會系統，而將重點放在另外三個系統。

本書章節分為六章，**第 1 章**的理論基礎，介紹薩提爾模式婚姻伴侶治療的基本信念、五個基本要素、四大目標、對此模式的誤解，以及治療師的訓練養成等。這些內容是薩提爾模式治療師在進行個別治療、婚姻家庭治療、帶領工作坊時都必須具備的基礎涵養。

第 2 章將簡介薩提爾模式婚姻伴侶治療常用的技術，包括同理、反映、肯定、重新界定、導引對話、緩解指責、交織串連等。雖然相關的家庭治療技術不勝枚舉，但這幾項是在進行婚姻伴侶治療時最不可或缺的作法。

第 3 章說明薩提爾模式婚姻伴侶治療的四個階段，第一階段最重要的任務是建立安全信任的治療關係，治療師預備自己、做出接觸、發展信任安全、聆聽難題、建立正向治療目標、促進合作，以及觀察與評估等步驟。

在第二階段中，治療師則協助夫妻或伴侶去拓展覺察，將治療過程由內容導向歷程。他可以使用第一把金鑰匙與來訪者一起探索伴侶互動系統，再使用第二把金鑰匙去探索他們的個人內在系統，以及第三把金鑰匙去探索原生家庭系統對親密關係的影響。探索過程中，我們運用薩提爾對於金鑰匙的隱喻，來呈現這三個系統在婚姻伴侶治療中的關鍵性意義，同時不論來訪者的困境如何沉重，接觸他們和治療師雙方的資源與力量，永遠會與歷程同步進行。

第三階段強調的是啟動這些金鑰匙以促進伴侶互動系統、個人內在系統、跨代家庭系統中的改變與轉化。第四階段則藉由分享學習、彼此欣賞、家庭作業與承諾等，來鞏固與落實治療效果。接下來幾章則詳細說明這幾把金鑰匙，是如何開啟三個系統並使夫妻或伴侶有所成長和學習。

以上四個階段彼此間並無明顯分野，甚至常常同步發生，在本書中做這樣的區分，是為了讀者閱讀方便也容易理解，但在實務上請保有治療師需要的彈性、創意和自發，去密切貼近來訪者及其治療歷程的流動。

在**第 4 章**中，首先討論的是啟動**第一把金鑰匙**進入親密關係中的雙

人互動系統。我們由薩提爾的溝通理論來區分伴侶間不一致的應對姿態和一致性親密關係的不同，經由探索和轉化互動系統中的雙人舞步，可以為無效的互動循環發展出新的互動模式。最後則介紹轉化伴侶互動系統常用的工具，如雕塑壓力舞蹈、互動要素、鏡照、天氣報告等。

　　第 5 章說明如何啟動**第二把金鑰匙**來探究親密關係中的個人內在系統。在此運用冰山的隱喻來認識兩位伴侶在親密關係中的內在世界，使治療師能因此由外在事件的「內容」進入內在冰山的「歷程」。讓來訪者藉此探索歷程相互認識水平面下各自的感受、觀點、期待、和渴望，並在生命力層次上深度連結；還可透過一致性溝通分享脆弱感受，以建立「我們」的共同感。本章述及的轉化工具包括分享冰山、兩座冰山的歷程式提問、處理未滿足的期待、雕塑伴侶雙方的自我、雙人面貌舞會、隱喻與幽默、冥想等。

　　在**第 6 章**中，將開啟**第三把金鑰匙**，探究親密關係與跨代家庭系統之間的關聯，討論原生家庭影響親密關係的深層動力，這是薩提爾模式中非常獨特的理論內涵，包括複製父母的互動模式、重現小時候的熟悉感於關係中、兩個受傷的人想要療傷卻又傷得更深、情緒按鈕和脆弱點、相互連鎖的脆弱、因為低自我價值而無法靠近、與原生家庭的糾纏關係、和將父母未滿足的期待放在伴侶身上等重要議題。

　　這些複雜又糾結的現象，需要在足夠安全和信任的治療氛圍中才能逐步化解。治療師一步步協助來訪者覺察與辨識情緒按鈕，深度分享底層相關的脆弱經驗，尤其挑戰的是，兩位伴侶還要與原生家庭去糾纏化後，才能有機會提升各自內在的生命能量，並在關係中一起成長。要達到這些轉化，治療師可使用的工具包括繪製和探索家庭圖、雕塑原生三角和伴侶關係、脆弱合約和家庭重塑等。

　　由於雙人互動系統、個人內在系統、跨代家庭系統這三個系統相互緊密交織無法切割開來，但又同步深刻影響親密關係，牽一髮動全身，彼此間都有著**連動的交互作用**，以致本書在討論每個系統的內涵時，常連帶會提到其他相關聯的系統而無法清楚劃分，尤其在每個系統中所使

用的探索和轉化的工具更是如此。因此讀者在本書中難免會發現許多來來回回、重複贅述相互交織影響的部分。由於這些撰寫的困難，還請讀者閱讀時能有耐心和體諒，遇到上面所提到的狀況時，可以選擇進一步消化、連貫、複習、跳過重複部分，或細細品味這些交疊之處，說不定還會因此發現薩提爾模式更多的趣味與魔力。

另外要特別說明的是，本書所介紹的轉化工具及其相關論述：一致性的親密關係、處理未滿足的期待、面貌舞會、雕塑伴侶雙方的自我、情緒按鈕與深層脆弱、原生三角與親密關係雕塑，和脆弱合約等，其原始進行過程大多源自於瑪莉亞過去多年的示範與呈現。在整理這些歷程的重要原則時，也經過我自己屢次反覆實務操作後才加入個人的闡釋而成。當然，每位婚姻伴侶治療師會因其不同的風格和詮釋發展出其獨特的治療歷程，這是必然的結果，也是我們所有薩提爾模式學習者所樂見其成的。

由於薩提爾模式是全相整體和全人整合的模式，經過葛莫利（Gomori, 2018）多年的教學，可以看到薩提爾所發展的歷程工具與其理論內涵，二者之間緊密相扣，甚至可以整合在一起形成一幅豐富美麗的圖畫。也因為這些工具和概念之間的關係密不可分，每個系統也相互牽連並無絕對清楚的分界，所以在第 4 章至第 6 章後段所介紹的轉化工具，是為了閱讀和書寫方便才分別放在不同的章節中，但實際運作這些工具和歷程時，都會同時牽動以上提及的所有系統。此外，在本書所介紹的所有介入工具，皆無法在制式結構的步驟中被操作，每個歷程都會因來訪者、情境、難題、背景等各種因素而有不同，所以治療師需要帶著專業的判斷、敏銳的覺察和高度的彈性善加運用。

適用對象

我喜歡薩提爾模式，不單因為這是一個全人的治療取向，還在於它能海納百川，涵容當代的治療理論，舉凡結構派家族治療、認知行為學

派、人本心理治療、精神動力取向、心理劇、完形概念與技術、正念減壓和後現代主義精神等等都可融入其中。這個模式同時因為能接納普同的人性、貼近人內在的心路歷程，使得治療師能在人性層面與來訪者連結，這樣的跟隨與陪伴是一種人與人之間能量自然的流動，也是人性底層深度的包容與尊重。因此運用薩提爾模式來自助助人，不但可以增權自己也可療癒他人。

本書適合的讀者為：

1. 薩提爾模式的治療師

想要學習、應用、研究和教學薩提爾模式治療者，將能透過本書深入了解如何在婚姻伴侶治療中貼近來訪者、跟隨治療歷程，並運用薩提爾的理念與技術在關係和生命能量層面達到轉化的治療效果。

2. 其他學派從事婚姻伴侶治療的助人工作者

不侷限於薩提爾模式的治療師，本書適宜所有對婚姻伴侶治療好奇，想找到一個全方位、統整性治療模式的專業工作者。舉凡社會工作者、臨床心理師、諮商心理師、精神科醫師、家庭醫師、神學教牧輔導者、護理師、學校輔導老師、志工等，皆能由此書獲得靈感和啟發，將之應用在助人工作中，使自己和來訪者都共同被賦能。

3. 在個別治療中需要處理親密關係議題者

在實務中，許多專業工作者常無法避免的，需要在個別治療中與來訪者處理關係議題。因為來訪者的伴侶可能為了某些原因無法一起同來接受治療，而來訪者又因親密關係難題深受其苦。即使兩位伴侶未能同時在治療中出席，薩提爾模式的系統觀和人性觀仍能使這位單獨接受治療的來訪者，為其親密關係發現新的可能性。

4. 非專業助人者但有興趣探索親密關係的讀者

本書能為其伴侶關係由家庭系統和個人系統的脈絡，建構一幅全面整合的藍圖，以深入探究關係僵局中的各種處境及其根源，並提供可資運用的工具來探索和幫助自己。

5. 所有對薩提爾學說有興趣的同好

本書對薩提爾模式進行完整的介紹，所有專業或非專業背景的讀者皆可從中習得此流派的基礎概念及應用方法，並依照自己的需要擷取適合的工具以深入了解自己和家庭關係的各種面貌。

在此要說明的是，薩提爾模式並不因文化差異而有隔閡，因為不同文化族群反而使我們更有機會學習去尊重自己和尊重他人。薩提爾相信我們皆能經由相似性相互連結，同時藉差異性相互學習。無論人們社會文化背景有多複雜或多不相同，人類內在共有的情感普同性（universality of emotionality）（McLendon, 2006; Gomori & Adaskin, 2009; Satir, 1983, 1988）都鮮活地呈現出人們內在的深層渴望——被愛、被重視、自由、快樂、自我實現等人性皆同的基本需求。

近幾年來看見薩提爾模式在華人各地蓬勃發展，我相信一方面與我們文化中重視家庭關係和凝聚力有關，另外，透過此模式可發現各種代間傳承的行為模式與智慧，讓我們可以更加珍惜自己生命的家庭根源。將此模式運用在中國人的家庭中，可以幫助我們透過各種歷史悲劇、家庭創傷、生命故事、重要價值觀、家庭規條、互動關係等，發現每個人和每個家庭中獨特的資源與韌力。希望讀者能藉由本書針對上述親密關係的各個面向的探究，開啟新的視野、掌握新的可能性，並尋得個人與家庭關係之間的平衡。

限制與期待

雖然過去薩提爾模式已在超過五十個國家中傳播，關於此模式應用和理論的相關文獻也不勝枚舉（Konecki, 2006），不可否認的，薩提爾模式仍有其不可避免的限制。過去幾十年發展的過程中，在實務上我們看到此學派為數不清的來訪者帶來驚人和不可思議的轉變，然而薩提爾模式為人所詬病的是缺乏足夠的實證性研究來支持它的療效（Nichols, 2010; Loeschen & Jendrusakova, 2015; Brubacher, 2006）。著名的婚姻治

療研究者高特曼（Gottman, 1999; Gottman & Gottman, 2015）也曾經強調當代婚姻伴侶治療實務需要仰賴研究才能發展出真正有效的治療架構。除了高特曼以外，情緒取向婚姻治療的蘇珊‧強森（Johnson, 2004）亦提出相同主張。高特曼等人（Gottman & Gottman, 2015）還指出，治療師想做好婚姻伴侶治療，首要之務為運用具有研究結果支持的治療方法與技術才是王道。

然而從事心理治療的臨床工作者都能體會，並不是所有具備重要意義的內在心理活動都能量化或測量，也不是所有可測量的事物都一定具備重要意義（Gottman & Gottman, 2015）。我們樂見治療理論與技術有充足的研究結果來支撐，但不會因為這個理由限制其發展，亦不會因未看到足夠的科學證據而否定其成效。

雖然薩提爾模式婚姻伴侶治療並不強調實證性研究的結果，但卻能由諸多研究結論來證實薩提爾當年所提出的論述都是可以被支持的，例如健康夫妻關係特徵是他們雙方皆能尊重和接納彼此的差異，並且運用有效和友善的溝通來解決衝突（Gottman & Gottman, 2015）；夫妻或伴侶在安全尊重的治療氛圍中，可以被允許有個別差異，可以分享深層脆弱，並在情感深度連結中建立親密感使人們身心健康（Johnson, 2004）等，這些相關研究的結論皆符合薩提爾當年所描述一致性親密關係的特點。

又例如樂生和真德薩克娃（Loeschen & Jendrusakova, 2015），以薩提爾模式的技術和理念發展的「潤澤自己與他人親密關係方案」（The Enriching Your Relationship with Yourself and Others Program）在世界各地都達成極佳治療效果。他們承認這個方案缺乏實證研究支持，但當他們搜尋許多相似的研究和文獻所探討的療效因素時，都顯示符合和支持此方案正面積極的成效。

本書重點不在實證研究的探討，而著重在治療歷程和理念的論述，但期待相關研究在未來可以有更多產出，使實務工作者可以因為這些科學依據為未來發展方向開拓更寬廣的視野。

用詞說明

關於名詞使用方面，本書將「諮商」（counseling）和「治療」（therapy）都統一使用「治療」這個名詞。傳統的專業術語中，諮商傾向用在一般平常人或社區機構的服務，而治療較針對醫療院所或主訴問題較複雜而需深入心理介入的族群。但實際上，不論是接受諮商或治療的夫妻或伴侶，他們會願意走入會談室，都帶來他們認為嚴重的難題，想在個人生命和親密關係中達到確實深入的轉變以突破困境。因此在婚姻伴侶治療過程中，不論來訪者是進行「諮商」或「治療」，其目的和需求並無太大差別，在本書中皆一律以「治療」統稱。

書中所指的「伴侶」，是相互承諾願意投入親密關係，不論在生活上、情感上、身體上或精神上彼此認定是相互的伴侶者，且所謂的「伴侶」不侷限於同性、異性、結婚、非婚或不婚者，而是包含所有自認是伴侶關係的來訪者。

此外，大部分接受治療的當事人，在本書中會採用夫妻或伴侶來稱呼他們，或使用來訪者或案主來指稱，主要是看前後文的脈絡而有這些不同的稱呼。如果泛指來訪者不需區分性別時，會用「他」來代表，但若要區分性別使閱讀方便時，就會用「他」和「她」，這麼做是為了文字書寫容易，並無性別歧視的意涵。

另外，針對薩提爾所提出在個人內在核心的「自我」（Self）與生命力或靈性有關時，在本書會用「自我」這個名詞來代表，其他時候則以「自己」（self）來指稱自己個人，這些名詞都會根據前後文的脈絡來決定。

為了讀者閱讀方便，書中會採用案例說明治療歷程與工具，這些**案例都已經過變造**，以使閱讀者不能識別來訪者是誰。但因人類許多關係歷程都有其相通之處，難免有些案例會看起來眼熟，如有雷同純屬巧合，請大家不必對號入座以免徒增困擾。

薩提爾模式如同薩提爾本人一樣是豁達、寬容、創意、彈性的

學派，其中所強調的改變是採用「**添加的概念**」（add-on concept of change）（Satir et al., 1991），即將一些新的方法和資訊加在原來已知或已會的東西上，使其產生新的可能性並增加更多資源。由此觀點來看，在當代治療界邁向後現代更豐富、更多元的發展潮流中，薩提爾模式的精神無疑也是吻合的。因此讀者若有興趣，可嘗試將本書所介紹的理念技術與自己原先所具備的專長結合，使專業工作和個人生命的發展更加開闊寬廣。同樣的，本書也試著採用其他學派和研究的知識來豐富內容，使薩提爾模式因為融入多樣性的寶貴智慧，更加彰顯其豐盛精彩的治療特色。

有別於其他學派，在薩提爾模式婚姻伴侶治療中，來訪者和治療師在深度連結的體驗中，會一起經驗彼此的創意、樂趣十足和活躍的生命力；這也是一個人與人之間深刻接觸和連結的神聖旅程，在其中能感知來訪者在親密關係中的歡笑、掙扎、痛苦、眼淚、悲傷和感動，每位伴侶都可以與治療師一起善用自己獨特的智慧、勇氣、冒險、愛、創造力、自發性、慈悲心等資源去達到生命深層的轉化，並共同參與彼此珍貴的成長歷程。

我相信薩提爾的信念，**每個人都是奇蹟、是獨一無二的個體**。所以每位從事治療的工作者，必然也都能發現屬於自己獨特的「**智慧盒**」，再戴上好奇的「**偵探帽**」，手上握著「**金鑰匙**」，創造出屬於自己和來訪者生命的奇蹟。在這樣奇妙的探險旅程中，我們都能發現自己獨特的魔力，接觸彼此深層的自我，並在靈性與生命能量中相遇。

| 第一部 |

基礎理論

第 1 章

薩提爾模式婚姻伴侶治療的理論基礎

「……當我全然地與來訪者或家庭同在時，我就能更自在地進行治療性的運作。我能同步地達到我想要的治療深度，並且同時敬重另一個人的脆弱、力量和生命的神聖性。」

——薩提爾

維琴尼亞‧薩提爾（Virginia Satir, 1916～1988）發展出來的家庭治療成長模式異於其他學派的階級模式（Satir et al., 1991），重視的是人人價值都是平等的，每個人都有其獨特性，可經由自我認可來界定自己的價值，也具備與生俱來的韌力和靈性，並因此展現出宇宙間存在的生命力。薩提爾認為每個人都可以感受愛、擁有自我、有表達的自由，在痛苦中做改變，透過冒險創造機會而邁向未知，同時發現新的選擇與資源使自己不斷成長。

這個成長模式的發展與薩提爾的生命歷程息息相關，因為她自幼親近大自然、沉浸在體驗宇宙的生命力中。她出生並成長於美國威斯康辛州（State of Wisconsin）的一座農場，是家中五個孩子的老大。在農場中她觀察到大自然運行的季節變遷、時序交替和生命流轉，因此她熱愛生命，與宇宙生生不息的能量深深連結，並將注意力的重點放在人類的希望與正向結果上。在她五歲時，就已經決定要當一個探究家庭關係的小偵探了（Satir, 1988; Gomori & Adaskin, 2009）。她童年時因為看到自己的父母在前一刻還恨得咬牙切齒，下一刻卻又興高采烈地去跳舞，使年幼的她對大人的關係好奇不已，決定將來一定要解開這些來自原生家庭所觀察到的奧祕（Gomori, 2013）。

薩提爾二十歲時拿到教育學士學位，之後當了教師，在教學中即發現與學生的家庭建立關係很重要，藉著深入了解學生的家庭才能真正幫助學生。1948 年她拿到芝加哥大學（University of Chicago）的社工碩士學位，在當時心理治療社群仍以精神分析取向和男性為主導的氛圍中，對治療實務的要求是只接見個別來訪者，但她並不認為這是最好的作法。直到 1951 年她會見了第一個全家來做治療的家庭後，不但打破了心理治療只見個人的基本教條，還創建家庭動力和系統會影響一個人生病的洞見（Satir et al., 1991; Banmen, 2008; Gomori, 2013; Satir, 2008）。於是她開始發展家庭系統性介入的方法與理念，認為改善家庭成員間的溝通以帶來整個家庭系統的改變，才能讓個人和家庭由失功能的狀態移動至另一種較為開放、彈性、良好功能的家庭關係（Satir, 2008; Satir et al.,

1991），從那時開始，她就不斷邀請家庭成員加入病人的家庭治療過程。

1959 年薩提爾與美國心理治療師唐・傑克森（Don Jackson）等人成立了「心智研究院」（Mental Research Institute），專門研究病人家庭成員的關係，同年她開始進行家族治療的教學課程。1964 年出版的《聯合家族治療》（*Conjoint Family Therapy*），即在闡述家庭系統如何影響一個人以及她與家庭工作的理念。後來她往返世界各地，進行工作坊和訓練來宣揚這些理論，致力於促使人們與自己的生命能量連結並成長為完整的個人（more fully human）（Satir, 1988; Banmen, 2002）。1980 年間她將大多數時間用在大團體工作坊，以促進學習者的個人成長和專業進步；1983 年她來到台灣，如天降甘霖般為當年求知若渴的學習者撒下了意義深遠的種子。直到過世前她都在倡議世界和平，宣揚「個人內在的和平、伴侶之間的和諧、人群之中的和睦」的（peace within, peace between, and peace among）精神，在這些理念中我們可看到她結合心理學與佛學，並巧妙地將東西方的哲學思維連貫起來（Brothers, 1996）。

薩提爾過世後（1988），她的同事及學生仍不間斷地繼續發展各種薩提爾的工具和理論，在 1991 年與約翰・貝曼、珍・歌柏和瑪莉亞・葛莫莉出版了《薩提爾的家族治療模式》（*The Satir Model-Family Therapy and Beyond*）（Satir, Banmen, Gerber, & Gomori, 1991），書中詳細介紹了薩提爾模式的哲學觀、正向的治療目標，以及各種工具和技術。此模式強調人們內在的資源和價值的平等，其特色是系統化思維、重視改變、過程中的體驗性，以及治療師運用自己。當治療師的人性與來訪者的人性在生命能量的層次可以深刻連結時，就會創造來訪者生命的轉化。

2002 年國際性專業期刊《當代家族治療》（*Contemporary Family Therapy*）出版專刊介紹薩提爾的貢獻與發展，她被推舉為當今最有影響力的十位心理治療大師之一（Psychotherapy Networker, 2007）。薩提爾的學生暨同事則在這些年中又陸續針對薩提爾模式的應用（Banmen, 2002, 2006）、家庭重塑（Gomori & Adaskin, 2009）、專業技術與歷程（Loeschen, 1998, 2002）、伴侶與親密關係（Loeschen, 2005）、家庭治

療（Gomori, 2013）、薩提爾的轉化和系統治療（Banmen, 2008）等方面，進行更多深入的探究。

以上簡單介紹薩提爾模式發展的歷史脈絡，讓我們不會只局限在固有狹隘印象中，而能由各種不同的角度來認識薩提爾模式。本章藉助薩提爾及其相關重要文獻，佐以筆者過去三十年的實務經驗來介紹薩提爾模式應用在婚姻伴侶治療的基礎理論，其內涵亦可適用在個別治療、婚姻伴侶治療和家庭治療上。下面將由薩提爾模式的基本信念、五大要素、四大目標、常見的誤解、薩提爾模式治療師的養成五方面來闡明其理論。

基本信念

治療信念是治療師進行治療過程的基石，在此基礎上，治療師秉持著對人性、對世界、對改變、對家庭和對治療的相信，會釋放出因這些相信而衍生的能量，進而影響整個治療歷程和治療關係。薩提爾曾說：

> 如果我相信人類是神聖的，那麼我看著他們的行為時，就會嘗試讓他們活出自己的神聖性；如果我相信人類是物件、是可以被操弄的，那麼我就會想去操弄他們；如果我相信求助者是受害者時，我就會想去拯救他們。換句話說，在我的信念和行動之間存在著密切的關聯，所以我愈能接觸我自己的信念並承認它們，我就愈能具備使用這些信念的自由。（Satir, 2008, p.221）

由這段話可明瞭，當治療師能意識到自己所相信的為何，並選擇適合他的信念，對於他與來訪者的互動品質、目標設定和治療歷程都會有決定性的影響。

薩提爾認為每個人都是宇宙中的奇蹟，每個人的存在都是神聖的，都是宇宙中生命力的展現，因此她的治療思維是朝著人性本質是良善

的、朝向成長的、可以改變的、有力量的、有選擇的、人性化的方向前進；同時人與人之間是平等的、可以連結的、能相互滋養的。懷抱這樣的信念，薩提爾模式治療師即能活出自己的生命力，並感染他的來訪者，在生命能量的層次上彼此相遇。但在探討這些信念時，我們不必照單全收，薩提爾鼓勵大家要選擇適合自己的信念再收下，而非勉強接受那些不適合自己的想法。

薩提爾模式的治療信念（Banmen, 2008; Gomori & Adaskin, 2009; Nerin, 1986）可簡單區分為下列四個範圍。

人的本質

- 每個人都是生命力的展現，所以我們都是神聖的、良善的。
- 生命之初每個人在價值上都是平等的，也都同樣重要。
- 每個人都是特別的，也是獨一無二的。
- 人與人之間藉由相似性來連結，並由彼此間的差異性獲得學習。
- 我們都擁有所需要的內在資源，也具備邁向成長的能力。
- 每個人都具備與生俱來的靈性，並能展現出宇宙中的生命力。
- 人會有感受是普世皆同的，感受屬於我們、為我們所擁有，而且可以透過學習去處理。

家庭

- 家庭是學習應對的最初場域，我們從中學到價值觀、規條、角色和求生存的方式。
- 父母在其原生家庭學習到如何做父母，並重複成長過程中所熟悉的模式。
- 父母在他們所知所能的情況下盡其所能地做父母，雖然不完美但已經做到他們能做的了。
- 每個人都從與父母初始的、最重要的三人關係中學習生存和成

長，這是自我認同的基本單位，自我價值感的高低也從中發展出來。

- 每個孩子都想得到父母的愛、照顧和認同才會覺得自己是好的、有價值的；但長大成人後就需要靠自己取得認可而不再依賴他人。

- 孩子在成長過程中都學會去符合父母與社會的期待，為的是能得到愛與認同；為了符合他人的規條與期待，自我價值感的發展即受到阻礙，並付出捨棄真我的代價。

- 邁向自我統整的途徑是接受父母也是人，從人性的角度而非特定的角色去看待他們，並在人性的層次與他們連結，這樣我們也才能認識自己的人性與自己連結。

- 回顧原生家庭的目的不是要批判或評斷家人或父母，而是可以發現我們從他們身上學到的資源和力量，並從過去原生家庭的人生經驗中獲得成長。

- 我們不能改變原生家庭和父母，但能處理他們對我們所造成的衝擊。

選擇與改變

- 我們都有許多選擇，雖然經常沒有覺察到。

- 雖然過去會影響現在，但我們可以欣賞過去的學習，並重新做出合宜的選擇。

- 改變永遠都是可能的，也不斷在發生；所有系統都不斷地在改變。

- 我們雖然無法改變過去發生的事件，但可以改變事件的衝擊和影響，透過新的理解產生新的應對，進而改變其產生的結果。

- 問題本身不是問題，重要的是如何去應對。

- 應對方式是內在自我價值的展現，外在的行為則是應對的結果。

- 我們傾向處在「熟悉」的狀況中，寧可重複痛苦的舊有經驗，

也不為了使自己「舒適」而做改變；進入未知的情境使人害怕，因此需要去冒險。

- 人類的歷程都是普遍共通的。
- 即使在壓力下，我們都可以在「反應」和「回應」中做選擇。
- 不論任何年齡，大多數人都能學習新的思考和行為方式。

治療

- 薩提爾模式的治療是立基於希望、內在力量、資源和改變。
- 不強調解決問題，而是發現、覺察、選擇和成長的歷程。
- 使人發現資源、取用資源，並用建設性的方式處理資源達到轉化。
- 人們隨時都有選擇，因此在困境中至少能找出三個可能性，以協助來訪者相信自己有選擇並為自己做選擇。
- 治療重點聚焦在正向健康的部分，而非病理和症狀。
- 促進個人內在的生命力，把不健康的功能轉變成健康的生活模式，並提升自我價值感。
- 所有的行為都有目的，我們可以將人與行為分開、將行為與意圖分開。
- 所有難題都不只有唯一的因果關係，而是多重因素交互作用的結果。

以上這些信念貫穿在本書中，是薩提爾模式治療師在進行個別治療或婚姻家庭治療時，用以引導治療歷程朝向正向目標的基礎。來訪者透過治療師堅定信念所散發出來的能量，體會到他和治療師一樣是個完整有力量的個體，不論生活中發生什麼困難，他依然是個有價值的人，也值得被自己和他人所尊重。正因為治療師確信來訪者內在生命力的豐富和珍貴，這份信念將鼓勵來訪者開始帶著希望去相信自己，運用自身的力量幫助自己的生命變得更美好，並且支持伴侶為改善親密關係全力以赴。

五個基本要素

逐步觀察薩提爾的治療過程，再對照分析相關的論述，可歸納出五項極為關鍵性的治療要素（Satir et al., 1991; Gomori & Adaskin, 2009; Banmen, 2002, 2006），反映出薩提爾模式的治療精髓，且在整個治療歷程中都不可或缺。在筆者進行薩提爾模式婚姻伴侶治療專業訓練時，也將這五項要素列為基本的核心能力和訓練內容的基礎，以及做為督導的評估項目（參見附錄1）。

體驗性

我們觀察薩提爾進行治療工作時，可看到整個治療過程對來訪者來說都是體驗性的，在身體、感受、思想、能量、心靈方面都能經歷治療帶來的影響，同時這種鮮活的體驗發生在會談的當下，即使談話的主題是過去發生的事，治療焦點仍然會帶回到治療此時此刻的**現在**，讓來訪者能在意識中察覺**過去**事件對他們的關係所造成的衝擊。

在婚姻伴侶治療的脈絡中，來訪者會闡述在親密關係中曾經發生的事件或衝突、原生家庭在各自童年造成的影響，或伴侶關係形成僵局的發展過程等主訴，治療師則會運用薩提爾模式的工具，例如身體雕塑或冥想等帶領他們身歷其境，並於此時此刻再次親身體驗。治療師常用的技術包括同理、反映、歷程性問句、相互即席對話（參見第 2 章）、一致性表達（參見第 4 章）等，來引導他們使用語言分享，並經由身體覺知或覺察內在感受來達到治療中的體驗性。

薩提爾模式治療師要學習運用這些技術來配合治療歷程的流動——尤其是緊跟著來訪者的身心變化和語言所傳達的訊息，亦步亦趨地跟著來訪者的經驗起承轉合。另一方面，治療師還要在薩提爾模式理念和目標的軸線中主導治療過程，讓來訪者從故事的情節中逐步進入內在體驗的歷程。當治療師能在主導歷程與跟隨歷程兩者間取得平衡時，來訪者將可在這樣的體驗裡更深入地覺察自己的內在世界和外在行為，接下來

才能朝著想要的目標做出轉化。

由此可知，運用薩提爾模式工具和技術的目的，在於使夫妻或伴侶能相互探索親密關係中身心靈各方面的狀態，增加他們對自己、對伴侶、對關係的覺察，尤其重要的是當他們能接觸自己內在生命能量和核心自我時，彼此才能在深層的渴望和自我的層面相遇並連結。

系統性

薩提爾模式婚姻家庭治療師在治療中，一直維持著由系統觀的視角，來看個人、看伴侶或家庭。家庭系統意指每位成員間都有著密切的關聯和相互的影響，牽一髮則動全身。家庭是個有組織、有結構的團體，每個部分都會影響其他部分，家庭系統亦是一個大於所有家庭成員總和的整體系統。當治療師能了解系統內成員間的動力關係時，會比只了解單獨個體更能得到清楚的資訊（Goldenberg & Goldenberg, 2011），對此家庭或伴侶的介入歷程才能顧及全面的考量。

然而家庭成員間的關係錯綜複雜，存在著權力爭鬥、合縱連橫、張力和控制等動力運作，不可否認的，也可能充滿濃烈的親情、愛情、恩情於其中。每個家庭成員似乎都存在著一條或多條的連線牽引著彼此，它們就好像用來傳遞信息和情感的線路，把所有個體從四面八方聯繫起來。因此每個人都受到家庭中其他人的牽動，每個人也都可能成為這些拉力的中心，薩提爾曾形容家庭像許多蚯蚓糾纏在一起的蚯蚓罐（the can of worms）（Satir, 1988）可見一斑。

薩提爾對系統提供的簡單定義為：行動（action）→反應（reaction）→互動（interaction），這一連串重要因素相互作用之後，發展出一個次序而產生連動性的結果。意思是家庭中的每件事都影響其他的每件事，每件事也都交織在一起而產生了某個結果，並且這個結果又反過來交互影響。薩提爾不像一般的精神醫療專業工作者會對案主做出僵化的診斷或分析，而是永遠都會考慮難題背後的系統和個人背景中的家庭，這些系統一直都處在過程的運作中，所以她不使用病理的診斷做分類，而將

注意力放在家庭系統的互動模式，並且相信每個時刻家庭系統都在不停地改變（Satir, 2000; Gomori, 2013）。

家庭不是一個孤立的系統，它存在於特定的社會文化脈絡之中，並且與外在的大系統相互交流和互動（Nichols, 2010）。家庭是系統中的系統，夫妻或伴侶則是家庭中的小系統，每位伴侶又是夫妻或伴侶各自的個人系統。薩提爾模式治療常常都在這四個系統中工作，即文化社會系統、個人內在系統、伴侶互動系統和原生家庭之跨代系統（Gomori, 2013; Banmen, 2002, 2008），後面三個系統受到社會文化脈絡影響而形成其獨特的樣貌和內涵，因之社會文化的大系統在治療中更不可被忽略。

婚姻伴侶治療常常在來訪者生命的內在系統與關係的互動系統裡來來回回，而這兩個系統又因原生家庭系統的深刻影響加以型塑而成。這三個系統交互作用的結果，又繼續影響這對夫妻的子女，這對夫妻目前形成的核心家庭即成為其子女的原生家庭系統而代代相傳。所以每個系統環環相扣，彼此間如鏈條般相互產生連動效應。這些交織作用的每個系統，都是我們在進行婚姻伴侶治療時，所要考慮和關注的情境層面（Gomori, 2013; Banmen, 2008）如圖 1-1 所顯示。

在婚姻伴侶治療中，兩位來訪者在其關係中所呈現的困境是「前景」，即來訪者和治療師所看到的明顯的、突出的難題，也是來訪者在意識中能表明的、被卡住的地方。隱藏在這些卡點背後的，是那些隱而未顯的心理動力和原生家庭的「背景」（Gomori, 2013）。治療師的任務是與來訪者一起深入探索這些背景中的系統，待來訪者更深入、全面地認識自己和伴侶，更加理解兩人之所以成為現在這個獨特個體的緣由後，即能對彼此產生更多的慈悲和接納。

夫妻或伴侶各自有其個人的內在系統，包括情緒、觀點、期待、渴望和生命力，這些部分都以系統化的方式相互交替運作，又直接影響雙方的互動和溝通，產生了他們獨特的雙人互動舞步，並又會產生作用力，影響各自的內在系統，就這樣不斷交織牽動，於內在與外在間相互運作。其中任何一部分、任何系統的變化都影響整個系統或另一個系統

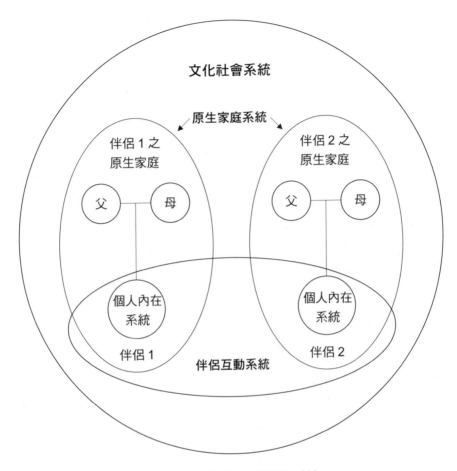

圖 1-1　影響親密關係的系統

的變化，反之亦然；當個人內在系統的能量轉化了，其他系統的能量也會隨之轉化。

　　這些伴侶互動系統和個人內在系統型塑的根源，往往可以回溯至夫妻或伴侶各自的原生家庭。每個人大部分都由原生家庭來學習「我這個人是誰」、「我是否重要」、「我是否被愛」、「我如何溝通」、「我如何看自己」、「我如何看待他人和世界」、「我如何處理關係中的難題」等；也在成長過程中學到各種價值觀、文化論點、溝通模式、性別內涵、權力與控制，以及與人連結的方式。成年後我們帶著所學到的一

切進入社會、人際關係和工作場域（Gomori, 2013）。這些學習塑造了「我」這個人以及我的內在架構，這些內涵也會毫無保留地反映在親密關係中。

當兩個人相遇，他們背後原生家庭的根源就在潛意識中默默主導著彼此的溝通、態度、應對和互動歷程。當我們思考一對伴侶的背景時，若將他們的原生家庭放在一個更大的脈絡中——即社會文化源遠流長、潛移默化的影響時，往往會發現背後這個更為廣泛的情境脈絡也是我們在治療中必須去了解的重要線索。香港大學李維榕等人的研究（Lee et al., 2013）發現，亞洲五個地區中（日本、韓國、中國大陸、台灣和香港），不同的文化背景影響人們在親密關係中處理和協商衝突方式的差異。此研究結果對治療師來說是一個重要提醒，即當我們在治療室會見兩位來訪者時，要帶著敏銳的覺知去關注對他們產生影響的文化背景因素。

由於以上這些環環相扣的系統相互交織影響的結果，我們看待家庭系統中夫妻或伴侶的親密關係時，就不能只著重於解決婚姻中的表面問題，而要以宏觀的角度，更加深入和廣泛地去探索他們個人和家庭的多面向、多層次和多元因素的複雜性，而非以線性的因果關係來解讀伴侶關係的動力發展。由於系統的整體性，任何一位成員的行為都會影響整個系統，而該行為也受到其他家庭成員對他的影響，當每位家庭成員能在治療中意識到彼此間這種交互影響的各種效應時，他們往往會發現解決困境的關鍵所在。

後現代主義（Anderson & Gehart, 2007）和女性主義學者（Hare-Mustin, 1978; Brodsky & Hare-Mustin, 1980）對傳統家庭治療的系統觀曾提出評論和質疑，認為許多家庭治療師常以一種專家的姿態，透過結構和策略的操作手法來修正家庭缺陷，而忽略了相關的社會、政治、文化和性別脈絡。這些質疑值得我們警惕，因為治療師並不是高高在上的權威，指導來訪者該怎麼辦；或帶著評斷去論定誰錯得較多、誰病得較重；或僵化地將系統觀套用在每對夫妻或伴侶身上，而未考慮更廣泛的

情境影響。雖然有這些批評，不可否認的是，由系統的角度來思考親密關係，可提供治療師豐富的線索，用以理解夫妻伴侶關係，並做為治療中個案概念化的具體依據。

正向性

薩提爾模式並不著重在來訪者的病態和症狀，亦非局限於問題解決，而是朝著來訪者的成長、健康、資源與韌力的方向邁進，使他們從治療中看到自己內在的積極力量、希望感和各種新的可能性。因此薩提爾模式的治療目標會聚焦在發展正向的、來訪者想要達到的目標上（Satir et al., 1991; Gomori, 2013; Banmen, 2002）。這對初學者或其他學派的治療師來說，常是最不易掌握的部分。

家庭中所產生的困境與危機有多重原因，雖然會因此而有傷痛，有時卻也帶來珍貴的禮物，這時候是個重啟溝通途徑的良機，以喚醒家庭成員間彼此深入了解，激發他們一起療癒舊傷，為家庭關係和個人生命尋找新的意義（Walsh, 1998）。這種透過正向觀點探索家庭成員所具備的資源與韌力，來為關係中的挑戰尋找新的因應策略的思維，對習慣將人標籤化的醫療模式家庭治療師是很大的挑戰。

薩提爾婚姻伴侶治療師通常都希望在來訪者原來受限或卡住的僵局中，與他們一起發展多樣性的選擇，並且在安全信任的治療情境中促使他們為自己和親密關係冒險做出改變。因此治療師不會將力氣和時間花在負面的病理診斷和推論，也不會使用標籤化的字眼將人框架在疾病分類中，而是鼓勵來訪者發現自己內在的力量，並運用這些正向能量使自己成長和轉化親密關係。薩提爾強調整個治療過程都要著重在**開啟來訪者內在的療癒能量，只有開發這樣的療癒力，治療才可能發生深層次的轉化**（Satir, 2008）。

當治療焦點放在健康和正向的可能性上，治療師會與來訪者一起合作，找到他們內在最深的渴望，接觸其生命力；治療師的表現與此態度相互呼應，他可以運用重新界定、欣賞、肯定、同理心等技術來達成此

目標。對於長期處在痛苦中的伴侶，則更需要治療師懷抱正向的態度，鼓勵他們由不同的視角來發現關係中的優勢和力量，特別是要讓他們有機會打開心扉，看到彼此是如何從過去的困境和挫敗中走過來、有哪些珍貴美好的時刻、有哪些艱難的轉折、有哪些珍貴的資源，使他們的關係持續到現在。

由於夫妻或伴侶來做治療時，雙方都已累積了長久又深刻的負面情緒，在習慣而熟悉的互動模式中彼此傷害、劍拔弩張，甚至疏離冷漠，此時伴侶兩人常因過去的負向經驗塑造了許多對對方的負面看法和成見。薩提爾模式治療師會在此時引導他們重新體認彼此在關係中的貢獻和付出，讓當事人將眼光從聚焦於對方的缺點或不足之處轉移至其他較持平或正向的觀點，或讓他們重新經驗對彼此的愛、當年的浪漫、感謝與欣賞、了解與接納，從中發展出新的正向體驗與思維。這能使夫妻或伴侶不會一直陷在死胡同中往下沉溺，而是在治療歷程中看到更多的希望和可能性。

要達到此目標，治療師內在需要先具備強而有力的信念來支撐，同時最好他自己也有機會體驗個人生命或親密關係中，曾因困頓產生力量、因痛苦找到出路的真實歷程，才能身體力行，示範每個人生命中都具備的正能量。

改變性

薩提爾認為這個世界無時無刻不在改變，我們的前一刻和後一刻就有不同，所以這個世界唯一不變的真理就是我們一直在改變（Satir, 1996）。她相信每個改變都會創造一個難題，也會提供一個解決辦法；每個改變都可能是個危機，每個危機也提供了新的可行性。改變總是帶領我們進入未知和不確定中，所以要歡迎它到來，但同時也要冒險進入它的未知之中（Satir, 2000）。

治療就是一個帶領來訪者進入未知的歷程，多數人都寧願處在不舒服但熟悉的狀態中，也不想做出改變進入這種未知且較不舒適的狀態中

（Satir et al., 1991）。然而無論來訪者是否願意改變，主權都在他們的手中，治療師帶著對改變的開放態度來引導來訪者，讓他們看到在親密關係中想要改變的部分，並給予來訪者充分的機會去體驗這些改變的歷程。

在整個薩提爾模式治療過程中，都是朝著來訪者積極改變的目標邁進，來訪者所要改變的內涵，則視其想要的生命有何不同而定。所以治療首次會談，就訂出以來訪者為自己的人生目標負責、為自己想要的全力以赴、為自己做出改變的基調，這也是在會談一開始時，治療師就需與夫妻或伴侶訂出的治療合約。治療師如同一種催化機制，協助雙方看清前面的方向，排除關係中的阻礙，並運用來訪者自己或關係中的資源和力量來達到改變。

薩提爾相信所有的問題家庭都能變得和諧，因為導致這些問題的原因是來自後天的學習，而每個人都可以重新學習，改變舊有的模式並加上新的行為（Satir, 1988）。當伴侶或夫妻來做治療時，是帶著他們的難題困在僵局中，此時治療師可創造一個安全的氛圍，使他們願意冒險打開心門，重新接納彼此，逐漸改變自己，以發展更為和諧和滋養的親密關係。薩提爾建議要實現這個目標的具體步驟為（Satir, 1988, p.18）：

- 夫妻或伴侶需要承認彼此關係已經出現問題。
- 夫妻或伴侶需要為過去所犯的錯誤原諒自己，允許自己做出改變，並相信事情一定會有轉機。
- 下定決心做出改變。
- 採取行動開始改變的歷程。

在這個改變過程中，伴侶需要看到自己在關係出問題時，各自參與的部分，並為之承擔責任，繼之做出適當的調整，才能使伴侶關係產生實質上的轉化。治療師會運用歷程式問句，引導來訪者探索個人內在系統的每個層次，同時兼顧夫妻或伴侶互動循環的調整，使其中一個系統的改變產生另一系統之改變。這些改變不只發生在治療室中，還需要來訪者在日常生活中持續執行下去，使得治療效果發生的責任是由來訪者

而非治療師來承擔。

此外，薩提爾還發展出一些重要工具和技術來提供適合的情境，以促進伴侶們做出改變，包括隱喻、雕塑、冥想、幽默、天氣報告、互動要素和面貌舞會等，這些工具將在後面幾章說明。

治療師運用自我

薩提爾模式的獨到之處在於致力使來訪者接觸內在的生命能量，取用自己豐富的資源，來達到靈性和自我層次的轉化。在婚姻伴侶治療中則以此為基礎，進一步讓來訪者學習在彼此之間，由一方的真實自我與另一方的真實自我產生連結，使他們的生命力在關係中都能得到豐富的滋養。

然而這並不是一蹴可幾的速成班，而是需要治療師運用自己做為改變的媒介，透過治療師居中做為橋樑，使他們能開始對話，清晰看見彼此的真實面貌。在薩提爾模式中，治療師運用自我提供信任、安全感、關心、接納、希望、真誠、一致性和慈悲心，才能在合作的治療關係中促成轉化和改變（Satir, Stachowiak and Taschman, 1990; Satir, 2008; Gomori, 2015）。

薩提爾非常重視治療師的養成訓練，她曾說：

運用自我是治療師一項可敬的任務，他需要持續發展自己的人性面和成熟度。我們處理的是人們的生命，學習做治療師與學習做水電工不同，水電工通常靠的是技術就能完成工作，不必去愛水管才能修好它；然而治療師所需具備的條件就更多元了，即使他學習了所有家族治療的技術、哲學觀或學派，在與人工作的過程中，仍舊必須透過我們身而為人的管道才能進行。（Satir & Baldwin 1983, p.227）。

薩提爾在論述中也常提到她無法教導技巧，而是訓練學生們用一些方法有效地運用自己。因此在她的訓練過程中，把治療師的個人發展列

為最關鍵的訓練重點：「在我們的模式中，會假設治療師這個人是引發改變最重要的工具。」（Bandler, Grinder and Satir, 1976, p.2）。因此她教導治療師對自己有更多覺察，將技術用在合宜的時刻，最關鍵的是要在信任和安全的情境中運用，才能收到最大效果（Satir, 1983, 2000, 2008; Gomori, 2009, 2013）。同時薩提爾模式治療師在治療歷程中所提供的所有方法和觀點，必須是他自己信服、自己在實踐、也能為來訪者示範榜樣的，因為任何模式的治療，都是來訪者與治療師共同建構的一種能量場域，在其中兩者的能量會相互交流和影響。

當治療師運用自己內在的慈悲和接納，使得來訪者願意看見和解除其個人在關係中的保護機制，脫下防衛盔甲，才能與伴侶重建關係中的平衡與對話橋樑，從過程中找回自我、重新與自己和伴侶的生命力連結。除了薩提爾外，近年來亦有其他學派，如家庭治療大師米紐慶（Minuchin et al., 1996, 2014）、後現代主義治療師（Anderson, 1997）都強調運用自我的重要意義，主張治療師自己就是最好的轉化媒介，而非將治療重點只放在技術操作上。

薩提爾強調（Satir, 2008），只有來訪者內在的療癒能量被開啟，改變才會發生，而開啟此療癒能量的途徑是透過治療師能運用自己。薩提爾非常強調治療師運用身體、皮膚、觸碰、眼神和自己所有的感官來接觸來訪者，並經由這些能量的流動與他們深刻連結（Satir, 1983, 2000, 2008）。她認為除非治療師能整合自己，真正體驗到自己的完整性，所送出去的能量才能傳達出這些重要的訊息，也才能從人性的角度去理解來訪者。這不是花招也不是策略，而是生命之間彼此來回流動的能量，薩提爾認為在人與人之間處於能量連結的狀態中，才能真實地接觸另一個人（Satir, 1983）。

薩提爾在家庭治療「岩石與花兒」（Satir, 1983）中，示範了一段很美的運用自我的過程，她讓兩個曾經受虐的年幼孩童把小手輕柔地放在她的臉上，再鼓勵他們對自己的父母做一樣的事，讓他們透過肢體接觸學習溫柔的觸碰。這種愛和溫暖的身體接觸，傳達了任何語言都無法傳

達的內涵。

當治療師要帶領來訪者進入靈性的生命能量時，治療師本人的一致性是最不可或缺的要件，即治療師內在是安詳自在、踏實和諧的，並由內往外散發出他獨特的仁慈、愛心、接納、希望、真誠、實在，使得來訪者能在這樣的能量中，感受到安全和信任，並因此願意開放自己。薩提爾說：「當我能接觸我自己、我的感受、我的想法和我所聽到看到的，我就是在朝向成為一個更加整合的人在成長。我愈一致、愈完整，就愈有能力與另一個人接觸。」（Satir, 2008）。在薩提爾模式治療過程中，治療師藉助自己這個人去啟動案主內在的療癒能量，這份珍貴的能量，是治療師內在最深的自我與來訪者內在最深的自我相遇的那一刻產生的。當這個美妙的經驗發生時，就創造了一種脆弱的情境，帶給來訪者對改變的開放和意願，而療癒的能量於焉展開（Satir, 2008），這是一種發生在靈性層面的治療歷程，也是治療師運用自我最美麗的時刻。

四大目標

每個治療學派都有其特定的治療目標，做為治療過程前進的方向。薩提爾模式的四大目標，不但可適用於團體治療、個別治療、家庭與伴侶治療，對於個人追尋生命成長或運用在自己的家庭關係中，都極為合適。在每次會談中，來訪者與治療師可能會根據當時的狀況訂出當次會談特定的目標，但依舊不會超出這四大目標的範圍。因此這四大目標彷彿一把大傘，籠罩著整個治療歷程，其他衍生的次要目標也都居於其下，而不與之相違背。當個人或家庭朝向這四大目標有意識地邁進和成長，就會發現生命可以無限美好、關係可以蘊含希望、在困境中仍然有力量。

提升彼此的自我價值

自我價值是一種對自己所形成的概念、態度、感受或圖像，並經由

行為表現出來（Satir, 1988）。它也是一個人對自己存在的價值判斷、信念或知覺，同時與一個人生命能量的體驗息息相關。薩提爾相信自我價值是生命能量的泉源，且無關乎這個人的社經背景、成就高低和職業好壞，她認為自我價值感對每個人的內在感受和外在關係來說都是重要的因素。因為我們對自己的認識、評價與感知，會決定我們能否有效運用內在力量來應對生命中的挑戰。

　　一個高自我價值感的人，會展現其統整、誠實、責任、慈悲、愛和能力；他會帶著關愛、尊嚴、開放來善待自己和他人，並且願意冒險嘗試新行動。因為每個人的存在都是獨一無二的，生命的本質也是有價值的，所以我們不需要他人的認可即能珍視和肯定自己存在的價值（Satir et al., 1991）。

　　在治療中，當兩位伴侶開始學習重視自己、關愛自己時，就會源源不絕地湧現內在力量，並在關係中活得更真實、更堅強、更尊貴、更有愛人的能力，在此同時兩人也才能學會關愛對方、重視對方和滋潤對方。治療師需協助夫妻或伴侶在治療過程中願意真正接受彼此背景、成長、個性、需要、感受等的差異，當他們再也不想掌控對方或改變對方時，才可能真心接納對方且欣賞對方的獨特性，一起並肩成長、相互提升自我價值感，在信任和尊重的親密關係中做自己，並同享高自我價值感的平安和喜悅。下面這段文字是薩提爾對高自我價值的闡釋，無論放在個人生命或伴侶關係的脈絡中都極為適用。

自我價值宣言

　　我是我自己。

　　在這世界上，沒有一個人完全像我。有些人某部分像我，但沒有一個人完全像我。因此，我身上所有的一切都是真實的我自己，因為是我自己選擇的。

　　我擁有我的一切：我的身體，和它所做的事情；我的心智，和

它所想所思；我的眼睛，和它所看到的影像；我的感受，不論是憤怒、喜悅、挫折、愛、失望、興奮；我的嘴，和它所說的話，不論是禮貌、甜蜜或粗魯的，正確或不正確的；我的聲音，不論是大聲或小聲；和我所有的行動，不管是對別人或對自己。

我擁有我的幻想、夢想、希望和害怕。

我擁有我所有的勝利和成功，也擁有所有的失敗和錯誤。

因為我擁有全部的我，因此我能對自己更認識、更親近，也因此，我能愛自己並友善地對待我的每一部分。於是，我就能為自己的最大利益全力以赴。我知道某些關於我的部分使我困惑，有些我做的事自己也不了解，但是只要我能友善地、充滿愛地對待自己，我就會充滿勇氣和希望去尋求方法來解決困惑，並找到途徑更加發現自己。

任何時刻，無論我所看到、聽到、所說、所做、所想或所感覺的，那都是我。是真實的我，也代表那時刻的我。

當我回顧過去所看到、聽到、所說、所做、所想或所感覺的，有些可能並不合時宜。我能去除那些不合適我的，並且再創造新的部分來補足。我能看、聽、感覺、思考、說和做。我有方法使自己生存、親近別人、有生產力、能為自己由外在的人事物找到意義和次序。

我擁有我自己，因此我能主導自己。

我是我自己，而且我是好的。

為自己和關係做選擇

薩提爾認為每個生命的存在都是有選擇的，在任何困境中，我們至少都可以找到三個可行性，並激發內在力量為自己做選擇。治療師自己首先要能如此實踐，才能協助來訪者為自己思考所有能做的選擇，然後去覺察每個選擇所帶來的利弊得失和接下來所需付出的代價。

當人們感覺到痛苦和不舒服時，就是改變自己最好的契機，也是需要積極做出選擇的時刻。我們可以帶著興奮、開放、好奇和愛去面對改變，去發現新的可能性和內在資源，並且冒險走向未知。在親密關係中，當兩個人體驗到掙扎或痛苦時，很容易自動化地怪罪對方使自己受苦，這會導致自己成為受害者而陷入更大的糾結和痛苦中。此時治療師可以鼓勵來訪者勇敢地面對自己當下各種行動的可能性，為自己積極正向地做出改變，就會經驗到做選擇之後所創造的新局面。

在任何一個關係中，我們都要不斷地做選擇。在婚姻伴侶治療中，最根本的選擇是治療師要確認來訪者是否願意承諾在此關係中和伴侶一起共同努力。如果他們決定繼續做夫妻或伴侶，這個承諾對雙方來說，即意味著我之於你、你之於我是同在一條船上，要建立一個屬於我們的關係，所以我會考慮你、你也會考慮我，我們可以相互靠近，亦可各自獨立，然而當下最重要的目標在於創造使我們都滿意的關係。倘若夫妻或伴侶的治療目標不是維繫彼此的關係，雙方對未來人生計劃已有歧見、兩人間已失去關聯、或已不再相愛時，治療師更需要陪伴他們在矛盾或差異中，找出各自在此情境中最適合的選擇。

許多伴侶和夫妻在關係發展的歷程中，隨時都需依照當下的情境來調整自己做出改變，而這些改變都是人生必須面對的選擇。當我們能主動為自己和關係做選擇時，便能積極掌管自己生命和關係的主權，才不會被動地留在受害者的位置中。來訪者在婚姻伴侶治療中，常常要面對的選擇為：

1. **夫妻或伴侶為彼此的關係努力做改變**：包括停止對自己和對方的攻擊與傷害、為自己或對方設立界限、真實表達內在感受與渴望、冒險給予和接受愛、真誠欣賞自己與對方、為彼此療癒受傷、處理衝突和差異等。

2. **維持原狀不做改變，不前進也不後退**：這種現象在夫妻伴侶治療中很常見，有時他們會為了某些特定原因既不能走近對方又無法分離，最常見的理由是為了孩子勉強在一起，兩人卻無法好好相

處。即使如此，來訪者需要看見不做選擇其實也是一種選擇。新手治療師常會因為伴侶們不做改變，急於想幫助他們而比他們更賣力，來訪者卻仍然處於原狀。如果夫妻或伴侶並無意願做出改變，治療師可以協助他們覺察不改變的利弊得失及其背後真正的原因，並將兩人關係的責任仍然留給他們。

3. **當兩位伴侶對親密關係不抱任何希望，勇敢做出結束關係的選擇**：不論對伴侶或治療師來說，這個選擇都是極為艱難的，在此過程中會帶來很大的痛苦或掙扎。薩提爾認為，在一段關係中，若是沒有機會改善、沒有願景、也看不到任何改變的可能性時，結束關係可以是一個選項，我們可以允許自己離開一段關係而不必有所愧疚（Satir, 1988）。

為自己和關係負責任

　　每個人出生後都要依靠父母或照顧者的養育而逐漸成長，所以很多事都由大人來替孩子做決定。隨著年齡增長，每個人會慢慢開始學習照顧自己和為自己的行為負責，於是在長大成人之後，我們就在心理上脫離父母，成為獨立自主的成年人。薩提爾將一個人成長的生命週期比喻為園丁栽種花木的過程：開始種植、等待發芽、枝幹長出後結出花苞，最後終將開花結果。

　　在人生的發展歷程中，每個階段都有其特定的成長任務、責任和權利（Satir, 1988）。薩提爾認為對大多數人來說，在進入法定成年的那一天，我們與父母或照顧者的關係，就在依賴和責任之間產生極大的變化。成年人需要為自己的行為負責，而無法再像小時候一樣依賴父母主宰他的人生。我們的感受也是自我負責的一部分，因為感受是屬於我們的，我們能主宰自己的感受，並且透過感受經歷生命的豐富和喜悅。在薩提爾模式中，讓來訪者學習為自己的這些部分負責，是治療目標中不可或缺的部分。

　　成年之後，在親密關係中我們不只要為自己負責，還要為此關係負

責。因為我們的一舉一動都會影響自己、對方和親密關係，所以在關係中對待自己和對方的方式就會產生某些特定的結果。俗話說「天下沒有白吃的午餐」、「要怎麼收穫就要先怎麼栽」，放在親密關係的脈絡中很容易能讓來訪者理解，如果伴侶雙方想要有良好的親密關係，就需要他們一輩子用心經營；如同栽種一棵樹或一株花，如果栽種者不悉心呵護付出努力，植物很難得到健康美麗的成長。當夫妻或伴侶選擇想讓關係更好而前來治療時，治療師就要讓他們開始意識到，他們想要的關係是需要兩人全力以赴的。當他們願意為此負責任時，即意味著他們不再一味地責怪對方，而能反躬自省，看見自己這一方必須改善和調整的部分，這樣才能共同合作，創造兩人都想要的親密關係。

伴侶雙方都要各盡本分才能擁有持久美好的關係，只有單方面的投入和努力通常是行不通的，而且長期下來，較投入的一方容易因為未收到另一方相對的回應而感覺疲乏、孤單、憤怒，最後因絕望而想放棄。薩提爾認為夫妻是一個團隊，同時各自也是獨立個體，藉著雙方皆願意為關係承擔責任，一起合作成為建造家庭的建築師，才能預防兩人關係的惡化並創造幸福健康的家庭（Satir, 1988）。

在健康的家庭中，每個人可以自在表達真實感受而不用害怕被懲罰，每個人都會被尊重、相互欣賞、彼此聆聽和分享，因此也都具備高自我價值感；他不用擔心自己會犯錯，他可以與別人不同，也可以在犯錯和差異中學習。薩提爾模式的這些理念在近代的實證研究中已得到支持，高特曼等人（Gottman & Gottman, 2006）指出，夫妻要建立健康幸福婚姻的最佳行動如下，這些行動也是每對夫妻或伴侶為了維繫彼此關係所要承擔的責任：

- 常為婚姻做正面的事，友善面對自己的伴侶，用正向方式解決衝突。
- 為婚姻成為一位好伴侶，能溫和地開啟對話，處理彼此間的差異，不去批評指責，成為彼此的好朋友；雙方皆為自己的成長、自我覺察、身心健康負責。

- 願意修補關係中的傷害並採取和解的行動，而不是怪罪、拒絕對方。
- 願意接受伴侶的影響，聆聽對方的心聲，看重彼此的需要，而非自以為是或輕蔑對方。

促進與自己和相互間的一致性

一致性是一個人存在的狀態，內在處於穩定踏實的能量中，外在則展現出通暢清晰的溝通和人際關係的品質。選擇一致性意味著在關係中尊重自己、選擇做自己，讓自己來定義個人的價值，同時允許對方也可以如此，這樣雙方在關係中都可以保有完整的自我，並帶著關懷、正直、誠實、創造力和對情境的覺察相互連結（Satir, 1988）。

當一個人重視自己和處於高自我價值感時，即能欣賞自己的獨特性、真實接觸內在的感受、能接納自我和人性的共通性；在肯定自己存在的同時，亦能以同樣的態度對待伴侶，因而與自己和他人達到一致性。此時他不需要用自動化即時反應（reaction）（參見第 4 章）來防衛自己或反擊回去，而是能夠真實清晰地表達內在經驗，讓彼此安全自在地在關係中做自己。

在親密關係中，當雙方都願意以一致性交流時，意味著他們身心靈各方面的訊息都表達出同一種意涵。語言中的意思和身體的姿勢、表情、語氣、音調也都相互吻合，這樣可以創造人際關係中的相互理解、連結、自由和真誠。由於在一致性關係中雙方不會感覺到自我價值感受到威脅，所以不需要用討好、指責、超理智和打岔來保護自己；即使在緊張或衝突中，他們仍然可以用一致性的回應來緩解對立、打破僵局，建立溝通的橋樑。

在我們的重要關係中，如果想要有一致性的關係，首先要先對自己真實一致，回歸真我做自己；願意接受自己不完美卻仍能重視自己、愛自己，並同樣給予對方這樣的權利。此外，雙方都願意選擇真誠與對方分享自己的脆弱、感受和需要，不會害怕因此受傷害或被懲罰。一致性

的關係不需用愧疚感來維繫、不玩心理遊戲、不用爭辯對錯、不是交易算計、不是掌控索求、也不是權力爭奪，而是相互信任、真心承諾、彼此尊重、分享脆弱、冒險與成長、給予和接受、支持與滋潤、開放與成長的關係（Gomori, 2003, 2006, 2007, 2009, 2014）。

每個人都希望在與他人的重要關係中感到溫暖、安全、被尊重，尤其是在親密關係中，更希望所愛的人也能這麼做。由於親密關係中的伴侶常是我們一生中除了父母以外，最熟悉、最靠近，也是最了解自己的人，以致伴侶的一言一行常對自己產生巨大的影響，如果能聽到一句好話、看到一個帶著愛意的動作，就能使內在產生溫暖的化學變化。

然而在親密關係中，當我們感覺疲倦、生氣、壓力大時，就容易使用無禮、粗魯，甚至傷害、攻擊的方式與所愛的人應對。許多夫妻在結婚多年後就不再輕聲細語、好好說話，而是出口傷人、指責攻擊，造成雙方傷痕累累，處在痛苦的深淵中。這時候他們來到治療師這裡，滿心期待能排除關係中的障礙，重新找回失去已久的親密與和諧。治療師最重要的任務之一，是示範和引導他們在親密關係中勇敢冒險去一致性地表達自己，並且專注清楚地聆聽對方。

這個治療目標的重要性已在高特曼（Gottman, 1999）的研究中得到支持，高特曼在諸多論述和研究中指出，親密關係的最大殺手是：批評挑剔、防衛抱怨、否定輕視、逃避退縮，他也藉由觀察這四項特點來預測夫妻未來是否會離婚。這四大殺手即為薩提爾當年在上千個家庭中，所觀察到不一致應對的極致表現。高特曼發現夫妻間大部分爭吵都無法解決，但幸福的婚姻中夫妻之間會減少這四大殺手的出現，而較多使用正向、清楚、尊重的互動方式來相處。

伴侶間的衝突和差異在關係中是可預期且無法避免的，大多數夫妻或伴侶都以為衝突是造成婚姻危機最主要的原因，所以盡量避免衝突，也不去處理造成衝突的原因。然而過去數十年研究已告訴我們，親密關係能否有良好的品質，彼此的差異和衝突往往不是重點，而是雙方能否用有效的方法來解決它們（Gottman, 1999; Gottman and Gottman,

2006）。因此在薩提爾的論述和近代研究中都可看到，夫妻或伴侶若要能調和彼此的差異和衝突、兩人間擁有深刻的連結和滋養、雙方都感受到愛和安全，那麼一致性的溝通是不可或缺的元素。這裡指的一致性溝通包含：尊重彼此的差異，分享內在真正的感受，表達自己的渴望，說出心中的顧慮和脆弱，並且在伴侶面前做真實的自己。

有關薩提爾模式的三項誤解

在筆者學習薩提爾模式的三十年中，聽到許多專業助人工作者對此模式的評論，大家都站在自己所理解的觀點上表達看法，有些與現階段我們這些學習者所認識、所實踐的薩提爾模式有很大出入。這些誤解和迷思，容我在此一一說明，就教各位家庭治療先進。

誤解 1：薩提爾是靠個人魅力而成功，別人是學不來的

許多人認定薩提爾的成功源於她個人的溫暖、親切和獨特的魅力，她的治療工作彷彿是她個人的魔法創造出來的奇蹟，普通人是學不來的。神經語言程序學（Neuro-Linguistic Programming，簡稱 NLP）大師班德勒曾認為不太可能有人能習得薩提爾所做出的那些成效，也許大家可以模仿她的聲調或用語，但很難學到她的技術和歷程（Bandler, 1991）。的確，當我們從薩提爾當年所留下的書籍或錄影帶中，看到她行雲流水般的治療歷程，似乎並不需要什麼特別的技術，家庭就自動轉化了，而後進如我輩好像怎麼努力效法模仿也只能學到皮毛。

雖然多數人都認為薩提爾的治療歷程是學不來的，但其實薩提爾曾強調：「我們每個人可以是緩慢的學習者，但我們也都是可造之才。」（Bandler, 1991, p.xiii）她相信每個人身上都有魔力，也希望每個人都能找到自己的魔力。她的學生兼同事瑪莉亞·葛莫利（Gomori, 2015）發現她也可以找到自己的神奇魔力時，就相信薩提爾說的是真話。因此葛莫利也在後續教學中不斷鼓勵我們，不用模仿她或任何人，而是為自己

找到個人獨特的魔力。

葛莫利（Gomori, 2015）認為薩提爾的魔力展現在與人的接觸和連結中，因為薩提爾深信每個人都是生命的奇蹟，各自展現出神聖的生命力，不論一個人的外在行為多麼負面，她都能從中發現正向意涵。由於她能在人們身上發現力量、資源和可能性，而非病理或問題，所以當人們感受到她的深刻重視與尊重時，即會發自內心願意重視自己而產生力量和希望感，甚至做出改變。

治療師能用正向的態度與來訪者相遇，自由運用自己所具有的真誠、直覺和創造力等資源，讓來訪者在治療過程中體驗到自己是珍貴且有價值的，並一起發現生命中新的可能性時，自然會創造出治療歷程的魔力。每一位薩提爾模式的實踐者，都可以有其獨特的理解和運作方式，透過各種形形色色的角度來表達此模式的個人特色是非常有價值的。因此現在我們能夠累積各種不同的詮釋，衍生出各種豐富的歷程，使得此學派可以海納百川、益加枝繁葉茂，每位薩提爾模式治療師也都各自發展自己獨特的風采，而不再僵固呆板地依循薩提爾的「正確」作法。

誤解 2：薩提爾模式缺乏清楚架構的理論和技術

許多治療師在評論薩提爾模式時並未深入理解其理論精髓，即認定薩提爾模式治療師只靠個人魅力、創造力和直覺，天馬行空地做治療，臨床上缺乏條理分明的理論架構（Nichols, 2010, Goldenberg and Goldenberg, 2011）。

其實薩提爾的治療理念源於人本心理學，將當事人中心治療、完形治療、心理劇、經驗性團體歷程和家庭系統理論等技術融合而成（Bitter & Corey, 2001; Goldenberg & Goldenberg, 2011; Loeschen, 1991; Satir et al., 1991; Gomori & Adaskin, 2009; Brubacher, 2006）。薩提爾的同事及學生在她過世後約三十年間，陸續在世界各地推動薩提爾模式，相關理論和技術的討論也愈來愈能讓後進學習者一窺薩提爾治療藝術的奧妙。

薩提爾在出版經典之作《聯合家族治療》（Satir, 1983）、《新家庭如何塑造人》之後（Satir, 1988），又與貝曼、葛莫利和珍‧歌柏（Jane Gerber）共同撰寫了《薩提爾的家族治療模式》（Satir, Banmen, Gerber and Gomori, 1991）。其他如《薩提爾治療實務》（Satir and Baldwin, 1983）、《訓練者的訓練》（Duhl et al., 1994）、《跟薩提爾學溝通》（Satir et al., 1989）、《心靈的淬鍊：薩提爾家庭重塑的藝術》（Gomori & Adaskin, 2009）、《大象在屋裡》、《越過河與你相遇》（Gomori, 2013）、《薩提爾轉化式系統治療》（Banmen, 2008）、《薩提爾成長模式的應用》（Banmen, 2006）、《薩提爾歷程》（Loeschen, 2002）、《薩提爾技巧訓練》（Loeschen, 1998）等諸多著作，提供了系統性的架構讓薩提爾模式的學習者來理解這門學問。

當我們仔細揣摩薩提爾及其學生、同事，現在也是訓練導師的瑪莉亞‧葛莫利和約翰‧貝曼等的教學，可以發現薩提爾模式有其完整且多重層次的理論架構。這個理論架構因為闡述的是一個人生命發展歷程的神聖性、複雜性、多樣性，因而在治療中所發生的經驗和過程無法使用簡化單一的概念來描述。

每位薩提爾模式的論述者，都針對薩提爾某些重要理論或工具提出自己獨到的見解。但對多數治療師來說，若沒有機會深入了解、長期耕耘，就只能霧裡看花或瞎子摸象而無法理解其精髓。由於這個學習過程並無捷徑，可能需要花費數年的時間浸泡其間，不斷透過實務演練和督導，才能逐漸領略和掌握其真諦。培養一位薩提爾模式治療師，起碼要投入八到十年的時間，對許多人來說，這是極大的投資和挑戰，若無深厚的決心和承諾則無法達成。

從薩提爾的語音文字檔案、相關論述和幾位老師的教學訓練中，我們逐漸發現薩提爾的工作歷程有其縝密複雜的脈絡可依循，甚至有很多獨特的技術和次第在其中（Bandler, 1991）。但多數人卻寧願相信薩提爾模式是空泛抽象又沒有清晰理論架構的學派，形成這個刻板印象的主因是薩提爾常說她的工作是「極度直覺性的」（highly intuitively）

（Andreas, 1991），殊不知這樣的直覺性背後，其實蘊含她廣大的臨床經驗和多元的理論背景做支撐。

　　薩提爾當年在宣揚她的理念和教導此模式時，大部分是透過經驗性工作坊來傳遞授課，她不強調治療技術的訓練，以免治療師只會制式地運用技巧而失去身而為人的核心價值。在她的工作坊中，所有學習者可深入跟隨歷程，將自己投入其中去體驗學習和成長。這種心傳心、由體驗中學習的形式，仍被大多數的薩提爾模式專業訓練沿用至今，這對很多習慣用頭腦來理性分析治療理論，而無法進入個人內在經驗的專業助人工作者來說，的確是難度極高的挑戰。

誤解 3：薩提爾模式只著重溝通和感受層面

　　關於薩提爾模式的論述，尤其在家族治療的教科書中，大多聚焦於她早年關於溝通姿態和感受的論述，以致一般專業助人工作者對此模式理論的理解只局限在這些片面和表層的觀點上。事實上，薩提爾模式早已超越這些淺層的理念，並且提供了一個全人整體和全相觀（holistic）的藍圖（McLendon, 2006），甚至放眼在靈性與世界和平的層次上了（Satir, 1988; Satir et al., 1991）。

　　薩提爾發展溝通理論時，有其重要的發展脈絡，而非只局限於溝通與感受。她認為一個人若想與他人建立親密或開放的關係，一致性是重要的基礎，而她發展人際關係和家庭關係中溝通歷程的一致性時，有三個演進階段（Satir et al., 1991）：

1950 年代：　「一致性」是指一個人能覺察、承認和接納感受，並且能真實直接地表達出來，在語言和非語言之間並無矛盾存在。

1960 年代：　「一致性」被視為個人內在的一種完整性，他能意識到自我且接納自我的高自我價值狀態。

1980 年代：　薩提爾開始更清楚指出「一致性」的第三種層次是接觸靈性，與宇宙間的生命力連結而創造人類成長的自

然現象。

由以上薩提爾「一致性」的發展過程即可看到，這個模式不是只著重在表層的溝通行為。對她來說，溝通為人們所有經驗的總和，不但與其過去的生命和原生家庭背景息息相關，同時反映出個人內在自我價值感的高低。一致性是薩提爾模式治療至關重要的目標之一，也是婚姻家庭治療評估和介入的重要環節。我們可以透過與自己的一致性、在重要關係中選擇與他人一致性溝通，讓我們有機會與伴侶建立親密與開放的關係，進一步與自己和他人在生命力和靈性的層次深刻連結。

進行薩提爾模式婚姻伴侶治療時，經常由兩人的溝通模式進入各自內在的感受、觀點、期待、渴望和自我的每個面向，來協助夫妻或伴侶用新的眼光理解自己和對方。此外，在過程中治療師亦會具備清楚的藍圖，在個人內在系統、伴侶互動系統和原生家庭系統的每個層面及其相互作用中，不斷來回介入運作。因此，治療師在跟隨治療歷程時，有其發展的次第與方法，而溝通和感受是進入這些複雜的系統工作中最明顯和直接的入口。

薩提爾過世前，曾針對人的神聖性、生命力和靈性提出論述（Satir, 1988），她過世後，相關文本陸續被整理出來（Banmen, 2008; Lee, 2001, 2002）。她晚年關注的焦點已超越個人和家庭，而轉向更大的視野，期望能致力於倡議世界和平，她認為世界是由各個國家民族組成的大家庭，這些國家是由人所組成的，如同家庭也是由人組成。當一個人能從自己做起，給自己足夠的愛、珍視和尊重，願意與人合作而非競爭，能彼此一致性且清晰地溝通，人們就能由個人創造出改變這個世界的漣漪效應（Gomori & Adaskin, 2009; Gomori, 2015）。如果有許多同樣想法的人聚在一起，更大的改變就會發生，而能由個人內在的和諧推展至人際之間的和睦，再擴大至群體中的和平（Satir, 1988）。

薩提爾模式治療師的養成

大部分人觀看薩提爾的工作後會有幾種反應：其一是讚嘆她的神乎其技，認為那是薩提爾個人獨特魅力所創造的奇蹟，一般人無法學成；有些人則學到表象技巧之後就大膽運用，卻未理解其歷程背後的理論根據；有些人則認為薩提爾是異教徒的宗師在行使特異功能，所以不會重視薩提爾在家庭治療界的貢獻和對人們所產生的正面影響（Satir & Baldwin, 1983）。薩提爾謙稱她的工作很多是出於直覺或當場的靈感，但其實這是她長期累積對人們和眾多家庭敏銳觀察和臨床經驗而來的結果。

最關鍵的是她一直強調治療師需先接觸自己內在的生命力，成為統整的人，才能接觸來訪者的生命力並與之連結。這種人與人之間在生命力和靈性上的相遇，是來訪者改變的重要契機。我們透過一直以來與薩提爾的弟子和同事瑪莉亞‧葛莫利長期的學習與對話後，後進學習者亦可以幸運地認識薩提爾模式的精華，而能「知其然」和「知其所以然」。在這個治療師與來訪者的靈性之旅中，尤其重要的是，治療師要成為一個高自我價值和統整的人之後，才能有效地運用自己（Satir, 1983; Satir & Baldwin, 1983; Gomori, 2006, 2009, 2013, 2015）。因此薩提爾治療師的養成過程中，強調的是**個人統整與專業素養兼具、人性化與專業化並重**（Satir, 2000）。

專業訓練

薩提爾模式沒有結構化、按表操課的教科書，薩提爾或其同僚在做專業訓練時，甚至會避免教授固定的工具性技巧，以免失去自發性和創造力，或因著重技巧而忽略與來訪者人性的接觸。每位治療師都有其獨特性和風格，每位學習者也都可以運用自己的強項和長處來發揮其治療效能，所以在訓練過程中，治療師不只要學習薩提爾模式的所有理論和工具，還要能深入認識自己和原生家庭的影響，並能因此成為一個獨立

完整和專業素養兼備的個人。

　　她常強調治療師需要達到個人成長和自我整合之後才能善用自己（Satir, 1983; Satir et al., 1991; Gomori & Adaskin, 2009, 2013; Satir, 2008; Satir & Baldwin, 1983），因此曾在早期國際阿凡他網絡（Avanta Network）為治療師們提供長達一個月的住宿團體來進行家庭重塑和個人成長的訓練，讓治療師能經由自己的家庭歷史和動力，利用角色扮演和雕塑，深刻體驗其原生家庭的影響。當治療師能意識到自己在原生家庭舊有的學習，並覺察和接納父母的人性時，才能發展完整和獨立的個體，並以成人的觀點重新定義自己（Aponte and Winter, 2000; Gomori & Adaskin, 2009）。

　　治療師經過這樣的成長過程，才能在婚姻和家庭治療中體會來訪者在親密關係中的掙扎、痛苦和愛，並從人性的角度接納他們；也才能分辨自己的過去如何影響現在，這些又如何影響治療關係。治療師這種成長經驗很重要，他可藉此發現自己有哪些強項和弱點會影響治療歷程和來訪者，並且避免因為個人原生家庭的恩怨情仇勾動了自己的情緒和偏見，而將之投射在來訪者身上。

　　接受薩提爾模式的訓練後，往往要經過約八到十年時間，才能慢慢發展為有能力勝任專業又具備人性的家庭治療師（參見附錄 2：薩提爾模式治療師培訓架構）。這是一條漫漫長路，薩提爾和包德溫（Satir & Baldwin, 1983）鼓勵治療師將下列的工作態度做為自己專業涵養努力的方向：

- 欣賞每個人生命能量的展現，相信每個人內在都有足夠的資源可以幫助自己，只要給予良好環境，他就能施展內在力量，使自己更好並成長。因為每個人的生命都趨向成長，不論在治療過程或治療師自己的個人生活中，都可以見證這樣的成長。
- 治療師不是高高在上指導來訪者如何生活的權威者。他會聆聽、涵容、尊重每位來訪者，如同花園的園丁，知道使用一些方法和工具來幫助花草樹木成長為自己最美麗的樣貌。

- 來訪者需要為自己負責，治療師不是拯救者，也不能為來訪者的痛苦負責。當治療師看見來訪者身處痛苦時，不能比他們更賣力地急於挽回破裂的關係，或減輕其痛苦，以致失去人與人之間健康的界限。

- 治療師需帶著不指責、不批判的態度會見來訪者，欣賞和認可每個家庭在痛苦中掙扎和努力尋求答案的歷程，並從多方角度和系統來探索問題，而不是提供單一解答，卻忽略了來訪者具備的內在智慧，他們才是自己最重要的專家。

- 治療師願意開放自己並運用自己的人性做為治療的工具，要能做到這一點，治療師需不斷地成長和發展以邁向成熟和完整。「我們是人，也在做人的工作，所以我們需要了解和愛我們自己……」（Satir & Ballwin, 1983, p.228）。治療師要先接納自己的人性，才能接納來訪者的人性，並在平等的立場運用自己成為來訪者改變歷程的合作夥伴。

　　薩提爾欣賞不同的專業助人工作者能建設性地運用薩提爾模式，她也尊重他們具備各自的人格特質、風格和技術，所以她鼓勵學生們盡量去嘗試她所提供的概念和方法，但要注意不必勉強接受那些不合適的東西：「去品嘗……、咀嚼後，才將適合自己的吞嚥下去。」（Loeschen, 2002）因此在學習薩提爾技術時，治療師要先確認薩提爾的信念和價值觀是否適合自己，再選擇是否相信且做出承諾，接下來才能完成專業技術的學習與實踐，否則只能學到表層的形式而無法展現此模式的內在精神。

　　由於薩提爾模式治療師不只是與個別來訪者會談，還需要與其他相關人士或不同的群體一起工作，例如，他在必要情況下需要會見伴侶以外的家庭成員，這些學習是薩提爾模式治療師在養成過程中不可或缺，卻又充滿挑戰和樂趣的必經之路。薩提爾模式的訓練常以三人組、小團體、大團體的方式進行。三人組象徵家庭中原始三角關係，即父母和自己；小團體象徵三人以上的家庭或團體，需要一起面對和處理困難；

大團體意指社群，即我們每個人都是社群的一分子，藉由大團體學習社群中的關係，可以讓治療師更能發現和覺察自己和其他多數人的互動（Satir & Baldwin, 1983）。

培養七項特點

　　薩提爾模式治療師真正難學的在於如何成為一個整合、高自我價值、一致性的個人，同時必須具備足夠的專業知能和素養（Andreas, 1991; Satir & Baldwin, 1983; Gomori, 2006, 2009, 2013, 2015）。所以薩提爾和包德溫（Satir & Baldwin, 1983）建議治療師在養成的過程中，認真思考是否要選擇薩提爾的哲學觀、人性觀，做為他個人和專業的承諾，將之積極投入實踐在個人生活和專業中，並且努力敦促自己達成下列七項特質（Seven Cs）：

1. **一致性（Congruence）**：對自己真實一致，在生活中也選擇對他人做到一致性；願意在治療中示範一致性，也教導來訪者一致性。

2. **涵容性（Compatibility）**：因來訪者來自不同的階層、族群、職業、性別、文化、政治等背景，與來訪者建立關係時，帶著尊重去接納每個人的差異性和不同的家庭及社經背景，不帶批判和指責，充分允許和接納每個人能成為他自己。

3. **專業勝任力（Competence）**：獲得所需的知識和技能，在專業上成為有效能的治療師，運用自己的生命經驗融合過去所學，知道自己可勝任和不可勝任的部分，並不斷學習和成長。

4. **合作力（Cooperation）**：有能力與他人一起工作，彼此溝通協調，不是分化和競爭，也不是看輕自己或他人，而能在價值平等的立場合作。

5. **慈悲心（Compassion）**：有同理心和悲天憫人的胸懷，帶著發自內心的關懷，感受他人的感受，真誠傳達對他人的敬重、欣賞和認可，並因而與他人連結。

6. **覺知力（Consciousness）**：覺知與宇宙連結的生命力，覺察自己

每部分的感官知覺，同時以此為基礎敏銳觀察來訪者的語言和非
語言訊息。

7. **社群化（Community）**：能意識到每個人都是人類的一分子，也
是群體的一部分，能參與在團體中，共同學習和成長。

薩提爾治療師的角色

　　薩提爾模式的治療是一個教育的歷程（Gomori, 2013; Satir, 1976），
治療師在婚姻伴侶治療中的角色也是多元化的，他可以是教育者、示範
者、催化者、聆聽者、陪伴者、翻譯者、情緒涵容者、和連結者等。

　　治療師需具備專業知識和技術，但不是全能的專家知道所有的答
案，他是溫暖的同行者，可以摘下專業光環的帽子，表現出與來訪者共
同擁有的人性面，陪伴他一起冒險，分享當下對不清楚的狀況的疑惑，
信任內在的判斷和直覺，並且隨時與來訪者澄清和確認。

　　治療師可以在自己的專業知能和覺察個人內在之間，達到微妙細緻
的平衡，既能安住於自己的內在，又能發揮專業判斷做最好的介入，透
過穩定自如地貼近治療歷程，並掌握治療過程的主導權，彷彿是機場塔
台的航管員，協調掌管飛機的順利起降。他以來訪者的需要為依歸，在
適當時機使用適切的工具協助他們達成治療目標，並且藉由運用自己，
分享他所思、所見、所聞、所感，使這些回饋拓展夫妻或伴侶的思維，
並成為來訪者一致性溝通的範本。

　　治療師接納自己和來訪者身而為人會有的情緒，並能適時、真誠地
表達出來，他這種對自己和對來訪者情緒的涵容，能創造出更多尊重接
納的空間，使來訪者因此學到如何不加批判地去接納自己和他人的感
受。另一方面，治療師因為內在的穩定和諧，而能夠與來訪者安處在不
確定和模糊的狀態中，不會因此失去專業判斷和效能；提供夫妻或伴侶
一個安全信任的氛圍，讓他們更有力量承受關係中的不確定和未知，成
為包含彼此情緒的容器，進而產生更大力量冒險去做改變。

　　薩提爾的貢獻不僅限於婚姻家族治療，此學派現在亦應用在各種場

域，舉凡企業組織、學校教育、親職教育、司法系統、創傷療癒、個人成長等，各種文化族群的學習者都能從中受益（Banmen, 2006, 2008）。此外，薩提爾模式與人本心理學（humanistic psychology）、正念觀照取向（mindfulness-based approaches）（Lewis & Banmen, 2008; Loeschen, 2015）和正向心理學（positive psychology）多所相容，並與佛教經論和中國哲學也有相通之處（Englander-Golden, 2006; Lewis & Banmen, 2008; Brothers, 1996）。以上這些豐富多元的內涵，是包羅萬象又平易近人的，所有專業或非專業的實踐者，都可以將自己過去的人生智慧和經驗所學融合進來，在各種情境脈絡中做最大效益的運用。

第2章

薩提爾模式婚姻伴侶治療的基本技術

最大的禮物

我相信我能由他人獲得的最大禮物是

被他們看見、被聽見、被理解和被他們觸碰

而我能給出來的最大禮物是

看到、聽到、理解和觸碰另一個人

當這些都完成了

我感覺到我們之間就有了接觸。

——薩提爾

薩提爾模式的治療歷程著重力量與可能性，而非病理與缺陷，因為薩提爾深信每個人都是宇宙能量生命力的展現。因此不論她在治療中採用何種技術，都會符合下列幾個重要信念：（1）人類的歷程具有普世共通的相似性；（2）我們每個人都具備生而為人的韌力（resilience）與生命力，而這正是改變與健康的基石；（3）人性基本上都是良善的，每個人也都想要成長和生活幸福；（4）治療焦點放在協助人們連結內在資源、力量和新的可能性，因此薩提爾模式也被視為正向心理學的先驅（Englander-Golden, 2006）。

　　對於現代崇尚以研究為基準的婚姻家庭治療來說，薩提爾當年主張治療師會見來訪者時需具備的態度仍有其珍貴的價值。她曾指出治療的藝術性重於科學性，在人類天生的療癒力量中，愛與相信比技巧和技術更重要。然而她並非貶低技術，還發展出許多重要工具來促進人們的覺察和轉化（Englander-Golden, 2006）。

　　有別於其他傳統的心理治療，她不只相信每個人的生命都有其神聖性，也在治療歷程中反映出對人們內在具有良善、療癒力、健康、潛能及智慧的深切信念。她鼓勵治療師關注健康和力量，把失功能看成是為了求生存的應對方式，其內蘊藏了轉化和成長的種子。儘管來訪者無法看到這些，但治療師的任務是看到，還要能讓來訪者覺知希望和力量（Englander-Golden, 2006）。我們由她的論述和錄影帶可以見證她如何將這些信念實踐在治療歷程中，並運用在她的技術上。

　　薩提爾在其著作和教學中，鮮少將治療過程中所需用到技術和工具以結構化的步驟呈現出來——如同廚師可以照著食譜固定步驟和精準成分，按部就班地進行烹調作業。所以在薩提爾之後的推廣者和訓練者，如瑪莉亞・葛莫利（Maria Gomori）和約翰・貝曼（John Banmen）等人，即使在各地進行薩提爾模式家庭治療訓練，也不刻意強調技術的重要，甚至有時還避免提供結構化的步驟（Brubacher, 2006; Andreas, 1989），免得治療師因為要做到標準化程序，而變得呆板制式化。

　　從薩提爾模式相關論述（Satir, 1983, 1988; Satir et al.,1991; Satir &

Baldwin, 1983; Gomori & Adaskin, 2009; Gomori, 2013; Banmen, 2006, 2008）可發現，在治療歷程和治療師的養成過程中，並不強調結構式的技巧和程序，以免治療師落入機械化操作的窠臼，而是多鼓勵他們要與來訪者在人性的層次上而非技巧的層次上深刻的連結，這才符合薩提爾模式的核心價值。薩提爾認為理論和技術固然重要，但必須在人性化的情境中使用才能收到最大效益（Satir, 2008）。

樂生（Loeschen, 1991, 1998, 2002）則分析、拆解了薩提爾家庭治療歷程的次第，嘗試闡明薩提爾所使用的各種技巧，讓後學者清晰地理解和學習她的做法。這些步驟都有其重要理念在支撐，而治療師真心誠摯地與來訪者接觸仍是薩提爾模式最重要的基礎。如同章首薩提爾那首詩的描述，治療師處於一種全人全心同在的狀態與來訪者心靈的相遇；治療師能看到、聽到和理解另一個人時，就是給予來訪者最大的禮物。

這種心與心接觸的境界看起來容易，做起來卻困難重重，因為並無具體技巧和步驟可以被複製。在學習薩提爾模式的過程中，許多治療師都會發現，如果在初學階段能針對重要技術有初步認識，在實務工作上會較為得心應手，對治療歷程的掌握亦能產生較大的信心。本章嘗試介紹薩提爾模式治療師在婚姻伴侶治療時常用的技術，讓讀者能有機會進一步認識有哪些常用作法。但在使用時仍需提醒自己謹慎避免落入技巧的細節與僵化，才不會失去治療師的彈性、人性化、創意、自發性和慈悲心。

此外，運用這些技術除了考量治療情境、歷程和對來訪者的影響外，治療師還要帶著覺察、仁慈和接納，用心與來訪者同在，有意識的使用它們（Satir, 1983; Satir & Baldwin,1983; Satir et al., 1991; Satir, 2008; Gomori, 2006, 2008, 2013）。其目的不在炫技和求表現，而是運用它們更細緻地跟隨治療歷程、鞏固合作性的治療聯盟，使來訪者能深入接觸自己，覺察內在的各種經驗，進一步朝向轉化個人內在和重建親密關係的目標。在此薩提爾強調的是：「治療的情境是一種發生在病人和治療師之間，生命的學習和生命的給予的情境，而治療師的反應需要做到個

人化和人性化。」（Satir, 2008, p.220）。

　　以下介紹的技術是薩提爾模式和人本取向治療師常用的基本配備，不論是在個人治療、婚姻家族治療，或帶領工作坊都不可或缺。薩提爾曾提到這些技術是治療過程行進的途徑，但不是治療的終點和目的（Schwab, 1990）。治療師掌握它們就好像自己的智慧盒中蘊藏著豐富的寶藏，以供治療師隨時取用。熟練這些會談方法，可使治療師更加貼近夫妻或伴侶的內／外在歷程，使他們深刻體驗自己被理解、被接納的安全感與信賴感；讓治療師與夫妻或伴侶建立穩固、信任的治療氛圍，進一步引導治療方向朝來訪者想要的目標逐步邁進。

同理

　　治療師初次與來訪者見面、由他們的難題逐步進入其內在世界和關係本質時，將他對來訪者所體驗到、感同身受的理解以語言表明，並傳達給來訪者就是「同理」（empathy）；此時治療師不去評價誰對誰錯，也不表示同意與否。來訪者聽到後亦有機會表示他們是否同意治療師的同理反應，這能修正或擴展治療師和來訪者的視野和觀點，使後者因此更深入覺察自己的內在歷程。當治療師愈來愈貼近來訪者的情感經驗，雙方就能因著這些同理的共鳴而建立信任和深刻的治療聯盟。

　　羅傑斯（Rogers, 1951）在 1950 年代就主張治療師和當事人之間的良好信任關係是造成治療性改變最重要的條件，而治療聯盟的關鍵在於治療師能否真誠一致地同理來訪者。人與人之間的深刻連結是當事人能找到自己和安全感的重要來源，使他能在此基礎上產生探索自己和邁向成長的力量。羅傑斯認為同理心的意義在於治療師能夠理解當事人對世界、對事物的看法和感受，不僅治療師自己彷彿身歷其中感同身受，還要能有效清楚地將他的理解用語言表達出來。

　　薩提爾曾指出，真誠是治療師最重要的品質。她會真誠對待每位家庭成員，視每個人都是獨立的個體，她是自信和充滿好奇的、帶著探索

和非評價的態度進入家庭來了解這個家庭發生了什麼（Satir, 2008）。有趣的是，薩提爾與生俱來的直覺式同理心，使她可以迅速進入來訪者的內在世界，傳達出她的理解、真誠和接納，使他們自然而然地與她產生深刻的連結。她並不需要在訓練過程中刻意地去教導治療師們如何做到與來訪者感同身受的調頻反應（Brubacher, 2006），她的存在就能讓來訪者感覺到她這種發自內在的同理。

治療師要如何表示自己的同理呢？下面是薩提爾運用她自己表達出來訪者內在感受，同時用描述情緒的字眼讓他們感覺被聽到、被看到，也被理解的實例。

案例 1：在「一個有毒癮問題的家庭」（Satir, 1983）的家庭治療中

薩提爾：（當會談家庭分享一位親人去世的悲痛後）當我在聆聽你們的失落時，我感到現在有好多眼淚，從我心裡湧上來。

案例 2：在「一個混合家庭與不安的男孩」（Satir, 1983）的家庭治療中

薩提爾：對妳來說有個焦慮是，如果我不能同時關注每個人，就會有人被冷落，這都是我的錯……。

案例 3：在「岩石和花兒」（Satir, 1983）的家庭治療中

貝蒂：……這一年真的很掙扎，我真的愛他們。

薩提爾：我可以感覺到妳的害怕，剛剛我看著妳時就能感受到那害怕。

案例 4：在「成長與轉機」（Satir, 1983）的家庭治療中

薩提爾：……當傑克表現得很像妳父親時，妳就會覺得自己像個小女孩一樣害怕，不知道接下來會發生什麼事！

治療師能同理來訪者的內在經驗並用語言傳達給來訪者的過程，本身就具備不可忽視的療癒力。近代情緒取向治療（Emotionally Focused Therapy, 簡稱 EFT）（Greenberg et al., 1993; Greenberg & Paivio, 1997; Johnson, 2004）強調同理反應是建立深刻穩固治療關係至關重要的技術，可提供伴侶雙方一種安定的情緒與氛圍，使當事人能充分經驗自己，也認識對方，而不必擔憂被他人評價或壓制。藉由同理反應可以協助來訪者對治療師產生安全信任的感受，使得來訪者能放心地靠近自己及伴侶，這與薩提爾的觀點不謀而合（Satir, 2008）。

在夫妻或伴侶的負向互動循環中，彼此已累積太多批評和指責，在解決關係難題的過程中也體驗到無數挫折、受傷、失望和痛苦，當治療師運用同理創造一個溫暖、關懷和了解的治療氣氛，使他們感知治療師全心地陪伴、接納他們各自獨特的感受時，能讓他們在治療過程中更願意開放自己並聆聽對方。

許多夫妻或伴侶決定來治療時，對關係中的許多事都有截然不同的經驗和體會，彼此存在顯著的差異，卻無法被伴侶理解和認同。當治療師分別同理他們獨特的經驗或感受時，能讓他們感受到治療師不帶評價的接納，接著產生一種被人理解的輕鬆感。

近代腦神經科學研究告訴我們，治療師與來訪者彼此之間的共鳴所產生的同頻狀態，可能是心理治療之所以能造成改變的重要因素（Siegel, 2007）。當來訪者感受到治療師的真心關懷，覺知他的內在狀態經由敘述過程得到治療師的理解，即會經驗到與治療師心理上的同頻，不只在當下有一種舒適感，還可能改變腦中自我調節的整合型神經連結。這種人際分享的體驗，可以提升一個人對於痛苦經驗的容忍度，增強自我調節的能力，使得內隱的痛苦記憶被整合到更寬闊的人生故事中。

因此婚姻伴侶治療成功的關鍵之一，在於治療師能否真誠一致地同理來訪者的心情，讓當事人覺得被深刻地理解，而這種理解是在其他的關係中達不到的一種獨特的經驗。在這樣的治療關係中，來訪者可與治

療師建立彷彿父母與子女之間的安全依附關係，治療師運用自己這種深度覺察所帶來的同理，協助夫妻或伴侶也經驗到同頻的共情，以促進他們重建安全的依附和親密。要做到此種同理的關鍵在於治療師要具有悲天憫人的胸懷，帶著自己深刻的覺察力，全心全意在當下與來訪者同在。

反映

「反映」（reflection）是指治療師根據他在治療過程中經驗到的各種訊息，運用專業知能、敏銳度和判斷，將來訪者的現狀表達出來，以促進當事人對自己、對伴侶、對關係有更多的覺察。治療師宛如一面清澈的明鏡，映射出當事人最真實的面貌，讓他們能更深入和聚焦地發現自己在關係中的狀態。當治療師表達對來訪者的觀察，使他們感覺到與治療師在一起，能真實地被聽見、被看見和被理解時（Loeschen, 1998），即對自己、對伴侶、對關係會有更多新的認識，並產生更多好奇和冒險去深入地探索自己。

反映與同理的不同在於，「同理」是讓來訪者體會到治療師能正確無誤地理解他們所表達的感受和內在體驗，「反映」則是治療師藉著同理他們的感受為基礎，進一步帶領夫妻或伴侶去探索其內在世界與彼此關係相關的部分，使治療歷程從相互怪罪指責轉移到新的焦點，讓他們看清在互動過程中自己扮演了何種角色及各自的責任——即他們如何影響對方的反應，此反應又如何反過來影響了自己，以及可以做出何種改變來打破兩人間的負面循環等。這時治療即可由外在的故事內容進入到歷程中，治療師與來訪者的對話也能更聚焦、更切入關係中的核心議題。

基本的反映

基本的反映是運用同理心的態度來進行，有下列三種基本作法：

1. 將肢體線索可能包含的內在情感訊息反映出來。例如：

治療師：妳先生在說這些話時，妳一直皺著眉頭，我可以感

覺到妳可能不同意他，而且此時有生氣的感覺。

2. 反映語言和非語言的矛盾，並為他們說出內在發生的真實狀況。
例如：

　治療師：當你說「沒怎樣！無所謂！」時，聲音變大很多，
　　　　　此時你心中真正的感覺可能是挫折、生氣，但是你
　　　　　不能說出來。

3. 反映不一致應對姿態（參見第 4 章）下的真實感受。例如：

　治療師：當你指責她「妳是怎麼回事？怎麼這麼笨！」時，
　　　　　心中真正的感覺其實是擔心和緊張。

　　以上三種基本反映技術，在薩提爾模式伴侶婚姻治療的整個過程中
都非常重要，其原則為治療師看到來訪者用不一致的應對姿態說話時，
就要從其**外在行為表象**中，將其**內在對話和真實感受**反映出來。下面列
出更多例句供讀者參考：

　先生：妳是怎麼回事啊？（大聲又高頻）

　治療師（範例 1）：當你說這句話時，心裡想的是：「糟
　　　　　　　　　糕！她看起來很不愉快，我大概又做錯了什麼。我
　　　　　　　　　要小心不要再惹到她！」所以你心裡其實是擔心緊
　　　　　　　　　張。

　治療師（範例 2）：當你心裡有這些念頭就大聲斥責太太，
　　　　　　　　　其實心中是很焦慮、害怕的，怕的是你們可能又要
　　　　　　　　　吵架了。

　太太：我沒怎樣啊！

　治療師：妳聽到後就認為「他一點都不在乎我，如果他愛我
　　　　　就會知道我心情低落需要安慰，而不是吼我！」所
　　　　　以當妳說「沒怎樣」時，其實是覺得沮喪和難過。

薩提爾認為夫妻或伴侶間的不一致應對，在各種文化、各個階層的親密關係中都很普遍，也就是我們外在的語言和內在的經驗常是不相同而有矛盾的，但此時個人的真實感覺都未被自己和對方理解。治療師看到他們外在姿態的畫面是相互背對或相互指責，內在的深層經驗卻是：「我不重要，不會有人在乎我，我是被拒絕的」。他們之間的關係則是帶著面具、為了自我保護，無法以真面貌示人。

　　如果治療師這時能協助伴侶面對面，真實地分享自己時，他們即能感覺到：我被看見所以我是重要的，我也是被愛的。當伴侶們經驗到自己在彼此心目中的重要性，其自我價值感就會因此提升，亦能漸漸恢復關係中的生命力。雖然伴侶們也許會不太習慣這種新的互動關係，但現在他們可以將能量用在有效的接觸和建立連結之上（Satir, 1976）。

深層次反映

　　「深層次反映」是結合深度同理和反映的技術，治療師不只針對情緒反映做成語意簡述，還可由情緒經驗（感受層次）為出發，進入到冰山的其他層次（冰山隱喻的詳細介紹請參見第 5 章），將來訪者的內在經驗組合串聯，藉由治療師的語言使來訪者能由「內容」進入更深入的「過程」。此處介紹的深層次反映技術，是綜合上述的基本反映、搭橋（bridging）、探索（exploring）和編織（weaving）等多重技巧（Loeschen, 1998）而成。這是薩提爾模式婚姻伴侶治療中最不易學習但卻最常用的核心技術，當治療師將冰山的架構融會貫通、了然於心後，即可熟能生巧。

　　治療師運用深層次反映的功能，在使伴侶或夫妻體驗到治療師好像一面清明之鏡，如實反映他們在關係中的狀態和內在歷程，這是他們在見治療師之前自己做不到的。因此治療師有效地反映技術，可使來訪者由他人的角度，清晰看見自己與伴侶相處的真實樣貌，並且治療性地增進來訪者覺察和改變的動力。這種深層次反映技術亦能使來訪者循著治療師的路徑，一步步愈來愈深、愈來愈廣地看到自己在關係中所參與和

促成的部分。治療師不必判定是非對錯，而是讓來訪者經驗到他自己對關係、對他人產生的影響後，由衷地決定是否要為彼此做出改變。深度同理的反映不只在促進伴侶雙方更深的覺察、更有效的情緒調節，也提供他們機會可以更積極的做轉化。

用薩提爾模式的語言來說，深層次反映技術即為治療師對來訪者的**冰山內在歷程由情感層次連結至其他層次**的反映。這個技術是在冰山內的深度同理和照見，在治療師不帶評價的接納和尊重中，使來訪者體驗到他可以更深入和真實地面對自己和伴侶。

以冰山層次來細分，有下列幾種深層次反映：

1. 在感受層次同理並反映來訪者相對應的「觀點」：

　　治療師：妳現在感受到的好像是傷心（感受），因為妳覺得在婚姻中付出大半輩子的青春，卻什麼也沒得到，妳認為這很不公平（觀點）。

2. 在感受層次同理並反映其相對應的「溝通姿態」：

　　治療師：你在分享傷心無助時，我看到你立刻將自己武裝起來假裝沒事，然後保持慣有的冷靜、理性，並且很快地去解決問題（超理智的溝通姿態）。

3. 由感受層次的同理進入「期待」層次的反映：

　　治療師：我看到妳現在聲調提高、講話急促，妳內在可能經驗到生氣、憤怒，也許這是因為他答應妳不再與第三者聯絡卻沒做到吧！妳想要他能確實與第三者終止來往（期待）。

4. 由感受層次的同理進入「渴望」層次的反映：

　　治療師：我能體會到你此刻的絕望和無助，因為你一直想要妻子能肯定你、尊重你（渴望），但好像都落空了。

5. 由感受層次的同理進入「觀點」和「互動循環」的反映：

治療師：當妳經驗到傷心無助時（感受），心裡就想：這真
　　　　不公平（觀點），你什麼時候才會了解我的心情
　　　　啊？我要忍耐到幾時！此時妳就指著他，責罵他沒
　　　　良心；（轉向先生）當你聽見太太罵你沒良心時，
　　　　實在一頭霧水，不知道發生了什麼事，就氣急敗壞
　　　　地說她莫名其妙。（面向太太）妳聽到他說妳「莫
　　　　名其妙」時，就更生氣、更傷心了（互動循環）。

6. 由感受層次的同理進入「觀點」和「渴望」層次的反映：

治療師：你的眼淚彷彿在說：我好苦啊！沒人了解我，我為
　　　　這個家做牛做馬一輩子，竟然沒有人感激我，他
　　　　們都認為這是理所當然的，真是太不公平了（觀
　　　　點）！我內心深處真想要她能理解我、也認可我的
　　　　付出（渴望）。

7. 由感受層次的同理進入「渴望」和「期待」層次的反映：

治療師：妳在受傷的感覺中還經驗到害怕，因為當妳看到他
　　　　現在的沉默不語，心中大概很希望他能坐在妳身邊
　　　　跟妳說說話，不要不理妳（期待），讓妳能感受到
　　　　在你們的關係中還有愛，妳很希望他像以前一樣愛
　　　　妳，妳想要兩個人能更親密（渴望）。

8. 由感受層次的同理進入「渴望」和「自我」層次的反映：

治療師：妳的眼淚好像在說妳非常傷心、失望，因為妳如此
　　　　渴望先生能認可妳、接納妳（渴望），但當妳聽到
　　　　他要離婚時，頓時覺得自己是個糟糕、沒價值的人
　　　　（自我）。

9. 由感受層次的同理進入「觀點」和「自我」層次的反映：

治療師：我看到你臉上深深的悲哀，你也告訴我們，自己在
妻子心中是個沒用的人（觀點），因你不能保護
她、無法使她快樂，這時候你就覺得自己很糟、很
失敗、很沒價值（自我）。

肯定

「肯定」（validation）是薩提爾模式中建立信任、產生希望和提升
自我價值感的必要技術。薩提爾在治療中常常自然地肯定來訪者，讓他
們覺得自己是被重視、被看見，是有價值的；她會協助他們更加欣賞自
己和家人，以提升彼此的價值感和安全感。

對來訪者的認可和肯定是治療師的一種態度，源於他所具備的深刻
信念：相信人都是有價值的、也是好的；相信每個人都有足夠的資源和
力量來幫助自己；相信每個人也都是值得被重視、被尊重的。當治療師
具備這些信念且對其深信不疑時，即能安住在自己的內在，對人性產生
尊重和仁慈，並在互動中自然流露出對來訪者由衷的讚賞。這種對來訪
者發自真心的欣賞，是建立信任、穩固的治療聯盟的催化劑，甚至在
整個治療歷程中都是不可或缺的（Loeschen, 1998, 2002; Gomori, 2013;
Andreas, 1991）。

尤其當夫妻或伴侶長久困在僵局中，早已失去對自己和對方的認
可，當他們決定尋求治療時，常預期治療師會像他們自己、伴侶、親友
一樣地評判他們；會怪罪他們關係失敗是因為他們不好、沒有努力；會
不假情面地指出他們所犯的錯誤和缺失，因此往往是帶著極大的不安焦
慮來到治療中。

此時治療師不做負向評論的態度，出自內心真誠地給予肯定，看到
來訪者獨特的資源和關係的優勢，將使他們深刻體驗到自己是被治療師
認可和接納的，這會促進他們與治療師合作和前進的動力。當來訪者發

現自己在關係中所付出的努力和貢獻已被治療師和伴侶看到，即能提升其自我價值感與體驗到自己的重要性，這種經驗對來訪者來說極具重要意義。在一些特殊的時刻，當夫妻或伴侶呈現內在脆弱或深層感受，而體驗到治療師和伴侶的肯定時，他們即會產生勇氣，願意冒險敞開自己並接納彼此的脆弱。

下面幾個重點是薩提爾模式治療師經常用來肯定來訪者的作法，並且可將之貫徹在整個治療中（Loeschen, 1998; Gomori, 2013）：

- 真誠地欣賞夫妻或伴侶的長處、閃亮點、進步，甚至他的受苦。
- 建立來訪者的希望感。
- 認可夫妻或伴侶的情緒經驗，並說明在其關係的背景中，這些感受都是正常、可理解、合理的，也是人性的一部分。
- 當夫妻或伴侶困在僵局中跳脫不出來時，更要敏銳地指出他們內在的資源與力量，而不是與他們一起陷入悲觀絕望中。
- 讓伴侶運用語言和非語言分享對彼此的欣賞與感謝。
- 具體指出夫妻或伴侶的獨特性、資源和韌力，特別是當他們一起度過了某些難關時。

案例 1：在「成長與轉機」（Satir, 1983）的家庭治療中

尚恩回顧因為很受祖母寵愛，他利用此點冷落其他人或耍脾氣，並為此感到後悔，尤其還因此冷落了母親，使得母親與祖母為了他吵架。

薩提爾：似乎你們都更往前走了一大步，現在我看你們都已放
　　　　下過去的很多事了。

案例 2：在「岩石和花兒」（Satir, 1983）家庭治療中

薩提爾 1：現在我想要恭喜你們，這麼早就了解到你們需要更
　　　　　多的東西，必須要有特別的東西來取代舊有的學習。

薩提爾 2：此刻，你可以和貝蒂有效地做些改變，你可以是一

個非常特別的力量，即使此刻你還不知道要做什麼。

你能不能接受「你是可以做到的」這樣的說法？

重新界定

在觀察薩提爾的治療工作中，可發現她有著化腐朽為神奇、轉糞土為黃金的驚人能力。她會在絕望中看到希望，在困境中找到新的可能性。這樣的作法稱為「重新界定」（reframing），即將負面的事物和認知重新解讀出正面的意義（Satir et al., 1991; Gomori, 2013）。例如一個不斷激烈指責先生的妻子，我們可以重新界定她的指責行為是「妳太想要使你們的關係變好，所以發出強烈呼喊，很著急地想要先生聽見妳」。當一位妻子批評丈夫「很自私」時，治療師可以重新界定為「他很知道如何照顧自己、使自己快樂」。薩提爾最常用的重新界定是將**表層行為下的良善意圖**標明出來，以化解指責的負面能量。有時她也會從許多理不清且複雜的故事脈絡中，直接詢問來訪者想要的結果，將焦點從當下的困境轉移，朝向積極的目標發展。

最為顛覆傳統心理治療思維的是，薩提爾將來訪者的「抗拒」重新界定為維護尊嚴和保護自己的反應，所以治療師的角色是陪伴並接納他們，以協助來訪者增能和抱持開放的態度，與他們一起探索這些「抗拒」行為底下的感受、相似的經驗或新的可能性，而非摧毀這些保護機制或貼上負面標籤。當來訪者不想接受治療師的工作時，薩提爾以一個溫馨的隱喻來重新架構此情境：如同在寒冬的屋內我們躲在溫暖的毛毯中取暖，不必立刻把毛毯拿走，而是先讓屋內溫暖起來，感覺舒適暖和後，我們自然就會把毛毯拿開，自己出來了（Satir et al., 1991）。

對來訪者有效果的重新界定，能使他們因為改變了對行為和觀點的詮釋而產生新的感受和改變（Satir et al., 1991; Loeschen, 1998, 2002; Andreas, 1991; Gomori, 2013）。例如，一位成年女兒抱怨母親從小到大不斷挑剔她、批評她，導致她最後不想再聽到母親的任何聲音。薩提爾

說：「妳可以謝謝她有關注到妳！」這個說法使得這位成年女兒重新思考新的觀點，接下來她就可能產生新的感受（Satir, 1979）。

我們由薩提爾的治療工作可歸納出下面幾種「重新界定」的方式：

1. 解讀問題行為背後的正向意圖。例如：

　　治療師：你說太太不斷嘮叨你戒菸，其實是因為她很關心你，怕你又氣喘發作。你自己會擔心嗎？

2. 重新看見問題行為的深層渴望。例如：

　　治療師：妳一天打二十通電話給先生追問他在哪裡，是想要跟他有些連結，讓他能關注妳。這樣有達到妳要的結果嗎？

3. 拓展負面認知的思維並賦予新的意義。例如：

　　治療師：妳提到先生的冷漠，他不跟妳說話就跟他父親一樣糟，意思好像是說他從未有機會從他父親身上學到如何靠近自己的妻子。

4. 發掘負面評價或問題行為所隱藏的資源而啟發新的視野。例如：

　　治療師：你剛才說你的太太很懶，在家都不打掃整理，看起來她很知道怎麼放鬆自己，跟你每天緊張過日子很不一樣。說不定你可以從她身上學到放鬆喔！（兩人都笑了！）

其他例子，例如，在「成長與轉機」（Satir, 1983）的家庭治療中：

　　傑克：……他們在做鬼臉，好像很不自在，當妳說看著他時，他們的臉是扭曲的。

　　薩提爾：是在表現溫柔的時刻嗎？

　　傑克：是的，不知怎的，妳叫他們互看時，他們都顯得不自

在，好像很尷尬、很不自在的樣子。

薩提爾：我在這一行很久了，對一般人來說，最難做到但也是
　　　　最重要的就是互相表達愛。我想跟你們分享我自己的
　　　　經驗，當父子間能以開放的態度讓對方知道彼此的關
　　　　心，是一個極為美好的經驗。

導引對話

　　薩提爾常在治療中鼓勵家庭成員之間直接對話以促進溝通，她認為
在家庭中，每個人能清楚直接地表達自己，不害怕被拒絕或被懲罰，才
能真正被理解和被看到，亦才能有健康的家庭關係（Satir, 1988）。治療
師在夫妻或伴侶間協助他們面對面直接對話，讓他們彼此間無障礙的相
互聆聽，即為「導引對話」（guiding dialogues）（Loeschen, 1998）。
薩提爾模式治療師經常運用「導引對話」，當場評估夫妻或伴侶的溝通
模式，也會進一步引導他們發展新的、直接的和一致性的互動和對話
（Gomori, 2013）來傳達內在的感受與渴望。

　　在其他的伴侶婚姻治療取向中，例如，情緒取向療法治療師邀
請伴侶或夫妻，將其內在的情緒經驗轉變為他們即席交流的訊息
（Johnson, 2004），是常用的介入方法。其他學派則稱之為「即席互
動」（enactment）（ Minuchin & Fishman, 1981），家庭治療大師米紐
慶（Salvador Minuchin）認為，來見治療師的家庭成員早已形成他們獨
特的關係之舞，他們會在治療中用自己主觀的經驗去描述、評論和告知
治療師如何在家中進行這些舞步和音樂。治療師使用「即席互動」技
術，邀請這些家人在治療現場，直接跳出他們的關係舞步（Minuchin &
Fishman, 1981）。

　　以下薩提爾的「導引對話」實例摘錄自樂生的《薩提爾技巧的系
統訓練》（*Systematic Training in the Skills of Virginia Satir*）（Loeschen,
1998, p.75）：

薩提爾：周依，可否請妳把椅子轉向妳的伴侶，用妳的心對他
　　　　說話，告訴他妳內在的感受。

　　周依：我們……

薩提爾：為妳自己說話，請妳說「我……」

　　周依：我很生氣你沒有花時間陪我！

薩提爾：除了這個，妳還有其他的感受嗎？妳有失望嗎？

　　周依：有，我很失望！我以為你換工作後會多花時間陪我，
　　　　結果還不是一樣！

薩提爾：妳是在說妳渴望跟他有更多連結？

　　周依：是的，那確實是我要的。

薩提爾：那麼現在就直接告訴他！

　　周依：我真的很想跟你有更多連結。

薩提爾：傑西，聽到這個你有什麼感受？

　　傑西：感覺溫暖。我不知道這才是她要的，我只看到她的生
　　　　氣和憤怒。

薩提爾：周依，當妳冒險跟他分享心情時，是什麼感受呢？

　　周依：我喜歡這個結果！

薩提爾：太棒了！

薩提爾模式治療師導引夫妻或伴侶直接對話的功能在於：

• 將不一致溝通轉化為一致性。

• 引導兩位來訪者在此時此刻經驗到與自己、與對方和彼此之間
　的連結。

• 演練直接清晰的表達，將所學到的一致性帶到日常生活中實
　踐。

• 經由表達個人內在的感受與渴望，加深對彼此的理解。

• 是一個重視自己，提升自我價值感的重要體驗。

由以上功能可以了解為什麼治療師會在治療歷程中經常使用導引對

話，因為這是一個協助來訪者突破過去不一致溝通的重要介入方法，並能讓治療師評估他們關係的處境及願意改變的程度。

緩解指責

在夫妻或伴侶治療中最常見的現象，是一方或雙方在關係中無法得到自己想要的而充滿失望憤怒，以致外在的應對姿態很容易就變成指責，兩人隨即會為了因應對方的指責而產生即時反應（reactions）。這種爭吵的場面對治療師來說是個挑戰，對當事人來說卻是典型日常生活的寫照。薩提爾模式治療師會避免將焦點放在爭執的內容上，而是盡可能將重點放在**指責之下的內在歷程**，藉此緩解指責（defusing blaming）（Loeschen, 1998, 2002; Andreas, 1991）。

採取指責的一方，在關係中通常可能有一些未被滿足的期待，不斷讓他感到失望和挫敗，且因自己過去的表達一直未能得到伴侶的回應，在等待的過程中，使他累積長久的宿怨和憤怒，加上感到對另一半愈來愈缺乏影響力的無力感，導致指責的砲火愈來愈猛烈，最後形成「我追－你逃」的局面。

另一種可能性則是雙方陷入「我是對的、你是錯的」角力戰，當一方愈要證明另一方是錯的，另一方即不甘示弱，產生更大的反擊要證明他才是對的，最後形成相互攻擊、互不相讓的局面。

在雙方僵持不下激烈爭執的場面中，薩提爾治療師會運用一些工具，創意、自發、積極地將指責導引至其他較健康或建設性的方向，一方面認可指責下隱而未現的情緒或需要，另一方面則稀釋這些情緒可能產生的破壞力，使雙方可以開啟新的對話機制，重新建立連結。下面介紹薩提爾模式緩解指責破壞性威力的幾種常用的作法，包括：探索深層感受、運用「互動要素」、處理情緒下的期待和渴望、由感受進入原生家庭系統等（Loeschen, 1998）。

探索指責底下的深層感受

　　夫妻或伴侶間強烈的指責，往往是長期累積的憤怒表現在外的即時反應。薩提爾模式治療師認為憤怒的感受屬於我們，但不等於我們；憤怒是感受的一部分，我們可以主導它，也可以使它成為資源。然而，當夫妻或伴侶感到憤怒時，通常會用指責來紓解壓力，以至於大多數人都以為憤怒必然會導致不好的結果，久而久之會害怕自己或對方的憤怒而壓抑或拒絕它，結果卻在下一個引爆點時爆發更強烈的憤怒。

　　治療師遇見不斷相互指責的夫妻或伴侶也感覺很頭痛，因為公說公有理、婆說婆有理，他們接受婚姻伴侶治療的目的通常是要治療師評斷誰對誰錯；或有時會委婉地表示，因為治療師見多識廣，可以提供他們解決問題的答案。如果治療師陷入審判者的角色就會萬劫不復，因為一旦要討論誰對誰錯，或進入協商流程試圖找出解決辦法時，就會使他們之間，甚至是與治療師之間陷入無止境的爭辯。

　　此時薩提爾模式治療師最需要的是進入指責姿態和憤怒感受底層的冰山，與夫妻或伴侶一起探索他們的內在，即由指責的**內容**（contents）進入其內在**歷程**（process）（Satir et al., 1991）。其中一種作法是探索指責底下的其他感受，讓夫妻或伴侶感覺到治療師的深度同理與接納，也因為他們彼此聆聽和理解，而在感受層次產生共鳴與連結。

　　薩提爾認為憤怒有時只是一種表層感受，其底下可能隱藏著、未意識到的受傷或害怕，治療師可運用這個絕佳的機會，協助來訪者理解自己的在憤怒之下的深層感受。在這種新的理解中，他們經由彼此表達出憤怒底下的脆弱，才能開始建立親密感（Satir and Baldwin, 1983; Satir et al., 1991）。

範例

> 雅子：（很大聲說）我再也不想跟他一起生活了！我嫁給他
> 　　　之後從來沒有一天是開心的，每天都像生活在地獄
> 　　　中，他是個媽寶，心裡永遠只有他的父母！
>
> 民力：離就離，我也受夠了！妳以為只有妳活在地獄中啊

（更大聲）！

治療師：聽起來你們兩位都很生氣，但是你們願意表達出來就
　　　　是個重要的開始。要不要我們一起來看看究竟發生了
　　　　什麼事讓你們這麼生氣？我想先由雅子開始，當妳說
　　　　像生活在地獄中，是什麼樣的感覺，可以協助我多了
　　　　解一些嗎？

雅子：從嫁給他的第一天起，我就得扮演媳婦的角色，每天都
　　　要做家事做個不停，還得看公婆的臉色，他們還不滿意
　　　我、在民力不在家時罵我。民力回家後，如果我跟他
　　　說，他就會叫我想開一點不要管他們，說什麼做好自己
　　　的事就好。結果他這樣我更氣，氣都沒處發，我就每天
　　　找更多碴跟他吵架（流淚不止），我也不想這樣！

治療師：（放慢放低音調）妳在說的時候，我看到妳的眼淚感
　　　　覺很心酸，妳現在的眼淚在告訴我們什麼呢？

雅子：沒什麼，反正我也習慣了！

治療師：是不是這時候妳心裡有一種很傷心的感覺但不容易說
　　　　出口？

雅子：（點點頭，繼續流淚）。

治療師：雅子，我可以體會妳現在心裡的傷心和委屈，同時妳
　　　　也感覺很受傷，因為在這個家裡妳很孤單，很需要民
　　　　力能理解妳、支持妳。

雅子：對……

治療師：妳願意現在告訴民力嗎？因為如果妳告訴他，他才有
　　　　機會了解妳。（問民力）你願意聽她說嗎？

民力：好。

雅子：（轉身看向先生，泣不成聲）其實我在你家這麼多年
　　　都不快樂，每天做個半死你父母還常嫌我，你回家後
　　　也不想聽我說，這時候我真的很傷心、很痛苦，也很

受傷。我只希望你能知道我的心情，理解我而不是又再罵我。

治療師：民力，你聽到雅子說了她的心情，她很難過也很受傷，你想對她說什麼？

民力：我不知道妳這麼難受，我每天下班回家就要看妳的臉色，然後妳又一直罵我，我也不知道該怎麼辦。其實我也很難過，妳罵我我也很受傷，我只是沒有說。現在我了解了，以後我願意多聽妳說話，因為我希望妳能快樂！

治療師：雅子，聽到民力的回應，妳現在是什麼感覺？

雅子：我覺得好多了，如果他願意開始了解我、也聽我說話，我就不會那麼生氣了。

在上面的例子中，治療師在感受層面上與這對夫妻工作，由憤怒進入底層更深的受傷中，讓他們藉由即席對話彼此分享，建立情感交流的「**橋**」，而非「**牆**」（Gomori, 2013）。

運用「互動要素」來處理指責

「互動要素」是薩提爾用來解釋人與人溝通時，在兩人之間所發生的各種複雜的要素，這些要素會影響兩人於接收對方訊息後，在個人內在或外在所產生的反應。由於人們在溝通時會有許多認知上的解讀，若未經澄清而與事實有落差，會造成溝通上的誤解和困難。互動要素的工具可以提供視覺、聽覺和身體的歷程，使人們理解一致性和不一致溝通的區別，從而化解和超越溝通的障礙（Satir et al., 1989, 1991）。

關於互動要素的詳細介紹請參閱本書第 4 章，下面是運用互動要素的部分原則來緩解指責：

- 指責者將表述的內容轉向具體行為（看到或聽到什麼）的描述。
- 進入指責者內在對這些具體行為的解讀與推論。

- 指責者與被指責者彼此澄清真實狀況是否符合以上的解讀與推論。
- 重新核對指責者在澄清之後的感受。

範例

玉婷：妳看！他一點都不在乎我、也不關心我，我受夠了！

治療師：妳看到他做了什麼或聽到他說了什麼、有哪些行為，讓妳認為他不在乎妳、也不關心妳？

玉婷：我看到他一回家就一直用手機傳簡訊聊天，看都不看我一眼。我跟他說話他也不回話，好像我這個人不存在。

治療師：這時候妳會有何感受？

玉婷：我就很生氣、很憤怒，也不想跟他說話。

治療師：聽起來妳很生氣，我很好奇那時妳會怎麼解讀他的行為？

玉婷：我就想他根本不關心我，我對他只是個管家婆，幫他煮飯、帶孩子，他在乎的是他的朋友。他一定是交了女朋友了。

治療師：是的，這是其中一種推測，妳願意聽聽看他怎麼說嗎？

玉婷：好吧。

治療師：（轉向先生）建民，希望你能說說看，當時你發生了什麼事？你的故事版本是怎麼樣的？

建民：因為白天在公司我跟主管意見不合，有些爭執，我不知道他會不會惱羞成怒後找我麻煩，所以很擔心，想找同事了解一下情況。

治療師：當時你很擔心，但你並未把你的擔心直接告訴玉婷？

建民：是，我就趕快傳簡訊給同事，詢問他們我離開公司後是否有進一步消息，老闆有沒有後續動作。

治療師：所以你的行為與玉婷沒關係，也不是不在乎她。

建民：當然與她無關啊！我根本來不及告訴她，那時我都快

丟掉工作了，狀況非常緊急所以沒理她，她罵我之後
就冷戰也不理我，直到現在。

治療師：建民，可否現在轉身看著玉婷，告訴她你剛剛說的？

建民：很抱歉妳會這麼不舒服，我當時完全沒想到妳的感
覺，因為我太急著想趕快把事情處理好……

治療師：玉婷，聽到建民說的這個狀況，現在妳覺得如何？

處理情緒下的期待和渴望

當伴侶強烈指責另一半，即使治療師同理他並探索了指責底下的其
他感受，仍無法讓指責者停止時，接下來引導他去冰山下的期待和渴望
層次，會是一個有效的途徑（Satir et al., 1991; Loeschen, 1998）。下面採
用樂生（Loeschen, 1998）的處理原則，應用在其他案例中加以說明。

茉莉：他是一個脾氣壞、自私、只顧自己的人，老是否定
我、批評我。我跟他一起生活了十年，為了怕他生氣
總是壓抑自己，盡量不表達意見。他很專制、霸道，
什麼都要聽他的。

治療師：妳現在這麼說是什麼感受？

茉莉：很憤怒！

治療師：但妳的表情看起來，現在是有些難過的。是嗎？

茉莉：是，我有些難過，也很挫折。我以為我都順著他、不
跟他吵，他就會對我好一點。我真是大錯特錯了。

治療師：聽妳這麼說，好像妳對他有些期待是他沒有達到的。

茉莉：是的，我原以為他是個有擔當、可靠的男人才嫁給
他，結婚後才發現真正糟糕的是他的霸道和專制。這
讓我很痛苦，感覺一直被控制。我也很失望！

治療師：當妳這麼說，我覺得妳似乎有一個對理想伴侶的想
像，那是什麼呢？

茉莉：是的，我想要一個穩定、可靠、能給我安全感的人，

而且他能好好跟我說話，也會聽我說。

治療師：所以妳在此關係中想要安全、被聆聽、也被看見？

茉莉：是（眼淚在眼眶中打轉）。

治療師：我看見妳眼中的淚水，妳現在發生了什麼？

茉莉：很傷心、很難過。

治療師：妳現在說的這些很重要，我想請妳轉過身去面對妳的先生，然後跟他分享此刻妳內心的感受和妳想要的。

由感受進入原生家庭系統

許多伴侶之間的強烈情緒，其根源常常不是單純來自彼此的親密關係，而是源自過去在原生家庭中的未了情結。如果在治療中發現這些情緒與原生家庭過去的重要依附關係有關聯，治療師就需與伴侶們一起深入探索這些經驗以增加覺察，並透過此覺察催化彼此的一致性溝通。下面採用樂生（Loeschen, 1998）的處理原則，應用在玉芳和志強的案例來說明此過程。

玉芳：我真後悔嫁給你，當初會跟你在一起就是因為我以為你會呵護我、愛我，結果你竟然跟我爸一樣，完全不負責任，每天就只知道在外面忙，小孩也不管，我不知道我要你做什麼，反正我一直都是一個人……

治療師：聽起來妳真的很生氣，因為志強跟妳期待的理想伴侶不一樣。

玉芳：對啊！我太失望了！我總是一個人！（聲音是微小的）

治療師：除了失望，好像也有受傷，因為我聽到妳的聲音好像在說些什麼。

玉芳：是，我很生氣，我本來想找一個跟我爸爸不一樣的人一起生活，結果卻是我惡夢的延續，沒想到他竟然跟我爸一樣。我爸不管我、不在乎我、也不關心我，從來不願意待在家裡，一回家就跟我媽吵架，然後又奪

門而出，錢輸光後又回家跟我媽要錢。

治療師：那時候妳的經驗是怎麼樣的？

玉芳：非常難過，也很氣我爸不負責任，尤其看到我媽把錢都給我爸輸光沒錢買菜時，我很著急、很擔心，很氣我爸。我認為他不愛我，我不重要，要不然他為什麼老是這樣不管我、也不關心我，他根本不在乎我！

治療師：所以妳因此下了一個結論：父親會這樣做是因為妳不好；他不愛妳，是因為妳不重要，所以不會有人愛妳？

玉芳：是！

治療師：我想邀請妳以現在成年人的身分去體會，也許能有些新的思考。會不會當年妳父親失業又賭博，就算他想照顧妳們可能也做不到？所以可能是因為他有自己的問題而無法關心妳，並不是因為妳不好或他不愛妳。妳同意嗎？

玉芳：我可以想一想。（停頓）

治療師：那麼現在妳的感受怎麼樣？

玉芳：好一些，好像想通一些事。

治療師：現在我想請妳再更進一步，請妳轉向妳先生看著他，然後看看妳是否把一些不屬於志強但跟爸爸有關的東西放在他身上了？

玉芳：我把他看成跟我爸爸一樣的不負責任和自私自利，所以很生氣，又怕他真的會變得跟我爸一樣，所以我把很多小時候對我爸的怨氣也加給了他。其實志強還是顧家的，至少他沒有跑出去或不養家，也沒有賭博。說實在的，他很愛孩子，而且現在他的錢都歸我管。

治療師：現在請妳想像這個布偶是妳父親，正坐在妳面前志強的旁邊（治療師請玉芳選一個布偶當作父親，她選了一個豬的玩偶）。可否請妳現在想像父親就坐在妳對

面，而妳可以試著把不負責任和自私的標籤從志強的
身上拿掉，並且還給父親？

玉芳：（閉上眼一會再張開，看著志強和小豬）好，我做了！
把不負責任和自私的標籤還給豬爸爸了。（眾人笑）

治療師：現在妳的感受如何？

玉芳：輕鬆多了。

治療師：當年父親沒有為妳做到的，並不表示他不愛妳或妳不
值得被愛，而是他有自己的難題，對嗎？

玉芳：是的。

治療師：那麼這樣想對自己的感覺會有不同嗎？

玉芳：會，我覺得自己舒服些，我是值得被愛的。

治療師：那麼現在再看著志強的眼睛，妳看到的是什麼？

玉芳：其實他沒那麼糟，他也是關心我的，只是常常不在家。

治療師：此刻妳的感受如何？

玉芳：很放鬆，很好。

治療師：好的，現在我想看看志強怎麼樣了。（轉向志強）

交織串連

在伴侶治療中，我們要從兩位來訪者帶來的難題中，與他們一起探
索相關的面向。這些難題通常錯綜複雜，從購屋、家事分配、金錢、工
作、健康與疾病、小孩教養、外遇、飲酒、購物、上網乃至婆媳問題
等，應有盡有。在這些龐雜的資訊中，治療師的任務在於加以組織與整
理，再轉換成對治療有意義的材料。

此過程有賴治療師將各種看似有關聯的片段去蕪存菁，加以串織，
讓來訪者經由這種系統化的整理後，對目前親密關係中的現實看得更清
晰，才能找到造成親密關係障礙的緣由、增進更多覺察，為彼此的關係
做些突破。這種將來訪者的難題與各種相關資訊系統性地編織在一起的

作法，就是薩提爾的「交織串連」的技術（weaving）（Loeschen, 1998, 2002）。

在婚姻伴侶治療中包含了與兩位來訪者相關的總共五個關係系統：兩位伴侶各自的內在系統、各自的原生家庭系統，和雙方共有的伴侶互動系統。治療師運用「交織串連」讓來訪者由他們的難題，逐步進入這些系統去探索，把從中得到的繁瑣訊息編織在一起，形成新的詮釋來理解他們所面臨的難題。

來訪者在這種探索歷程中，慢慢認識自己、伴侶，以及彼此的關係，並在新的理解和覺察的基礎上，找到關係往前走的新方向以達到親密關係的轉化，這是薩提爾治療師很重要的任務和挑戰。因此，治療師需要熟練組織這些系統之間的關聯性，運用「交織串連」將各種不同系統的訊息整合起來，回報給伴侶夫妻清楚理解，才不會使自己和來訪者迷失在五里霧中而失去治療方向。

「交織串連」的作法有下列幾個方向：

1. 將個人冰山的多個層次交織串連起來。例如：

治療師：當你想到麗雅只顧工作卻不在乎你和家庭時（觀點）就很生氣（感受），這時候你就忍不住指責她了（應對姿態）。

2. 將個人內在經驗與互動關係串連起來。例如：

治療師：當妳愈想讓他多花時間在家陪妳時，就愈批評他很自私，這時候志強你就惱羞成怒更不想回家。玉芳，妳有看到妳用的這個方法似乎達不到妳真正想要的嗎？

3. 將原生家庭經驗與個人和互動關係串連起來。例如：

治療師：美美，此刻我聽到妳分享內在經驗時，體會到妳有很大的哀傷，好像覺得自己被遺棄，但志銘說他一

直都在妳身邊不會離開妳，我在想這是否跟妳小時
候在原生家庭的經驗有關？妳願意談談嗎？

　　婚姻家庭治療最困難之處是治療師要在同一個時間點，在許多不同層面的系統上工作，這種「**同時性**」（simultaneity）（Satir, 2008, p. 198）對大多數治療師來說都很困難，但隨著臨床經驗的累積，這種同時在多個層面進行治療工作的能力就會與日俱增。初學者要做好心理準備，因為很可能常常顧此失彼，他可能在某個地方做的很出色，卻在其他地方無法兼顧，而無法完善考慮到夫妻或伴侶關係中的每個面向，也難以游刃有餘地掌握婚姻家庭動力的發展過程。這時治療師不必苛責自己，只要常常練習運用以上的技術，即可熟能生巧而逐漸掌握治療歷程的進展。

　　治療師與來訪者之間的治療關係是一種親密的體驗，為了成長和改變，來訪者需要一個信任和安全的氛圍，開放和坦承地面對自己，這時他們很容易感到自己是脆弱並且容易受到傷害的。所以治療師最重要任務，是創造一個使來訪者感到**安全而免於受傷**的環境，使他們覺得在治療情境中會**得到最佳的保護**（Satir, 2008）。本章介紹的技術，不是為了使治療師成為制式化和機械化的專業助人工作者，而是在實踐這些技術的同時，需加上治療師的人性、彈性、創意、仁慈、關懷和真誠，支持夫妻或伴侶們朝著治療目標邁進。

第3章

薩提爾模式婚姻伴侶治療四階段

「治療師之所以能被清楚的辨識,是因為他可以藉由自我與另一個自我產生互動。在這樣的情境中,治療師的運用自我即為改變的首要工具。藉由運用自我,治療師可以建立信任與和諧一致的治療關係,使得更多冒險可以被展開。」

——薩提爾

夫妻或伴侶走進治療室之前，往往已有很長一段時間處在痛苦、爭執、冷漠、衝突之中。對他們來說，願意接受陌生人（即治療師）進入他們的關係是個極大的冒險，雙方都要有很大的決心，承認「我們已經無法解決問題，需要尋求外界的協助來處理困境」。這個行動背後蘊含著來訪者無比的勇氣、冒險、智慧、愛心和堅定等力量，值得治療師欣賞和尊重並懷著敬意和謙遜的態度與他們會面。

　　夫妻或伴侶帶來的難題通常都是與子女教養、金錢、工作、生活方式、家事、性、婆媳相處、疾病、習慣、外遇、創傷等外在事件相關的多重壓力所導致的關係失調（Banmen, 2012），使彼此無法順利溝通，逐漸形成慢性又重複循環的負面互動模式。最常見的是伴侶之間處於「追與逃」、相互指責或權力鬥爭的糾纏中無法解套，使得雙方陷入關係僵局而痛苦不堪，益發不能處理生活中的差異，而不斷重複上演無效、失功能、失衡和衝突的因應模式。

　　薩提爾模式是個強調成長和教育的模式而非聚焦在問題解決上，薩提爾相信來訪者內在就具備了珍貴的寶藏盒，蘊藏豐盛的資源和智慧，能為自己的問題找到答案（Satir et al., 1991; Gomori, 2013），這樣的信念與後現代主義治療的思維不謀而合（Anderson, 1997; Anderson & Gehart, 2007），即來訪者是他們自己最好的專家，治療師對於他們的現狀要給予尊重和敬意並認真對待。當夫妻或伴侶帶著難題來到治療室，治療師不會與他們一起捲進難題，也不必變成指點解決路徑的專家，而是與他們共同在困頓中拓展新的思維和觀點，從卡住的僵局走向深層的渴望和連結。

　　薩提爾在其《協助家庭改變》（*Helping Families To Change*）（Satir et al., 1983）中說明她在家庭治療的階段，在此也沿用這四階段來闡釋婚姻伴侶治療的過程（見圖 3-1）：階段一：建立安全信任的合作關係；階段二：拓展探索與覺察；階段三：改變與轉化；階段四：鞏固與落實。

　　每個階段之間並非涇渭分明、分界明確，有時前後兩個階段之間會有重疊，甚至四個階段同時發生，所以圖表內用←→表示。有時四個階段會隨著治療的進行形成一個漸進的發展過程，例如，在十二次的會談中逐漸

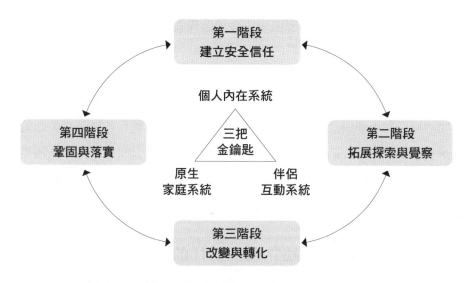

圖 3-1　薩提爾模式婚姻伴侶治療過程的四階段

形成這四個階段;但也可能在兩、三次,甚至一次會談中就已完成四階段,這種情形可在葛莫利的家庭婚姻治療中見到實例(Gomori, 2013)。

　　筆者嘗試以分解動作來說明這四個階段,以方便讀者閱讀和理解。在此要提醒的是,薩提爾模式的治療階段並非一成不變、嚴格僵化的,治療師可以彈性自由地運用,跟隨歷程的發展,在最合宜和關鍵的時刻介入、催化、引導夫妻或伴侶內在及關係的轉化。治療師會因自己專業和個人經驗的不同,而有相異其趣的治療路徑,所選擇的介入重點也會有差異。很重要的是,在薩提爾模式中,**治療師主導的是歷程,而非來訪者,即主導和改變來訪者的是他自己**(Gomori, 2013)。

　　在治療歷程中,治療師與來訪者一起探索和轉化的關鍵為三個重要的系統:**個人內在系統、伴侶互動系統和原生家庭系統**(Banmen, 2002, 2008),它們可稱之為薩提爾模式婚姻伴侶治療的三把金鑰匙。此處沿用薩提爾使用的隱喻「**金鑰匙**」(Satir et al., 1991; Banmen, 2003; Gomori & Adaskin, 2009)來說明這三個系統的重要性。她用金鑰匙表達出當我們拿著它去打開任何一扇門,即可提出想問的問題、說出無法說出口的

話、將做不出來的行動表現出來。金鑰匙代表的是打開更多可能性、做出新的冒險、意識到所有新的變化。薩提爾也建議我們在此時戴上「**偵探帽**」（detective hat）而不是「**法官帽**」（judge's hat）（Satir et al., 1991; Banmen, 2003; Gomori & Adaskin, 2009），手上拿著金鑰匙，打開治療過程中那扇美麗的門，進去之後就會發現門裡有各種新奇美好的事物。當治療師能熟練地運用這三把金鑰匙，就能引領來訪者從三個重要的系統中，循著有效的新地圖，跨越彼此關係的鴻溝，遇見自己和對方，建立更深的親密感。

階段一：建立安全信任的合作關係

治療師與每個家庭、夫妻、個人會面時，都是一次生命的學習，也是與人深刻連結的關係。尊重來訪者、相信每個人都有珍貴的韌力與資源，是薩提爾模式治療師的基本態度。治療師會在過程中協助來訪者接觸其生命力並找到這些資源，讓他們加以運用來幫助自己。

在人性的層次上，人們都是平等的，所以治療師不會站在較高的位置對夫妻或伴侶下指導棋，而是發自內心真誠地與他們合作完成這趟心靈之旅。這是一個合作的治療關係，在人類價值平等的基礎上，來訪者與治療師為了來訪者所決定的福祉一起努力，因此，這也是一個生命的給予與學習的歷程（Satir, 2008）。在與來訪者的關係中，與後現代主義相呼應的是，治療師採取去專家化的態度，相信來訪者的內在智慧，也相信他們心中自有答案。此時治療師不是了解一切的全知者，而是以一種「不知道」（Anderson, 1997; Anderson & Gehart, 2007）的謙遜、好奇、帶著興趣聆聽伴侶們在關係中的經驗和故事。

許多案主選擇薩提爾模式治療，是因為喜歡過程中治療師的真實、尊重、接納、熱情、創意、幽默和活力，他們可以做自己而不必擔心受到批評，也可以表達自己而不會受到壓制。兩位伴侶如何在治療歷程中被清楚地聆聽尤其重要，治療師彷彿是夫妻間的橋樑和鏡子，透過治療

師來來回回地聆聽、理解和反映，使得雙方能跨越對話的障礙，重新聽見彼此的心聲。

　　試著想像，如果你是案主去見一位治療師時，心中滿是忐忑不安，深怕自己被治療師評斷，甚至會擔心被看不起。如果此時治療師採取專家姿態，抱持一套非常高超深奧的理論直接套用在案主身上，這將會對他造成多大的沮喪和挫折！後現代主義合作語言系統取向大師賀琳‧安德森（Anderson & Gehart, 2007），曾用一個饒富趣味的隱喻來形容治療關係：治療師好像是主人但同時也是客人。因為是主人，所以溫暖尊重地接待來訪者；但他同時也是來訪者生命中的一個客人，不會喧賓奪主。這個隱喻放在薩提爾模式依然貼切，在婚姻伴侶治療中，治療師是治療情境中的主人，他帶著好奇、愛心及關懷，盛情款待來訪者，他端出許多上等好茶和搭配得宜的點心——薩提爾模式的各種工具，客人是否要享用主人提供的這些美意，則由他們自己決定；於此同時，治療師的身分也是客人，只有這對夫妻或伴侶自己才能做主，決定要擁有怎樣的關係和他們的人生要往哪裡去，治療師則全然尊重和接納他們的選擇。

　　每對夫妻或伴侶會將其特殊的文化背景、原生家庭、成長過程、內在經驗等帶入婚姻，造就其多樣性和豐富性，因此每對伴侶都有其特殊的親密關係樣貌。伴侶們來到諮商室都希望有人能深入了解他們獨特的相處方式，理解他們的痛苦和掙扎，聆聽他們內心深處的聲音，與他們一同克服關係中的困境，而不想被治療師套入某個理論的樣板中。

　　如果治療師能肯定他們關係中的優勢，鼓勵他們而不是否定他們，重視他們而不是看輕他們，支持他們運用內在力量協助自己並改善關係，讓他們的自我價值感都得以增長，對來訪者和治療師來說，都是一段美好豐富的成長之旅。

預備自己

　　治療師與夫妻或伴侶會面時，首先需要一個準備歷程來安頓好自己的身心靈，以便能全心全意地與來訪者同在。治療師這個人是薩提爾模

式治療過程中的主要核心，也是改變的關鍵。如果要建立安全涵容的治療氛圍，治療師首先要準備好自己，放下纏身的思緒和瑣事，打開心房接納來訪者，讓慈悲和愛流淌心中，運用內在的同理心、慈悲心、平等心與夫妻或伴侶會面。

他要保持身心靈在最合宜穩定的狀態，同時檢視自己能否全神貫注地與來訪者同在（Satir, 2008; Gomori, 2013），帶著對人性的正向信念，創造出使來訪者安心信賴的空間。在此空間中，治療師可以完全地處於清明之中，接觸自己的內在，同時也允許自己充分地分享觀點與思考，自由地與來訪者核對是否對他們有助益。

治療師需提醒自己要保持好奇、避免類化和貼標籤、避免刻板印象和偏見、避免以偏概全、並且不預設立場、不妄下斷言、不做負面評價、學習和尊重在地知識與文化、不以全能的拯救者自居，而是與來訪者平起平坐，建立彼此尊重和平等的合作式治療關係。

治療師不妨嘗試下面這個簡短的冥想練習，讓自己在短時間內安頓好自己的內在與來訪者會面：

　　請坐在椅子上，先做幾個深呼吸……跟自己的內在核心、就是你這個人的自我連結，體驗到自己生命力的無限美好，也感覺到你是宇宙間珍貴美麗的生命……。

　　下一個呼吸中請送出對自己的愛和欣賞的能量，並在呼吸時讓自己的生命能量與大自然宇宙的能量深深連結……在此刻你可以準備好自己，慢慢打開你的心，把思想放空，不帶任何評價或防衛，只是全然地接納自己，同時也接納來訪者和他們生命中的痛苦、喜悅和所有感受……並帶著深深的關愛去體會他們的感受與掙扎。

　　接下來你可以讓自己與內在的慈悲心、關懷心和平等心連結，這樣你就會更深入地陪伴他們的悲苦、傷痛、喜悅與成長。同時相信來訪者跟你一樣是值得尊敬、喜愛和有價值的人。

　　接下來，請在每個呼吸中都與自己內在最美麗的資源連

結，包括你的直覺、內在智慧、判斷力、靈敏的耳朵、冒險、
對來訪者的關懷和善意……並保持內在此刻最大的安寧與穩定
來迎接他們！

做出接觸

信任和安全的治療關係是薩提爾模式治療的基礎，在其中，與來訪
者真心誠摯地做出接觸，則為歷程之重要關鍵。薩提爾所有的著作和實
務，不論是個別諮商、婚姻或家庭諮商，都強調治療師與來訪者會面
時，首要之務就是與來訪者做出接觸。薩提爾（Satir, 2008）及葛莫利
（Gomori, 2013）極為重視治療師與來訪者的首次見面，運用自己做出
接觸與他們連結。對薩提爾而言，治療是動態的對話過程，是人與人之
間真實的交流，也是治療師整個人和來訪者整個人的相遇，在初次會面
時，他們就因為彼此生命的交會而產生接觸（Satir, 2008）。

薩提爾與來訪者初次會面時，多半會與家庭成員一一握手並介紹自
己，有時也會表達對來訪者的感謝或欣賞做為開始。薩提爾曾說：

> 當我伸出手時，你把手伸向我，我就感受到一種連結。那
> 一刻我看著你，感受到你皮膚的觸感和我皮膚的觸感；在這一
> 刻，這世界上除了你和我，沒有其他人。這一刻我全身心都關
> 注你，同時我也在微笑，我的微笑在向你和你的生命問好。這
> 種體驗使我感覺到與你的生命有了連結。（Satir, 2008, p.182）

治療師處在當下、無所罣礙地與每位來訪者真心相遇，並盡可能與
他們連結，是治療歷程的第一步。薩提爾認為這不只是技巧而已，而是
在治療師的「自我」和來訪者的「自我」層次上連結，也是「我的冰
山」和「你的冰山」（冰山相關內容參見第 5 章）的接觸。因此治療師
可以常常反思：與來訪者會面時，我是用專家姿態、用治療師的角色與
他連結？還是出於「我這個人」與「你這個人」的連結？

在治療師與來訪者的互動中，其實來訪者可以很清楚地感知到治療

師是如何與他們接觸的。薩提爾在遇見一個人時，會注重眼神接觸、身體接觸、保持身體同等高度、詢問每個人的名字、對每個人表現出專注而非只看見問題（Satir et al., 1998; Gomori, 2013）。葛莫利（Gomori, 2013）再三強調，治療師無法用技巧與來訪者會面，而是運用自己這個人為工具，包含治療師的身心靈和純真的自己，在靈性和自我的層次上與他們相遇。薩提爾模式治療師不會立刻把注意力放在特定問題上，而是試著去理解和熟悉每位來訪者如何生活、如何與自己和伴侶相處，也會嘗試讓他們都感覺到治療師對他們的重視，使來訪者知道自己是有價值的、重要的。薩提爾相信，除非來訪者意識到自己是有價值的，否則不可能發生改變，此時治療師就成為人們體驗到自己價值感的最佳途徑。

發展安全信任

　　大多數的夫妻或伴侶走進治療室會見一位陌生的治療師，談論目前關係中遇到的難題，將隱私暴露在外人面前，都會覺得極尷尬又難堪。他們感覺來做婚姻伴侶治療不僅是人生中重大的突破，也是極為勇敢的冒險。他們不只帶著不知道接下來會發生什麼的焦慮不安，也懷著治療師是否會責罵批評他們的害怕，因此薩提爾在會談一開始即試圖創造一種輕鬆友善的氛圍，有時她會嘗試用人性化、簡單的交談與來訪者連結，並真誠地歡迎來訪者，目的在於建立安全信任的治療情境（Satir and Baldwin, 1983）。

　　治療過程的每一步對來訪者來說都是新的經驗，他們是否感覺到安全信任會直接影響其參與和合作的意願。薩提爾強調，當來訪者即將進入一段探索或冒險之前，治療師務必要先建立來訪者的信任感，同時清楚告知接下來可能會進行的步驟。治療師可以向來訪者表達：「我在想有些事我們可以現在來試試看，可能會對你們有幫助，你們有興趣嗎？」在過程中，任何一個活動，包括相互對話、三人練習、角色扮演、雕塑等，都要有信任安全做為基礎。

　　治療師的一致性是來訪者產生信任感的重要關鍵（Satir and Baldwin,

1983）。每對走進治療室的夫妻或伴侶，若感受到治療師的能量是穩定、關懷、溫暖和真誠的，就會感覺放鬆、安全。如果治療師採取超理智或指責姿態，很容易讓來訪者感覺治療師高高在上；如果治療師的姿態是討好、打岔，來訪者就不容易信任治療師有能力勝任其角色。因此要建立安全信任的治療關係，治療師的全人同在和一致性是不可或缺的條件。

薩提爾（Satir and Baldwin, 1983; Andreas, 1991; Satir et al., 1991）和葛莫利（Gomori& Adaskin, 2009; Gomori, 2013）常運用肯定、重新界定、欣賞等作法提升來訪者更多的自我價值感。她們都認為在功能不佳的家庭中，家庭成員帶著低自我價值感一起生活，當他們進入治療室時，治療師若能帶著一個重要信念：「每個人都是一個奇蹟，值得被愛、被重視」，能使來訪者感受到治療師的尊重和認可，而對治療產生更多的信心和安全感。

在婚姻伴侶治療中，來訪者會與治療師形成特殊的三人關係（Jacobs, 1991），所有人們在三角關係中產生的動力也都會在此時發生，治療師要帶著敏銳的覺察分別與伴侶建立具有療效和滋養的三角關係。鮑文（Murray Bowen）建議在婚姻治療中，治療師刻意與兩位伴侶創造三角關係，再以一種中立的位置與伴侶中的個人連結，即能將緊繃的三角關係化解（Gilbert, 2004）。

因為大多數人來做治療時，通常都是無法在生活裡的三角關係中有效地發揮功能，所以治療的目的之一就是要協助他們建設性地處理三角關係（Satir and Baldwin, 1983）。這對現實生活中已處在三角關係的衝突卻解不開的夫妻或伴侶來說，尤其是個敏感的處境，例如：婆媳問題、子女教養衝突、婚姻出現第三者等。治療師要有靈敏的覺察避免治療關係變成較敏感一方的傷痛，尤其需謹慎自己不會與其中一方伴侶結盟而與另一方形成競爭和較勁，亦要避免凸顯自己的優秀而壓抑其中一方伴侶。以上這些狀況常是治療師不自覺會造成的負面效果，不但會因此失去治療師的可靠性和信任度，亦將使得夫妻或伴侶的親密關係因著

治療師的介入反而更加困難重重。

在薩提爾模式中，傳遞希望感（Satir et al.,1991）也是發展安全信任治療關係極為重要的一環。治療師需要帶著一種相信，信任來訪者有足夠的資源來幫助自己、相信改變是有可能的，也相信來訪者都想要讓自己生活得更好。治療師帶著這些信念，引導過程走向正向積極的目標，三方共同密切地合作，在每次會談中都不斷看見希望並朝向新的可能性邁進；同時，在每次會談結束前，最好都在正向積極的地方做結尾，使來訪者帶著希望感離開。

聆聽難題

夫妻或伴侶大部分的難題，造成伴侶雙方無法處理的衝突和動彈不得的僵局，都已在過去有一段長時間的發展。這些難題包括：管教上的歧見、婆媳問題、子女行為異常、疾病、憂鬱症、酗酒或賭博、溝通障礙，或因金錢、性、工作、家務產生的分歧和矛盾等。許多夫妻或伴侶常因突發事件或情境轉變產生莫大的壓力、關係嚴重失衡時，才願意接受治療。

治療初期最常見的情況是伴侶雙方都認定自己才是對的、對方是錯的；自己付出較多、對方付出太少；自己受苦較深、對方卻不痛不癢……。此時，治療師不可避免地要花許多時間聆聽他們訴說生命故事和關係發展史。雖然薩提爾模式的治療大原則是不會聚焦在故事的內容和細節上，但因來訪者初次遇見治療師，都認為要把事情交代清楚後治療師才能幫助他們。同時他們都期待治療師是個專家，能提供解決問題的有效靈藥；或希望治療師能做仲裁者，判定他們誰對誰錯。薩提爾模式治療師此時不會跟著兩位伴侶迷失在繁雜的故事內容中，亦不必去做夫妻或伴侶之間的審判官，而可以盡量撥雲見日、跟隨歷程，進入他們個人內在系統和關係的互動系統中進一步去探索。

聆聽夫妻或伴侶敘說難題時，治療師要盡量處於中立和公平的立場而非選邊站，這點亟需治療師個人有高度的自我覺察，才不會流於形

式，變成超理智的機器而失去人味。要做到中立和公平、不偏袒任一方極為不容易，治療師只能在可能的範圍內，盡量做到平衡並兼顧兩方，包括給予雙方的時間、注意力、回應和連結等，都要盡可能等量。例如，治療師聽完一方說明難題後，可以簡單做一摘要，接下來則要轉向另一方：「這是妳先生的故事，妳的故事是怎麼樣的呢？」同時也要給予他們相同的空間和關注去聆聽各自的敘說，並在整個治療期間都需保持這樣的平衡。

聆聽來訪者敘述難題時，薩提爾和葛莫利都會採用重新界定（Satir et al., 1991; Gomori, 2013），將一般人認為不好的負面材料轉換成正向的意涵，使雙方能以新的角度來解讀思考彼此的行為、觀點、意圖及內在情感。此外，當夫妻或伴侶各自陷入痛苦的掙扎或鬥爭時，常常看不到希望，加上因無效的溝通失去連結，會感到異常的絕望和無助。薩提爾的重要信念是：每個人都在他可能的範圍中盡了最大力量；每個人內在都有足夠的資源供他使用。所以治療師可以帶著這些信念去支持他們，引導他們去接觸關係中的優勢和力量。最常用的方法是讓夫妻或伴侶回顧當年彼此初相識時，如何因對方而心動、如何為對方所吸引。這樣的分享可使他們重新體驗當年的美好和浪漫，再度接觸內在的愛和柔情。

對於婚姻較長久的夫妻，可以請他們分享在婚姻中克服困境的強項和資源：是什麼使他們支撐到現在而不離不棄？在彼此的關係中他們認為最珍貴的是什麼？過去他們如何攜手度過危機？或請他們回憶在過去的相處中，曾經有哪些體驗到彼此愛和溫馨的時刻（Satir, 1983）？這些問題可讓他們回憶當時的情景和感受，重溫過去的美好與浪漫，再次與彼此的愛連結。

建立正向的治療目標

在薩提爾模式中，不論進行何種形式的治療，治療師都要與來訪者合作發展出積極正向的治療目標，重點放在來訪者**想要**、**想改變**的部分，而不強調其個人或關係中病理或有問題的部分。

這點有別於其他以個案診斷或問題評估著手的治療學派——首先詢問來訪者：你們的問題是什麼？你們需要什麼協助？你們有何困擾？你們為什麼來這裡？接下來再依其診斷內容發展後續治療計畫與介入方式。

薩提爾模式治療師在第一次會談時，會根據這對夫妻或伴侶想要從治療中得到的東西，來逐步發展出治療方向和目標，並以此為基礎產生接下來的治療計畫與介入過程。治療師會以正向導向的願景為前導詢問來訪者：你們最想要的是什麼？希望在此發生些什麼？你們想要彼此的關係有何改變？

這類問題代表治療師對來訪者這個人的存在和渴望的重視，且將治療目標放在他們想去而非治療師想去的方向（Bandler, Grinder and Satir, 1976; Satir 1983; Satir et al., 1991; Andreas, 1991; Gomori, 2013）。薩提爾模式治療師從來訪者想要的為出發點，指出一個積極正面的方向，使夫妻或伴侶與治療師三方，都可以由現在起，以行動達成未來新的願景。這個起始點蘊含重要的意義，即治療師重視來訪者的渴望，使來訪者也開始重視自己，他可以直接清楚地表達自己的願望、積極為自己達成目標，因為他是值得的。

一般來訪者習慣性常敘述他們不喜歡或不想要的東西，例如：「我不喜歡他講話常常語帶諷刺和批評，我們常吵架，吵完就冷戰，我不想要這樣。」治療師可詢問：「我聽見你說你不想要什麼，那可否告訴我你想要的是什麼？」來訪者對這樣的問題通常會停頓一下答不出來，這是一個不容易回答的問題，因為一般人很少用這樣的角度思考。

在薩提爾模式中，這些經典的問句，不但可提供來訪者新的思考角度，並使他們與自我的內在渴望開始產生連結。雖然治療師會為了建立治療關係和為了更理解來訪者的背景而聆聽故事，但仍會將治療的重點聚焦在來訪者想要的結果，這樣的作法即將大家的注意力由「過去」導向「現在」和「未來」；由「難題」導向「改變」和「行動」上了（Andreas, 1991）。

下面介紹在建立正向目標時可能發生的歷程，每對伴侶的狀況都不

一樣，形成目標的過程及其結果也不相同，所以不必拘泥於固定的程序或步驟。

分別詢問兩位來訪者「想從治療中得到什麼？」

對大多數來訪者來說，聽到治療師問他們：「你想要什麼？」時，第一個反應常常是錯愕、困惑、不知如何回答。因為他們的思考脈絡幾乎都是：「對方有什麼問題？」、「誰的錯比較多？」、「是誰造成現在的麻煩？」所以他們通常會回答得很簡單、籠統：「我想要有更好的溝通」、「我希望我們的衝突少一點」、「我們想要婚姻關係更好一些」、「少吵一點架」、「不知道，沒想過這個問題」……，或是繞開這個問題直接談論目前關係中遭遇的難題和困境。

來訪者所陳述的故事，通常就是他們在關係上的阻礙，而且注意力大多放在問題、挑毛病上，這是很普遍且正常的現象，因為他們已卡在關係僵局裡很久才會尋求幫助。此時治療師需要具備同理及彈性，跟著他們的思路去理解他們是如何看待自己、對方、問題及關係，然後進一步釐清他們想要的治療目標。

不論來訪者能否清楚陳述自己想要的目標，治療師都有以下的重要任務需要跟進：

1. 協助來訪者將模糊的字眼變成與行動、情感或認知有關的具體敘述；帶領來訪者將其故事性的敘說導入冰山的層次。
2. 讓來訪者盡可能接觸並表達其內在自我最深的渴望。
3. 從一開始的接觸，治療師就要運用肯定、重新界定及欣賞來促進其對自己和伴侶正向力量的覺察。

治療師引導來訪者發展出正向的治療目標時，常見的提問如下（Satir, 1983; Andreas, 1991），這些提問在葛莫利（Gomori and Adaskin, 2006, 2009; Gomori, 2013）的家族治療和家庭重塑的歷程裡亦清晰可見：

- 你今天想要得到什麼？在此次治療中你想得到什麼？
- 你對今天會談的願望是什麼？

- 你想要有何改變？你想要生命有何不同？
- 你想要你們的關係有何不同？
- 在這個治療中你希望發生些什麼？
- 你希望在這裡完成什麼？
- 你想改變什麼使你們的關係會更好？

如果達成目標會如何？

當來訪者做了初步的探索，很重要的是，他就從治療師的提問中經驗到這是一個需要自己投入、努力和改變的歷程。他無法在治療室等待治療師變出魔法或提供特效藥來解決他的問題；他得認清治療師不是他的照顧者，能餵養他、滿足他和消除他所有的痛苦。這個探索過程展現出薩提爾模式治療師的基本信念：不聚焦在負向的病理或問題角度，而是正向、健康、資源、力量、可改變的和有希望的部分；每個人都可以為自己負責，治療師不會為來訪者承擔責任。

由於薩提爾模式治療師對文字語法的運用講究精準確實，不同的來訪者即使說出同樣的字眼，卻不一定代表一樣的意義，所以會根據當事人所說他想要得到的東西進一步探究下去，並且運用其他各種行為的、情感的、認知的問句，使當事人更精確具體地描述想要的東西或畫面（Gomori & Adaskin, 2009）。

接著治療師可能會對伴侶各自提問：

- 你怎麼知道自己得到了這些東西？
- 當你得到這些東西時你會如何？你們的關係會跟現在有何不同？
- 你在此關係中會有不同的感受嗎？
- 你在此關係中的作法會不一樣嗎？
- 你們會有不同的相處或互動嗎？
- 如果得到這些東西，你對自己的感覺會不同嗎？對另一半的感覺也會不一樣嗎？

例如，一位伴侶說他來做婚姻治療的目的是想在此關係中擁有「自由」；治療師可以做的探詢有：

- 可否請你告訴我，你說的「自由」代表什麼意思？
- 你是怎麼思考的？請幫忙我更清楚了解。
- 你這個概念是怎麼來的？如何學來的？
- 你過去曾經有此經驗嗎？可否描述一下？
- 如果你「自由」了，你會做些什麼？
- 如果你「自由」了，你會有何感受？會跟現在有何不同？
- 如果你「自由」了，你們的關係會不一樣嗎？

　　有時薩提爾會請來訪者以「感官知覺用語」（sensory-based terms）（Andreas, 1991）來回答以上這些問題，讓來訪者盡量描述其感官方面的知覺，而不是模糊籠統的答案。縱使來訪者仍對過去的故事多所著墨，也會運用這些材料建立一種處在當下的新觀點——即以正向、增能為導向重新改寫過去發生的故事。支持這種作法和問句的信念是「改變是有可能的」，治療師亦需在歷程中傳遞對改變的希望感。當治療師能為治療和來訪者帶來希望，而且相信改變會發生時，就能使來訪者對關係改善產生初步的信心。

達成「想要的目標」的阻礙為何？

　　接下來則根據來訪者想要的目標，探索有哪些因素阻礙他們去達成。治療師可提出下列問句引導治療歷程由設定目標進入後續可以努力的具體方向：

- 是什麼阻礙你們讓自己快樂？
- 是什麼阻止你們可以彼此感覺親密（或安全）？
- 現在是什麼阻止你們達成這些目標？
- 你需要什麼來達到你想要的東西？
- 是什麼影響你們不能好好說話？

這些問題有時並非絕對必要，因為伴侶在探索治療目標的過程中就會主動告知。

透過來訪者對以上問題的回答，治療師可發現阻礙來訪者達到目標的可能成因。它們通常包括無效的互動模式、個人內在干擾因素、原生家庭影響、外在環境壓力因子，以及其他重要關係的涉入等。當來訪者能辨認出這些阻礙，治療師與來訪者即可共同探討治療計畫、有哪些優先順序，以達到來訪者想要的目標，同時治療師要盡可能平衡中立地考量夫妻或伴侶雙方的意見、感受、需求、敘說的故事等。

設定正向積極治療目標的大原則與個別治療相似，但在婚姻伴侶治療中則要不斷考慮雙方和各自敘說的觀點，並加入其關係脈絡的背景，找出他們願意共同努力的方向，而非只以一位伴侶的目標或治療師的目標為治療目標。

有時夫妻或伴侶處在強烈的情緒和掙扎中，以致無法條理分明地敘述這些阻礙，這是非常普遍的現象。多數來訪者都是一邊說一邊聯想到其他問題，使得當下所有的困擾和問題都混在一起，此時最容易因為彼此觀點不同而發生爭吵。治療師要盡量給予雙方平等的機會，以及等量的時間，讓兩方的聲音都被聽到，即使兩人的陳述南轅北轍，治療師仍要盡可能保持中立，不使任何一方感覺治療師有特定立場或選邊站。

治療師此時可以做的是詢問雙方：

- 妳說的這件事很重要，我們可不可以在此先暫停一下，也聽聽看妳先生的看法？
- 針對這點，我想聽聽看你們各自不同的觀點，同時也讓你們彼此聽見對方說的話，你們可以同意嗎？
- 也許你們對這件事的看法很不同，但會不會沒有誰是對的、誰是錯的，你們同意嗎？所以我想請你們幫我更了解當時發生了什麼事。
- 剛剛我聽到的是美鈴的版本，謝謝美鈴！阿強，你的版本會不會很不一樣？

此時夫妻或伴侶雙方都被鼓勵各自表述，而且沒有絕對正確的版本，也許在對方觀點中可能是不合情理的、情緒化的、極端的或荒謬的，治療師仍要不帶評價地讓雙方有充分的表達機會。說明一件事時，最好不要讓一方占用太多時間，而另一位只是沉默以對。因為如果一方陳述太多太久，輪到另一方時，就無法從複雜的支線故事中找到想要表達的脈絡，如此會使另一方感到挫敗和被忽略，並失去溝通的動力。

在治療情境中，治療師可運用同理、反映、肯定、導引對話等技巧，協助他們由事情的內容逐漸進入互動的歷程中。這樣做的目的，是讓夫妻或伴侶體會在治療情境中的互動歷程與他們在家裡的不同。因為他們自己私下談話時，為了爭輸贏對錯，可能互不相讓，也不想深入自己和對方的內在世界，而不斷糾結在事件內容的細節上。透過治療師，他們可以經驗到從不同的角度看待關係及事情，避免重複無效且負面的對話。因此在初次會談中，治療師要盡可能使伴侶雙方不以抱怨和指責作結束，而需要留些時間為此次會談做摘要，並轉化彼此的抱怨成為新的可能性，發展對未來關係目標的希望感。

> 治療師：從你們兩位今天所分享的內容，我可以感覺到有很多
> 　　　　深刻的感受，同時我也看到你們非常努力地想讓對方
> 　　　　了解自己真實的想法，證明你們都很在乎這個關係，
> 　　　　也很想要改善目前的情況。你們所做的都會給對方重
> 　　　　要的訊息——就是你們都想要更加努力使關係改善。
> 　　　　我非常欣賞你們這麼做！

◎治療師在此階段的任務：

- 評估夫妻或伴侶是否適合一起進行伴侶治療。
- 與雙方確認達到目標的阻礙及他們可以做出改變的方向。
- 評估雙方是否需要先處理暴力、酒藥癮、精神疾病等議題。
- 確認多重關係或多樣事件中處理的先後順序，尤其是危機事件則要優先討論。

發展來訪者和治療師三方都接受的目標

　　如果伴侶雙方對治療目標都有共識，治療師可摘要所有討論的內容，簡明扼要說明治療目標，使夫妻或伴侶在逐步朝向目標前進的治療過程中，自然經驗到彼此的進展和關係品質的改善而獲得鼓舞，進而更有動力再努力下去。這樣的正向回饋是當事人自己贏得的，遠比治療師的肯定更有力量。

　　要使治療目標做為整個治療過程的前導，治療師需要仔細聆聽雙方所敘說的內容，根據前面的步驟做適當的評估和判斷，並邀請當事人一起發展出三方都同意的正向目標。這些目標是建立在雙方的渴望、動機、準備度和願意學習的基礎上，並與薩提爾模式四大總目標的範疇相吻合。這些目標也是來訪者可以感覺到、做得到並經驗到的內容，而不是抽象、模糊、不能實踐的概念。治療師可提出下列的問題：

- 當你們的婚姻伴侶治療完成時，你們會有何不同？你們如何知道已達成目標、可以結束治療了？
- 我們要一起做到什麼，你們才會覺得這個治療有價值？
- 如果達到了你們的目標，你們的關係與現在會有何不同？
- 為了達到你們的目標，你們需要做些什麼改變？
- 我們可否一起來看看你們想要的共同目標是什麼？
- 你們的關係值得我們一起努力的是什麼？
- 讓我們想像一下，再過十年後，你們會想要什麼樣的伴侶關係？

　　有時候，夫妻或伴侶並沒有共同的目標，可能在各自表述後發現想要的東西不相同，例如，一方想要在關係中更親密、有更多時間共處，另一方則想要有更多自己的空間和自由。此時治療師就需要邀請他們一起合作，以找到適合雙方共同努力的方向，而不是只以其中一方的需要為目標，卻忽略另一方的需求，或由治療師主觀判斷，逕自為他們決定治療目標。

伴侶會有不同的目標，反映出他們在關係中的差異性，包括個性、需求、觀點、感受、原生家庭背景、價值觀等的不同，及因而衍生出許多其他相關的問題。因此，治療師來來回回聚焦核對，協助他們找到適合雙方且可以一起合作的標的，不僅能夠使他們學習尊重和協商彼此的差異性，同時也開啟他們與治療師合作的可能性。

如果他們想要的目標不同，治療師的任務是協助伴侶雙方從相異的願望中找到雙方共同想要的東西，或彼此可能會有的最大交集。先從簡單的、易於達成的小目標開始，之後再討論下一步較困難的目標。一方面邀請他們找到彼此都能接受的方向，同時也要做出判斷和評估，提供其他可行的、權宜的、實際的、較容易達成的選擇。但如果在初始階段未能達成共識，整個治療過程就會變成三頭馬車，不知要往哪裡去，而容易形成更多混亂、爭執和挫敗。

彼此要達到對治療目標共識常需花費許多時間和耐心來探索：他們各自真正想要的是什麼？這些差異的根源為何？如何找到雙方最大的交集？彼此妥協的範圍在哪裡？他們能接受彼此差異的程度有多少？有時候，探索這些問題本身已可成為治療目標——即在治療一開始，給彼此一個相互了解的機會，並且確實聽見對方。所以不用急著去達成無法協調的、困難度較大的目標，而是透過雙方對話，認識和聆聽真實的內在，並尊重接納彼此的差異。

◎治療師在此階段的任務：

- 與伴侶雙方確認關係上可行的、合適的、共同的治療目標後，鼓勵他們排除障礙，一起做出改變。
- 強調婚姻伴侶治療是雙方共同合作的成長歷程，只要伴侶願意一起努力就會看到成效，治療師不會施行魔法或提供特效藥，但會一路支持他們到最後。
- 治療師的語言和態度傳遞出對治療的希望和信心。
- 夫妻或伴侶將與治療師形成共同的團隊一起合作面對難題，伴侶之間或伴侶與治療師之間若相互對抗則不會成功。

承諾與約定

確認治療目標之後，代表夫妻或伴侶與治療師共同承諾朝此目標邁進，治療師則根據此目標說明會談的次數、時間、保密原則、行政事項、費用等細節，三方都同意後即可口頭或以書面完成治療合約，依據實際需要決定彼此的約定，彈性做調整，並在信任的基礎上做出承諾。治療師讓來訪者掌管自己願意冒險的深淺程度，尊重他們而不踰越界限，亦不勉強他們做尚未準備好的事（Satir & Baldwin, 1983）。

案例練習：設定目標

明惠、永興結婚六年，他們因在同一家公司工作而相識，當時明惠的幹練、聰明、獨立吸引了永興，這些是永興從小所沒有的特質。永興的父母希望他出人頭地、光宗耀祖，對他嚴加管教，使他常懷疑自己不行、不夠好，內心自卑和貶抑自己，心中常常充滿不安全感、害怕，時時要注意是否做錯事或表現不如人。明惠的開朗、積極、樂觀、直接都是永興很想要但卻做不到的；明惠則喜歡永興努力上進、專情、踏實、負責、照顧的個性，使她覺得很有安全感。

婚後他們住進了永興父母準備的新房，跟永興父母在同一社區，距離只有五分鐘路程。公婆有鑰匙隨時可以過來，不用告知，這對明惠來說非常震驚，因為有時在沒有準備時，公婆即已開門進來。為此明惠與永興在蜜月後沒多久就開始吵架。明惠覺得沒有隱私，生活隨時會被打擾。永興一方面想支持明惠，心疼她嫁過來很不快樂，但另一方面也不想傷了兩老的感情，因此卡在中間無所適從。當父母抱怨明惠時，他就替明惠說情；當明惠向他抱怨父母時，他又極力開導明惠，告訴她父母並不像她想的那麼糟。結果卻弄巧成拙，明惠覺得他老是替婆婆說話，是媽媽的兒子；母親則怪兒子老是站在媳婦那邊抵抗媽媽而傷心不已。

明惠長期感覺不到先生的支持，甚至後悔嫁給永興，讓她放棄了喜歡的工作，又傷心他原來是個長不大的孩子，未能跟她一起有個屬於自己的家庭，而且一直與婆婆同一國。兩人的關係愈來愈緊張，爭吵也愈來愈多。這期間他們生了兩個孩子，明惠更因為孩子小需要照顧，而把精神全放在孩子身上，心理上則刻意與永興愈來愈保持距離。永興除了上班已筋疲力竭，回家還要面對兩個女人的戰爭，在妻子那得不到溫暖，於是在第二個孩子出生沒多久就爆發外遇，因此兩人來做夫妻諮商，希望能挽救婚姻。

　　在諮商中，永興表示自己仍深愛明惠，但過去婚姻中不斷的爭吵使他負荷不了，因此當女同事送出溫暖和支持後就馬上出軌。他心中充滿悔恨，看到明惠這麼受傷也深深自責，願意承擔錯誤，負起責任，修復關係。明惠則因先生外遇深受打擊，加上想到在婚姻中所受的苦、與先生疏離的傷心，都讓她痛不欲生。雖然與永興一起來做諮商，但其實她心中七上八下，不知道明天在哪裡，也不確定她的婚姻是否還有希望。

　　永興來自小康家庭，父親嚴肅威權、自營公司，因父親忙於工作，母親與父親關係疏離，故將注意力轉向子女。永興因是家中長子，自小被賦予極高的期望，成為母親最大的精神寄託，永興的成就成為她最重要的價值。永興從小就因母親的嘮叨、批評、指責而覺得自己不夠好，內在有很多不安全感、沒自信，對人只展示最好的一面，即使婚後對明惠也不能顯示脆弱和感受。看到明惠與婆婆相處不來常有很多委屈、傷心，也不知該如何處理，只一味叫她「想開一點」，都是小事「不應小題大作」，使明惠因得不到支持而更加挫敗。

　　明惠在原生家庭中排行中間，自小父母的注意力不是在姊姊就是在弟弟身上，因為她的聲音很少被聽到，從小又乖巧不惹麻煩，因此更容易被忽略。明惠從小學到不要給人添麻煩，

有不愉快忍一忍再說。但另一方面，因明惠的父母提供她自由發展的空間，她一直過著凡事可以自己做主的生活，只要她能說出正確的道理，父母就會尊重她的意見和決定；婚後因為住在公婆家附近，許多事都由不得她決定，且需聽命於婆婆，使她很沒有自主權而覺得非常痛苦。因從小在家都要表現乖巧聽話，不要惹父母生氣，使得明惠從未學到可以分享脆弱和感受，也從不說出自己的需求。因而她在與先生相處中有情緒時，只會不斷壓抑自己，一旦控制不住而爆發，永興招架不住時就反過來批評她「太情緒化」，使得明惠更加保護自己、遠離先生，也為了避免與公婆衝突而保持距離，相形之下，她在家中便更為孤單與疏離了。

練習

1. 你與這兩位伴侶可以發展出哪些目標？
2. 要達到治療目標會有哪些障礙？你有哪些評估？
3. 你會如何概念化他們的難題？

促進合作

　　後現代主義治療大師湯姆‧安德森（Tom Anderson）說：「與案主的對話是他們從未與自己進行過的對話方式，也是他們從未與他人進行過的對話方式。」意思是當夫妻或伴侶來見治療師時，治療師引導伴侶雙方進行的對話，常是他們從未有過的對話；治療師與他們各自的對話也是他們從未與自己有過的對話，對來訪者雙方來說這些都是新奇又陌生的。對話可以創造出來訪者對自己和對彼此新的認識和理解，這樣嶄新的經驗常在婚姻伴侶治療中為他們打開一扇窗，重新看到窗外的藍天和陽光。

　　傳統的治療關係是醫生與病人的關係，其性質是權力與控制，薩提

爾則主張一種互動、尊重合作的夥伴關係。不是靠治療師的專家身分來解決問題困境，也不是由治療師賦予他們消除關係障礙的能力，而是創造一個對話的情境，使來訪者能取用他們在關係中的優勢和資源賦能自己，並幫助自己突破關係的困境。治療師與兩位伴侶共同創造這種合作關係要從三方面進行：兩位伴侶都願意從改變對方到改變自己、皆願為彼此的關係負責、並與治療師共創三方的合作團隊。

由改變對方到改變自己

　　來訪者在治療中多半都認為，關係會觸礁都是對方的錯，所以只要對方改變痛苦就會解除、關係也會變好。他們也會懷抱有意識或無意識的願望，想要治療師能站在自己這邊，或想說服治療師錯的是對方不是自己，並希望治療師能成功改造對方成為自己想要的樣子。此時治療師則需要敏銳地洞察此狀況，在發現他們有這種微妙心情時，就要不帶評價地提出來討論，一方面正常化他們這種心情，另一方面要與他們澄清，改變對方可能是不實際也遙不可及的願望。

　　此時治療師的任務是認可雙方過去的努力，但因各自都著力在改變對方，以致無法達到改善關係的目標。治療師可以與伴侶們一同探索：如何要求對方做改變？使用哪些策略和手段？如何因此削弱各自的力量使得自己和親密關係都付出極大的代價？要求對方改變時，會對自己、對方及關係造成什麼影響？在此過程中孩子們的感受如何？孩子們會學到些什麼？

　　他們會發現，積極努力去改變對方的結果常演變成彼此控制和威脅，使得自己很累、很辛苦、很挫敗；對方則感覺很煩、很生氣，更抗拒改變；對關係來說，兩人的爭執衝突更激烈，造成關係更緊張和疏離。

　　治療師可以挑戰夫妻或伴侶：

- 這麼用力去改變他有用嗎？能達到妳的目標嗎？
- 你有想過是什麼原因達不到你的目的嗎？
- 既然只有他自己願意改變才有用，妳還要花力氣改變他

嗎？

- 妳可以做些什麼使他會有較多妳要的反應呢？
- 也許每個人都無法改變對方，只能改變自己。你同意嗎？
- 你們願意先從改變自己開始嗎？你願意嗎？妳呢？

　　很奇妙的是，當夫妻或伴侶有一方明白了這個道理，有決心先改變自己時，關係就會產生美好的變化。伴侶們會發現，當他們雙方願意改變自己的程度愈大，治療效果就愈好，彼此的關係因此產生蛻變和轉化，各自內在的生命力會在這樣的成長中更加豐盛。

伴侶共同合作為關係負責

　　在薩提爾模式婚姻伴侶治療中，最大的挑戰之一是如何將伴侶帶來的難題轉化為治療的正向目標後，再繼續鼓勵他們倆就此目標共同合作，為彼此的關係承擔責任，這是薩提爾模式重要目標之一。尤其是當夫妻或伴侶前來進行治療時，他們的關係多半都瀕臨破碎邊緣，或面臨極大的壓力或危機，不得已才來做治療，他們的難題都歷時久遠，非一朝一夕即能解決。當帶著長期形成或急性發作的難題來見治療師時，他們各自都有自己主觀的故事和深藏的痛苦，只想在治療師面前一吐為快，而不想一起合作為關係負責。

　　當他們的方向如上節所述，從改變對方轉向願意改變自己後，治療師則要在這個最適宜的時機邀請兩位伴侶成為一個團隊，一起努力來對付關係中真正的敵人──即那些使他們彼此無法靠近的障礙，而不是互相對付成為彼此的敵人。換言之，真正能使關係改善的主角是自己，他們各自都需為關係承擔一半的責任無法推卸。當他們在治療中承諾一起努力合作時，才能朝著共同目標前進，接下來的治療過程即能事半功倍，兩人加成的力量也會大於他們的總和。

　　共同面對的結果是他們將不再孤單，能重拾往日的情感，並重建彼此想要的親密關係。即使有時夫妻或伴侶並不能在治療中完全處理他們

的難題，所遇到的衝突似乎也未能全部解決，但當彼此能在合作的基礎上創造對話空間時，就足以為雙方開啟往前移動和彼此靠近的可能性。

此時，他們會體驗到我們是在一起的，我不是孤孤單單一個人在奮鬥，而是一起戰鬥抵禦外侮的盟友。當他們共創這種合作的氛圍時，即能在關係中開始有更深、更廣的連結，經驗到彼此是在同一條船上的「我們」感，而從「你」和「我」的孤立個體進展到「我們」。

這種我們同在一起的感受，是夫妻或伴侶在治療中最珍貴、最渴望的心情，即使原來分歧的議題依然存在，但當雙方產生這種親密的「我們」感時，問題常常就不重要了，這就是薩提爾所說的信念：問題本身不是問題，如何應對才是問題。因此治療師在整個會談中，需要不斷催化和鼓勵兩位來訪者同心協力、共同合作，以提升他們之間「我們」的共同感，同時讓他們意識到，只有兩人同心協力為彼此關係承擔責任，才可能達到他們的治療目標，而治療師只是他們生命中的過客，他們才是彼此關係中的主角。

與治療師共創合作關係

許多案主來進行治療時，不見得已準備好要與治療師合作，他們以為只要來做婚姻伴侶治療，透過治療師一切難題就會消失無蹤；他們可能也會相信，治療師手中有根魔術棒，輕輕一揮伴侶就會被改變。他們並不理解，在治療中來訪者與治療師共同合作，盡全力達到所要的目標，才是治療成效的最佳保證。

治療師若想與來訪者建立良好的合作關係，首先，要從權威的位置下來，拿掉角色的冠冕，由人到人平等的角度與來訪者會面，並成為相互合作的夥伴。在這樣的治療過程中，共同整合了來訪者對自己和對關係的認知，一起發現新的覺察、理解、意義和可能性，即能因此開拓更深遠、更寬廣的視野。在合作式的治療關係中，治療師不會用專業術語強迫來訪者接受或配合；也不會將病理診斷的標籤套用在來訪者身上，而是盡可能用案主熟悉的語言來交談，用他們能理解的字句來表達，並

且為所有家庭成員的聲音和意見創造對話的空間。

治療師的角色在於使治療對話的過程透明化，呈現出夫妻或伴侶關係的真實面貌，這對伴侶雙方尤其重要，因為真實地面對自己和衝突，才有激發出新的思維和行動的可能性。許多家庭和婚姻中常存在著彼此都意識到但卻不願去碰觸的問題，長久下來，大家都習以為常假裝它不存在，不想去揭露也不願意去面對。如同家中客廳裡一直存在著一頭大象，大家都視而不見。治療師能做的是讓每個人開始覺知到大象的存在，而且一起來討論它（Gomori, 2013）。

對於這些隱而未顯的重要議題，表面上大家都相安無事，每個人都不想因此破壞表面和諧，也害怕說出來後會一發不可收拾，所以很難直接去面對。一旦有一方伴侶很勇敢地表達了他們在關係中一直避而不談的事，治療師要肯定他的勇敢和冒險，並鼓勵另一方再補充他所知道的其他部分，甚至支持他表明其個人完全不同的版本。

為了創造合作式對話，治療師使用「集合式語言」（collective language）（Anderson, 1997）更能呈現出其特色，例如：「讓我們一起來試試看」、「我們的治療目標是……」、「現在我們大家的氣氛和心情似乎有些沉重」、「這是讓我們都很開心的事」。這些是治療師內在的自我與來訪者的自我連結時，發自肺腑的自發性反應和語言。來訪者會因為彼此能量的交流，能體會到治療師是站在他們這一邊、也想要與他們一起努力的態度。

進行家庭治療時，葛莫利（2013）會與每位家庭成員做出真誠的接觸，同時亦邀請案主與她緊密合作，一起參與所有對話與互動。她用了一個饒富深意的隱喻，形容來訪者與治療師中間好像存在著一條河，治療師可越過河到彼岸與來訪者相遇，與對方的生命力連結，但彼此仍能保有適當的界限。治療師與夫妻或伴侶之間的關係是合作的、有界限的；是深入連結的，但仍然保有各自獨立的主體性。

薩提爾曾強調，治療師需要具備清晰的覺察，與家庭系統之間保持一定的距離。他必須既能置身於整個家庭系統中，又置身於此之外；他

能與家庭保持足夠的距離，以便清楚看見整個家庭，並觀察到家庭成員間的互動模式；他能在不評價、不指責的態度下運用自己進行觀察和評論，塑造一個開放和探索的積極過程，家庭成員才能有效地改變他們之間的負向互動過程（Satir, 2008）。

觀察與評估

　　薩提爾會很仔細地觀察來訪者的口語和肢體語言以獲得資訊，這些資訊對於治療師和兩位伴侶來說都是極富價值的。尤其是當治療師能把所觀察到的訊息以一種尊重、不批判、不帶標籤的態度反饋給來訪者時，不僅提供極有助益的訊息以促進他們對自己的覺察和對伴侶的了解，同時也幫助治療師加速催化夫妻或伴侶之間的關係和個人的轉化，她所關注的訊息一般來說包括下列各項目（Satir and Baldwin, 1983; Loeschen, 1998; Gomori, 2013）：

觀察來訪者的語言和非語言表現

1. 肢體反應

- 眼神
- 臉部表情和顏色
- 說話音調、聲音大小和速度
- 呼吸速度與深度
- 身體姿勢
- 距離與位置
- 肌肉線條
- 動作

2. 溝通與互動

- 溝通模式
- 語言與非語言不一致
- 雙重訊息及其影響

- 家庭成員間的對話內容
- 誰說的多？誰說的少？
- 互動循環的過程
- 有哪些重要的三角關係涉入

3. 其他

- 資源與優勢
- 自我價值感高低
- 對自己和他人接納的程度
- 家庭規條
- 彼此的期待
- 角色與權力
- 原生家庭的影響
- 外在情境與壓力事件

透過上述觀察所得的資訊做評估，可作為之後個案概念化與治療計畫的基礎。

評估

薩提爾教導治療師在治療歷程中，要一直帶著敏銳的觀察來蒐集資料，藉此評估來訪者的狀態，將家庭系統由病理的角度轉向正向的改變方向（Gomori, 2013）。薩提爾模式治療常是來訪者**內在和外在同步改變，評估和介入同時發生的歷程**，在其間並無截然的分界。

治療師的評估是發展治療歷程的重要基礎，也是擬定治療目標和計畫的依據。觀察上述項目所獲得的資訊，有助於治療師評估來訪者的現況。正式進入治療之前，通常會先進行初談以蒐集伴侶的基本資料。一般來說，初談員會訪問伴侶目前的難題、來會談的動機和緣由、學歷、職業、婚齡、子女、過去疾病就醫史、暴力、酒藥癮、重大事件等基本資訊，如果能預先知道他們的家庭圖也很重要，這些訊息可讓治療師對來訪者有個初步的認識並進行基本評估。

當夫妻或伴侶與治療師第一次會面時，治療師詢問兩位伴侶來做治療想達到的目標之後，接下來會與他們一起探索哪些因素或障礙使他們無法達成自己想要的。這些阻礙除了可能包含伴侶所經歷的外在壓力來源和社會文化系統等情境因素外，治療師尚可由他們的關係互動系統、個人內在系統和原生家庭系統三大系統來獲得進一步資訊。這三個主要系統也是我們在進行婚姻伴侶治療的三把金鑰匙，使用它們可開啟兩位伴侶的關係大門，一窺其中錯綜複雜的糾結和愛恨情仇的掙扎。

治療師根據以上的資訊，發展出對關係難題的概念化和達成目標的治療計畫。在薩提爾模式伴侶治療訓練中，受訓者要練習將他的評估、個案概念化、擬訂治療計畫等內容設計出來，在三人或六人小組中討論。若要提報個案或進行督導時，也會以這些訊息做為重要依據。書末的附錄 3「薩提爾模式婚姻伴侶治療提案（督導）摘要」列出一些基本項目，用來提醒治療師在進行專業工作時需要觀察和評估的內容。

在治療過程中，隨著探索和覺察愈來愈深化，治療師也會愈來愈清晰要在何時或何處介入以進行轉化。**評估、探索和轉化**常常可以**同步發生**。也就是當治療師評估阻礙伴侶前進的因素是來自伴侶互動系統、個人內在系統或原生家庭系統時，隨著探索愈深入使伴侶雙方有愈多覺察，就可以在當下做出轉化。這三大系統的探索和轉化歷程將在第 4 至6 章詳細介紹。除此之外，下面七個重要評估項目常是治療過程中不可或缺的：

1. 自我價值感

自我價值感是一個人對自己所賦予的價值，也是他重視自己、愛自己和尊重自己的程度（Satir & Baldwin, 1983; Satir, 1988; Satir et al., 1991）。當夫妻或伴侶中有一方是低自我價值感的，他會常常經驗到內在的不和諧、不安全和對自己的不確定。他會過度在乎伴侶是否認可他、在乎他，並極為重視伴侶和其他家人（包括自己的父母、對方父母、其他家庭成員，甚至子女）對他的評價，以致內在的感受和價值感會以他人反應的好壞來決定，自然就將生命的主權交由外界掌控。

低自我價值感的伴侶傾向隱藏內心的真實感受和需求，不直接表達出來，而採取不一致和間接的溝通。例如，一位妻子非常渴望先生愛她，但先生白天上班太忙，忘記在電話中主動向她表達愛意，先生下班回家後，她整晚不斷質疑、訊問、責罵先生，非要找出個答案證明先生是否愛她，煩到先生受不了而出門喝酒。這位妻子的內心深處不相信自己夠好，也不相信會有人愛她，以致她未能表達心中的感受和需要，而不斷防衛和攻擊，使得她的先生更想逃離她。

　　薩提爾認為高自我價值感是個人和家庭心理健康的基礎（Satir & Baldwin, 1983; Satir, 1988; Satir et al., 1991），具有高自我價值感的人會重視自己也為他人謀福祉。在親密關係中，高自我價值感的伴侶能尊重自己及對方；看見另一半與自己的差異時，會帶著好奇、學習的心情去了解、聆聽對方；也因為重視自己和伴侶內在的感受、想法和渴望，即使雙方不相同，仍能接納彼此的差異。

　　夫妻或伴侶應對難題的方式通常都與其自我價值感的高低有關，因此治療師在聆聽他們敘說時，要在難題之下去了解其自我價值感如何，將提升自我價值感視為治療的介入重點之一。當來訪者提升了自我價值感，願意撤下防衛的生存姿態，才能真實面對自己和對方。

2. 溝通模式

　　第二個評估的重要向度為夫妻或伴侶各自在壓力下的主要溝通姿態和雙方在互動中所呈現的溝通循環。治療師在與他們互動過程中，由口語和非口語觀察到他們如何應對壓力，並經由這些觀察得知他們如何表達親密和愛、如何傳遞訊息、如何解讀訊息和賦予意義、如何使用文字語言來表達自己、如何處理衝突等。

　　在薩提爾模式中，有效的溝通是健康家庭生活的重要指標之一（Satir, 1988），所以調整和改變彼此的溝通模式是一項重要的治療目標。「人們的意圖是想好好溝通，但常常缺乏適合的工具來達成。」（Satir & Baldwin, 1983, p.197）。薩提爾模式治療師在評估伴侶的溝通模式時，即可同步促進他們發展新的互動來進行對話。

前文提到，當一個人處在低自我價值感時會隱藏自己，迴避真實感受，這時他會害怕暴露自己的脆弱，也害怕說真話會造成衝突失去所愛，因此會採取一些保護和防衛的作法，隱藏真正的自我。薩提爾描述這四種自我保護的求生存姿態為：討好、指責、超理智、打岔（Satir, 1976, 1988; Satir et al., 1991; Gomori & Adaskin, 2009）（詳見第 4 章）。大部分夫妻或伴侶在壓力下都會使用這四種不一致的應對姿態，他們各自帶著這些防護罩時就無法真實地連結，也不能相互靠近。

評估夫妻或伴侶各自的溝通模式時，第一步是發現他們的不一致應對姿態。接下來進一步觀察在此溝通模式下所形成的雙人舞步，並檢視是否造成關係中的負面阻礙。每對夫妻或伴侶都會在互動中逐漸形成獨特的雙人舞，一來一往之間，經常會卡在其中動彈不得。夫妻或伴侶一旦發現這些負面影響的溝通模式，就要清楚地指認出來，並在治療期間有意識地去覺察和做改變。

3. 家庭規條

在家庭系統中，常會發展出某些規條來管理家庭成員的行為，這些規條多半是夫妻或伴侶雙方從原生家庭帶來的一些重要規範，舉凡在生活中「必須……」、「應該……」的規定，如果未能符合就會受到批評或懲處。最常見的為：一個人不應該有情緒、男生絕不應該掉眼淚、永遠必須先滿足家人需求讓他們快樂、女生不應該生氣應該溫柔親切等。

即使他們已成年，也有了自己的家庭，這些規條仍會如影隨形地跟著；即使會造成彼此的衝突，他們仍深信自己所信服的家庭規條才是正確的，兩人即因此僵持不下而造成親密關係中的張力不斷上升。例如，先生的家庭規條是「每個人都應該順從長輩，不應惹父母不高興」，但妻子的原生家庭強調每個人可以自由發展、真實做自己。婚後，先生因為妻子未順從其父母，就批評和要求她一定要做到。妻子則認為這樣的要求不合理，違反她從小到大自主獨立的生活方式而不想配合，兩人即因此各自堅持己見造成衝突。

事實上，家庭規條的本質是每個人由原生家庭、文化社會背景傳承

而來的智慧；每個父母亦出於最大善意使用這些規條要求子女成為好人。但若家庭規條成為強制性的教條，失去選擇權、缺乏彈性和自由，變得僵化和不人性時，就使個人失去與自己生命力的連結，讓家庭成員間產生相處上的困擾（Satir & Baldwin, 1983; Gomori, 2013）。

當一對夫妻成立家庭，並且孕育了自己的孩子，很容易複製自己原生家庭的各種角色，不知不覺地在生活中執行以往的家庭規條。包括：生活規範、性別角色、孝順父母、情感表達、壓抑憤怒、服從威權、金錢觀等。有些家庭規條是隱而未顯的，有些則是公開明確的，與夫妻會談時，治療師需敏銳覺知和審視它們，一旦發現伴侶間因著不同的家庭規條而產生歧見，使他們各自執著在對錯輸贏的爭執中時，即要協助他們看見這些家庭規條對親密關係造成的負面影響，並鼓勵他們保留其原有的智慧和美意，但添加彈性和選擇，將家庭規條轉化為生活指引（Gomori & Adaskin, 2009），以降低親密關係中的衝突強度。

4. 家庭系統的開放度和封閉性

夫妻關係是家庭系統中最重要的基礎，薩提爾說夫妻是家庭的建築師，決定了家庭健康和功能發揮與否（Satir, 1988）。如果家庭內的互動和運作是僵化缺乏彈性的、夫妻或伴侶無法有效處理衝突和共同因應家庭成長週期的變化時，就容易形成封閉、停滯、不健康的家庭系統（Satir, 1988; Gomori, 2013）。

薩提爾曾提到家庭的「生產性」（productivity）是要在開放有彈性的家庭關係中才得以發揮（Satir et al., 1983; Gomori, 2013），即家庭成員可以處理彼此意見分歧的情境、共同完成某些決定或計畫、一起對家庭或社會有些貢獻、能運用自身力量完成生命任務、或一起面對家庭的重大挑戰時，他們即形成一個有凝聚力的團隊以發揮自己促進家庭的利益和福祉。

此外，在做決定或解決問題時，夫妻或伴侶能在達成目標和情感需求間得到平衡，是很重要也很困難的事。在適應不良的親密關係中所產生的失衡現象為：不是過度強調成果或任務導向而排除情感需要，就是

只沉浸在情緒感受中無法理性思考，這兩種極端皆無法順利解決每天要面對的現實難題。

例如，一位丈夫為了給全家人更好的生活，努力工作存了一筆錢，私下訂了一個新房子，並付了頭期款，他覺得很有成就感，並為能提供全家較以前更舒適的居住環境而欣慰不已。沒想到當他把這個好消息告訴妻子時，她卻勃然大怒，兩人吵得不可開交，任憑先生如何長篇大論地解釋他的用心、他投資理財的縝密思維和未來獲利的前景，妻子不但無法認同，還強烈抨擊他這種不尊重她意願、不顧及她需要的強勢作風是霸道、自私、無法忍受的。

他們各自僵持立場，其衝突焦點在於：先生堅持自己投資理財的好眼光是他對家庭最大的貢獻，而忽略了妻子被排除在外的感受；妻子則執著於怪罪先生自以為是的作法是自私自利、只在乎金錢利益，而不關心家人心中的感受。雙方在個人認知和期待上都堅持己見、缺乏彈性、僵持不下，沒有任何讓步或妥協的空間，以致彼此的衝突愈演愈烈。

具有彈性和適應力的夫妻，較能開放自己嘗試各種可行性，有能力應對家庭中的突發狀況、他們的思維和觀點可以隨著情境調整，而不會固著於某個過不去的死結在原地打轉。他們會在有限的條件中，使用清晰坦誠的對話來表達自己，並共同創造家庭中開放自在、輕鬆愉悅的家庭氣氛。但在適應不良和封閉的家庭系統中，由於夫妻或伴侶可能因固著在某個死胡同中，且因堅持己見強迫他人配合，使得每個庭成員在此系統中無法伸展自己的獨特性，必須得壓抑和隱藏真實的自我，最後產生許多症狀和疾病。

5. 願意合作的程度

夫妻或伴侶走進治療室會見一位陌生的治療師，討論他們關係生活中的的隱私，要下很大的決心。照理說，他們應該願意合作，與治療師共同努力來達成目標；然而在實務中卻發現許多不想結束關係的夫妻或伴侶，在會談中不但不想合作，還會互相對立拮抗、不往關係更好的方向前進。治療師一旦發現這種情況，就需立即反映出來讓他們雙方都有

所覺察，因為這很可能就是他們關係的癥結所在。當他們能對自己的行為以及其行為對關係的影響有新的認識，才會比較願意採取新的作法，重新合作，攜手向前。

治療師促進夫妻或伴侶彼此合作，一起朝特定目標前進，形成治療關係中的三人團隊，是達到良好治療效果的要件。薩提爾認為在親密關係中，「我－你－我們」三者缺一不可（Satir & Baldwin, 1983; Schwab, 1990），即我和你共創了我們之間的關係，我們都在同一條船上，一起建立關係中的凝聚力和希望感。

夫妻或伴侶同心合作的重要性常被婚姻治療師忽略，以致治療過程很長但效果不彰的情況時有所聞。造成雙方不能相互合作、建立共同努力的團隊的原因，除了第 1 章中高特曼提出的婚姻四大殺手之外，可能還有其他隱而未顯的因素：

- 相互攻擊未放下潛藏的武器，例如：性、金錢、冷戰等。
- 互動中存在雙重矛盾的訊息。例如：妻子規定丈夫每日要哄孩子上床睡覺，但當丈夫完成後又批評他未唸童書給孩子聽。
- 習慣性地反對對方。例如：只要是另一半想做的、希望得到的，即便心裡同意也先搖頭再說，彷彿自己太快答應就太便宜對方了。
- 因為長期以來的經驗，而早已存在「對方不會合作、不在乎此關係」的負向思考，所以先唱衰他和自己，以免失望太大。
- 不想接受伴侶的影響，以證明自己高人一等。
- 當夫妻或伴侶雙方顯示出上述不合作的徵兆時，治療師需以最迅速的行動，一致性且帶著愛心和關懷反映出來，讓他們覺察後，再放慢治療步調，使他們有機會消化、沉澱，並重整步伐轉向伴侶，走在一致的路徑上。

不合作的情況也會發生在來訪者與治療師之間，而造成治療進程的停滯，治療師一旦發現這種情形同樣需立即處理，其介入步驟亦如上段所述。如果夫妻雙方堅持不想與治療師合作，治療歷程大概很快就會結

束。治療師與來訪者建立信任安全的關係是薩提爾模式治療根本的要素，若出現彼此無法合作的狀況，就要回到治療關係的本質，找出底層的原因，重新建立彼此都感覺安全穩固的信任關係。

6. 對改變的態度

薩提爾認為，生活在不健康、功能不良家庭系統中的人通常都會害怕改變，也拒絕改變（Satir et al., 1983; Satir & Baldwin, 1983; Gomori, 2013）。許多夫妻或伴侶可能帶著這種不想改變的態度前來，且多數人會認為治療師有根魔術棒，揮一揮就能修補好婚姻關係，他們只需要花錢、花時間即可。來訪者會有這樣的念頭是很平常的，薩提爾曾提到，人們多半傾向停留在熟悉的情境中不想改變，因為改變是未知，存在許多不確定性，所以寧願處在不舒服和痛苦中也不想動一下（Satir, 1988; Satir et al., 1991）。

如果治療師意識到來訪者在前幾次會談中多數時間都在敘述問題，但當問及他們要什麼、想改變什麼卻得不到具體答案時，可能就是需要與來訪者澄清他們是否有意願改變的適當時機。治療師可以詢問他們：「為了讓你們的關係更好，你想花力氣和努力來改變自己的程度有多少？如果從 1 到 10 分，10 分是你要盡一切努力來改變自己，1 分是你一點都不想改變，你是幾分？」請雙方各自為自己評分。這樣的自我評量一方面可讓他們覺察想改變的實際程度，另一方面也讓他們看到自己和對方的評分結果能否達到他們想要的。

治療師也可更實際地評估能否達成治療目標，並且鼓勵來訪者思考：這段關係是否值得他們投入更多努力改變自己？他們需要什麼才能提升改變的意願？如果僅提高 0.5 分或 1 分的意願，他們可以做些什麼？治療師藉著這些提問，以不批判和尊重的態度拓展夫妻或伴侶更多改變的可能性。薩提爾婚姻伴侶治療是強調改變的模式，相信改變是有可能的，每個人都能改變，也隨時隨地在改變，因此治療師會鼓勵來訪者拓展思考個人和關係中的各種可行性，積極為自己、為對方、為關係做出改變。

7. 對關係的承諾

這裡所說的承諾，是指夫妻或伴侶雙方皆願意決定重視他們的關係並全心投入不輕言放棄，也願意克服關係中的困難，同甘共苦，堅持到底。研究顯示，在婚姻關係中，承諾度愈高、自我坦露的程度也愈高，此特質與婚姻的親密度和信任安全的程度密切相關（Stanley, 1998）。

伴侶或夫妻雖然生活在一起，但可能心猿意馬，不見得想安定在一個特定的親密關係中；雖然結婚但仍在婚姻中過著單身生活；或想要有個生活伴侶，但情感和身體都未投入在此段關係中；或在伴侶關係中出軌形成三角關係等。這些情況很普遍，也很容易造成另一位伴侶覺得自己的情感得不到回應而深感痛苦和失落，但他不一定能用清楚的語言描述出來，反而藉著抱怨、指責、嘮叨、找碴來表現情緒，使雙方關係益趨緊張和水火不容。探究造成他們關係緊張的原因，可能會發現他們對關係的承諾度差異很大。

有趣的是，即使雙方承諾要共同完成治療目標，卻不一定保證他們雙方都對彼此的關係有承諾。例如，一對夫妻常為各種瑣事吵架，有了孩子之後關係更為緊繃。他們來做婚姻治療的目的是想減少爭吵，讓彼此能有更好的溝通，一起處理孩子的事情。治療師卻逐漸發現他們並不在乎在婚姻中是否相處融洽，也不重視彼此是否感覺親密或愛，而是一心一意只想扮演好父母的角色把孩子順利撫養長大。對彼此的關係都採取不投入、不連結，也不想承諾的狀態，以致在治療中兩人都戴著厚重的盔甲，互不相讓、不想開放自己、也不願意深入對話。在這種情況下，治療師需要很敏銳地注意伴侶是否都願意在彼此的關係裡有所承諾？他們是否都想要更多的理解和情感連結？他們是否重視自己也重視對方？兩人都想一起合作使關係更好，還是早已關上心門而與對方隔離和斷裂了？

夫妻或伴侶對關係的承諾程度，將影響他們願意付出和努力的程度，以及他們想要盡力克服困難、承受壓力的決心，因此也會直接影響親密關係的品質和強度。當這些因素加總在一起時，即決定了治療的進

展和成效，使得治療師因而無法忽略其重要性。

階段二：拓展探索與覺察

在此階段中，治療師會與夫妻或伴侶進行更深的探索，讓來訪者對於各自如何參與關係中難題的發展過程能有更清晰的覺知，進而發現新的可能性和改變自己的具體方向。在此階段，來訪者不只分享生命故事，也逐漸由故事的內容進入歷程；探索的路徑會以他們想達到的正向目標做為前導，由表層深入底層的個人和互動系統。在探索過程中，治療師就像是旅遊嚮導，跟隨著治療歷程前進，陪伴來訪者領略各自人生的不同風景，在體驗性的覺察中，使來訪者更深入地了解自己、對方和彼此的關係。

此階段治療師的重要任務是將夫妻或伴侶目前的難題拓展至相關的**個人內在系統、伴侶互動系統**或**原生家庭系統**（Banmen, 2002, 2008）的脈絡中。本書採用薩提爾**金鑰匙**的隱喻（Banmen, 2003）來代表這三個系統，治療師使用這三把金鑰匙開啟來訪者已知或未知的世界，讓治療師與伴侶們依循三個重要途徑由**內容**深入**歷程**之中。這三個系統所呈現的藍圖，讓治療師不僅看見夫妻或伴侶關係中的困境，如同在充滿迷霧的森林走上祕徑，慢慢理出系統之間和與難題之間的關聯性，亦使伴侶雙方更深入理解以前所不知道的部分，透過這些理解重新開啟他們新的互動管道，一起去發展兩人為關係努力的方向。

這個探索與覺察的階段，其實是薩提爾所謂的「混亂階段」（Caos stage）（Satir & Baldwin, 1983），治療師愈多地協助夫妻，愈發現他們原來不想展露也不為人知的部分，這些是他們在來做治療之前隱藏得很好、且一直想保護的深層經驗。當保護蓋被掀開，他們會感覺到許多混亂和困惑，底下深埋的痛苦、脆弱、受傷甚至羞愧等情緒，就得以被看到、被承認和被表達。例如，憤怒是夫妻在會談時較容易意識到的情緒，薩提爾會讓來訪者覺察憤怒的存在，但不會特別強調或聚焦在憤怒

上，而選擇探索潛藏在憤怒底下更深層的感受和渴望（Satir and Baldwin, 1983; Satir et al., 1991; Loeschen, 1998）。薩提爾相信人們會防衛性地使用憤怒來掩蓋受傷、痛苦、絕望、害怕、孤獨等感受，並藉著壓抑這些潛藏的感受來保護內在的低自我價值感（Satir, 1988）。

由內容進入歷程時，會從許多個點導入橫向、縱向軸面所形成的平面和立體圖像。這個探索過程充滿驚喜、好奇、興奮和想像力，同時也伴隨著許多眼淚、失落和痛苦。當掩蓋的保護層被掀開、底層複雜的情緒被揭露，來訪者通常會經歷到許多在此階段前所未有的焦慮不安。這時夫妻或伴侶開始冒險進入未知的領域，體驗著許多心理上的不確定感，甚至身體症狀也隨之產生，一旦伴侶雙方能承受混亂和害怕，願意冒險揭露自己與伴侶分享，就能接觸核心的自我，並在經驗脆弱中與對方真實的交會，帶來自我和關係珍貴的轉化。

由內容導向歷程

大部分的夫妻或伴侶會敘述他們在關係中遭遇的壓力或難題，兩人的版本可能截然不同。薩提爾說：「問題本身不是問題，如何應對此問題才是問題。」所以薩提爾模式治療師會引導雙方由難題和故事的內容進入他們如何應對的歷程（Satir, 1976）。

治療師除了提出能讓夫妻或伴侶有更多覺察和領悟的「歷程性提問」（參見第 5 章），還要使用薩提爾模式的重要工具使他們在身體、心理、認知上都有體驗性的學習。薩提爾強調，所有的治療最重要的是使來訪者能與自己內在的生命力連結，並且真實經歷自我核心的力量和資源。薩提爾經常使用雕塑、溝通姿態、壓力舞蹈、互動要素、冥想、天氣報告等工具，在協助來訪者提升覺察的過程中同步發生轉化，這些工具將在後幾章說明。

治療師是歷程的主導者，來訪者則主導他們自己；治療師為治療歷程負責，來訪者為自己的生命負責；治療師或許會協助來訪者為自己做決定，但不會替他們做決定。薩提爾模式治療師會與來訪者謹慎地核對

每一個新經驗的嘗試是否適合他們，同時清楚告知可能會有的冒險和結果。這樣的態度和作法能使來訪者真正掌握自己生命的主權，並增進其信任、冒險和開放的程度（Satir & Baldwin, 1983）。為了能讓雙方經驗性地學習和改變，在婚姻伴侶治療中所使用的工具，常會對來訪者產生相當大的震盪，因此對來訪者主權的尊重就顯得益發重要。

薩提爾常以編織來比喻她的治療工作，當幾束不同的纖維開始編織在一起時，乍看像是沒有關聯，但最後卻可變成一幅美麗的圖案（Satir, 2008; Gomori, 2013）。同樣地，在夫妻伴侶治療中，各自說了一些話或想法，好比一塊布料可能會因著另一塊布料的參與，發展出新的觀點或畫面；有些遺漏的部分後來可能又重拾回來；許多沒有關聯的布料最後可能又交織串聯在一起。在治療中所發生的片段，最後因為來訪者和治療師三個人的共同編織，形成了豐富美好的畫面。

探索伴侶互動系統（第一把金鑰匙）

在夫妻或伴侶的互動系統中，最重要的是探索他們如何表達自己、如何互動、如何溝通，並從探索過程中覺察自己的溝通循環，接下來才能發現轉化互動循環的可能性（參見第4章）。

薩提爾模式將人們在關係中的不一致溝通姿態區分為四種：討好、指責、超理智、打岔（Satir, 1976; Satir et al., 1983; Satir, 1988; Satir et al., 1991），是人們在關係中遇到壓力時會自動化、反射性的表現。在人際關係中，這些是我們都會出現的即時反應，而在親密關係中，若夫妻或伴侶願意有覺察，有意識地選擇一致性的回應，將能促進彼此的和諧與親密。

不一致的溝通姿態是我們在原生家庭面對壓力時所學到的求生存姿態，而在親密關係中，我們常不知不覺重複使用。在夫妻或伴侶治療中，來訪者看到並指認自己在親密關係中處於壓力下最主要的溝通姿態，是覺察的第一步。

治療師可以運用雕塑，讓來訪者在身體和心理上經驗這些溝通姿態

下各自內在的體驗為何。在進行雕塑時，當事人可由事件的內容進入互動的歷程，從身體的姿勢深入內在的感受。他們會覺察到自己的不一致姿態，是因為想要保護自己或對方，卻反而因此壓抑或扭曲內在的真實感受，不但無法使雙方更靠近，反而製造更多的衝突和距離。

除了雕塑，其他如隱喻、壓力舞蹈、重新框架、反映、導引對話等，都是探索伴侶溝通姿態和互動循環時常用的技術，藉以呈現：

• 夫妻或伴侶重複的不一致應對姿態及無效的溝通循環。

• 追與逃、攻擊與凍結的互動模式。

• 使用武器相互攻擊後對兩人造成的結果。

• 啟動彼此內在的情緒按鈕造成情緒大爆發。

探索個人內在系統（第二把金鑰匙）

夫妻或伴侶進入治療時，絕大多數都是帶著痛苦、困境和危機而來，此時他們的強烈情緒會如排山倒海般傾瀉而出，所以治療師通常較易接觸到他們的感受，做為進入個人內在系統的入口，再進一步深入探索其他部分。

來訪者通常不會用直接清楚的表達方式來分享自己，而是習慣性地用即時反應來處理複雜的情緒，例如：用道理來說服對方並保持客觀理性；遇到壓力情境即先聲奪人、怪罪或攻擊對方；息事寧人，委屈自己避免衝突擴大；或是轉移注意力不去面對，採取冷漠或疏離以策安全。這些自動化的即時反應通常只是表層的應對方式，內在隱藏的是很多彼此都不了解、甚至產生許多誤解而不自知的部分。這些彼此不理解又很少去談的內心世界，就是造成他們溝通障礙和衝突的主因。此時治療師很重要的任務，即運用同理、反映、編織、歷程性問句等技術，來協助兩位伴侶抽絲剝繭，慢慢進入他們內在更深層的部分，使雙方透過這個歷程真正看到自己與對方。

治療師常運用冰山的隱喻，讓來訪者有一個清晰的藍圖去探索他們各自的內在世界。冰山是一個概念性的圖像，是薩提爾模式用來呈現個

人內在歷程最重要的工具（Satir et al., 1991; Banmen, 2006, 2002, 2008; Gomori & Adaskin, 2009）。人們在行為和故事的水平面之下內在經驗的七個部分，分別是：自我、渴望、期待、觀點、感受、感受的感受，以及應對姿態（參見第 5 章）。

在親密關係中，這些不為自己或伴侶所知的大部分，才正是關係中產生困境的關鍵因素。因為很多時候夫妻或伴侶會根據對方外在行為做出即時反應，且一廂情願、主觀地、卻可能是錯誤地，判斷對方內在的想法和意圖，而不會深入與對方澄清或溝通，這些投射和負面解讀往往形成彼此誤解和衝突的來源。

在婚姻伴侶治療中，治療師著重的不是外顯的故事內容，而是與來訪者一同探索他們各自內在的冰山歷程，並將冰山的內涵如同解碼般反映給當事人及其伴侶知悉，對他們雙方來說，這將產生極為重要的領悟和覺察。治療師如嚮導般引領來訪者潛到水平面下，由外顯行為和事件深入探索他們的內在經驗，常能為他們打開一扇門，讓伴侶雙方真正走進內心，貼近對方真實的自我，使彼此的心更加靠近。對夫妻或伴侶來說，這不但是相互的理解和學習，也是前所未有的心靈冒險，因此治療師需帶著虔敬尊重的態度，與他們一起經驗這個彌足珍貴的探險之旅。

探索原生家庭系統（第三把金鑰匙）

原生家庭的影響無遠弗屆，米紐慶（2007）在《家庭與伴侶評估》（*Assessing Families and Couples：From Symptom to System*）一書中提到，即使他已是八旬老人，仍察覺得到童年經驗的碎片在四處遊移（p.30）。大師尚且有此感嘆，更何況是芸芸眾生如我們，也都無法擺脫原生家庭的深遠影響。薩提爾在其治療工作和論述中不斷強調探索原生家庭的重要性，因此在薩提爾模式治療中，不論是個別治療、婚姻家庭治療或成長工作坊，這個探索過程都是不可或缺的一環（參見第 6章）。

每個處在親密關係中的人都會有意、無意地發現，兩個人近距離的

相處時，會看到自己和對方原生家庭的影子。因此，婚後躺在床上的不是只有夫妻或伴侶兩個人，而是兩個家族的人。即原生家庭成員的影響常在夫妻或伴侶間不知不覺彰顯出來，這些未被指認出來的「鬼影子」或俗稱的「陰影」（Mckeen & Wong, 1996）會橫行在伴侶關係中，造成彼此無法理性解釋的障礙。

當治療師敏銳地覺察到，伴侶們透露出一些重要資訊，其癥結可能與過往原生家庭有關時，就可在此帶著同理和尊重，詢問他們是否有意願更深入去探討那些與關係難題相關聯的家庭歷史。在此過程中，治療師行進的路線不但有清晰的薩提爾模式家庭重塑與家庭治療理論在支撐，同時還需要治療師帶著過去臨床經驗所累積的直覺與判斷做前導，才能在最適宜的關鍵點切入。

其中最常見的是，夫妻或伴侶碰到壓力，所採取的互動模式經常會複製自己父母的溝通姿態。由於大部分的人在原生家庭中很少有機會能學到建設性地處理感受、分享愛與感謝、一致性地表達自己的情感與需要，因此在伴侶關係中常常無法有效處理與伴侶之間的差異性，以致不能彼此靠近和建立親密感（Satir, 1983, 1988）。

由原生家庭還會帶入關係中的有脆弱情緒、地雷區、與原生家庭的未了情結等，造成親密關係中許多潛藏糾纏的情緒按鈕，使彼此的關係更加困難重重。此外，來訪者自我價值感低落、將小時候未滿足的渴望寄託在伴侶身上，或尋尋覓覓要找到一位與自己的母親或父親相似的對象等，都會在夫妻或伴侶的潛意識中不斷發揮巨大的作用（Satir, 1983）。許多人不一定會有自覺，卻隱約覺得伴侶關係總是卡在某些環節上動彈不得且痛苦異常。

在此階段，當夫妻或伴侶能在治療師的陪伴下，一步步看見過去人生歷史所留下來的痕跡已不知不覺滲透進親密關係中時，常會有一種恍然大悟、原來如此的頓悟。然而治療師和來訪者都需銘記在心的是，探索原生家庭對親密關係的影響，並非要指控父母未能做到他們應盡的責任，而是相信父母已在可能的範圍盡力了（Satir et al., 1991; Gomori &

Adaskin, 2009）。

在治療中提供夫妻或伴侶機會去覺察和探索童年時儲存在神經系統中的記憶傷痕，對改善親密關係是極有價值的。這些是薩提爾模式夫妻伴侶治療異於其他治療學派的重要特色，也是薩提爾對原生家庭影響最為智慧雋永的見解（Satir, 1983, 1988）。

接觸資源與力量

讓來訪者有機會發掘他們自己以及在關係中所蘊含的資源與力量，是整個薩提爾模式治療歷程中永遠不可或缺的。當他們能意識到這些力量，不論彼此的關係如何困難、衝突如何嚴重，都會帶來希望感並產生無可限量的可能性。

在婚姻伴侶治療的現實情境，常看到來訪者深陷永無止境的爭吵中，小至要不要開空調、買水果，大至要不要移民、生小孩等，有些一發不可收拾，有些則演變為我贏你輸的殊死戰。夫妻或伴侶多半很難看到有什麼值得認可的資源，更看不到未來關係的希望。在他們的認知裡常有個迷思，認為親密關係裡有衝突都是不好的，所以一定要消除它們，否則就是失敗的婚姻或伴侶。

事實上，研究顯示，夫妻間的許多衝突常是無法解決和消弭的，重要的是如何與之共處以及找到脫身及和解的方法。幸福的夫妻並不比痛苦的夫妻更少爭吵，也不見得不會因衝突而相互叫罵（Gottman, 1999）。治療師可以藉由當代的研究結果，正常化夫妻的爭吵與衝突，使來訪者了解不是因為他們有問題才有爭吵與衝突，而是大部分的伴侶夫妻皆會如此，他們就能鬆一口氣不再自責，內在力量也就跟著回來了。

治療師可以洞察來訪者在爭吵中所展現的生命力、因衝突而顯示的自主性，甚至在權力抗衡背後所隱藏的熱切情感和渴望，藉著「重新界定」技術，引導來訪者看到彼此的正向意圖和力量（Loeschen 1998, 2002; Andreas, 1991）。

此外，衝突過後如何和好，誰先求和、另一方又如何接受和解的邀

請；如何剎住自己停下來，避免一場不可收拾的戰爭；如何停止負向溝通循環、進入正向循環等，都值得治療師精細地挑出可以欣賞、認可的細節，並讓他們也彼此欣賞和感謝。在治療師的肯定和彼此的認可中，他們產生的正向經驗，將有助於他們連結自己的內在智慧，相信自己有能力找到答案（Loeschen, 1998, 2002; Andreas, 1991; Satir et al., 1991; Satir, 2008）。

薩提爾模式的治療師普遍都秉持一些相關的重要信念，即每個人都擁有內在所需的資源，來應對生命中的困境並因此獲得成長（Satir, 1988）。同樣地，在所有的親密關係中，伴侶們也具備了自己的資源和韌力，只是他們因深陷痛苦的情緒中而忽略了這些力量。薩提爾治療師也相信，在每個人的核心自我、生命能量根本之所在，本質是正向和良善的，也都想要發展美好的生命，並且擁有所需的資源以因應困境，所以治療師會在治療中盡可能發現每個人內在的珍貴寶藏，使伴侶們可以在此歷程中，相互認可存在的價值（Banmen & Banmen, 2006）。

階段三：改變與轉化

在上述拓展探索與覺察的階段二中，治療師的任務是將前述這些過程做為奠定階段三改變與轉化必備的基礎。在治療初期，由於夫妻或伴侶雙方仍在關係緊張痛苦的狀態中，治療師的工作重點多半放在建立安全信任的治療關係；促進來訪者對自己及伴侶的覺察；引導他們跳脫固有的思維模式，開展新的觀點，去發現在夫妻或伴侶關係中其他新的可能性。這時夫妻或伴侶自然會因為這些新的領悟而產生新的感受，也對未來的關係會有更多的希望感。

在階段三的改變與轉化中，因治療師和來訪者已有較穩固扎實的治療關係，夫妻或伴侶間的張力也因為相互理解和接納稍微降低，這時雙方都有較大的空間可容納不同的聲音，所以治療師會增加對他們的挑戰，催化他們為彼此的關係做出改變，治療焦點則朝著薩提爾模式四大

目標邁進。

　　一般人的刻板印象中，薩提爾治療師是友善親切、有愛心、與人為善的，但實際上他們並不是唯唯諾諾的討好者，而是帶著溫暖尊重、一致性地推進來訪者由已知進入未知，由覺察進入轉化。此歷程最重要的基礎是治療師掌握明確的治療目標及其背後清晰的核心價值信念。這些關於轉化的信念包括（Satir, 1988; Satir et al., 1991; Banmen, 2006, 2002, 2008; Gomori & Adaskin, 2009）：

- 問題本身不是問題，如何應對才是問題。來訪者過去使用無效且失功能的作法來因應親密關係中的難題，現在亦可藉由重新學習，使用新的因應方式。
- 改變是可能的，即使外在環境有限制無法調整，我們仍然可以有意識地為自己的目標負起責任，並為想要的關係做出改變。
- 我們無法改變過去的事件和原生家庭，但可以改變它們對自己現在這個人和親密關係所造成的衝擊。
- 人們在任何時刻都想盡力做到最好，即使看起來他們曾做過傷害或破壞自己和伴侶的行為，但那可能是他們在當時所能做的最好的處理。
- 每個人的成長、統整和進化都是自然的人性化歷程，這是治療性改變的焦點，這種轉化源自來訪者的生命能量和自我的層次。
- 治療師運用自我成為治療中最有力量的工具，以催化來訪者產生正向導向的轉化。

　　無論是個人生命或專業生涯，薩提爾終其一生都在成長，特別是在晚年更將她對靈性的洞見加入其理論（Satir, 1988）。在她與人們的深層治療工作中，會盡可能地讓來訪者發現他們的內在資源，來為自己賦能並選擇為自己或家人得到療癒。薩提爾相信，治療師與自己、與他人在靈性上連結得愈深，愈能創造出改變與轉化的契機。

　　當治療師能接觸自己內在生命力，引導來訪者有同樣的體驗後，能

創造出治療歷程所需的希望感，達成轉化性的改變（Banmen & Banmen, 2006; Satir, 2008）。夫妻或伴侶接續前一階段的探索覺察的部分，即會在此階段做出適合自己親密關係的選擇，去決定是否要積極改變自己、改變彼此的互動模式，或改變原生家庭的衝擊。

轉化伴侶互動系統

當夫妻或伴侶已覺察和探索彼此間是如何溝通、如何表達自己、如何聆聽對方後，有時會接著自動發生轉化，有時則需藉助治療師的協助和催化慢慢達到改變，也有些伴侶因為某些特定的原因而寧願繼續處在僵局中。

這些妨礙改變的因素，包括來訪者企圖改變對方、在關係中堅持自己是對的而對方是錯的、雙方積怨已深很難拆除彼此中間的高牆等。由探索的階段二進入轉化的階段三時，治療師要敏銳地看到這些阻礙，以不帶批判的態度與來訪者開誠布公地討論。

如果來訪者願意承認自己在關係中慣用的不一致應對姿態，亦了解這些重複的模式形成他們獨特的負向循環，就較容易看見自己需要改變的部分。治療師不斷提出溫和的挑戰，以一致性姿態進行這樣的推動，讓夫妻或伴侶進一步去拆解他們固著的溝通之舞，發展出更和諧、更適合彼此的新舞步。

當伴侶雙方愈來愈意識到彼此形成的雙人舞，也願意為了更好的關係做出改變時，即為治療師示範與引導一致性對話的關鍵時刻（Satir, 2008; Gomori, 2013）。如果他們願意冒險去做新的嘗試，治療師就要創造機會，讓他們做即席演練和對話，體驗一致性溝通所帶來的正向效益。

在此階段，治療師的任務不是花力氣去改變兩位當事人，拉扯他們朝向理想關係的目標邁進，而是由他們自己決定最想要的關係狀態，並一起努力去完成。治療師在此階段常用的工具：雕塑兩人關係的壓力舞蹈、互動要素、鏡照、天氣報告等，詳細說明參見第 4 章。

轉化個人內在系統

當來訪者體驗了上一節所描述在伴侶互動系統中，雙方透過治療歷程，在溝通與應對上將過去所形成的負向互動循環轉化為一致性溝通時，才能適當地疏導累積的宿怨和情緒。透過治療師的同理、反映和重新界定等技術，使來訪者可以覺察、承認和真實表達情緒，感覺到自我內在很重要的一部分被認回。一旦隱藏在內心深處的脆弱能被聆聽和理解時，他們才可以在被接納、被愛、被認可、被重視等深層渴望中重新連結，使得兩位伴侶的自我價值感因此被提升，從而有更多的安全感和勇氣在關係中冒險，並深入敞開自我，不用再隱藏或防衛自己。在這樣的基礎上，兩位伴侶就有機會進一步去療癒內心的傷痛，相互滋養和共同成長。這些治療性的介入即經由伴侶互動系統的轉化，啟動了個人內在系統的轉化。

轉化個人內在系統還包括在觀點的層次去檢驗、核對和改變來訪者對伴侶所抱持的負面評價、刻板印象、假設和結論。這些負面思維在一般的人際關係中都會產生極大的破壞力，更何況是在夫妻或伴侶的親密關係中，極容易形成腐化和消蝕情感的毒素，形成雙方跨越不了的鴻溝。治療師要協助來訪者有意識地去覺察、彼此討論與核對認知推測，並加上符合現實的新資訊，以平衡這些偏頗和傷害關係的觀點。

此外，夫妻或伴侶化解差異與衝突的首要關鍵在於：以一致性溝通為基礎來協商各自不同的期待。薩提爾模式治療師在治療中特別重視這些未被滿足的期待，會鼓勵伴侶們清楚列舉各自的期待清單，並且積極公平地共同協商。如果未能做到這一步，這些未滿足的期待往往會使失望的一方產生失落、難過、受挫甚至受傷的強烈感受，長久下來，便形成彼此之間無法化解的巨大心結。

要進入兩位來訪者的冰山進行探索，並且完成以上所描述的轉化，通常不是一件容易的事。治療師首先要熟悉冰山理論的架構，並熟練掌握每個層次的轉化。要達到此目的，最直接也最重要的演練對象，就是治療師自己個人。在成為薩提爾的婚姻伴侶治療師的同時，治療師能透

徹清晰地覺察在親密關係中，他自己內在冰山每個層次的體驗、變化和掙扎，才能深刻同理來訪者在面臨轉化的感受。當治療師發掘自己內在的資源與力量、接觸自身美好的生命力、運用內在這些歷程來賦權增能自己，並為關係做出必要的改變行動時，才能引導來訪者達成同樣的轉化性改變。

轉化原生家庭之影響

治療師在處理原生家庭對夫妻或伴侶所造成的深刻複雜的影響時，需要在安全信任的治療氛圍中進行。當治療師與來訪者建立穩定可靠的治療聯盟，夫妻或伴侶也願意在兩人之間建立一種成熟獨立、成人式的親密關係，並準備好進入這個冒險之旅時，他們才能安心地分享過去在原生家庭所發生的生命故事，這個分享即同步啟動了轉化的歷程。

由於打開來訪者原生家庭早年經驗的黑盒子，是一種充滿不確定又使人脆弱的過程，有時一發不可收拾，有時能量太強超過來訪者所能承受的程度，有時又因糾葛太深、太複雜不知從何著手，所以治療師不是隨意地帶著兩位伴侶回到過去的經歷，而是在專業判斷和臨床經驗的基礎上做出謹慎的評估和介入。在此階段的工作，治療師需具備薩提爾模式的家庭重塑概念（參見本書第 6 章），才能治療性地引導來訪者進行探索和轉化原生家庭的影響。

這些與原生家庭有關且影響當下親密關係的重要歷史，最常見的是來訪者因從原生家庭所學到的應對姿態而產生失功能互動循環。來訪者若已有此覺察，治療師則可提醒他們：「這些應對姿態在當年可能有一定的效果和功能，而且也幫了你很多忙，但成年之後在現在的親密關係中，可能需要加上其他更適合的作法來與伴侶相處。」這樣的說明意味著薩提爾模式著重的，不是消除而是添加的概念，並由此重新界定過去童年的作法是一種求生存的必要手段，那麼接下來即可鼓勵夫妻或伴侶產生更多的動力嘗試新的應對方式。

若夫妻或伴侶彼此間有一致性溝通為基石，他們與治療師亦建立了

足夠的信任關係時，即可在某些原生家庭與親密關係相關聯的主題上，進一步決定適合做轉化的切入點。治療師的任務是敏銳地觀察夫妻或伴侶之間，所發生與現實不成比例的情緒反應，並反映給當事人知悉，讓他們意識到，原來自己錯把伴侶投射成當年讓自己受傷的權威者或父母，以致這些時空交錯的感受混在一起，而不由自主地爆發激烈的情緒。當夫妻或伴侶能體驗到此關聯性時，再進一步引領他們進入更深的內在，回顧關係中脆弱點底層那些源自過去原生家庭的痛苦經驗，藉由彼此真摯坦誠的分享、提供相互的聆聽和理解；或在治療中，進行與早年重要照顧者關係的雕塑、重新釐清或放下未滿足的期待等，伴侶雙方的舊傷即可以在安全、尊重、溫暖、同理和愛中得到療癒。

在治療師的陪伴與支持下，這個歷程使當事人能將伴侶與當時糾結的對象解除糾纏（de-enmeshment），他們將能在時空的向度上，區分此時和彼時的不同、將成年自我和年幼自我分化，而能在此時此刻的當下，以嶄新的、與生命力連結的成年人與伴侶重建關係（Satir et al., 1991）。

這些轉化原生家庭影響的歷程，並非每對夫妻或伴侶都有此需要，其深度和廣度每對伴侶也都不同，關鍵在於他們和治療師是否意識到有此必要性、他們是否具備足夠的冒險程度，可以往原生家庭系統深入體驗。然而當夫妻或伴侶能完成這些珍貴和艱難的歷程時，所帶來的學習會在他們的身體、心理和靈性上產生蛻變，同時也造成個人內在系統和兩人關係系統上實質的轉化。薩提爾模式治療師在此階段常用的工具，包括繪製和分享家庭圖、雕塑原始三角和伴侶關係、脆弱合約、家庭重塑等，詳細內容請參見第 6 章。

階段四：鞏固與落實

每次會談結束時，都要讓來訪者帶著希望感離開，並且盡可能有個鞏固和落實的時段來做收尾（Satir, 2008; Gomori & Adaskin, 2006; Gomori, 2013）。這時候大家可以一起回顧此次會談的重要片刻和學

習，在下一次見面之前的期間內，夫妻或伴侶可以把從治療中學到的功課帶回家練習，以加強治療的效果。

薩提爾婚姻伴侶治療強調全人的轉化，要持久維繫下去，需靠當事人持續不斷地在生活中實踐。另一方面，薩提爾模式重視來訪者用自己的努力和力量達到自我幫助，而不是一直依賴治療師無法獨立（Satir, 2008），要達成此目的，則有下列幾種做法：分享學習、彼此欣賞與肯定、家庭作業與承諾。

分享學習

結束會談前，治療師與伴侶們可以一起討論他們在歷程中所學到的功課。治療師可以詢問來訪者：「你們從這次會談中學到什麼？」、「有沒有新的發現？」、「有沒有一些對你們有用的東西可以帶回去？」、「有哪些學習你們可以回去再加強練習？」討論的重點聚焦和強化在夫妻或伴侶改變的重點上，一方面強調他們要為自己的學習負起更多責任，另一方面提醒他們回家後可以努力的方向。

在討論這些實際行動的分享中，還可以回顧重要的治療片段，彼此給予回饋，更能鞏固他們的學習。如果治療師能摘要敘述他對來訪者的觀察，提醒他們從舊的互動模式切換成一致性的關鍵因素，讓夫妻或伴侶加深記憶，將可避免他們回到舊有模式中。透過治療師的分享，讓他們再次看到一起努力的重要性，只有共同合作才能創造新的局面，這樣更能讓他們體會到兩人是並肩作戰的盟友。這些回顧可將治療歷程真正落實在來訪者身心的全面學習，使得治療效果更加鞏固（Bandler, Grinder & Satir, 1976）。

彼此欣賞與肯定

由於夫妻或伴侶能一起來到治療中誠屬不易，更別提還願意共同經歷每次治療歷程，一起走過各種高低起伏，所以最後會談結束前，來訪者能與治療師分享在此次會談中看到自己和對方的學習和改變，並且由

衷表達欣賞或感謝，不但能加強信心，帶來希望感，更可加深彼此愛的感受和連結。此時治療師需引導他們細微地覺察自己和對方在歷程中展現的善意和用心，使他們體會到：改變是有可能的、自己的改變會影響對方、自己的改變也會被對方看到與重視。這個環節對來訪者雙方來說，如同打了強心針，不僅提高自我價值感，也滋養彼此內在的自我。

家庭作業與承諾

每次會談結束前，治療師會根據當次在治療過程中所完成的重要部分，提供作業給來訪者回家練習（Gomori, 2013）。這意味著關係是否有改善，責任在於當事人本身；而改變能否持久，必須靠當事人回家後自己的努力。薩提爾認為，治療是一個教育和成長的歷程，治療師提供了改變的契機與方法，來訪者則運用自己的資源努力落實這些學習效果。治療師都希望來訪者的成長與進步不會因治療結束而中止，當他們回到家之後仍持續在治療中共創的成功經驗，才能對他們有實質的助益。

此時，家庭作業即發揮重要的功能，使夫妻或伴侶將治療中的學習繼續練習和實踐。來訪者可以有意識地選取自己在治療中所學到的功課，決定如何應用在日常生活中，並且需說明各自要練習的部分及做出承諾（Gomori, 2013）。例如，回家後的每週最少練習一次「天氣報告」，讓他們更熟悉一致性溝通。治療師在下次會談一開始就先與他們討論家庭作業的過程和效果。

治療師能做的是協助夫妻或伴侶找到改變所需的策略和方法，但如何堅持下去就是他們自己的責任。來訪者需要時間練習新的行動，也需要認清重要的改變是在會談之外的自發行為（Gomori & Adaskin, 2006）。許多夫妻或伴侶都認為，只要相愛，所有的事都會自動發生，不用花什麼力氣。事實上並不然，薩提爾認為：「愛是一種感受，不能被規定，它要不是存在，要不就是不存在。它的發生也沒有任何理由，但為了使它能一直持續或增長，就需要悉心照料。愛好比一粒種子從土裡探出頭來，若沒有足夠養分、光源、濕度就會死亡，因此愛是每天都

要照顧和滋養的。」（Satir, 1988, p.146）。所以夫妻或伴侶在治療之後，他們持續的努力才能造成彼此關係實質的改變，而治療師所提供的家庭作業可讓來訪者落實學習效果，並讓他們因此經歷彼此間愛的流動。

| 第二部 |

實務與應用

第 4 章

第一把金鑰匙：
親密關係與伴侶互動系統

「當兩個人相遇而開始一段關係時，他們就要一起努力達到『我們』的部分，即你和我如何形成『我們』。」

——薩提爾

薩提爾模式的治療目標是使來訪者成為更完整的人，即接受自己真實的面貌，內在和諧、穩定和安全，並擁有高自我價值感（Satir, 2010）。這樣的人會願意在親密關係中冒險敞開自己、表達真實感受，並且運用內在資源和力量，發揮最大潛能，做出選擇也承擔後果。即使在關係中犯錯，也會勇於接受自己的錯誤和不完美，並從中學習寶貴的功課。同時他也用這樣的態度去對待伴侶，允許關係中的兩方都能在彼此的相處中做自己，相互成長，更完整也更親密（Satir, 1976, 1988, 2008, 2010）。

　　要在夫妻或伴侶關係中達到這樣的境界，最不可或缺的基礎在於雙方必須有暢通的溝通和良性的互動。薩提爾在《與人接觸》（*Making Contact*）一書中闡明：溝通不是一場誰輸誰贏的遊戲，也不表示你會永遠快樂下去，而是真實地活著並人性化地分享自己和關懷他人，這樣才能維持全人的統整、滋養內在的自我價值，強化與自己、和與他人的關係（Satir, 1976）。要發展這樣的人際智慧是一輩子的事，需要我們有很大的寬容心去認識自己、有慈悲心去接納他人，並且願意用平等心真誠地與伴侶接觸，才能共創彼此親密又自由的伴侶關係。

　　薩提爾相信，要達到上列目標，溝通是必要元素，也是可以學習的，這個學習的過程會帶來人際關係的改變。因此，在進行新的溝通方法以改變親密關係的過程中，她一直秉持如下的重要治療信念（Satir, 1988; Satir et al., 1989, 1991; Gomori & Adaskin, 2009）：

- 每個人都是獨特的奇蹟。
- 成長和改變永遠都有可能發生。
- 溝通可以是有意義的、一致的，這樣的溝通可以引導出相互滋養和支持的關係。
- 每個人內在都具備無限的資源，創意地使用它們可使溝通變得更一致。
- 人們都渴望發展出更有人性、更有意義的關係，學習溝通可以幫助人們拓展新的可能，有能力創造更滿意的關係——不論是

在個人和專業方面。

- 溝通會影響我們對自己、對彼此和對當下處境的感受；這些感受也會反過來影響我們的溝通。

- 每時每刻我們都有自己的想法、感受和身體反應，也會因不同的情境而有不同的表達方式，並且會因他人表達其感受、想法和身體知覺的方式做出反應。

- 家庭是我們學習溝通的場域，我們也可透過重新學習來改變溝通和親密關係。

- 溝通不只包括語言訊息的傳遞，還包括非語言的部分：聲調、表情、動作、姿勢等。

- 所有行為都可視為成長的努力，而不是用來決定「我是否愛你」的根據。

基於以上的重要信念，在薩提爾模式伴侶婚姻治療中，治療師才可以帶著不評價和非病理的眼光去看待來訪者的不一致溝通，引導他們進入覺察的歷程，並示範一致性，讓來訪者重新建構新的互動循環。此時治療師示範的是全神貫注、尊重和接納當事人，並盡可能真實、清晰和誠懇地表達自己。治療師內在的穩定、踏實與和諧所散發出來的能量，會感染面前這對遭遇困難的夫妻或伴侶，使他們在這種氛圍中，從治療師所呈現的一致性，學習彼此坦誠、真實地溝通，因此可以相互更了解、更靠近。本章將介紹薩提爾模式婚姻伴侶治療中，治療師如何啟動第一把金鑰匙，進入伴侶互動系統的探索與轉化的歷程。

薩提爾的溝通理論

溝通就像膠水般把家庭成員黏在一起，人與人之間的關係，如果缺乏溝通會很難維繫，彼此在關係中會感覺情感無法交流，兩人間也會因而存在很大的距離和隔閡（Gomori, 2006）。如果人們要從別人那裡得到所需的訊息，就必須清楚地溝通，並且透過語言的回應和同步觀察非

語言的行為來達到溝通的目的（Satir, 1983）。薩提爾認為溝通是社會情境下語言和非語言的行為，包括人與人之間訊息的交換；是給予和接收意義時所用的符號和線索（Satir, 1976）；溝通亦可稱之為是人與人之間的互動（interaction）或交流（transaction）（Satir, 1983）。

溝通在家庭關係中就如同呼吸之於生命、水之於魚般重要（Satir, 1976; Gomori, 2006），薩提爾曾說：「溝通是維繫個人健康、建立滿意的人我關係，以及促進生產力不可或缺的重要關鍵。……但人們並非生來就會溝通，而是學習而來的，且多半是模仿他人的——儘管我們從未察覺到。」（Satir et al., 1989, p.xi）。溝通創造了我們與他人關係上的意義，使自己的需求得以表達，當需求得到滿足後，便能使我們在關係中相互滋養（Satir, 1989）。溝通既然如此重要，就能在親密關係中造成重大影響，如同兩面刃般，一方面可因合宜的溝通產生潤澤和支持，但也會因為逞口舌之快、想在對話中占上風而傷害彼此的情感。

不一致的應對姿態

一個人如何溝通，與他內在的自我價值感有非常重要的關聯。薩提爾從她與數千個家庭的工作經驗中，觀察到失功能家庭之家庭成員間的溝通姿態常是不一致的，即說話者語言表達的訊息並不符合其內在情感。這反映出來的是說話者的低自我價值感，他的內在聲音是「我不重要」、「我是不好的」、「我是不值得的」、「不會有人在乎我真正的感覺，也不會有人重視我的需求」（Satir, 1976, 1983, 1988; Satir et al., 1991; Gomori & Adaskin, 2009）。此時他與人的互動，會模糊隱晦、間接曲折，使對方容易誤解其訊息，自己亦無法在關係中感到滿足和充實。他可能會隱藏真實的自我，不表達出心中真正的感受和渴望，也可能會把批評指責投射到對方身上，或不加思索地接收對方的負面評價，結果不但無法有效溝通反而使關係惡化，益發認為在伴侶關係中自我是弱勢和無足輕重的。

不一致的溝通不見得是當事人願意的，也不是他有意想傷害對方或

自己，而是為了想保護對方、保護自己，甚至可能是因為愛對方、不願傷害對方才這麼做。遺憾的是，這樣的溝通常是失功能的，不但不能拉近伴侶彼此的距離，反而使自己與伴侶間築起更多高牆和距離（Satir, 1988; Gomori & Adaskin, 2006, 2008）。

大多數參與婚姻伴侶治療的來訪者，他們的對話經常無法有效達到溝通的效果，他們的互動常陷入一種負向的重複循環。治療師此時可以成為伴侶之間的橋梁，協助雙方在安全的治療情境中，透過治療師對雙方所表達的語言及語言下的歷程的轉譯，讓彼此理解對方真正的意涵，並聽見各自內在所要傳達的需求。因此治療師有時是來訪者的翻譯機和解碼器，透過敏銳觀察和仔細聆聽，解讀語言和非語言中隱而未顯的訊息，並創造安全信任的溝通氛圍，引導雙方用新的方法進行對話，這個過程為來訪者創造了新的互動平台。

此外，治療師運用自我的所有部分成為夫妻或伴侶之間的媒介，促進雙方對自己、對對方、對此關係有更多、更深、更廣的覺察。以這些覺察為基礎，將可發展出新的行動，進而帶出人際系統的轉化。這些覺察包含：夫妻或伴侶他們各自如何表達自己？是否使用直接、清晰、確實的字眼在說話？語言和非語言的溝通是否明確具體還是有矛盾模糊之處？他們之間形成怎樣的互動循環？對彼此產生什麼影響？……有了這些覺察就可幫助他們學習縮短發話者「所說出來的內容」和「內在真實意圖」之間的微妙差異，而更邁向一致性。

不一致應對姿態的成因

薩提爾基於她臨床的觀察，發現人們在壓力下常用不一致的方式來溝通，即語言所表達的和內在情感是不一致的、說出來的話語和非語言的身體訊息是不符合的。薩提爾認為，這種情況是全世界共通的現象（Satir, 1976, 1988, 2010），例如，我們每個人都很熟悉當自己心情不好時，卻會告訴別人「我沒事！」；或在生氣時要保持笑容假裝心平氣和。

這種不一致溝通是每個人在小時候從原生家庭中學來的，因為我們

都想要得到大人的愛和關注。對年幼的孩子來說，為了在壓力的情境中保有安全感與生存，他學會不說出心裏真實的聲音、配合大人的期望使他在壓力下可以生存。尤其是當父母所表達的語言與其身體訊息不相符合時，孩子看到的是他無法解讀的雙重訊息並感到困惑，因此學到不一致的溝通才是正道，導致他逐漸無法信任自己內在所體驗到的真實，也很難開放地去表達真正的自我。然而這些不一致溝通，是父母基於他們最好的意圖，想要保護孩子或自己所表現出來的自動化反應，亦是父母在過去生命中從上一代學習而來，卻不知不覺又傳遞給下一代（Satir, 1988; Satir et al., 1991; Gomori & Adaskin, 2006, 2009）。

在成人的親密關係中，當一位伴侶在壓力下自我價值感受到威脅，感覺到不安全而必須要保護自己時，就會自動化表現出這些小時候學到的即時反應（reactions）。他會隱藏自己的內在經驗，採用各種防衛來避免透露真實自我，就如同小時候為了求生存而採取不一致的保護措施。這些防護措施並無所謂對錯好壞，但對於成年後的親密關係卻會帶來負面影響，使得夫妻或伴侶因為沒有安全感而關上心門，有時與自己失聯、有時與他人失聯，在關係中逐漸變得疏離冷淡、相互傷害、逃避退縮，或陷入權力鬥爭中。

四種不一致應對姿態

治療師在治療中首先要協助來訪者覺察的是，哪些應對姿態造成他們的無效溝通，以及不斷重複的互動循環。這是治療師評估夫妻或伴侶的溝通是否有效，並催化伴侶互動系統轉化的重要基礎。由於高特曼先前的研究（Gottman, 1999）明白指出，用以預測離婚和不快樂婚姻的因素之一，即為負面溝通中的破壞性力量。這提醒我們，治療師需保持高度敏感，引導來訪者提升對自己溝通模式的覺察，並且加強他們為個人行為負責的動力。下面簡介四種不一致應對姿態：**討好、指責、超理智和打岔**（Satir, 1976, 1988; Satir et al., 1991; Gomori & Adaskin, 2006, 2009），及它們對親密關係的影響。

討好

當一個人在壓力情境中重視他人而不重視自己，想取悅他人而壓抑、看輕自己的重要性時，就可能是採取討好的姿態。此時他即使心裏不願意，所說的話卻是「好！」、「同意！」、「沒關係！」、「你是對的！」、「錯都在我！」、「我會改進！」、「對不起，是我不好！」、「你不開心都是我的錯！」、「你高興就好，我沒關係！」。

討好者內在真實的聲音可能是「我必須配合你，你才不會生氣」、「我一定要讓你滿意我才有價值」、「讓你高興你才會喜歡我、愛我」、「我老是做不好、我真沒用」、「如果我不照著你的願望去做，你就會離開我，也不會愛我」、「我是沒價值不值得愛的」、「我不重要」。

在極端狀況中，有些人會完全依賴他人的評價而活，隨時隨地以他人的看法來決定自己的好壞，無法認可自己、承認自己的價值，以致必須忍受他人的不公平對待、攻擊、控制、傷害，不能建立合宜的人我界限，無法說不或拒絕他人。所以他的內在及外在都因為無法做自己而承受極大的壓力，他不斷壓抑自己的需求和感受，放棄自己生存的權利，並將個人生命的主權交給他人掌控。

薩提爾認為每個互動都包含三個部分：**自我、他人和情境**。自我代表的是發話的人；**他人**是接收訊息的對方；**情境**是指在此互動發生時的相關脈絡，包括彼此的關係性質、雙方的角色、物理與時間的情境、事

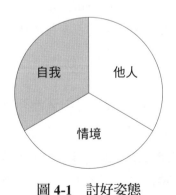

圖 4-1 討好姿態

件內容、故事情節、外在事務等。從自我、他人、情境三方面來看，採取討好姿態時，自我是被忽略的，而將能量多投注在他人和情境上。

討好者會藉取悅他人來證明自己是好的，當他被需要時才會感覺自己有價值。因此他的自我價值感常由他人而非自己來界定，也必須由他人是否對他滿意才能找到自己生存的意義。

◆**在親密關係中常見的討好應對**

伴侶中的討好者在關係中會忽略自己、不斷付出，很難表達自己的感受和需要，以為這樣可以得到對方的愛，但因此讓對方也習慣忽略他的存在，視他傾其所有的付出為理所當然而不把他當一回事。久而久之，討好者逐漸心生不滿和委屈，尤有甚者，演變為受害者心情，使自己處在痛苦、匱乏、空虛與抑鬱中。

有些討好者因長期累積怨恨和憤怒至某個程度而爆發，表面上他是付出者或照顧者，私底下卻滿懷指責和批評，認為「我付出這麼多，你應該更愛我並且回報我」。這種消極性的攻擊有時雖未清楚表明，但所散發出來的能量會使對方感到莫名的壓力，因為不想接受討好者的奉獻而更加保持疏離。

有些討好者則藉著委屈自己、付出一切，使對方心生愧疚而不忍拒絕、讓他牽著鼻子走。這種藉愛之名行控制之實，會使得伴侶雙方緊密地糾纏在一起，表面上愛得難分難捨，實際上卻使其伴侶覺得被情感勒索而無法呼吸、動彈不得。在討好者的潛意識中，他所有的付出都會在對方身上討回公道；他的犧牲，對方都應付出代價來償還。

指責

當一個人在壓力情境中對他人做出負面評價、批判、否定、貶損時，就可能採取了指責的姿態。此時他會說的話是「你是錯的！」、「你很糟！」、「你怎麼老是這樣！」、「你真差勁！」、「你什麼都做不好！」、「你要改變！」、「你要為我的痛苦負責！」採取這樣的姿態可以控制別人、威嚇別人、使別人害怕、要別人聽命於他，因為他

才是最重要的。為了使自己顯得強大，就壓制別人使其變小、變低；為了顯得自己高人一等，就要讓別人因他的指責批評心生恐懼而順從他。

但他內在真實的聲音可能是「除非我責罵別人，否則沒有人會注意我、在乎我」、「因為不會有人真的愛我、關注我，所以我要用強烈的高壓手段才會被重視」。他的內在是低自我價值感的，外在則採用攻擊和強勢的聲調和語言，來壯大他隱藏在內心的脆弱和自我懷疑。他內在隱藏的真實感受可能是來自他害怕不被愛、不被看見、不被聽見而產生的恐懼、失落、挫敗和孤單。從自我、他人、情境三方面來看，採取指責姿態的人會忽略或否定他人而重視自我和情境。

圖 4-2　指責姿態

◆在親密關係中常見的指責應對

最普遍的是，指責者很難取悅，動不動就生氣、吹毛求疵，對伴侶採高要求、高期待、高標準，無法忍受任何一點不順心的事，總是要他人照他的意思去做，否則就責怪對方不對。家庭氣氛常依他的心情而定，其他人都得看他的臉色。即使他未明說指責的話，但表情、聲調、語氣，甚至沉默，都釋放出指責的能量而造成緊張的氣氛。

另一種常見的指責姿態是態度嫌惡和鄙視，甚至冷嘲熱諷，表現出自己高人一等，對另一方不屑一顧。這將使得另一方的自我價值感逐漸被磨損。長期下來，為了保護脆弱的心免於再受傷害，不得不築起一座很高的牆來防範外侮。但指責者未必真的想要這樣的結果，而是在壓力

下未能覺察自己的鄙視態度、以為這沒什麼嚴重，或歸咎於對方小題大作。

有些人則以潛意識裡設想的理想伴侶為標準來要求對方，而未看清伴侶是不可能被改造的。這類高標準有時來自連續劇或小說所塑造的理想伴侶形象，有時是把自己對完美父母的想像投射在伴侶身上，以致伴侶怎麼做都不夠好。於是在話語、舉手投足間，無意識地不斷評價、比較和苛求對方。

面對指責時，許多伴侶為了保護自己常常反脣相譏，結果造成兩敗俱傷；或為了避免衝突而保持沉默、轉身離開。在夫妻或伴侶關係中，指責的姿態最容易造成雙方激烈的衝突、冷漠疏離、權力鬥爭，導致兩人傷痕累累，無法收拾。即便來做治療，想要恢復彼此的信任和安全感，對治療師和來訪者來說都是一項嚴峻的挑戰。

超理智

當一個人在壓力情境中與自己和他人的內在經驗隔離，呈現出理性、分析、說理的模樣；為避免情感層面的交流，只談論事件或問題的內容、細節、想法、解決策略時，即為超理智姿態。在互動關係中，他會忽略對方的情感和自己內在經驗，只重視原則、資訊、論點、知識和思維的傳遞，整個人像個大型電腦缺乏情感交流。採取超理智姿態的人常企圖讓自己在溝通中掌握主權，以理說服對方，證明「我是對的」、「我的想法是最完整的」、「我是理性客觀的」、「我的論述是有根據的」、「我知道什麼才是對我們好的」、「情緒不重要，解決問題才重要」、「應該就事論事，而不是感情用事」、「不要談感覺，原則最重要」……。

因為外表上要讓自己看起來是聰明、理性、講道理、冷靜和有邏輯，他會竭盡所能地引經據典、蒐集證據來詳細闡述和理論辯證。他相信除非自己能講出一番道理，否則不會有人在乎他；除非他使別人看見他的邏輯和分析，否則不會有人重視他；顯露感受是弱者的表現，對解決問題無濟於事，有效迅速解決問題才是當務之急。

超理智姿態的內在真實聲音可能是：一切都要在掌控之中，否則會有極度的不安全感；感受會使人失控而造成無法彌補的負面結果；情感的流露會使自己顯得無能、懦弱和丟臉。所以他在親密關係中，總是有意無意地屏蔽自己和他人的感受，也拒絕情感交流，以免因顯露內在脆弱而陷入混亂，但他的伴侶則因為長期未能得到情感回應而深感失落和孤單。從自我、他人、情境三方面來看，採取超理智姿態的人忽略自我和他人的內在經驗，只重視情境中的事務、細節、原則、內容和問題解決。

圖 4-3　超理智姿態

◆在親密關係中常見的超理智應對

第一種超理智樣貌是在兩人互動中，當伴侶希望超理智者能聆聽他分享心情時，超理智姿態者會不斷表述對事情的看法和觀點。他會絮絮叨叨、鉅細靡遺地解釋事件始末和細節，或提供高明的建議和見解，深怕沒有交代詳盡仔細，對方會無法清楚了解他。沒想到對方會嫌他嘮叨囉嗦、缺乏重點，沒耐性聆聽下去。此時超理智者會以為是自己說得不夠清楚，反而更加仔細描述，使對方覺得談話無法對焦、情感不能被聽見，而感到挫敗和不耐煩。

另一種超理智樣貌是具備豐富學識和邏輯思考的演說家，他像老師或專家般表現自己的知識，引經據典證明自己論點的正當性，聽者常拙於言詞不知從何辯駁，感到自己不如他聰明，也不夠好。此時聽者為了

保護自己脆弱的自我價值感，常會引用更多知識和理論與對方爭辯，彼此間即展開一場唇槍舌戰，互不相讓，都想證明我對你錯。

　　還有一種常見的情況是如同檢察官審訊犯人般，當伴侶所言稍有不合邏輯之處，就不停地挑語病、找出矛盾，再繼續質問，有時一個問題接著一個問題像連環砲般追問對方，逼使對方承認自己詞窮才罷休。這種咄咄逼人的強大氣勢，目的是使對方服輸來證明自己是贏家，但最後往往贏了面子，輸了裡子；贏了道理，卻輸掉彼此的關係。

打岔

　　當一個人在壓力情境中，想轉移大家的注意力、改變談話主題、整個人不在當下而失神分心，即是處於打岔姿態。他採用打岔來逃避使其焦慮或緊張的情境，轉移對方的注意力，不再集中於這些使他有壓力的話題上，好得以暫時脫身、減低焦慮感。有時他會中斷他人談話，或講些不相干的笑話、搗蛋、扮小丑、製造歡笑、打圓場；有時心不在焉、左耳進右耳出，甚至離開現場，避開使他感到威脅的處境。

　　在語言中，他會講些與當下事實或主題不相干的話，顧左右而言他、雞同鴨講、你說東他就說西。當有人想與他討論重要的事，他會不著邊際地回答：「下雨了！」、「今天電視很難看！」、「你的衣服在哪買的？」透過這種無厘頭式的語言，使他輕易轉移對方的注意力，讓他可以從壓力的情境中安然脫身。

　　打岔的人看起來很輕鬆、有趣、不按牌理出牌，在內心深處卻深深感覺「沒有人會在乎我」、「不會有人知道我的孤獨」、「我不可能把事情處理好」、「不會有人重視我」、「我要製造一些笑料才會有人看見我」、「我不重要，所以我要不按牌理出牌」……。因此，他有時會因為沒有方向和重心而感到混亂迷茫，內在的空虛和無目標使他心慌意亂，反而更加屏蔽感官知覺、逃避衝突以保護自己。採取打岔姿態的人會忽略自我、他人、情境，使身心皆處於游離和失神的狀態。

圖 4-4　打岔姿態

◆在親密關係中常見的打岔應對

　　除了上面所描述的反應外，最常見的是保持沉默不回應。特別是當伴侶急著想得到打岔者的反應時，會發現自己愈急切，打岔的一方就愈退縮沉默；當他愈退縮沉默，伴侶就愈著急而施加更大壓力給他；當他感受到壓力增加時，就更不想面對而逃離⋯⋯。於是周而復始，打岔者與伴侶即形成「追趕－逃避」的負向循環。

　　另一種打岔的現象是因為兩人長期缺乏溝通管道，有時因為生活壓力接踵而至，例如工作、小孩、家事等，有時則是內在許多心結從未好好面對處理，累積太多情緒不知從何談起，乾脆放棄！於是兩人之間就中斷連結，而躲進自己的隱密世界中。打岔者常因為不去面對關係中的焦慮和壓力，為了保護自己、避免衝突，就隱遁至工作、旅遊、運動、子女、電玩、宗教、酒藥癮或婚外情中，使關係中的斷裂愈來愈大。

　　除了在治療中靈敏關注這些溝通姿態，薩提爾還會思考以下幾個問題：訊息如何傳送？訊息如何被接收？這些訊息如何被賦予意義？對另一方產生什麼結果？對關係造成什麼正面和負面作用？（Satir, 1983, 1988）。所以治療師在治療過程中，需要打開眼睛、耳朵，用心靈全神貫注於伴侶雙方如何溝通，及這樣的溝通對伴侶關係的影響。

不一致應對姿態的力量

以上這些應對壓力的姿態，都是人類保護自己的人性化機制，也是我們在壓力下用來求生存的自動化即時反應。無所謂好壞，不必加以負面評價，重要的是了解它們在關係中可以帶來哪些好處、又因而付出何種代價，以增進我們對不一致溝通的覺察。在薩提爾婚姻伴侶治療中，這些覺察和探索是治療師用來評估和介入的重要基礎，也是協助夫妻或伴侶理解自己、理解對方和進一步達到轉化親密關係的重要依據。

薩提爾認為這四種溝通姿態是人們在成長過程中不自覺地在身體和情緒上學到的，是當時必要的保護措施，值得我們尊重和接納，她更鼓勵我們去發現由這些應對方式中我們如何發揮自己獨特的力量（Satir, 1976）。人們都想在關係中感覺自己是有力量的，但如何表現出力量、如何使用力量、它又會產生何種結果，才是重要的問題。薩提爾建議我們由「**力量的眼睛**」（power eyes）來看這四種溝通姿態（Satir, 1976, p.24），即會發現每種姿態蘊含許多豐富和寶貴的資源（Satir, 1976）：

　討好的力量：愛、照顧、親和力、溫暖、親密、愉悅等，同時也可能帶來愧疚、可憐、自卑、屈從等。

　指責的力量：果斷、自主、勇敢、冒險、支配、領導力等，同時也可能帶來害怕、無助、挫敗、怨恨等。

　超理智的力量：高智力、反應快、有效率、思路敏捷、辯才無礙、冷靜理性等，同時也可能帶來乏味、無聊、冷漠、呆版、沒有人情味等。

　打岔的力量：幽默、趣味、創意、好笑、輕鬆等，同時也可能帶來分神、心不在焉、不負責、混亂等。

當我們去覺察這些應對姿態如何由過去的生命經驗發展而來，並且看到它們曾經帶給我們許多力量和資源以保護自己時，就會發現當年的應對姿態具有重要的功能和意義，縱使放在成年人的關係情境中不一定適用，但至少我們可以看到自己有各種選擇並從中有所學習（Gomori, 2013）。

一致性

　　上述四種不一致的應對姿態，反映出一個人內在的低自我價值感，表現出來的是語言與情感朝往不同的方向。此外，在互動中我們還可以有另一種可能性是「一致性」（congruence），讓語言和非語言的訊息在溝通時沒有差距和矛盾（Satir, 1976, 1988; Satir et al., 1991; Banmen, 2006; Gomori & Adaskin, 2006, 2009; Gomori, 2013）。一致性是薩提爾模式中深具意義和重要性的概念和目標，它不僅是一種與自己和他人溝通的方式，也是一個人存在的狀態。一致性是高自我價值感的展現，兩者皆為一個人邁向完整和富於人性最重要的指標（Satir et al., 1991）。

　　當一個人是一致性的，他所呈現出來的樣貌為（Satir et al., 1991, p.65）：富於人性、愛自己也愛他人、彈性且開放地面對改變、欣賞和認可自己的獨特性、善用自己內在和外在資源。此外，他是整合、踏實、真實（authentic）和真誠的（genuine）（Banmen, 2006），因此，當這個人越能一致性，就越能由過去的負向經驗中解脫，而較不會困在失功能的應對姿態中。在親密關係中他會信任自己和他人，擁有做自己的自由，並接納他人也擁有同樣的自由。他的能量在個人內在和人際間自然流動，他願意在關係中冒險，允許自己表達脆弱，也願意開放自己、分享自己並與伴侶建立親密感。

　　早期薩提爾在其理論中鼓勵人們坦誠直接地說出心中的感受，即表裡如一就是「一致性」。後來她擴展深化一致性的概念為，當一個人可以與自己的生命能量連結，所體驗到的一種內在和諧、喜悅、寧靜和愛的狀態，此時他是活在當下、高自我價值、腳踏實地，安頓在個人「我是」的存在感之中（Satir et al., 1991）。他可以自由啟動內在的資源和韌力，使自己具備充足的力量和勇氣，讓生命和親密關係更美好。

　　在上節所討論的四種不一致應對姿態中，我們會發現每種不一致應對都會在這個圓圈中缺了某個或某些部分。而一致性是一個選擇，也是一種有意識和負責任的**回應**（respond）（Satir et al., 1991; Gomori & Adaskin, 2008）。當夫妻或伴侶願意在關係中選擇一致性時，自我、他

人和情境三個部分都會在互動中被考量進來（Satir et al., 1991; Gomori & Adaskin, 2008）。

圖 4-5　一致性

圖 4-5 顯示在一致性溝通時，「**自我**」是重要的，代表一個人可以真實地體會自己的內在經驗，可以接觸真實的感受，包括恐懼、傷心、快樂、生氣、焦慮、夢想和希望，而不會欺瞞自己、與自己玩遊戲。這是對自己真實、重視自己、活出真正自我的狀態。

在每個互動中，除了有自己這一方，還有另一位對方，在親密關係中，「**他人**」即為伴侶。伴侶也有屬於自己的內在經驗，如同我這個人一樣，他亦有權利做自己，擁有自己的情緒、需要、行為、思想等，這些都值得被重視、被顧及、和被尊重。

「**情境**」也是重要的部分，生命中的每個經驗和互動都有特定的背景與脈絡，包括關係的屬性、事件內容、時空物理環境、角色、外在事務、問題解決行動、文化背景等，這些都是值得我們在互動中去關注的部分，接下來才能在適合的情境中選擇與他人一致性表達自己。

薩提爾模式非常強調對情境的覺察，我這個人和對方這個人所形成的關係情境，可能為伴侶、夫妻、親子、家人或其他，這就形成我們彼此間關係的情境。每個經驗在不同的情境下，會被賦予不同的意義，對親密關係產生不同的結果。舉例來說，一位丈夫和女性同事在工作場合中與其他同仁一起討論公事，和他與這位女同事兩人私下在餐廳談事情

到半夜才回家，對他的妻子來說，因為情境不同，就會有完全不同的解讀，對他們的關係也會有不同的影響。

一致性溝通

一致性溝通是每個人在關係中都要面對的重要抉擇，意味著我們有自由決定在什麼情境、要或不要去分享自己、如何分享和分享什麼，因此與伴侶一致性是溝通方式的選項之一，而非強制性的規條。在分享自己的過程中，也會心懷尊重讓對方可以有他的感受、表達方式，允許他可以有自己的內在歷程，並且帶著**好奇、愛和關懷去聆聽他**。

夫妻或伴侶間想要的親密度與他們之間的一致性程度有著密切的關聯，當伴侶兩人想要在身體上、情感上、心理上越靠近，彼此間的溝通就越需要透過語言或非語言，以真誠的對話來達成。當他們能學習一致性溝通來彼此分享內在經驗，就能進一步相互深刻理解，透過這種相互理解，則會接觸到真實的自己和對方。

與自己一致性

在薩提爾模式中，首先要先**與自己一致**（intrapersonal congruence）（Gomori & Adaskin, 2009），才能與伴侶一致。與自己一致意味的是，在當下真實的覺察並承認自己所有的感受和內在經驗。這時候的我就好像是自己的一個氣象專家，如實的觀看著內在氣象狀態，不去批判和評價，而是和身心原本的面貌同在，去覺察自己的身體變化、感官知覺、情緒升落等反應。

當我們學會去洞察自己內在自我每一部分的存在，就宛如坐在河畔邊，觀看著河水順流而下的一切，目睹著自己所有內心的變化，真實的去體驗，就會發現自己與這些內在經驗的流動完全的貼近，此時不去抵制、抗拒或批判自己，即能與核心自我處在和諧中，不但深深理解和靠近自己，也經驗到個人存在的踏實感。

這種內在對自己的真實，可進一步引領自我安住在內在的當下，藉

呼吸和對身體的覺知，錨定在身體和心靈之中，更深入與內在生命力連結，體驗到自己存在於宇宙能量中，是完整而獨立的個體。

與伴侶一致性

當一個人在親密關係中重視自己、有意識地覺察自己、願意與自己一致性時，即能腳踏實地的運用內在的力量，開放自己去與另一個人接觸，此時他願意選擇與伴侶分享當下的感受和內在經驗時，就是**與伴侶一致性**（interpersonal congruence）（Satir et al., 1991; Gomori & Adaskin, 2009）。如果我在當下覺得開心，我就說我是開心的，而我的臉部表情、聲調、身體姿勢也都相適配，這些肢體反應與語言一致也與內在經驗是一致的；其他感受如傷心、生氣、失望、害怕、快樂、輕鬆等，也可以如實地覺察和表達，並無任何與內心相違之處，讓對方可以很清晰知道我內在真實的聲音（Satir, 1988; Satir et al., 1991; Gomori & Adaskin, 2009）。

當兩個人之間都彼此願意進行一致性對話時，意指兩位伴侶都與自己內在真實的自我連結並且重視自己的價值。他們可以用平穩沉著、堅定溫和的聲音，帶著平等心、慈悲心、同理心將內在經驗跟對方分享。此時不論兩人有多麼不同，都可以腳踏實地、做完整尊貴的自己，同時也允許對方做完整尊貴的他。

薩提爾認為這種夫妻或伴侶間的一致性可以形成連結的能量，使兩個真實的人彼此更靠近（Satir, 1982；Brother, 1991）。對自己一致性和對伴侶的一致性二者之間交替作用，常同步發生，也相互運行。即使此刻我不想與你分享內在狀態，仍然可以清楚真實的說出來當下的選擇，而不是轉身離去、忽略拒絕對方，這樣能讓雙方仍維持某種程度的連結，而不會冒然關上心門把對方屏蔽在外。

你、我、我們

薩提爾曾說：「當兩個人相遇而開始一段關係時，他們就要一起

努力達到『我們』的部分，即你和我如何形成『**我們**』。」（Schwab,
1990, p. 89）。在親密關係中「**我**」和「**你**」都是一樣重要的，因為我
們都是宇宙生命力的一部分，所以兩人的價值皆為平等的，在此同時我
和你也共創了「我們」，我不再是一個人、你也不再是一個人，我們的
生命息息相關，我們的能量也因連結而彼此密切影響，因之形成了「我
們」之間的兩人關係（Schwab, 1990, Satir & Baldwin, 1983）。

　　夫妻或伴侶在他們做出承諾並展開彼此的親密關係時，芸芸眾生中
他們選擇了對方，也選擇了這個特定的關係。這時候他們創造了一個共
同的單位，在兩人之間，他們不只是我和你各自獨立的個人，還形成了
我們的共同體。從此之後我做的任何事都可能會影響你，同樣的你也會
影響我。除非我們不在乎對方，否則我們會在關係中彼此牽引，相互作
用，也在獨立的人格之外還產生了我們彼此生命的交疊。

　　不論是對自己一致性或對他人一致性，我都能關注當下的情境，特
別是去意識到彼此關係的情境是否合適這樣真實坦誠的表達，如果對方
也願意有所回應，我們之間即開啟了一致性溝通，但如果他做不到，這
也是可以尊重和接納的。換句話說，藉著一致性對話，兩方都能在此
關係中接觸自己的內在、尊重彼此的完整性、相互理解和靠近，而非控
制、勒索、操縱、強迫對方要達到自己的要求。葛莫利常常鼓勵父母與
子女之間、夫妻或伴侶之間，都可以多嘗試一致性溝通，以建立健康、
自由和愛的關係。

　　在親密關係中分享自己內在的資訊給對方後，在他接收到之前、當
時或之後，都會對他造成某些影響，這些都是我可以去關注、理解的訊
息。在一致性溝通過程中，雙方都一樣重要、彼此都需被尊重，都有對
等的權利可以表達自己；不必證明誰對誰錯，也不必然會有共識，更不
強求有相同的看法和感受，即使雙方意見不同、感受不一樣，仍能尊重
和接納彼此在各方面的差異，並與之共處。

一致性溝通的要點

在伴侶或夫妻治療中，一致性溝通永遠都是最重要的目標之一。由於大多數來訪者並未在成長過程中學到一致性，以致在親密關係中一遇到壓力來襲，就反射性地產生自動化即時反應（reaction）。在治療過程中，治療師需要慢動作式地逐步引導他們體驗一致性的對話與互動，而不期望他們一蹴可及。夫妻或伴侶還要將治療中所學到的新方法，帶回家繼續練習，才能慢慢體會如何在覺察中有意識地不再處於自動化的導航反應中，也不再複製生命早期功能不良的溝通姿態（Satir et al., 1991），而能在親密關係中逐漸以一致性來回應（response），進而展開了新的互動循環。

一致性的精神在於從心出發，內在是高自我價值的，身心靈都同處一致的狀態沒有矛盾，在重視自己和對方的平等立場上自然的情感流露。所以一致性不是刻意展現的技巧，而是從心到心的連結。

以下將一致性溝通拆解成具體步驟供讀者參考（Satir, 1976, 1988; Satir et al., 1991; 成蒂，2013，2016）：

專注並覺察自己

- 覺察身體反應、聆聽自己。
- 呼吸平靜穩定。
- 確認自我價值，不因外界或他人來界定自己的價值。
- 腳踏實地，身體呈現平衡，有活力和能量流動的狀態。
- 專注和覺察內在感受。
- 有選擇表達感受與否的自由。
- 以不帶評價的描述，分享自己聽到、看到的內在經驗。
- 用「我訊息」表達，例如「我是……」、「我感覺……」、「我聽到……時的內在感受是……」、「我是開心的，因為……」、「我感覺擔憂，當……」。
- 運用直覺、幽默、創意、趣味。

與他人做出接觸

- 對他人帶著好奇而不評斷。
- 面對面，眼睛看著眼睛，用心地看和聽。
- 留意對方的身體訊號。
- 用專注的姿態表達對對方的尊重與興趣。
- 用語言表達對對方的同理、了解、關心和尊重。
- 接納並信任對方。
- 允許對方擁有與自己相同的權利和價值。
- 不去控制、改變對方或爭對錯輸贏。

考慮情境中的各種因素

- 覺察關係中的相關問題或事件的發展脈絡。
- 考量在關係中的不一致或一致性可能產生的結果和需付出的代價。
- 拓展各種選擇和可能性。
- 為自己的選擇承擔後果並負責任。
- 探索與事件相關的人事物和其中形成的各種因素。
- 循環式思考和系統取向（行為—反應—互動），避免線性思考的局限。
- 發現關係情境中可運用的各種資源。
- 確認各種情境下處理問題的優先順序。

　　夫妻或伴侶之間的各種差異，在良性互動的過程中，如果能具備以上的一致性溝通，即能避免造成相處上無法解決的衝突，而能在相互尊重的基礎上處理差異性，並從中相互學習。治療師的角色是示範自己的一致性，讓來訪者親身體會在此過程中，他會被治療師真誠並不帶評價地接納，那麼伴侶們就會更有勇氣呈現真實的自己而不用擔心被否定。同時，治療師還可運用同理的技術，引導來訪者接觸他們自己內在的感受，鼓勵他們嘗試以描述感受的語言表達讓對方聽見，如此自然而然會

展開一致性對話。這種互動方式並無說話技巧的公式可依循，而是發自內心真情的流露，所展現出來坦誠和真實的對話，亦是由心到心深刻情感的連結。

發展一致性溝通常見的障礙

做到上節所述這樣一致性的對話，需要雙方具備某種程度的高自我價值感，還需要在治療關係中具備足夠的信任和安全才可能發生，此時兩位伴侶都重視自己和對方的獨特性，並帶著足夠的勇氣願意冒險去開放和坦露自己。這樣的嘗試行動，目的不在控制對方照自己想要的去做，也不是要求對方跟自己有一樣的想法和感受，而是透過一致性分享使彼此更認識、更靠近和更親密。既然一致性溝通在親密關係的發展中至關重要，又是一個完整和內在平衡的人不可或缺的要件，為什麼學習一致性溝通這麼困難呢？

在婚姻伴侶治療的實務中，我們不難發現，人與人之間要建立一致性的關係，而能開誠布公又簡潔直接地對話實非易事！當一對夫妻或伴侶願意一起來見治療師時，他們都已經困在僵局或痛苦中良久無法解套，此時他們因為長期存在的不一致溝通，造成彼此之間一種固定又僵化的互動模式而動彈不得。

由臨床實務觀察發現，下列幾種常見的情況，會造成夫妻或伴侶一致性溝通的障礙：（1）來訪者想藉治療改變對方。（2）企圖在治療中證明自己是對的、對方是錯的。（3）夫妻或伴侶之間已築起一道隔離彼此的高牆。一旦治療師發現這些障礙存在就不能掉以輕心，最好帶著好奇和關懷將之坦誠地提出討論。

企圖改變對方

許多夫妻或伴侶來做治療時，心中常有個強大的聲音：需要改變的人是對方，可不是我。這個內在聲音有時來訪者自己心裡很明白，有時連自己也未覺察。通常在治療一開始，當治療師問及雙方治療的目的

時，想要對方改變的一方就會不斷數落，指出對方做得不好或使他痛苦的「罪狀」停不下來。有時他所描述伴侶的缺點言之鑿鑿，甚至治療師都會被其充分的理由說服而與之同盟。但有經驗的治療師則會看清楚，夫妻或伴侶之間的痛苦通常不是單一方面造成的，這才能避免選邊站去支持其中一方來要求另一方改變。

企圖改變對方的來訪者，通常會想辦法引導治療師把注意力和焦點放在對方的錯誤上，另一方則因在治療中不斷被要求和被施加壓力而感覺腹背受敵，參與治療的動力即會愈來愈低。如果治療師認同一方的指控，與之聯合起來要求對方改變，被指責的另一方大概很快就會放棄治療。

若治療師一開始即發現此現象，最好以一致性的態度立即提出自己的觀察，與雙方核對並平和地討論，明確地使雙方看清楚，他們在關係中共創了一種無效的互動循環，即一方（或兩方）強迫對方改變，而另一方不是逃避就是反擊。這種負向循環是雙方都參與在其中所形成的雙人舞，若只要求對方改變，等於是將全部責任放在對方身上，不但使對方承受莫大的壓力，也得不到自己想要的結果。

治療師可以指出，在現實中要改變一個人談何容易也不可能，不如把力氣用來改變自己，將焦點放回自己身上，或許對方因而會有意想不到的轉變。此外，治療師需要認可和同理雙方，例如，認可伴侶一方為了努力改進彼此的關係所付出的心力和善意，同理他在過程中因為奮力改變對方而感到的失望和疲累；同時也要認可另一方，在被要求改變的巨大壓力下仍願意參與治療的決心和勇氣，以及同理他過去面對壓力的辛苦和委屈。

企圖證明「我是對的、你是錯的」

夫妻或伴侶間若有一方堅持自己是對的、對方是錯的時，就容易因為這一方所採取的高姿態激起對方的鬥志，形成兩方都想證明「我才是對的」的戰鬥場面，而在關係中你來我往、交互較勁，形成薩提爾所謂

的「蹺蹺板症候群」（teeter-totter syndrome）（Satir, 1983）。雙方為了爭取主導權而不斷想壓制對方，責怪對方做錯的、不合理之處；或為了在彼此角力中獲勝，為了爭輸贏不擇手段而演變成權力鬥爭。在治療中最常見的是：夫妻或伴侶雙方都搶著向治療師批評對方，一方尚未講完，另一方就急著要辯解或反擊，變成雙方都在搶話、爭論，誰也不服誰，最後吵成一團，原先引發爭論的事件早被拋到九霄雲外而失焦。治療師很容易在這種你來我往、快速交換訊息的過程中，陷入混亂的爭論細節中迷失自己，不知不覺被拉進戰局且被放在審判是非對錯的位置上。

這些爭對錯輸贏的主題可能是金錢、性、子女教育、婆媳關係、家務、工作等，因為要證明我是對的你是錯的，雙方進入權力鬥爭後常演變為意氣之爭僵持不下。這樣的伴侶來做治療時，都已卡在一種動彈不得又極為痛苦的狀態。但為什麼來訪者明知這樣的爭鬥會犧牲彼此的親密關係卻仍停不下來呢？

對很多夫妻或伴侶來說，如果不這樣彼此較勁和鬥法，他們會覺得兩人關係彷彿一灘死水，沒有活力、沒有互動，經由激烈爭執的戰鬥，他們才能感覺彼此之間仍在乎對方，因而從中尋得一點安撫和連結。但因為這樣的戰鬥對孩子的負面影響很大，當孩子長期處在這種緊張氣氛中出現問題時，夫妻或伴侶才會有意願共同來尋求改善。

此外，雙方各自為了爭面子和維持脆弱的自尊心，也絕不願妥協和讓步，即「如果我同意你，就表示我占下風」、「如果我妥協就表示我輸了」、「如果我好好談就表示我是錯的一方」。因為這些內在對話，雙方建立了外在強悍堅固的武裝，避免底牌掀出，露出弱點而成為輸家。在這種情況下，他們很難拆卸盔甲面對真實的自我，更遑論要敞開心胸分享其內在經驗了。

此時治療師有著非常重要的任務和挑戰，即引導伴侶雙方看到他們為了爭輸贏和對錯時，會付出相當大的代價，不但犧牲了彼此的關係，甚至嚴重傷害了孩子。這些利弊得失的討論，可引導他們去覺察兩人間的權力鬥爭所帶來的慘痛後果，而因此激發出為親密關係負責任的動力。

有些夫妻或伴侶，因為不斷想數落對方以爭奪主導權，在治療室中會激烈控訴爭論甚至聽不見對方說話，此時治療師可以先請一方離開現場，讓他們暫時休兵，直到他們願意重啟對話再開始。另一種做法是，治療師讓他們各自表述，而且是對著治療師說話，讓治療師在與他們分別的對話中，一方面澄清各自真正想說的話——尤其是在爭吵中底層的感受和期待；另一方面也可在雙方各自與治療師的對話中，讓彼此真正聽見對方難以表達的心聲。

　　此時，雙方的情緒即能在與治療師一來一往的對話中，因為被治療師聆聽、理解、接納、同理中，逐漸安定平穩下來。在這個過程中，他們可以學習等待和聆聽對方在證明自己是對的辯論中，其底層的情緒和需要，並且練習駕馭自己的即時反應，不再因為企圖要防衛自己戰勝對方而失控。

　　治療師此時藉由分別與兩位伴侶的對話來疏導各自的情緒，一方面稀釋兩人之間衝突的張力，另一方面慢慢引導他們由「不一致」發展到「一致性」溝通的歷程中。治療師可以運用與夫妻或伴侶個別對話所發現的資訊，以一致和關懷的態度反映給雙方，增加他們對自己、對伴侶內在經驗的覺察，使他們能意識到在親密關係中不服輸、不退讓、想戰勝對方的結果和付出的代價。治療師可以詢問他們：

- 證明妳是對的、他是錯的，妳會得到什麼？
- 這樣可以讓你們的關係更好、讓你們溝通更順暢嗎？還是剛好相反？
- 這樣做你會付出什麼代價？
- 這麼做值得嗎？
- 你還想要一直這樣下去嗎？
- 這是你要的結果嗎？
- 你希望有什麼不同的關係嗎？
- 發現自己一直要爭誰對誰錯，對你有什麼意義？
- 你們能否帶來新的改變？

• 你是從哪裡學來這種戰鬥力的？

共築隔離彼此的高牆

　　夫妻或伴侶在候客室等待治療師時，若出現各自分坐；並肩而坐，彼此卻沒有眼神、肢體、語言的互動；各自都在滑手機；進入治療室後，只願對著治療師說話，彷彿他們是不相干的兩個人等現象時，由這些肢體和語言線索，治療師即可有些推測：大概這對夫妻或伴侶之間已厚牆高築，中斷了彼此的連結和溝通。雖然要讓他們跨越此牆恐非易事，但治療師意識到這堵牆時，則要提供機會鼓勵雙方重新選擇要建立橋樑還是高牆（Satir, 1988, 1995; Gomori, 2013）。

　　這種情況並不少見，原因也很複雜，最為常見的是因為孩子出生，妻子和先生要照顧年幼子女，又要忙於生計工作，兩人在高壓力狀態中，為了努力做好父母的角色已筋疲力竭而應接不暇。如果長期下來夫妻之間疏於溝通，原來在關係中又已有未解決的衝突，在照顧孩子的壓力下無法有機會好好處理而造成更大的鴻溝，於是漸行漸遠不想再靠近。冷漠疏離即為隔離彼此的厚牆，雙方為了孩子勉強留在婚姻中，要跨越此牆就更加困難重重了。

　　有些夫妻或伴侶則因一方做了讓另一方受傷的事，例如：忽略對方感受而未回應他的需要、拒絕溝通或忽視彼此之間的問題、情感出軌、酒癮藥癮、控制和暴力、靠向原生家庭、或隱瞞欺騙等，使得夫妻間的誠信安全破碎瓦解。受傷一方害怕自己再度受到傷害，為了保護自己而築起一道堅硬的厚牆隔離對方。對方則很容易感知到彼此之間存在的距離，當被擋在牆外時，最容易的作法即是自己也蓋起另一座牆來自我保護，以避免被拒絕而更受傷。

　　在治療過程中，治療師可以很快就感覺到夫妻之間是否有這堵牆或兩堵牆，例如，當事人彼此不對看、不想對話、對另一方不好奇、不關心對方等；或彼此間表現著強烈的怨恨或憤怒，用冷漠掩蓋底層深深的受傷和孤獨。此時與上列作法相似的是，除了治療師運用自己，一致

性地反映自己在與夫妻或伴侶同處一室時，所體會到此厚牆所帶來的冰冷、淡漠、憤怒、怨恨和受傷的感覺外，治療師還可以分享他在兩位伴侶間看到這堵牆是如何阻隔了雙方。

治療師：經過這幾次會談，我有個很重要的發現想與你們分享，你們想聽嗎？（確認他們同意後）我想用一個比喻來形容你們的關係，看看你們是否同意我的看法。我感覺你們之間彷彿有一堵很厚的牆，使你們彼此很遙遠。（可以利用治療室裡的物品，譬如：布、枕頭、石頭、繩子、布偶等來代表橫在他們之間的牆）你（對丈夫）用玩電動、看電視、打球，避免與太太接觸；妳（對妻子）則武裝自己，外表是不在乎和冷漠，全心照顧子女，不理會先生，但內心充滿憤怒和委屈。這些我們上次都討論過，你們同意嗎？（兩人都說是）所以看起來你們各自為自己建造了一堵牆來保護自己，但也阻擋了對方（用兩個大抱枕堆疊在他們之間），就像這樣！我這麼說你們同意嗎？（夫妻兩人同時都笑了並點頭）

妻子：我有同感，只是已經習慣這樣了。

治療師：不如我們來談談妳的這道牆是從什麼時候、又是如何蓋起來的。等會兒我們也會聽聽看妳先生的說法。好嗎？（先生點頭）

妻子：就是我生完老二之後，老二很難帶，晚上要起來好幾次，我都睡不好，白天還要上班，可是他好像都沒事，照樣打球、玩電動，我們也常吵架，那時我們的關係降到冰點。我有很多憤怒和怨氣，因為他什麼都不管，都讓我做所有的事，他也常罵我是很糟糕的老婆，既不溫柔又不體貼。既然如此，我就決定不理他，把小孩照顧好就好。我知道這道牆橫在我們中間

已經很久了。

治療師：謝謝妳這麼坦誠地分享自己。妳的牆是憤怒、冷漠是嗎？（妻子點頭）

治療師：（問先生）你知道這種情況嗎？你怎麼知道呢？你怎麼辦呢？

先　生：我並不知道那是一道牆，只知道那時候她像帶著刀箭的戰士一樣，我只要一不小心就會中刀中箭，遍體鱗傷。她常常罵我不關心她、不顧小孩，有時一生氣就帶小孩回娘家，後來我們愈來愈不能好好講話，我就乾脆不理她，很想逃避，於是拚命工作，盡量不回家，假日就加班、玩電動或去打球。這大概就是你所說的牆吧！

治療師：很謝謝你的說明，聽起來你有很多的無奈和失落。好像你們之間的牆有很重要的意義，是讓你們各自可以保護自己不會受傷，但不知道這是不是你們想要的關係？

先　生：其實我並不好受，當我逃得遠遠的，知道她在家裡可能很不快樂，或在心裡一直罵我時，我就很心虛，覺得自己很失敗，但又沒勇氣找她，而且已經這麼久了，她也許已經不在乎我了。

治療師：說到這裡，不知道你是否可以讓妻子更了解你的心情呢？（先生點頭）如果你願意，我想請你們先看看怎麼處理這道牆。（先生和妻子一起把抱枕移開）現在沒有抱枕阻隔你們是什麼感受呢？

先　生：我覺得好多了！

治療師：我想邀請你們現在面對面，再也沒有阻隔，請你看著她、告訴她此刻你內心的感受，好嗎？（他們彼此分享此刻的感受，重新建立對話的橋）

治療師接下來則更深入地探索他們在建築這道牆時，內心深處的孤單和脆弱，此時發現他們在冷漠、憤怒、委屈、挫敗下，其實都有許多受傷、難過、想念、對彼此的愛的渴望等。治療師除了讓他們有機會看到內心深處真實的自己外，還要讓他們在情感和渴望的層次上重新連結。

　　由於薩提爾模式注重正向的改變，治療師因此接下來會一步一步詢問妻子和先生：

- 謝謝你們這麼美的分享，我感覺到你們之間有很深的情感。我已經理解了你們彼此真實的感受，現在我們要不要一起來想想，今後你們各自要為自己和彼此的關係做何種改變？
- 你們今後如何才能對自己的牆有更多覺察？
- 你們需要什麼才能拆除這道牆？
- 拆除之後，你們的關係會有何不同？可以如何維持下去不再有牆？

　　在薩提爾模式中，治療師首先透過觀察來訪者語言和非語言的訊息而發現以上這些障礙阻擋治療進程，再將這些觀察到的線索，反映給雙方伴侶，協助他們覺察到這些造成一致性對話無法順利發展的障礙。他們則可透過覺察做出新的選擇來清除這些障礙，使得伴侶雙方與治療師能因此成為共同攜手努力往前走的團隊。

一致性是一個選擇

　　一致性回應是一個選擇，在親密關係中我們不會把一致性變成強制性的規定，或用它來改變對方，而是有意識地覺察、承認和接納自我他人和情境三方面，並且做自己的主人為彼此的關係承擔責任（Satir et al., 1991; Gomori & Adaskin, 2009）。選擇一致性溝通時，不表示親密關係就必然如在天堂般美妙甜蜜、永無爭吵，說不定還得因此付出更多的代價並承擔更大的風險。舉例來說，我們可能會害怕敞開自己的內心、說

出真正的感受時，對方會在看清楚自己的真實面貌後，反而不想接受我這個人而離開此關係。

　　一致性首重與自己一致——即先與自己連結，接觸個人內在的經驗並對自己真實。如果在伴侶關係中雙方皆選擇一致性溝通，就可以向對方打開自己的心，如實地分享自己，並相互對話。這樣原本掩飾包裝的表面和諧，可能會因為我們重視自己和重視對方，願意彼此呈現真實的自我而打破。兩位伴侶此時不但冒險表達自己的需求和脆弱，也分享心中的愛和渴望，就好像兩人坦身赤裸卻又腳踏實地面對面穩穩地站著，然後伸手迎向對方（Johnson, 2008）。在這一刻，伴侶雙方就能體會到心靈之間情感的交流，彼此間深刻的親密感、安全感和踏實感，使得過去受傷的心得以相互療癒。

　　雖然選擇一致性可以給伴侶雙方帶來美好深刻的連結，但如果其中一位伴侶的內在真實願望並非想走向對方而是遠離，此刻若愛已遠逝，或因為某些原因而改變了當初的承諾時，他們仍可嘗試一致性溝通，開誠布公地說明自己當下的處境和對此關係的決定。當伴侶雙方是高自我價值感又能一致性時，即便要面對分手或關係結束，仍然可以在彼此尊重的基礎上，勇敢地去面對這個選擇，而不會彼此控制、報復或威脅。這有助於分手後，對個人自信心的重建，和對失落心情的療癒。有子女的夫妻在這種情況下分手，才能進一步在父母親職上共同合作，減少下一代在父母糾纏中的痛苦，也讓孩子有機會透過父母彼此的一致性對話，學到成熟、負責的溝通模式。

　　除此之外，由於一致性溝通中所分享的不限那些令人愉悅深情的感受，還可能包含其他各種不舒服的情緒，有時甚至必須在極大的張力下，來處理關係中的衝突，包括金錢、性、小孩、原生家庭、工作、疾病、婆媳等議題。在這個協商和溝通的過程中，當雙方真實表達自己的心聲和需要時，可能會比虛與委蛇或應付敷衍要體驗到更大的緊張焦慮，所以一致性不代表伴侶雙方從此能高枕無憂、再也沒有衝突，而是在一致性溝通的平台上，靠著尊重彼此的差異性、接納彼此的獨特性，

也為了「我們的」關係，努力磨合找到適合彼此的出路。

　　由以上討論可知，一致性溝通是一個重要的決定，也是個有意識的選擇，其結果有得有失，我們是否要選擇一致性，端看自己在關係中真正想要的是什麼。這個歷程雖然漫長而辛苦，但對伴侶雙方及其子女來說都是最珍貴的禮物。

　　薩提爾建議在家庭中，每個人都可以直接表達自己，同時知道其他家庭成員也會聆聽，甚至是與其他人不同或不舒服的感受也可以被接納，這樣每個家庭成員會學到信任和安全而創造健康的家庭（Satir, 1988）。所以當父母能在子女面前示範一致性溝通來處理彼此的差異且協商衝突時，他們的孩子才能真正學到如何在關係中做自己、又尊重他人。

治療師的一致性

　　親密關係需要夫妻或伴侶雙方都投入相當大的時間和精力用心耕耘，如同在花園中種下了美麗的花草樹木，園丁要細心努力地去施肥、除草，提供充分的陽光和水分，才能生機盎然。夫妻或伴侶如同辛勤的園丁，要在自己的花園中為彼此的關係提供足夠的愛和承諾、付出時間和心力，還要除蟲除害清掉這些造成溝通不順暢的障礙，才能與對方用心對話促進親密感（Mckeen & Wong, 1996)。然而這對許多人來說是極其困難的挑戰，此時需要治療師運用自己去發現這些阻礙，並帶著對他們的關懷和愛心，引導和示範一致性（Satir, 2008; Satir et al., 1991; Gomori & Adaskin, 2009）。

　　薩提爾認為人們許多行為都可以透過模仿來學習，治療師可以成為來訪者學習和成長的榜樣，因此治療師呈現自己的一致性非常重要（Satir, 2008; Gomori & Adaskin, 2009）──即他在與來訪者會面時，整個人內在、外在看起來都是穩定和諧的，他的肢體與語言訊息之間沒有矛盾，並且言行是一致不帶評價的。當治療師與自己的生命力連結，體驗自己是完整獨立的個人，內在是高自我價值的，並因此存在著安全感

與力量，能全神專注關懷來訪者時，這樣的一致性能提升來訪者的信任感，是與來訪者建立穩固安全治療同盟的基礎，也是伴侶雙方心靈和關係療癒的關鍵。

對治療師而言，最大的挑戰莫過於要時時刻刻覺察自我，在治療期間內在外在進進出出，並在會談和關係中與兩位來訪者共創更多的可能性（Anderson, 1997）。薩提爾認為（Satir, 2008）治療師如果採用否認、歪曲、投射或任何其他形式的偽裝與防衛，沒有意識到自己內在的擾動，也未看到自己的不一致時，不論他自認偽裝得多麼好，都會不知不覺地向來訪者傳遞出這些訊息和能量，來訪者也很容易就體會到治療師的不真誠。

薩提爾相信治療關係是一個親密的體驗，為了成長和改變，來訪者需要一個信任的環境開放真實地面對自己，這種開放有時會使他們變得脆弱且容易受到傷害。當他們在治療中覺得脆弱時，就需要被保護，因此治療師的責任和專業倫理是去創造一個讓來訪者感受到安全也確實免於受傷害的安全環境。這需要治療師對自己的狀態保持敏感的覺察，同時也要隨時關注自己如何對來訪者的身心產生影響（Satir, 2008）。

薩提爾曾舉例，一位聚焦於技巧或理論架構的治療師，很可能不會去察覺自己的語言和身體反應是僵硬和隔離的，而來訪者則會根據他的面部表情和語調所傳達的信息，解讀治療師是不溫暖和帶著負面評價的，有了這種解讀後，來訪者即感覺無法相信治療師，因而影響了彼此的治療關係。

因此，薩提爾重視的是治療中，人與人內心深處能量的交流，在這樣的交流中，來訪者可以真實地知道他能否在治療情境中信任治療師，這種真誠一致的關係與馬丁·布伯[1]所說的「我－汝」是很接近的（Satir, 2008）。她也強調治療是一種發生在來訪者和治療師之間，彼此生命的學習和給予的情境。治療師是人性化和一致性的，他與來訪者之間產生的深刻共鳴，是發生在一個自我與另一個自我之間的過程，在這樣的情境中，治療師可以運用自我，建立一個可靠踏實的關係，使得來

訪者感覺安全後，才會願意冒險開放自己走向伴侶（Satir, 2008; Satir et al., 1991）。

這樣的治療關係是婚姻伴侶治療中最根本的要件、和伴侶關係轉化的重要基礎。因此我們可以理解，治療不單只是靠技術來運作，也非著重在解決問題的焦點上，而是一種人與人之間在心靈深處的相遇，而治療師的一致性，才是治療關係中產生療癒力量的重要關鍵。

探索和轉化伴侶互動系統

來做治療的夫妻或伴侶常因為處在某種困境中，溝通無效的模式不斷循環，在關係中深受痛苦卻找不到出路。表面上是生活中的外在事件或壓力未能有效解決，實際上當我們由事件進入到他們處理這些事件的過程時，就會發現他們在互動中重複著彼此交相作用的自動化即時反應，使得雙方因相互連動的影響而呈現出一種交互性、重複性、固定性的負向循環。他們因此陷入強烈情緒中，彼此不斷進行著僵化和緊張的無效溝通，使得兩人跳著一系列專屬於他們獨特的雙人舞。治療師如果能及早發現他們的舞步，也讓來訪者對彼此的舞步有覺察，那麼他們就能有機會為自己的互動關係做轉化。

奇妙的雙人舞

家族治療大師們在四、五十年前就已指出，伴侶或夫妻之間會形成他們獨特的雙人舞。當一方為了修正或消除另一方使他不愉快的行為所做的努力時，不但達不到目的，反而會造成另一方的反彈，使得關係更加惡化。1967 年，奧地利心理學家保羅・瓦茲拉威克（Paul Watzlawick）在其《人類溝通實用論》（*Pragmatics of Human communication*）（Watzlawick et al., 1967）一書中指出，這種負向的互動現象即是婚姻治療中常見的抱怨與訴求。例如，丈夫採取退縮反應，妻子表現出對此行為的嘮叨和批評。先生解釋他是為了防止她的叨唸指

責而以逃避來防衛自己；妻子則聲稱這種說法是扭曲事實，她會如此批評他，是對他的被動消極與不關注她產生的反應。兩人一直重複這種惡性循環，使婚姻陷入僵局。這種環環相扣的互動循環在夫妻或伴侶關係中隨處可見，表層顯示的似乎因為負面循環使兩人處在困境之中無法脫身，但實際上他們內在意圖可能都是良善的——想用自己的方法解決婚姻難題。

瓦茲拉威克指出，在夫妻關係中，一方會堅持在此惡性循環中的某種作法一定要繼續下去，是因為他確信唯有如此才能修正對方的不適當行為。有趣的是，另一方也抱持相同的想法，因而雙方都想矯正對方，最後卻使關係停滯在原地，誰也沒改變。例如，妻子認為先生不夠開放、也不溝通，所以她努力修正先生不說話的方法就是不斷追問他一些問題，逼他說話，或緊盯他的行為，找到可以挑毛病的機會就立即質問他。而先生愈被逼問就愈不肯開口，她愈想知道他的行蹤和生活細節，他就愈用沉默來回應她。沒想到如此是火上加油，引起她更大的焦慮和擔憂，使她更緊迫盯人；她愈焦慮就愈想追問，他就愈封口靜默。最後，妻子受不了去見治療師，就被診斷為病態式嫉妒（Watzlawick, Weakland & Fisch, 1974）。對於這種不利女性的病理診斷，當我們從薩提爾婚姻伴侶治療的角度重新思考，會看見兩個人都參與在此循環之中形成他們自己的雙人舞，也就無需判定誰是誰非，更不會替妻子貼上病態標籤而認定她是病人。

近代的婚姻伴侶治療理論對這種互動循環的闡釋和應用更加豐富和多元，例如，心理動力取向衍生的論點是描述伴侶間相互影響的互動循環如何造成關係困境（Catherall, 1992; Feldman, 1982; Sharff & Sharff, 1991; Wachtel, 1993）；整合式行為伴侶治療對伴侶間無法有效處理差異、雙方產生親密－疏離、控制－責任的模式提出治療方針（Jacobson and Christensen, 1996）；敘事治療探討伴侶的相互作用如何影響彼此的關係（Zimmerman & Dickerson, 1993）；情緒取向婚姻治療（Johnson, 2004, 2008）則發展出細緻具體的治療步驟，來處理夫妻間的負向互

動循環，並藉由情緒及其潛藏的依附需求做有效介入的機制；高特曼（Gottman, 1993; Gottman & Silver, 1999）在他的愛情實驗室長期研究夫妻伴侶間的互動，發現幸福快樂的夫妻會積極營造彼此的友誼和正向循環，但離婚的夫妻則在關係中建構彼此的負向循環而導致分手。

女性主義治療從更寬廣的社會文化脈絡來解讀關係動力中，女性追逐－男性逃離模式潛藏的性別、權力不平等關係（Walters et al., 1988）。由於女性受到文化禮教的洗禮，會在社會化過程中，由她們與人的關係中發展其自我和生命意義，使得女性因為重視關係而不知不覺成為較投入的一方。這些論點提供婚姻家庭治療師另一種思維，去關注性別發展背後相關的情境脈絡，同時也洗刷女性是病態操控者的汙名。

薩提爾在 1974 年出版的《聯合家族治療》（*Conjoint Family Therapy*），以及瓦茲拉威克《人際溝通實用論》的論述，使系統化思考成為 1970 年代家族治療的主流（Nichols, 2010）。薩提爾觀察到在家庭中我們會受到許多家庭規條的影響，而發展出每個家庭自己所形成的「建設性—破壞性序列」（constructive-destructive sequence）的溝通循環（Satir, 1988, p.128）。薩提爾經常使用動態的身體雕塑，生動鮮活地呈現家庭成員間一連串的互動循環，她稱之為「壓力芭蕾」（stress ballet），使來訪者透過身體的變化體驗式地覺察自己如何影響對方、對方如何影響自己、自己在互動循環中參與的份量、自己能做出的改變與所需負的責任，這些歷程將在下一節詳細說明。

進行夫妻伴侶會談時，治療師一個關鍵性的重要目標是探索和轉化無效的互動模式，並協助他們在親密關係中發展正向的互動循環。要達到此目標，可分為四個步驟：覺察不一致溝通、探索無效的互動循環、發展新的互動模式、分享學習並提供家庭作業。要強調的是，這些步驟常是連續性的歷程，有時在同一時間內**探索和轉化會同步完成**，不一定有明顯的分界，因此治療師要注意跟隨歷程，並保持高度敏銳與適當的彈性。

覺察不一致溝通姿態

　　許多伴侶或夫妻可能並未覺察自己的不一致溝通姿態，或者有覺察而不想承認。此時治療師最重要的任務是運用自己靈敏的觀察和深度的同理，讓他們意識到自己的溝通姿態，及其對伴侶的影響。下面是治療師常用來促進夫妻或伴侶覺察不一致溝通的歷程性問句。

促進夫妻或伴侶對不一致應對的覺察

- 不知道剛才你說話時，是否有注意到自己是怎麼說的？
- 你是否觀察到剛才的十五分鐘內你在做的是什麼？
- （來訪者否認自己有指責，但其伴侶卻常常感覺被指責）
  我很好奇，剛才妳說話時心裡有對他的評價嗎？
  （來訪者說有）那麼也許有時候妳言語中並沒有指責的字眼，但妳的語氣、聲調、表情都會傳達出心裡的評價，他就會感覺到妳沒說出口的指責，妳同意嗎？
  （再問對方）當你聽到她說這些話時，感受怎麼樣？
- 你剛才是在講道理嗎？你覺得你這麼努力說服她有用嗎？你在講道理時感覺如何？
  （問對方）妳聽他講道理時又是什麼感受呢？

促進對伴侶的同理心

- 我看得出來你剛才很心急地想說服她，所以講了很多道理給她聽，是這樣嗎？你覺得她有聽進去嗎？
- 你猜你這麼說，她會有什麼感受？你有聽到她剛才分享的感受嗎？她剛才說的是什麼？你理解嗎？
- 如果我是妳、妳是他，我對妳說出剛才妳說的話，妳聽聽看會有什麼感受。
- 當你說這些話時，我注意到她把頭低了下去。你會不會好奇她發生什麼了？

- 妳剛剛唸他的時候好像很自然、也很習慣，因為妳說平常就是這樣唸他。對嗎？但現在我想請妳體會一下，當妳唸他時他會有什麼感受，妳知道嗎？

促進雙方改變的意願

- 你這麼說的目的是什麼？你想要得到什麼？
- 這樣做有用嗎？能不能得到你要的？
- 如果沒有用，對伴侶、對關係會產生什麼影響？（可由此進入互動循環的反映）
- 看起來你們的關係好像因此更緊張了，你同意嗎？這大概不會是你要的結果！
- 你願意為你們的關係用不同的方式說話嗎？
- 是否有其他可能的作法能得到你們想要的關係？（治療師此時可以教導示範一致性）
- 如果你們想要更好的關係，這樣的溝通似乎是行不通的，你們想要改變嗎？你們願意做什麼樣的改變？
- 妳說妳不太了解他，妳想要更認識他嗎？
- 你們想要學習新的互動（溝通）方式嗎？

探索無效的互動循環

伴侶間形成痛苦的負向互動循環，最大的原因是他們都在壓力下無意識地、立即性地、自動化地表現出求生存的因應模式。有趣的是，他們都以為這些不一致的應對姿態是解決關係難題、阻止關係惡化唯一的方法，但沒想到卻事與願違，反而演變為關係中更大的困難。

此時，治療師需積極協助他們看到自己的不一致行為如何引發對方不一致的應急反應，又因對方不一致的反應引發自己另一個不一致的應急反應，兩人因此共同創造了無效、負向的互動循環。這些洞察可使伴侶雙方跳脫你錯我對的線性思考脈絡，開始拓展更多元角度的循環式思

維，因而更能體驗到他們都參與其中，都需對彼此的溝通困難承擔一定程度的責任。

循線探索不一致應對的負向循環

治療師在伴侶各自表述難題時，就依循來訪者所描述的故事，進入其互動過程中，探究他們在遇到這些難題時會如何討論？如何處理？如何應對？如何表達？接下來另一方會做什麼來反應？接下來又會如何？……在會談剛開始的階段，治療師多半聚焦在事件與故事的細節，由此再導入來訪者不一致的溝通姿態，並且最好使用來訪者的語言反映其相互連動的效應，讓他們清楚看到這些各自用來解決困境的作法，已經形成一種不斷重複的循環引發彼此更多負面反應，但卻無法達到自己預期中想要的結果。

例如，孩子發燒，小美看到阿健很晚才回家很不高興，於是她不斷翻舊帳、嘮叨他，想讓他知道她一個人面對孩子生病的慌亂無助。

阿健：我最討厭別人嘮叨和翻舊帳，一聽到她唸，我就發火隨口罵了幾句「妳真囉嗦，不要再唸了！」她很愛罵人，真煩！！（指責）

治療師：接下來妳做什麼？

小美：我聽了很火、很生氣。明明是你的錯，我只不過唸兩句，幹嘛那麼兇！

治療師：妳當時很生氣時怎麼做？

小美：我就反擊回去說：「明明是你晚回家還那麼兇，真過分！」……（指責）

阿健：我看她愈來愈大聲，就不想說話，也不想理她，就開始玩手機遊戲……（打岔），免得愈鬧愈大無法收拾。

小美：他不理我，我氣炸了，就更罵他不負責任，去搶他的手機不給他玩。他就騎車出去很久才回家。接下來我們冷戰了好幾天。（相互打岔）

治療師：後來誰先低頭講和呢？

　阿健：當然是我啊！要不然我們怎麼照顧小孩？

治療師：你怎麼做？

　阿健：我就下班時買花送她，還去接她。（討好）

　小美：我就算了啊！要不然呢？

治療師反映伴侶雙方無效的互動循環

　　來訪者與治療師經過以上的探索後，對兩人溝通產生的互動循環，大概已能覺察到自己和對方所參與的部分。在此階段治療師只要將以上歷程用語言以「反映」的技術（參見第 2 章）表達出來，讓他們對自己的溝通模式有更敏銳清楚的看見，並經由聽到治療師的回饋，在認知上更明確理解各自在溝通循環中所促成的部分。治療師在進行反映互動循環時，最好使用來訪者的用語、不帶評價、也不選邊站的語氣來描述他所聽到的、看到的互動過程。

治療師：我可以理解你們遇到孩子生病時會有很大的壓力，這時候其實小美（面對小美說）妳很擔心，也在生氣，但妳沒有讓阿健知道妳的心情而說了他幾句，阿健（面對阿健說）你聽了很不高興就罵了小美，（面對小美說）妳聽了更氣也回罵阿健，阿健（面對阿健說）不想吵架就不理小美，小美氣不過去搶手機，之後阿健便出門了，最後兩個人就相互不理睬冷戰好幾天。所以看起來，小美妳愈罵阿健想讓他關注妳並早回家，他就愈生氣然後不理妳，阿健你雖然不想吵架而不理小美，但反而使她更火大而怪你不負責任……。這是你們兩位共同形成的互動模式，你們同意嗎？是否有不同看法？

如果同意，要不要說說在此歷程中的感受？

或是不同意，而跟我有不一樣的看法？

體驗在負向互動循環下的感受

治療師運用自己成為夫妻或伴侶之間的橋樑，將伴侶雙方在不一致應對下的感受，運用「同理」、「情緒反映」等技巧，讓他們重新確認未曾清楚表達的心情，同時讓對方理解自己內在未說出口的真實感受。

這個步驟對伴侶雙方都至關重要，因為不一致的溝通姿態很容易觸發一連串防衛行為，建構彼此的惡性互動循環，以致無法同理對方感受，也聽不進伴侶的抱怨和痛苦。他們會覺得生氣、委屈、受傷、權利被侵犯，需用各種防衛保護自己、矯正對方，同時也造成彼此失去連結、中斷溝通、誤解加深，陷入爭奪對錯輸贏的權力抗爭中。

如果他們能意識到在無效溝通底下，其實各自都隱藏著與自己認知完全不同的情感時，就會對彼此產生較多的諒解和接納，並且降低負向循環的情緒張力（de-escalating）。

> 治療師：小美，阿健回家時妳唸了他好幾句，那時候妳心裡除了生氣，其實還有很多擔心沒有告訴阿健。妳一個人在家照顧孩子，當時可能妳也很無助慌亂，很需要阿健的支持。
>
> 後來他不理妳自己去玩遊戲時，妳更生氣了，但其實妳內心深處一定也很傷心，只是妳不會讓他知道妳的傷心，就罵他不負責任，是這樣嗎？

> 治療師：阿健，你晚回家知道孩子發燒，又看到小美在生氣有什麼感受呢？我能體會你當時其實感到抱歉，也覺得有些愧疚。
>
> 你去玩電玩其實是好意，希望平息爭吵不要變成更大的衝突，結果小美反而更氣你了，那時你內在發生了什麼？會不會很懊惱？大概也有緊張吧！

發展新的互動模式

　　來訪的夫妻或伴侶若已由上述階段，覺察自己自動化反應所形成的負向循環，也體會到自己如何影響伴侶和彼此的關係時，即能更有意識地看到自己在關係中所參與的部分。經過治療師的翻譯、串連、同理、反映、挑戰之後，他們如果有想讓彼此關係更好的強烈動機，同時也深愛對方時，治療師通常不用花費太多力氣就會看到他們想要努力改變。但若夫妻或伴侶兩人已對自己的互動模式有新的理解卻不想改變，這也是他們的決定，重要的是他們都需要看清楚是否承擔得起自己的選擇所帶來的後果。

　　夫妻或伴侶此時面臨最大的挑戰，就是翻轉負向互動循環並發展新的互動模式，新的互動模式即為前面所描述的一致性溝通，使他們願意在關係中冒更多險去分享內在真實的感受和渴望，感覺到更多的安全和滋養。

　　治療師可運用第 2 章所提到的肯定、重新界定、導引對話、緩解指責、交織串連、歷程提問等技術，讓夫妻或伴侶們充分理解這些與自動化應對不一致的內在體驗，使得他們因為理解而產生更多的接納和包容。此時治療師最重要的工作是鼓勵雙方為關係做改變，讓他們此刻意識到，在無效的互動模式中，當雙方可以改變自己的部分時，關係就改變了。

　　薩提爾模式治療師都相信「改變在任何時候都是可能的，也都是不嫌遲的」、「我們無法改變別人，只能改變自己」，當來訪者也充分體認這些事實，即會認知到他們關係的好壞就掌握在自己手中。

　　治療師可以溫和友善地挑戰他們：

治療師：既然兩位共同促成目前的無效溝通，都感覺很不快
　　　　樂，所以也可以做些事來改變這樣的結果，你們願意
　　　　嗎？（先問其中一位，再問另一位）
　　　　（他們都同意）很好，我非常高興你們願意一起努力改
　　　　變，你們願意做的改變是什麼呢？（先問其中一位，

再問另一位）

治療師探索其負向互動循環時，亦可同步催化彼此的同理心和一致性，並運用「導引對話」鼓勵他們用語言表達各自的感受：

治療師：明玉，當妳說志祥很自私，不管妳死活時，我可以感覺到妳心裡有很多情緒，妳願意讓我知道嗎？

明玉：（淚流滿面）我不會說……

治療師：妳心裡有很多痛苦、也有很深的悲傷，是嗎？

明玉：（點頭）

治療師：還有什麼其他的感受嗎？

明玉：我想到他外遇時跟第三者用手機講個不停，有時還半夜偷偷起來講，但跟我在一起時就板著臉不說話。想到過去的事我就非常傷心，也覺得很絕望，他永遠不會愛我，我非常難過（哭得更厲害）……

治療師：是，我了解，我可以感覺到妳覺得不被愛而深深的傷心。這些感受妳很難告訴志祥，現在妳告訴了我，很謝謝妳分享內在的脆弱。我想此刻很重要的是，如果妳能轉向志祥，告訴他這些感受，他才能理解妳，否則他看到的只有妳的憤怒和指責，他可能因此不敢靠近妳，是不是？

明玉：（慢慢轉向志祥）我昨天那樣罵你，其實心裡很難過，因為你都不跟我說話，只跟小孩玩，我想到你以前外遇很多不愉快的事，更加深我的痛苦，我不敢讓你知道我又想起以前的事，怕你生氣，心裡更壓抑走不出來，我很傷心、很難過……（痛哭）我很需要你主動關心我、真心愛我。

志祥：（流淚）我很難過妳受這麼多苦，我沒跟妳說話是因為看到妳臉色不好，怕妳罵我晚回家又懷疑我，所以

先去看孩子的功課。現在我知道這樣反而使妳感覺更
糟，下次如果妳因為我晚回家而不愉快，可以直接告
訴我，我就不會怕妳不高興，一定會先聽妳說。我真
的很愛妳也很在乎妳，請妳相信我。

　　在婚姻伴侶治療過程中，經常運用上面的歷程，回溯伴侶們在事件
或衝突中的對話，發現他們之間不一致應對所形成的負向溝通循環。
經由語言、非語言或雙方互動所交換的訊息進行事後的反思，使來訪
者更深刻覺察自己的溝通模式及其意義與影響，即為後設溝通（meta-
communication）。治療師藉此創造兩位伴侶對自己、對對方、對彼此關係
更多的理解，為未來新的正向溝通循環開啟更多的可能性。這個溝通過
程，可協助來訪者跳脫舊有的溝通模式，在一定的距離外觀看自己，更
有意識地覺察自己在關係中所扮演的角色和需要進行的改變，因此這個
後設溝通的過程可以建設性地用來協助夫妻或伴侶修復關係（Gottman,
1999）。

　　之後，當來訪者回到日常生活中，再度面對壓力情境時，則可以在
與伴侶間張力逐漸增強的初期，預先防範衝突升高而告訴對方：「有些
事我想跟你澄清，因為我有些不安，怕我們等一下會吵架，但我的目的
不是要讓你難受或找你麻煩，而是希望你能跟我一起面對。」或「妳再
繼續唸我，就會超過我的忍耐極限，我會生氣，妳最好就此打住。」或
「我接下來要說的話你可能不愛聽，但我是因為在乎你、關心你才要
告訴你，我可以說嗎？」、「你現在好像要發火了，可以講話小聲一點
嗎？」

　　在一致性對話的基礎上，治療師可以鼓勵夫妻或伴侶運用創意和直
覺，發展適合彼此的新做法，一旦覺察負向循環線索出現時，即可相互
協助跳脫舊的循環建立新的互動模式，同心協力面對關係中的風風雨
雨，同時仍然保有親密關係的活力與凝聚力。

分享學習並提供家庭作業

夫妻或伴侶有新的覺察和領悟或有所改變時，提供他們機會分享在當次會談中的學習；或在談話過程的段落當中停下來，讓他們回顧剛才的重要發現和轉機；或是會談結束前，治療師與來訪者一起做個簡單扼要的討論，以落實每次會談的改變行動，這些做法即能深化他們的學習和進步。尤其是當他們做出轉化時，更要鼓勵他們回家後持續練習，繼續實踐新的行動。

會談結束前，讓夫妻或伴侶彼此回饋和欣賞也是必要的環節，這樣可以鞏固當次的轉化效果，同時也讓他們透過彼此的欣賞產生更多的信心和希望感。在彼此欣賞的過程中，他們可以學會看見伴侶做到的、做得好的地方，而不是去挑毛病，或只著眼在伴侶沒做到的部分。

最後，邀請他們為治療中已發生的轉化，各自承諾在未來生活中，他們為彼此的關係想做的努力和具體行動。治療師並根據他們在治療過程中所做過的練習，或已體驗過的新行動，提供他們回家要完成的家庭作業，他們同意後即回去執行，藉此使他們更落實在治療中所學到的功課。

案例練習：探索與轉化互動模式

阿建和阿珠結婚滿兩年，阿建就因嚴重的睡眠障礙和情緒問題去看身心科醫師，拿了一些抗憂鬱藥物後被轉介來做婚姻諮商，因為醫生認為阿建的情緒問題是親密關係出問題所造成的結果。

他們兩人在婚前已交往了五年，期間即吵吵鬧鬧，常說要分手，但因彼此相愛，而且有了寶寶，最後還是結婚了。婚後，兩人的爭吵更加水火不容，甚至無法再一起生活下去；尤其最近阿建只要與阿珠有激烈衝突，就會覺得無法呼吸，有時捶牆壁、打自己，甚至有想死的念頭，因此阿珠強烈要求他去就醫。

第一次諮商時，阿建表示他最大的願望就是找到方法與阿珠溝通，彼此了解，雙方能把心中無法說出口的話表達出來，至於兩人是否維持婚姻就順其自然吧！阿珠對諮商沒有太多期待，她認為阿建的問題比較大，因為他的情緒管理較差，一點小事就反應激烈，不只是跟她，與同事相處也常常情緒控制不佳而大發脾氣。她很擔心將來孩子會學到阿建這些不好的情緒處理方式。對於阿建想在諮商中與她有更好的溝通，她可以接受，也認為是一個很好的方向。

　　阿建描述在最近幾次與阿珠爆發的衝突中，他的感覺都是：不被了解，甚至被誤解，阿珠不想聽他解釋也不想溝通。在這種時候，他因為心中塞滿各種情緒說不出口，阿珠就會更生氣地怪他不表達感受、不會溝通，而更生他的氣、不理他。阿建看到阿珠生悶氣時就更急、更氣，當彼此的壓力愈來愈升高，他就會罵髒話。此時阿珠就會大聲責怪阿建情緒管理差、不成熟，像個青少年，小孩如果像他就毀了。就在此時，阿建所有的憤怒、挫折、失望、羞愧完全爆發，承受不了時就會不斷打自己的頭，甚至想撞死算了。

　　阿珠卻覺得阿建小題大作，「我很理性平靜地跟他說話，我平常講話也是這樣，一點都沒有大聲或激動，朋友都說我很好溝通，他卻聽不進去要崩潰，我也沒辦法！」阿建則說：「她常常怪我、挑我毛病，只會找藉口狡辯、死不認錯，明明是她很難溝通又不承認，經常把我惹毛了卻搞得好像都是我在發神經……。可是我已經被她誤解、無法辯駁，我愈是因為講不清而生氣，她就愈說我情緒化不成熟！我則因為她有情緒而更著急，覺得自己很糟糕，處理不好這些衝突讓她不高興，就更加討厭自己。她愈說我幼稚不成熟，我就愈感覺自己在她眼中是個沒有價值、沒有意義的人。」阿珠聽到這裡，覺得很無辜，「我一點都沒有責怪他，只是希望他關心我，但他老是不

把我放在眼裡、忽視我。例如我今天在公司不開心，回家後他問我為什麼看起來很不快樂，我說跟同事有不愉快，他卻什麼也沒問就只顧著看電視。我就很氣他不在乎我、也不注意我。」

對阿珠來說，在親密關係中能有一位伴侶讓她感覺被關心、被重視，並且能分享談心，是最重要的條件，如果缺少這個，婚姻便沒有存續的必要。因為如此，當阿建未能達到此期待時，阿珠就會抱怨他。而阿建則渴望在親密關係中有人能溫暖地陪伴他、理解他、包容他。因為他從小就很孤單，父母親因忙於生計無暇照顧他，他又是老么，跟哥哥和姊姊很少來往、各忙各的，隨著父母逐漸年邁，他一直自己生活，很少跟家人、朋友來往，阿珠是他生活中最重要的人。對阿建來說，建立一個溫暖的家庭就能彌補他小時候的缺憾。

他理解到，原來他很愛阿珠、也很關心她，但她卻感覺不到。他願意學習用阿珠想要的方式與她談話：專注、以她為中心、持續對話直到她覺得被聽見為止。但他請求阿珠能多給他包容、溫暖，他需要更多的接納而不是指責。

阿珠則決定放下對阿建的期待，接受他目前的不足；她開始理解阿建其實不是不想關心她，而是目前無法用她想要的方式安慰她、說好聽溫柔的話，但至少他現在願意理解她的需要，也願意學習溝通了。

練習

1. 請問你的伴侶治療目標為何？
2. 你如何描述他們的溝通循環？
3. 你計畫在哪些方向做轉化？

轉化伴侶互動系統的工具與歷程

曾與薩提爾共事的許多導師和研究者都認為，她能在治療過程中極為迅速有效地讓來訪者產生外在和內在的轉化，是因為她是一位天賦異稟的人性專家和熟練人際關係的藝術家，她也因此發展出許多生動有趣又饒富生命力的工具。這些創意和獨特的工具，在實務上也是一種歷程，都是可學習和傳授的（Satir et al., 1991; Gomori & Adaskin, 2006, 2009; Loeschen, 2006）。以下整理出過去三十年來與薩提爾及其同事兼學生瑪莉亞・葛莫莉、約翰・貝曼學習的經驗，簡單介紹這些常用來轉化伴侶互動系統的工具與歷程。

雕塑

雕塑（Sculpting）是薩提爾模式治療師常用的重要工具之一，由家庭成員擺設出他們身體和姿勢的畫面，藉由距離、位置、動作、空間和身體知覺，呈現家庭成員之間或他們與自己，在關係中外在與內在的歷程。如同在朱銘美術館的各種藝術雕像，表現出人與人、人與自己、人與其他生靈之間的關係。在治療中，每個家庭成員都可以是自己的藝術家，去雕塑出自己觀點中所經驗到的家庭關係，和彼此互動的獨特畫面。

薩提爾 1951 年的第一個家庭治療「黃金男孩」（Golden Boy）（Satir et al., 1991, p. 2），開始逐漸發展出雕塑歷程（Satir et al., 1991），之後其他學派的治療師也採用戲劇和雕塑的概念進行心理治療，最為人熟知者為心理劇，其他如 1970 年代左右達爾等人（Duhl, Duhl, & Kantor, 1973）、派普等人（Papp et al., 1973）亦有其獨特的作法（Gomori & Adaskin, 2006）。

在當時的家族治療領域，薩提爾率先使用這種體驗性的技術，在純粹以口語進行的家族治療之外，開創性地採取視覺、感官、肢體的介入方法，運用雕塑呈現家庭動力並改變家庭系統（Gomori & Adaskin, 2006）。派普等人（Papp et al., 1973）則使用雕塑來呈現家族代間傳承

的議題和溝通模式，以協助伴侶治療的當事人突破關係中的困境（Papp et al., 2013）。

雕塑是一種以動作和身體為取向的介入方法，顯現出夫妻或家庭處於壓力狀態時的溝通姿態和互動模式（Gomori and Adaskin, 2006）。家庭中的每個人會從中體驗到感官、非語言、姿勢、動作、距離、位置高低等靜態和動態的所有身體和感官訊息，因而促進覺察自己未曾意識到的感受。一旦這些感受進入覺察中，即使語言表達已不再有記憶，視覺圖像和身體經驗依然能長久存在（Gomori and Adaskin, 2006）。

運用雕塑的功用

薩提爾模式治療師經常使用雕塑，是因為雕塑超越語言的限制，可將家庭的溝通與互動、個人或家庭發展的生命週期、多世代間傳遞的模式、家庭成員的各種觀點、關係的糾結或疏離、權力高低、彼此間的界限等外在化（externalize）（White and Epston, 1990; Satir et al., 1991; Gomori & Adaskin, 2006），這會超越了語言的限制，將隱藏在底層的家庭動力與溝通模式放到檯面上，讓家庭成員意識到自己和他人在家庭系統中，各自的行為對系統和彼此造成的影響，使得內隱的運作能外顯出來，讓抽象的成為具象的表徵（Gomori and Adaskin, 2006）。

當夫妻或伴侶用姿勢、距離、空間呈現彼此的關係時，會促進雙方去體驗過去未曾察覺的隱晦細微感受，意識到過去不願承認的內在動力。一旦來訪者經驗此過程，臨場看到這些視覺圖像，即可接觸到由身體反應所連結的深層感受。這些感受在口語表達中往往是模糊或難以說出口的，但在雕塑過程中，卻可以透過身體和姿勢表達出來，使他們對彼此內在隱藏的情緒有更多理解。

這就彷彿是在進行連續拍照，捕捉到雙方互動的圖像，使他們看到各自對自己、對對方和對關係的覺知和情緒，經由這些畫面投射出自己內在的經驗，透過視覺、聽覺、觸覺、和身體各種知覺的體驗，進而產生移動和做出轉化（Gomori and Adaskin, 2006）。夫妻或伴侶在雕塑

中，因為身心靈全面深刻的體驗，發現了彼此存在已久的關係型態與他們困境和難題之間的關聯，即可帶出調整負向循環模式的方向（Papp, 1982, 1983）。

在雕塑中，藉由夫妻或伴侶各自不同的視覺圖像去了解對方與自己相異的觀點時，可使兩人更能意識到每個人都有其不同的主體性和獨特性。這個過程有助他們由彼此相似或相異的觀點中，學習尊重兩人之間的差異。這正好呼應薩提爾的治療信念（Satir, 1988），人們基於相似點會更加連結，由差異性中相互學習，並因此豐富了彼此的關係。

雕塑的另一個功能，是避免夫妻或伴侶陷入無止境的、外在事務的口語爭辯。使用雕塑非語言的身體訊息，表達出他們所重複的、無效的溝通模式，及其內在所隱藏的真實自我時，即能穿越原來慣用的防衛，如否認、忽視、扭曲、合理化等機制，直接進入身體動覺的反應（kinesthetic response），並超越語言的表面意義，帶出更深層的象徵式和視覺的意涵，這些反應將比語言所帶來的覺察更深刻，也更有力量（Satir et al., 1991）。

雕塑的目的是使夫妻或伴侶在視覺圖像中清楚意識到，舊的模式如何深切影響彼此的親密關係。有了這些新發現，他們才能在雕塑的過程中，與治療師一起探索並實驗新的改變行動，也在當下核對新作法對雙方是否合宜。在相互討論與合作的過程中，伴侶雙方會看到關係發展的新希望，並透過親身體驗達到內在和關係的實質轉化。

在婚姻伴侶治療中何時適合雕塑？

進行雕塑前，治療師已與夫妻或伴侶建立安全和信任的治療關係，也對他們有某種程度的理解，並針對其失功能的互動模式和關係的難題有了治療性的評估，例如，來訪者開放程度、自我價值感、溝通姿態、關係動力、界限、互動循環、外在壓力等，接著才能判斷什麼是最好的介入時機點，並依此設計適合的雕塑歷程，來達到轉化和治療目標。

雕塑在薩提爾模式婚姻伴侶治療中可運用在下列情境（Schwab,

1990; Gomori & Adaskin, 2006）：

- 當伴侶們重複無效的溝通，無法清楚陳述某些議題時。例如，幾次會談下來，先生和妻子對孩子的管教態度不同，兩人爭吵不休，都聽不見對方說話。
- 當來訪者的關係卡在某個僵局時。例如，先生不斷與女同事有曖昧情事但不承認，使得妻子進退兩難。
- 當治療過程卡在某種互動型態而停滯不前時。例如，夫妻或伴侶執著於權力抗衡，都要求對方先改變，再決定自己是否要改變，使得治療無法有進展。
- 當治療師想要呈現來訪者關係中重複出現的某種特定關係模式，雙方都感覺痛苦卻停不下來時。例如，在「追—逃」的循環模式中各自的感受。
- 當治療師想藉著身體、姿勢、動作來促發夫妻或伴侶更多的覺察或轉化時。例如，妻子完全依賴丈夫無法獨立，治療師在雕塑中請她趴在丈夫背上，不想自己花力氣用雙腳站穩，丈夫此時卻已無力承擔想放棄。
- 當治療師認為運用雕塑比使用語言能達到更好的治療成效時。例如，不講話或講太多話的夫妻。
- 當治療師希望創造一個比口語互動更不具威脅的氛圍，來處理某個緊張敏感的話題時。例如，婆媳之間的衝突。

　　進行雕塑是一個複雜的過程，治療師需要具備充分的訓練和知識，包括薩提爾模式的溝通理論、家庭系統觀、一致性溝通、權力結構和個人生命週期發展等（Gomori & Adaskin, 2006）。此外，薩提爾模式治療師最好自己能以主角身分親身體驗過雕塑，一方面能真切體會夫妻或伴侶在雕塑中的身心靈反應，另一方面則較能掌握雕塑進行的操作歷程。

　　過去這四十多年來，雕塑也被用在許多學派的治療中，派普（Papp 1982, 1983）2009 年在紐約艾科曼家庭協會運用雕塑來處理夫妻婚姻中的

僵局，讓隱藏的情感能被表達，使伴侶可以看見自己在互動循環中受限的自我。薩提爾模式治療師則從瑪莉亞・葛莫利過去將近三十年的教學中，不斷學習如何掌握雕塑歷程，使得雕塑在薩提爾模式個別治療、婚姻家庭治療和工作坊中廣泛和深入地發展，並在其他非專業的領域，例如教育、宗教、商業和其他各種群體中被創意地應用。

信任安全是進行雕塑的必要條件

運用雕塑如同進行外科手術打開傷口，有時會進入來訪者不為人知、甚至脆弱和痛苦的內心世界，所以治療師對來訪者需要帶著最大的尊敬和仁慈來陪伴此歷程。因為雕塑的威力是如此強大，對於何時做、如何做、目的為何，治療師都需要具備嚴謹的訓練和知識（Gomori and Adaskin, 2006）。

使用雕塑時，治療師要謹記在心的是，必須先與夫妻或伴侶建立信任和安全的治療關係，所以很少在第一次見面就能進行雕塑（Gomori, 2013, 2018）。因為雕塑的歷程會直接把處於壓力狀態下的家庭系統毫不保留地顯露出來，在此歷程中，參與的家庭成員需赤裸裸地面對自己的深層情緒（Gomori & Adaskin, 2006），因此治療師必須全心全意與來訪者同在，覺察整個家庭系統的動力，並讓每位家庭成員感覺被接納和有安全感（Satir et al., 1991）。

在邀請夫妻或伴侶們進行雕塑時，需尊重來訪者的意願，得到他們的同意才能開始，且事先說明進行過程讓他們有心理準備。對很多人來說，使用身體來動作或體驗自己會很不習慣，這些都是來訪者嶄新的冒險，因此這些準備是治療師在進行雕塑時首先需要注意的要件。

此外，治療師要帶著謙遜、尊重、接納、同理並維持中立平衡的立場來導引雕塑的過程，使來訪者感覺願意開放、被保護、信任和安全。治療師也要具備高度的敏感、創意、幽默、放鬆來營造一種治療氛圍，讓來訪者在溫暖、支持、希望、趣味的情境中，願意冒險經歷親密關係中的困難和痛苦。

雕塑伴侶之間的壓力舞蹈

　　薩提爾認為家庭是一個系統，通常都維持在一種平衡狀態，其中每個家庭成員的行為都會影響其他人，一但有人做出改變，就會對其他人和整個系統的平衡造成改變（Satir, 1988）。

　　夫妻是家庭的主要建造者，彼此緊密的互動和影響極為微妙細緻，他們之間形成一種獨特的雙人系統，在壓力下因為不一致溝通的互動循環而形成自己獨特的舞步，即薩提爾所謂的「壓力舞蹈」（Satir & Baldwin, 1983; Satir, 1988; Schwab, 1990）。意指其中一個人產生一個行動，接著另一個人會對此行動做出反應，前者接下來會因為後者的反應又再做出新的反應，就這樣不斷的循環下去，形成他們兩人之間獨特的互動舞步。

　　運用雕塑可以生動且體驗性地展現互動循環，讓夫妻或伴侶在身體和感受上有更深刻的體會和學習，效果更甚於談話式治療。一般來說雕塑歷程是流動和有彈性的，隨著不同的情境、議題、主角、目的，過程就會跟著轉變和調整。壓力舞蹈的雕塑亦然，不但顯示出伴侶間不斷變化的互動模式，還可指引伴侶關係未來進展的方向與希望感（Gomori & Adaskin, 2006）。

　　在雕塑中，治療師藉由不同的畫面，使夫妻或伴侶看到他們的關係如何由開始的失功能圖像前進到理想中想要的畫面，並在兩者之間決定他們願意做的改變。以下說明壓力舞蹈的雕塑歷程（Satir, 1988; Satir et al., 1991; Schwab, 1990; Gomori & Adaskin, 2006; Gomori, 2013），每個階段都是動態和流動的，並無固定的步驟，治療師需要隨時關注來訪者獨特的狀況和情境，保持彈性、自發性和創意，而不是按部就班僵化地進行每個程序。

階段一：雕塑伴侶壓力下的互動現狀

　　治療師首先根據自己的觀察和評估，邀請兩位來訪者雕塑治療師所看到他們在壓力下溝通姿態的圖像。治療師可以說：「我想邀請你們跟

我一起做些有趣的事，我在你們的談話過程中看到一些畫面，可能是個瘋狂的想法，也可能不正確，你們想知道嗎？」（Gomori & Adaskin, 2006; Gomori, 2013）。如果他們同意，治療師就會把他對這對伴侶的評估和推論，以溝通姿態、距離、高低位置、關係動力等，呈現出他們在壓力下的互動循環。有時以動態畫面凸顯他們在關係中的變化和對彼此的影響，有時採用隱喻來代表他們被卡住的現狀。

　　惠珠和阿明結婚十年，有一對雙胞胎，他們常為家事分工吵架，互不讓步。治療師看到他們的溝通舞蹈是：阿明因為惠珠未能每天拖地使家中一塵不染，就先指責惠珠（治療師請阿明做出指責的姿態）；惠珠很委屈，因為她要上班，回家已很很累了，不僅要忙小孩、煮飯，還要被罵，她首先是討好的姿態（治療師請惠珠跪下來），但對阿明也有不滿，所以心中有個小小的指責聲音（討好加上小指責）。接下來，因為阿明已經對惠珠不高興，又看到小孩不乖乖吃飯，就罵惠珠沒把孩子教好（站在椅子上兩隻手指責惠珠），此時惠珠不再討好而立刻站起來指責阿明（兩人相互指責，愈演愈烈），阿明不想再吵，轉身不想說話（從椅子上下來，打岔姿態），惠珠不願善罷干休，追著阿明要講清楚（惠珠抓著阿明的衣服追著他跑，直到阿明被追到角落無處可逃）。兩人看到此畫面時都笑了，因為太寫實了。

　　治療師先呈現他看到的畫面，再邀請他們輪流呈現自己經驗中所認為的圖像，一位完成後再接著另一位。例如，由先生開始，請他雕塑夫妻雙方有壓力、互不相視時主要的溝通姿態。治療師對妻子說，這是先生的觀點，也許與她的不同，但請她先試著去了解和聆聽先生的畫面。這能讓他們清楚看到每個人有其獨特的觀點和經驗，且都可以被看見、被理解，以及被尊重。同時他們也會在視覺上、身體上鮮明的體會到，雙方觀點的差異是在關係中不可避免的現實，但即使有差異，各自也都

有權利表達並且被尊重。

　　治療師接著請阿明雕塑他的畫面，與治療師不同的是他不認為自己一開始是指責的，他認為在爭吵一開始他是討好惠珠的，因為他下班回家都在盡力照顧雙胞胎，雖然身心疲累，但他得勉強自己專心陪孩子，好讓惠珠能煮晚飯。討好之後，因惠珠指責他態度不佳，他才開始大聲叫罵回去。

　　惠珠的畫面則大致與治療師相似，但惠珠最後看到的是兩人吵完後相互背對背不說話，阿明不理她去打電動，惠珠則陪孩子寫功課（兩人皆用打岔姿態，轉過身去）。

階段二：壓力舞蹈中個人內在和伴侶之間的歷程

　　在此階段中，治療師會詢問來訪者各自在自己和對方的畫面中有何體驗？他們內在發生了什麼？有哪些相同或相異之處？使他們能從表象的爭執和無效的溝通，看見底層各自的內心世界、互動歷程和彼此造成的影響。

　　首先，請他們表述在兩位各自的畫面中，他和伴侶的感受和需要，讓他們彼此都能聽見和理解對方的心情，並且探討各自看到伴侶如何影響自己、自己又如何影響伴侶，在一來一往的溝通姿態中，又是如何影響這份關係，並共同創造了這個雙人舞。

　　藉著這些回顧和分享，可以提升他們的覺察，意識到在每個畫面中自己及伴侶對每個處境的感受，並在互動循環中看到相互間的影響，以及他們如何形成兩人獨特但卻無效的負向循環。這些雕塑讓他們發現自己的關係卡在哪裡、如何卡住、雙方如何共創這個僵局，而只要他們願意，也可以合作來化解，使他們開始為自己和關係承擔責任。

　　治療師在他們完成自己的雕塑與進行討論時，可使用下列提問來加深覺察並促進改變的可能性（Gomori & Adaskin, 2006）：

　　1. 伴侶各自對身體姿勢的感受為何？

　　2. 一方對另一方在視覺畫面中的身體姿勢感受為何？

3. 一方聽到另一方的分享後有何感受？

4. 伴侶是否各自聽見對方的分享，對他的意義是什麼？

5. 是否意識到兩人如何形成雙人舞？如何彼此影響？

6. 這些覺察是否可幫助自己在雕塑的畫面中做出一些改變？

7. 各自在對方的畫面中身體姿勢的感受為何？

8. 兩位伴侶可否由彼此的雕塑中發現相互循環的舞步？

　　阿明從惠珠的畫面中發現，即使他並未說出太多不滿，僅只抱怨她沒拖地，對她來說就已是很嚴重的指責了。她下班趕回家，又累又急的時候，很需要阿明的支持，如果此時聽到的是阿明的指責，對她來說就是嚴重的威脅，所以她既生氣又受傷；也因為心中這些怨氣，當阿明接下來有更多抱怨時，她的情緒就全部爆發了。

　　阿明意識到惠珠回家時的狀態不好，即使他不是故意指責惠珠，但一點小抱怨都可能造成巨大的衝突。因此他很抱歉，說明他本意不是要批評惠珠，而是希望家中地板乾淨，兩個年幼的孩子才不會吃到地上的髒東西。

　　惠珠則表示，因為白天工作忙碌非常疲憊，在雕塑中看到阿明雙手指責她時非常痛心，她已盡力趕回家，卻還有一大堆家事在等她，阿明不但沒幫忙還先罵她，這讓她更氣憤，一股強烈的不公平感使她不想就此放過阿明，一定要爭個公道才罷休，所以在雕塑中追著阿明吵鬧停不下來，自己也覺得很好笑。

　　她看到在他們的雙人舞中，阿明愈不理她，她愈不想停止，最後變成無理取鬧糾纏不清，也不知為何而吵了。透過雕塑，惠珠明白阿明在意的其實是兩個年幼孩子的健康，並不是要故意批評她；她也看到自己非常在意阿明，以致阿明的每個抱怨她都看得很嚴重，所以反彈很大。她的憤怒和失望底下其實是受傷和難過，而她最需要的是阿明的支持和幫助。

這個雕塑過程讓他們有機會說出以前從未說過的話，澄清彼此的誤解，也讓他們更了解雙方的想法和感受。接下來才可能進一步在滿足彼此的需求上，一起找到雙方都能接受的做法，使兩位伴侶在渴望上相互滋養。

階段三：伴侶各自最想要的關係狀態

經過前面兩個階段，伴侶對彼此內在經驗有更深的認識，對於過去在關係中引起衝突和爭吵的焦點，也有許多學習，這些新資訊讓他們對自己、對對方有更多的諒解和接納。由於薩提爾模式是正向目標導向和強調改變的模式，接下來治療師會邀請來訪者各自雕塑最想要的關係狀態，使他們彼此都能看到和聽到對方對關係的願景，以及為達到此目標所需做出的行動。

很多夫妻因為一起生活多年，都會主觀認定自己的想法就是對方的想法，自己想要的也是對方想要的，但其實並不盡然，有時甚至南轅北轍。有些人誤把自己喜歡的東西和認為對的事強加在對方身上，因此弄巧成拙得到反效果。當他們運用兩人的距離、空間、位置、姿勢等雕塑最適合的關係狀態時，雙方都可由彼此的畫面具體知道對方最想要的關係樣貌。所以運用雕塑呈現雙方最想要的關係畫面，可避免這種表錯情會錯意的誤解，有機會直接清楚地表達自己內心的需要，也學習去理解對方之所需，達到尊重自己也尊重對方的平等關係。

如果兩位伴侶想要的理想關係是相似的，這是很幸運且令人開心的；但如果雙方想要的畫面不同，表示兩人內在渴望不一樣，則可趁此機會一起學習去處理和尊重這些差異，並進一步共同協商，找到滿足雙方不同渴望的平衡點，使兩人都能在此關係中得到滋養。當他們能因此看到未來正向的發展方向，探索達成理想關係的選擇，並願意為此做出改變的行動時，即能帶來希望和動力，增進更多彈性並拓展思考空間，使得他們能跳脫目前的困境，而不會再卡在現狀動彈不得。

在此階段中，惠珠先呈現她最想要的理想關係畫面是夫妻

兩人肩並肩、手牽手一起往前走，有時也可以面對面、眼睛相視、雙方是高度一致和彼此靠近的。阿明想要的畫面是有時兩人可以擁抱，有時又可以分開有各自的空間做自己的事。他們想要的理想畫面不完全相同，但也有相似之處。

治療師首先肯定他們的真實表達，並與他們討論看到彼此相似和相異畫面時的想法和感受。惠珠喜歡阿明的畫面，因為這也是她想要的；阿明知道惠珠想要的關係其實與他並無太大差別。兩人都為知道彼此想要的理想關係相似而雀躍不已，更重要的是，當他們理解了這些之後，感覺到兩人在一起的「我們」感，而能心連心朝一致的方向共同往前行。

階段四：為彼此的關係做出改變

治療師在此階段的重要任務，是催化夫妻或伴侶為自己的親密關係做出改變。讓他們有機會去回顧，從壓力下的畫面（階段一）至想要的關係畫面（階段三），二者之間他們需要做出哪些具體改變，才能達到未來關係的願景（Gomori & Adaskin, 2006）。

如果兩位伴侶都想要關係更好、目標也一致，在雕塑歷程中也有領悟和學習，治療師不用太費力就能支持他們找到要改變的行動。但有時無法這麼幸運，對於較難改變的夫妻或伴侶，治療師可能需要重新幫他們複習第一到三階段的畫面，讓他們藉著一步步的覺察，看看彼此能否相互幫忙來達成目標。

在實踐改變的計劃時，他們可能需要運用各種力量與資源來幫助自己，雙方必須隨時保持討論，或借助伴侶的支持和協助才能產生新的行動。治療師在前階段協助夫妻或伴侶看見彼此相互的影響後，即可鼓勵他們為彼此的關係承擔起責任，也為自己想要的關係狀態全力以赴，讓兩人因為各自的轉化跳脫舊有的負面模式，進入正向的互動循環。

阿明表示，既然惠珠在疲累時對他的抱怨非常敏感，而他們共同的心願都是讓孩子健康成長和兩人開心自在地相處，他

就不需要為地板整潔的事吵架，破壞兩人的關係。所以他下次回到家如果再看到地板不乾淨而惠珠沒空拖地時，願意自己主動去做而不是批評惠珠；他還願意學習新的溝通，試著說出他的擔心而不是抱怨和嘮叨；也願意更加關心和支持惠珠，多看到她的付出和辛苦，而且常感謝欣賞她。

惠珠對阿明願意做出這些改變非常開心，她表示以後下班回家，如果身體很累就先休息一下，或是買外食回家，盡量好好照顧自己的身心，才不會容易發脾氣而怪罪阿明。她想學會即使阿明抱怨她，她也要試著認可自己，不必跟著阿明的抱怨起舞而否定自己，這樣她就不會在聽到抱怨時感到難過或容易受傷了。因此當下次阿明再指責她時，她會先與阿明核對確定他真正的意思，並且嘗試直接表達當下的心情，讓兩人的溝通增加更多的正向循環。

階段五：落實與鞏固學習

最後階段是治療師與兩位伴侶坐下來，一起討論在此歷程中學習到的功課（Gomori & Adaskin, 2006），包括他們前面四個階段的內在體驗為何？願意為自己、為伴侶和為兩人的關係做哪些有助益的改變？他們在雕塑歷程中是否有些新發現或覺察？從中有何重要的學習？如何將這些學習落實到日常生活中？他們願意做哪些承諾回家後去實踐？在家中可以如何相互幫忙或提醒？他們要有哪些具體改變，才能由第一個畫面（在壓力下的姿態）前進到所想要的畫面？

這些討論都聚焦在雙方的改變和責任上，治療師用正向、積極的角度協助他們去肯定自己和伴侶，並欣賞他們在關係中具備的力量和資源。同時也要不斷核對兩人真心願意做的改變和努力，是否對另一方、也對彼此關係有助益。在此階段中的誠實、動機、意圖、開放、做出改變的決心、對彼此的善意和愛，都要被看見和被肯定（Gomori & Adaskin, 2006）。

最後不可或缺的是夫妻或伴侶彼此的欣賞和感謝，這可讓他們從自己的努力中得到對方正向的回饋，強化內在改變的動力。這些分享都在幫助夫妻或伴侶將雕塑中的覺察與學習轉變為改變的行動，再落實到現實生活中。接下來則請兩位伴侶為自己想要做的改變彼此承諾，藉相互擁抱、握手等儀式來宣示決心。結束雕塑歷程之前，治療師與他們一起訂出家庭作業，把重要心得更為落實在實際生活中（Schwab, 1990; Gomori & Adaskin, 2006）。

互動要素

薩提爾使用互動要素來闡明人們在溝通時，人際之間存在許多不易覺察、複雜的多元層次。當兩個人在交談時，剎那間會發生許多事，他們還來不及弄清楚，就已經在兩人之間迅速產生溝通的困難了（Satir et al., 1989, 1991）。夫妻或伴侶之間尤其如此，當他們很容易因對方的語言或非語言反應勾起自己的情緒時，就會自動化產生即時反應，因此進行一致性溝通是很陌生和困難的一步。

互動要素（The Ingredients of an Interaction）是一個具體清晰的工具，將人與人之間的互動過程用分解動作來呈現，包括自動化即時反應是怎麼發生的、內在有些什麼過程導致兩人無法順利進行一致性對話。它以明確的介入步驟使我們認清舊有的學習和防衛系統，進而有機會化解這些溝通障礙、有效幫助人們練習一致性。（Gomori, 2015, 2017; Satir et al., 1989, 1991）。

在婚姻伴侶治療中它亦是個重要的方法，能使夫妻或伴侶藉著每個步驟清楚知道，在過去生命中學到哪些重要因素，深刻影響自己溝通的內在歷程。透過互動要素，來訪者可以覺察到，在與伴侶互動時情緒如何被勾到。這些在互動中所發生的複雜歷程，因為各自內在隱而未顯的認知歷程所產生的主觀想法未能清楚被表達，造成彼此認知落差而引起誤解，再加上許多規條的限制所造成的防衛機制，讓他們隱藏真實感受而阻礙了一致性對話（Satir et al., 1989, 1991）。

我們常將之用在工作坊中，藉由角色扮演者呈現互動要素的每一步，視覺化地讓過程更加鮮明立體。在夫妻或伴侶治療情境中雖無角色扮演者，治療師仍可利用一步步的對話來進行下列步驟，或利用抱枕、紙牌來代表每一部分，讓來訪者有體驗性的學習。

目的

這個練習使用拆解的步驟，幫助人們覺察自己有哪些過去的舊經驗仍在掌控現在的人際互動？是否仍使用失功能的防衛方式來求生存？是否對接收到的訊息做了不符合事實的解讀？有了這些覺察，我們即可以發展健康的新方法，提升自我價值感，在與人的溝通中考慮到自我、他人和情境而不用再防衛，並且採用一致性的溝通與伴侶對話（Satir et al., 1991）。因此，這個練習提供來訪者一個清晰的路徑，呈現出人際之間影響互動的重要因素，使來訪者藉此過程跨越溝通困境、化解溝通的僵局，並重新開啟通暢的溝通管道。

互動要素可了解人際互動中存在的多重層次，這些層次極不容易分辨，還會相互影響。這個練習提供了視覺上、身體上和語言上的體驗，讓兩位伴侶都能看到自己與對方內在的各種複雜變化。其目的包含（Satir et al., 1991）：

1. 兩人一同發現不一致的應對模式及其成因。
2. 轉化不一致並發展一致性溝通。
3. 提升伴侶雙方的自我價值感。
4. 覺察和調整有哪些家庭規條限制一致性的表達。
5. 覺察並修正自己的防衛。
6. 發現對伴侶行為的負面解讀並加入新的觀點。

步驟

如果在工作坊中進行這個練習，包括兩位伴侶將有十八個人參與，通常會將他們以每隊八人分為兩隊，分別代表兩位伴侶（伴侶 A 和伴侶

B）各自內在溝通過程中的每個層次，並在過程中呈現出每個層次之間的關聯性和相互影響。

伴侶 A 先說一句話，這句話會勾到伴侶 B 的情緒，接下來用互動要素的步驟進行每一步，來看看伴侶 B 和伴侶 A 的每個層次會發生什麼。每個步驟簡單說明如下（Satir et al., 1991, 1989; Banmen, 2008; Gomori, 2015, 2017）：

1. 伴侶 B 看到、聽到什麼？

第一位和第二位成員代表伴侶 B 的**看到**和**聽到**，他們是感官的接收者，如同錄影機只是接收不做意義的解釋。然而在真實生活中，我們卻很少能客觀、確實地接收訊息，而會把感官知覺和意義解讀混在一起，以致扭曲了這些感官訊息。

2. 伴侶 B 對於上述看到、聽到的，會賦予什麼意義？

第三位成員代表伴侶 B 的**賦予意義**，用語言表達出伴侶 B 可能會有的解讀、推測、假設、評斷或想法。人們很難不去評論感官所接收到的訊息，當我們看到或聽到一些資訊，常在腦海中同步賦予它們意義，因此第一步驟與第二步驟經常被混在一起。我們對這些訊息所賦予的意義，受原生家庭及個人過去的學習、經驗和自我價值感所影響，而且還會認定這就是對方真實的意思；或由對方所說的話，主觀假設其認知和意圖而不加核對，進而產生彼此間的誤解和情緒。

3. 經由伴侶 B 所賦予的意義，會產生何種感受？

第四位成員代表伴侶 B 的**感受**，他要說出伴侶 B 在經過前面的感官知覺和賦予意義後，會有何感受。許多人與人之間產生的感受常是賦予意義的結果，而非客觀看到或聽到的事實，所以我們為接收到的資訊賦予何種意義就會決定我們如何感受。在此步驟中，上面的認知過程常是背景，感受則成了前景（我們所關注的中心）。如果伴侶 B 只根據自己的主觀解讀做反應，而未去求證 A 的意圖或拓展其他的可能性，即可能會曲解 A 的真正意思而產生自己不舒服的感受。

4. 對於這些感受，伴侶 B 又有何感受（即感受的感受）？

第五位成員代表伴侶 B 的**感受的感受**。當我們不接納自己的感受，對某些感受做出評論和批判時，就會產生感受的感受，例如，生氣時（感受）告訴自己「我不應該生氣」，就會因為生氣而有羞愧感（感受的感受）。在一致性的關係中，我們可以擁有和接納所有感受而不加以評斷，並且用積極、好奇、開放的心情去處理它們，或選擇去表達這些感受，就不會再產生感受的感受，因此感受的感受在夫妻或伴侶的互動中，常是不一致和一致性最為關鍵的分野。

5. 產生哪些防衛？

第六位成員代表伴侶 B 的**防衛**，這是人們為了保護自己的求生存方式，用來處理前面所有的感受和認知。此時會啟動的防衛機制包括：當我們指責時，容易將自己的不滿和責任投射於他人身上；討好時，可能會否認問題的存在，也會否認自己；超理智時，則傾向忽視自己和對方的內在經驗；打岔時，就容易扭曲事實以逃避現實和自己。

這些防衛引發伴侶 B 在壓力下求生存的應對姿態，即自動化產生即時反應去因應伴侶 A 所說的話，為了保護自己而表現出不一致行為，使得兩個人因此無法進行直接和一致性對話。

6. 在給評論時，有哪些家庭規條？

第七位成員代表伴侶 B 在表達自己時的**家庭規條**，這些規條會限制伴侶 B 分享內在真實感受的幅度和深度。我們在原生家庭成長過程中所學到的許多規條，會影響我們對內在經驗做出評論和判斷，並左右我們如何表達出內在所經歷的真相。如果在原生家庭中伴侶 B 學到的是「絕對不應該與人發生衝突」，那麼此規條就可能強制伴侶 B 不應該毫無保留說出真心話，以免造成衝突使事態擴大。於是，對伴侶 B 來說，不表達真實感受而採取防衛姿態，很可能反而會是較好的作法。

7. 對伴侶 A 所做出的反應是什麼？

第八位成員代表伴侶 B 的**回應**，呈現伴侶 B 在體驗了前面的每個部分後，會對伴侶 A 所說的那句話產生何種反應，以及根據此反應會說出什麼話。

接下來即以相同步驟進入伴侶 A 的每個層次，這樣來來回回進行兩、三回合後，伴侶 A 和伴侶 B 就能經由這種慢動作的分解過程，看到自己內在所發生的複雜變化如何影響自己不能一致性地與伴侶互動，再經由這樣的覺察和理解，重新嘗試以一致性與伴侶開啟新的對話方式。

以上歷程常被用來讓夫妻或伴侶在對話中學習表達一致性，特別是如果他們過去已經習慣間接、隱晦、不一致的溝通，彼此會對事實資訊做出主觀解讀卻未與對方核對而造成互動障礙時，便可藉此工具使兩人的之間發展更清楚明朗的溝通，以減少誤解與衝突。

婷玉和祥銘在對話中，經常一言不合大吵起來，他們之間最常發生的狀況是兩人相互指責，一來一往停不下來。治療師請他們用慢動作來觀察自己如何溝通，並透過此過程使以後的對話可以更加順暢降低衝突。婷玉表示，當祥銘說：「妳是不是又胖了？」她即大發脾氣一發不可收拾，因為這句到她內在很多情緒。

治療師請婷玉先分享她所看到和聽到的，婷玉說：「他說我胖是在嫌棄我！」（已將聽到的內容賦予意義）治療師澄清，她聽到的只是祥銘說「妳是不是又胖了」，「嫌棄我」是她所賦予的意義。婷玉因為有「他嫌棄我」的解讀，以致感到生氣和很大的不安全感。她感受的感受是丟臉，防衛則是指責，對評論的規條則是「我不應該有這些情緒，如果我還說出來就顯得我太小心眼，這樣更丟臉、更糟糕！所以絕不能說！」接下來，婷玉的回應是生氣地指責祥銘：「你有什麼了不起？你就是嫌我又胖又醜！我沒人要！」當時祥銘看到婷玉憤怒的指責後立刻反擊她，認為她小題大作，兩人就吵了起來。

治療師請婷玉試著在聽到祥銘說這句話後，去覺察她內在所賦予的意義和產生的感受，但停下其他「感受的感受」、「防衛」、「規條」等，這樣就不會落入不一致的溝通循環產生自動化即時反應，而是在有感受時，可以不必防衛自己或

受到規條限制，直接向伴侶分享，進入一致性對話（Gomori, 2015）。

　　婷玉試著說出：「我聽到你說『妳是不是又胖了』，我的解讀是你喜歡苗條的年輕妹妹，嫌棄我又老又胖，所以我很沒安全感、很生氣，也很難過，因為我怕你會喜歡別人。」當祥銘聽到婷玉這麼說時，才知道為什麼婷玉這麼生氣，他解釋自己說這句話沒別的意思，只是想幫她買件外套當生日禮物，不知她的尺寸是否有變而隨口問的。他們嘗試好幾輪這個程序後，終於愈來愈能核對彼此的想法，並一致性地分享感受而逐漸減少彼此的爭執。

　　下面的鏡照，常是跟著互動要素之後所做的活動，很適合接下來做為核對彼此推論和解讀的工具。

鏡照

　　鏡照（Mirroring）又稱為賦予意義（Making Meaning）（Gomori, 2015）是薩提爾模式中溝通練習的工具之一，經常用在工作坊和婚姻家庭治療中，澄清兩個人在溝通中所出現的模糊訊息，以減少誤會、增進彼此的了解（Satir et al., 1989；Gomori, 2017）。人與人之間的互動瞬息萬變，有時還來不及意識到發生了什麼就已產生誤解，這在夫妻或伴侶間最常發生。許多來訪者常說：「不知道為什麼，自己只不過說幾句無關痛癢的話，對方就已氣得跳腳。」這就是我們俗話常說的「說者無心、聽者有意」。

　　在溝通時，人們常會照著自己的經驗、判斷、推測，來解讀對方說話或行為背後的意涵而未與對方核對。這種主觀的解讀，在與對方溝通時就會產生許多不必要的誤解而不自知，久而久之就會在當事人心中逐漸形成武斷的評價或負向觀點，造成對對方的強烈負面感受。例如，帶著「他一定是自私自利只顧自己」、「他一定是想騙我」等這類思維與

對方討論時，常會變成一方控訴、另一方防禦，或一方質問、另一方反擊的爭執場面，而無法澄清當下的真相。

所以當治療師發現伴侶間有任何尚未核對的評論或假設時，都可藉由「鏡照」來澄清他們彼此內在隱藏的想法，使說話者和聽話者可以針對所聽到和所說的本意，去核對雙方是否一致。薩提爾說：「這個練習的目的不在是否同意對方的意見，而是在澄清與了解；唯有經過澄清和了解，才會發生真實、有意義的對話。」（Satir et al., 1989, p.126）

作法

1. 兩人分別擔任說話者和核對者。
2. 兩人面對面，先由說話者說一段話。
3. 核對者聽完後，要將心中形成的所有解讀、猜測、推論，運用「你的意思是不是……？」的句型與說話者逐一核對。
4. 說話者用「是」、「不是」、「部分是」三個答案來回答，直到同意核對者的問題而回答了**三個「是」**才算結束。
5. 角色互換，重複同樣的過程。

案例

丈夫告訴妻子：「我這個週末不想去妳父母家。」妻子聽了很不高興，在治療中提出來，她認為丈夫跟她結婚後一直都看不起她的家庭也不想融入娘家。丈夫則提出他買禮物給岳父，又帶妻子的父母去看病等事例來反駁她的說法，但妻子仍不肯罷休，兩人就因此吵了起來。治療師立刻邀請他們進行鏡照以澄清彼此內在未核對的想法：

丈夫：我這個週末不想去妳父母家！

妻子：你的意思是不是你討厭我父母和我姊姊？

丈夫：不是！

妻子：你的意思是不是你不想看見他們？

丈夫：也不是。

妻子：你的意思是不是你想自己在家過週末？

丈夫：是**（第一個「是」）**。

妻子：你的意思是不是你不想跟他們一起吃飯？

丈夫：不是。

妻子：你的意思是不是去我們家不知要說什麼，會太累、太緊
　　　張了？

丈夫：是（丈夫笑了）。**（第二個「是」）**

妻子：你的意思是不是想跟我單獨過週末，不要有別人？

丈夫：是**（第三個「是」）**。

妻子：哈哈哈！原來如此！

在夫妻或伴侶治療中，這樣的程序有助伴侶們核對澄清彼此的推測和觀點，讓他們以不挑釁、不具威脅又有創意和輕鬆的方式，與對方核對資訊。這個歷程會讓雙方停下來釐清溝通誤解和隱藏的訊息，改以清楚、直接和明確的方式互動。尤其在發送與接收訊息的過程中，如果能降低彼此因成見和負面評價所造成的隔閡，同時提升彼此的自我價值感，將使得溝通更順暢而降低衝突。

天氣報告

「天氣報告」（Temperature Reading）是由薩提爾的哲學觀與教學理念發展而來的家族治療經典工具之一，後來應用在團體、夫妻伴侶、組織、學校等情境中亦有其重要功能。天氣報告的目的在於創造一個開放安全的氣氛，以具體步驟促進每位參與者的一致性溝通（Satir et al., 1989, 1991）。薩提爾使用天氣報告讓人們體驗內在和外在的情境脈絡，測量個人、兩人間、三人以上的團體成員之間關係的溫度，如同氣象學家觀測氣象般，將人們內心發生的變化具體地表明出來。

這個工具提供一個交換重要資訊的時空，使人們把注意力聚焦在當下和未來，使用語言描述自己內在的各種感受，以增進每個人之間的理

解和聯繫。在此過程中，大家一起經歷一個發現之旅，讓各種意見皆能在不帶批判、自由流露的氛圍中表達出來，使彼此的生命力更順暢地一起流動（Satir et al., 1989）。同時，讓開放系統保持更多開放，讓封閉系統得以打開，使溝通更深入、更寬廣、更加一致性，因而促進系統間與人際間彼此的連結與接納（Zahnd, 2006）。

　　進行「天氣報告」的時間約為十五分鐘至一小時，甚至更久，在治療情境或做為來訪者的家庭作業都很實用，家庭中有年幼的小朋友亦很適合參與，因此葛莫利常建議在家庭治療中邀請小朋友在家中主持天氣報告。剛開始學習可以逐項一步一步來，且給予參加者或伴侶夫妻足夠的時間，讓他們能將想說的話盡量表達。熟練之後，則可加上更多的彈性和自由，而不必呆板地照步驟進行。

步驟

　　「天氣報告」的內涵包括五個部分，如下列圖表和說明（Satir et al., 1989, 1991）：

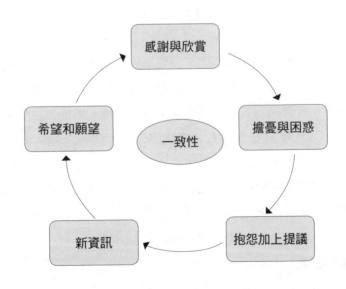

圖 4-6　天氣報告

1. 表達感謝與欣賞

每個人都希望被看到，也渴望被認可，但在我們的文化中，卻很少將欣賞感謝說出來。在家庭或婚姻中，將欣賞感謝告訴對方尤其重要，這會使得家人之間有更多正向能量的交流。然而，我們多半習於將對方所做的視為理所當然，或認為說出來太見外，而選擇不表達。久而久之伴侶可能會逐漸感覺自己在關係中的付出和貢獻似乎未被看見，因此產生許多失落與怨懟。所以鼓勵來訪者在親密關係中表達出對伴侶的欣賞和感謝，可以活化彼此的關係，增加情感的溫度，使雙方感覺到相互重視而提升彼此的自我價值感，之後要再表達其他的感受時，也較有力量聆聽。

2. 分享擔憂與困惑

所有的關係都存在擔憂和困惑，若未清楚表明，極易造成關係的緊張和壓力。許多人在親密關係中，不想因為說出這些憂慮會破壞氣氛，或為了避免造成對方的負擔而保持沉默，使得累積的情緒形成伴侶之間的屏障和隔閡。「天氣報告」形同提供雙方一張許可的通行證，讓這些不易表達的情緒得以直接分享出來。

3. 抱怨加上提議

抱怨是一種人性的共通反應，只要是人難免都有。在伴侶或夫妻關係中，因為雙方來自不同的家庭、文化背景、族群、教育背景，當兩人一起生活時，就會因為各種差異產生不悅或磨擦。若能為這些不滿提供一個情境，以直接且安全的方式表達出來，就能減少兩人間的負面觀感、促進彼此了解，並提升相互磨合的機會。所以抱怨時加上分享者的提議，將使得原有的抱怨變成正向改變的方向，讓聆聽者有機會去實現這些建議，亦使聆聽者知道分享者不是在指責，而是帶著照顧自己、照顧他人、也照顧此關係的善意在分享抱怨的心情。

4. 知會新資訊

在家庭中，某位成員有了新資訊，不論大小事，知會其他家人是一種尊重的表現，也透過這種分享將其他人包含進來。很多人並未在成長

過程中學到如何清楚直接地分享新動向，以為那是自己的事別人不需要知道，或發生的是小事根本不必說，以致在伴侶或婚姻關係中，未表明的新資訊常造成對方覺得被忽視和被排除，因而形成彼此的距離。

5. 表明願望與希望

「天氣報告」的最後一步是，如果有願望與希望就清楚表明，這樣可以正向的希望感來完成天氣報告的歷程。每個人對未來都可能有願景、希望和夢想，雖然不一定實現，但仍然可以表達出來。表明這些願望，會帶給人們成長的方向與目標；透過這些分享，可了解彼此的心願而感覺更靠近，同時也因此提供機會相互支持去實現這些願景。

應用：在關係中療傷

所有的關係中都免不了會發生傷害，特別是在親密關係中。

如果夫妻或伴侶承諾全心全意投入在親密關係中，他們的生活就會緊密重疊，這樣密切的接觸和相處除了會產生深刻的情感依附，還會讓彼此成為相互依存的生命伴侶。在這麼密切和親密的接觸中，不但磨擦可能隨時發生，有時候一個小動作或不經意的一句話，都有可能對伴侶造成傷害而不自知。

許多人都以為，一定是某些大事造成重大的影響，在伴侶心中產生不可磨滅的嚴重痛苦才叫傷害；然而在臨床實務上卻發現，傷害不分大小都可能影響彼此的關係。很多時候造成傷害的伴侶並非出於惡意，也非有想傷害對方的意圖，甚至有時是基於良善的動機，但卻發生使另一方感到受傷的結果。

當夫妻或伴侶碰到這種情況時，通常不知道該怎麼辦，最常見的處理方式就是吵架、逃避、彼此疏遠，不再靠近對方以免再度受傷。有些傷害不會因時間久遠而消退，反而慢慢發酵擴大，不但傷口不會癒合，它所引發的恐懼和憤怒會深藏心底，甚至啟動生存本能產生保護機制，無法控制地假設危險的存在，不斷激發攻擊的防衛反應，或與伴侶保持距離以策安全。這些情況會限制雙方在關係中投入更深的感情，形成一

堵自我防衛的牆，冷漠和疏離就此悄悄滑進彼此的關係裡。

　　親密關係中發生很大的傷害時，例如出軌、遺棄或暴力與虐待等，人們比較容易理解這會對另一方造成怎樣的巨大衝擊。但傷害也可能是一些生活瑣事的無心之過，慢慢累積情緒而成。例如，先生使用完馬桶未把座墊放下來，雖然對多數人來說這是件小事，這位先生從來也不知道這對伴侶有何意義，但是對感覺受傷的妻子來說，卻因此勾到她在過去生命歷史中曾有過的的性別歧視痛苦經驗，而產生生氣、不被尊重、被忽視的受傷感受。這些情緒就在日常生活中，因為先生這個小動作而重複出現；甚至因為長時間的情緒累積，她即認定先生是個自私自利的男人，像以往曾傷害過她的人一樣惡劣，而一直不斷感覺到受傷。

　　在婚姻伴侶治療中，如果來訪者分享在關係中感覺受傷的心情，此時無關乎誰對誰錯，治療師的任務不是做為評判是非的審判官，而是讓雙方一致性地分享這些經驗及其受傷的感受，讓彼此真摯地聆聽，共同療癒傷痛。

　　從前面的介紹可知，薩提爾模式的夫妻伴侶治療會使用天氣報告來深化彼此的一致性對話，使得家庭關係得到更多滋養、氣氛更和諧。治療師也可應用天氣報告來協助夫妻或伴侶進行療傷的對話，讓雙方能在安全的情境中，一步一步地共同面對傷害，使造成傷害的伴侶有機會真誠地道歉、尋求寬恕或和解；受傷的一方則能有機會在此對話中表達受傷的心情並釋放自己，走出怨恨和懲罰的牢籠。

　　這裡所提的寬恕與和解，不是宗教或道德上原諒對方行為去寬恕他，而是一種與自己和解、讓自己和對方心靈得到自由，不再傷害自己或彼此傷害；不再把自己陷於自憐、自恨、憤怒和委屈的黑洞裡；不再使自己困於懲罰對方、報復對方的愁城之中。換句話說，就是受傷者不再讓自己停留在受害者處境，而能在此過程中與對方一起撫平和療癒受傷的心。造成傷害的一方，則可藉此機會勇敢面對自己行為所造成的結果，為自己的行為或錯誤負起完全的責任，並帶著愛和關心陪伴受傷者復原。

在此，作者應用薩提爾的「天氣報告」進階版，來進行伴侶或夫妻間彼此療癒的神聖旅程，透過此歷程，使受傷者的感受和需要可以被聽到、被理解、被重視；而造成傷害的一方則可決定他是否要採取彌補或安慰的行動，來陪伴受傷者的療癒與關係的修復。

以下簡介將「天氣報告」應用在關係療傷的歷程（參見圖 4-7）：

原則

- 兩位伴侶都有意願深度分享受傷的感受，彼此療癒傷口。
- 兩位伴侶都願意停止爭論是非對錯。
- 兩位伴侶都願意學習一致性對話。
- 兩位伴侶都有共同努力使關係更好的目標。

作法

伴侶兩人面對面，眼睛相視，伴侶 A 以下列步驟分享自己內在感覺受傷的歷程，伴侶 B 則不帶評價和防衛、專注安靜地聆聽他；等伴侶 A 完全表達之後，伴侶 B 再接著做回應。

1. 表達欣賞與感謝

如同一般「天氣報告」的程序，夫妻或伴侶首先分享在此刻對彼此有哪些想要感謝或欣賞的事情、感受或經驗，可以是生活中的微小瑣事，例如：謝謝你睡覺時為我蓋棉被。也可以是較重大的事情，例如：感謝你在我父母生病時，花很多時間日夜在病床旁照顧他們。

句型：我欣賞（感謝）你……。

夫妻或伴侶也可在此步驟中分享對彼此感到珍惜、興奮、愉悅、喜愛和欣賞之處，治療師同時鼓勵他們表達過去的美好時光和回憶，目的是使兩人能接觸內在正向的感受和能量，增強情感連結，為接下來的步驟奠定良好基礎。

2. 分享受傷與痛苦

鼓勵伴侶 A 簡短分享一次受傷經驗，一致性和具體地說明事件的發生及其感受，而且愈坦誠愈好，焦點放在此事件對自己的影響，而不是控訴對方的過錯，所以分享時要專注在內在的經驗，尤其是他感覺到的

受傷和痛苦：

> **句型**：我在某事件中（簡單說明事件）感覺受傷、難過或失落，因為……。

這是一個深度分享脆弱、面對自己和對方真實自我的時刻，有時受傷者很難接觸這些深層感受，治療師則需運用自己的同理心和慈悲心深入伴侶 A 的底層感受，不帶評價地協助他去體驗並支持他勇敢表達出來。

3. 抱怨和提出需要

伴侶 A 分享此事件使他對伴侶 B 有不滿意或抱怨之處，並具體說明他的需要，以做為表達抱怨或不滿的建議，但也可以提出需要而無抱怨：

> **句型**：我抱怨當時你……。
>
> 我所需要的是……。

伴侶 A 具體描述想要伴侶 B 做的事，例如道歉或彌補的行動等，但伴侶 B 可能願意完成、也可能不答應，因此治療師要預先說明伴侶 B 同意與否都需要被尊重。

在此步驟中，受傷者不但要鼓起很大的勇氣坦白分享自己在該事件中想抱怨的事，還需要清楚、具體地表述自己想要從對方那兒得到的東西，讓傷害者能有機會彌補自己所造成的傷害，也讓受傷者看到對方因為重視自己和此關係願意做出的努力。可以說，這是雙方共同修復親密關係的裂痕、齊力合作療癒傷口的重要一步。

當受傷者表達出想從傷害者身上得到的東西時，不啻為傷害者提供一個再度走近受傷伴侶的珍貴機會，此時治療師要把握時機支持傷害者能一致性真心表明他的意願，且同意後就要切實執行；若他不同意也可以被尊重，但要盡可能清楚說明他不同意的真實原因。

4. 新資訊或新行動

如果伴侶 A 有其他新資訊是伴侶 B 不知道的，也可以在此時分享。例如：如果伴侶 B 願意採取這些彌補行動和承諾，伴侶 A 的未來會有何不同？他會因此對伴侶 B 有何不同的感受？伴侶 A 認為自己曾為此傷害

事件做了哪些伴侶 B 不知道的努力或行動？或伴侶 A 也願意為這個傷害承擔自己哪些責任等。這個步驟的重要意義為使伴侶雙方都能感覺到，他們正在齊心協力，一起為彼此的關係療癒在盡力修補。

5. 說出希望和願望

經過以上的療傷對話後，伴侶 A 對自己、對彼此的關係、對對方有何願景、祝福或展望，都可藉此機會直接表達出來。這個步驟可重燃兩人對關係的希望，重建關係的新方向，使雙方再度攜手走出過去的事件和創傷往前邁進。這種同心同行的向心力，會使他們更有力量和信心避免傷害並彼此和好。

句型：我希望我們的關係未來會愈來愈好，我們可以更多坦
　　　　誠的溝通。

在以上過程中，伴侶 B 能不防衛、不隔離自己去聆聽受傷者分享是很大的挑戰，治療師可鼓勵和支持他並與他同在，陪著他一起深呼吸，讓他能全心全意地聆聽受傷者的心情。

接下來可鼓勵伴侶 B 在聽見受傷者表達的感受之後，對著伴侶 A 具體清楚地承認這些感受，並接納和認可它們。也就是造成傷害的伴侶 B 需堅定勇敢地處在當下，體驗伴侶 A 所敘述的心情、承認自己的行為對他造成的影響，負起自己行為的責任，直到伴侶 A 真實經歷自己的受傷和痛苦被伴侶 B 聽見和重視，他才會有力量放開這些傷害。否則受傷者很容易會緊咬不放，藉各種訊號和不一致的行為，讓自己陷在反覆的抗議中去激發對方注意他的傷口，並不斷尋求他要的安慰。

當伴侶 B 專注聆聽完伴侶 A 的分享後，治療師即鼓勵伴侶 B 不帶評斷和防衛地回應伴侶 A，同時請伴侶 B 決定是否要去完成伴侶 A 所提議的彌補和修復關係的行動。如果伴侶 B 不願意做到伴侶 A 想要的彌補行動，亦可一致性地與伴侶 A 討論其原因及其他的可行性。

在這個分享過程中，需要兩人都有足夠的開放度、願意重視自己和對方的高自我價值感，才能腳踏實地去面對這些高壓力的挑戰。由於並不是所有來訪者都能在這幾方面具備足夠的準備度，因此治療師在此過

程中扮演舉足輕重的角色，以高度的一致性，在這種情緒高漲緊繃的時刻，平穩安定地支持兩位夫妻或伴侶，真實呈現個人內在的脆弱並彼此療癒傷痛。

　　在親密關係中犯錯是難免的，因為有時我們會處在自己的情緒和狀態中，忽略了伴侶的呼喚和需要，或有時陷在自己的憤怒和孤寂中，未能即時回應伴侶的痛苦。請記得世界上並無完美的情人，也沒有無瑕的愛情，每對夫妻或伴侶都是不斷在跌倒中相互扶持再站起來，也都在犯錯中修正自己再繼續勇敢地走下去。

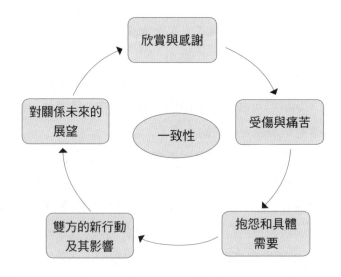

圖 4-7　在關係中應用天氣報告彼此療傷

編註 ────

1　Martin Buber，1878-1965，猶太裔的宗教哲學家，研究宗教有神論、人際關係和團體，著名作品為《我與汝》（*I and thou*）。

第 5 章

第二把金鑰匙：
親密關係與個人內在系統

「改變只能發生在當下，即在於當你可以獲得或給予一個新的和不同的見解時；或當你能接受一個新的資訊時，改變的過程就跟著發生了⋯⋯有新的作法就會有改變。雖然這不是件容易的事，卻值得我們慶賀！」

——薩提爾

每個生命中都有許多故事，每個故事中也都有許多生命。

薩提爾模式治療師聆聽故事，也聆聽歷程（Satir et al., 1991），他會由故事內容發現在此之下的來訪者生命歷程。因此在會談中，不會投注大量的時間精力，只探究故事發展的細節，而會由表層的點、線、面，深入來訪者底層未曾接觸或尚未表達的內涵，去探索兩位伴侶故事內容之下的內在經驗，及這些經驗對他們關係的影響。因此在婚姻伴侶治療中，薩提爾模式治療師會由故事的表象，進入兩人的內心世界，到「我是」的層次去認識他們是誰、在關係中有何渴望、想要怎樣的親密關係，讓他們不僅僅在外在情境上進行討論，而可以深入自我和渴望達到更深層的對話和連結。

薩提爾相信問題本身不是問題，我們如何應對才是問題。這些應對是在壓力下求生存的做法，也是內在自我價值的展現。因為個人內在系統造就人們對壓力的應對方式，當然也影響了伴侶間的人際互動系統（Satir et al., 1991），接下來它又如迴力棒般地轉回來，再度影響個人內在系統而不斷循環下去。這些來來往往的相互作用中，最根本且重要的根源則來自原生家庭的背景（參見第 6 章）。薩提爾模式的夫妻伴侶治療視個人系統和人際系統互為表裡、相互連動，同時又受到原生家庭系統的影響，這三個系統間相互產生密切關聯，也共同依存無法切割。

在上一章我們討論如何探索和轉化伴侶間的雙人互動系統，本章則進入夫妻或伴侶各自在關係中的內在世界，探索個人內在系統的每個層次如何產生變化，以及他們的個人經驗如何影響兩人間的溝通和互動歷程，這在薩提爾模式婚姻伴侶治療中，是重要而不可或缺的一環。高特曼（Gottman & Gottman, 2015）同樣認為婚姻伴侶治療要有成效，重點在了解伴侶各自的內在世界，知道彼此的基本需求、過去生命成長背景、未說出來的內心話，如果只著墨表層溝通，也許能增進說話技巧，但卻不一定能讓他們調整彼此的關係。

夫妻或伴侶想要改善彼此的互動、相互靠近和親密、解決兩人之間的衝突，讓雙方都能在親密關係中共同成長和滋養，先決條件就要能認

識自己和對方真實本然的面貌——要能知道我是誰、我有何感受、我怎麼想、我要什麼；並且也同樣知道對方是誰、他有何感受、他怎麼想、他要什麼。當一對伴侶能體驗自己和對方的生命、真實深入認識各自的內在世界，最後還願意選擇彼此陪伴、相依相愛，這大概就是人生最大的福氣了。

個人內在系統——冰山的隱喻

薩提爾視宇宙中的一切變化都井然有序，如四季更迭、日出月落，不論在地球哪個角落，我們都經驗大自然的時序與變化。同樣的，人的生命歷程也有其次序，每個人都是宇宙生命力的展現，所以每個人的發展和成長都依循相似的歷程，人性內在經驗也是全人類共通和普遍性的。薩提爾所發展的冰山隱喻，充分代表人世間每個人的內在世界，我們都經驗相似的冰山各個層次，也都會在冰山內有相似的歷程（Satir, 1988, Satir et al., 1991; Gomori & Adaskin, 2009）。

一個人的內在冰山如同一個交響樂團的演奏，許多樂器在其中產生各種旋律而組成樂章，各種樂音並非按固定順序出現，而是交互或同時演奏出動人美妙的音樂（Gomori, 2013, 2015）。當冰山每個層次像樂器一樣表現出不同的樂音時，相互間可以創造出和諧或不和諧的音樂篇章。在婚姻伴侶治療中，治療師不但要關注在他面前的兩座冰山，還要關注自己的冰山，在歷程中他需靈敏的聆聽到包括自己的三座冰山所激盪出來豐盛的音樂饗宴，以及內在和外在所產生複雜的互動和運作。

治療師運用他自己，潛入水底協助伴侶覺察他們的內在冰山，使他們能清楚認識自己和對方的內在世界，並深入體會自己的個人系統是如何影響兩人的關係系統、和如何影響對方的內在系統。在這樣體驗性覺察的基礎上，兩位伴侶跟隨治療師依循冰山的路徑進入彼此內在的隱密世界，嘗試去達到冰山每個層次在親密關係中的轉化（Satir et al., 1991）。這個心靈探險之旅如同柳暗花明又一村般地，讓夫妻或伴侶從

表層的難題進入深層的內在運作體系，在他們各自接觸了生命能量和豐富資源時，適合他們的答案即會自然而然地浮現出來。

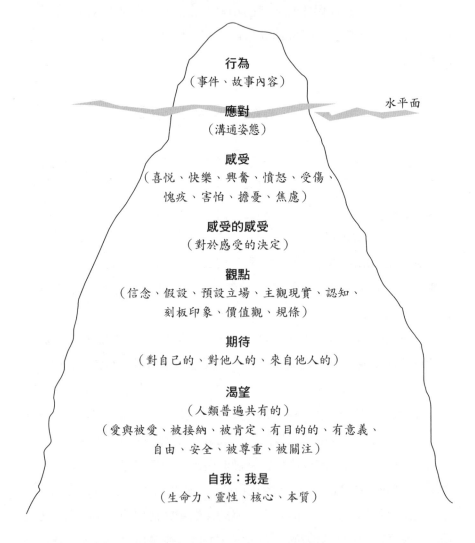

圖5-1　個人內在冰山的隱喻

個人內在冰山的內涵

冰山是薩提爾模式認識個人內在世界非常視覺化的隱喻，有助具體化和形象化去理解人的內在歷程如何運作（Satir et al., 1991; Gomori & Adaskin, 2009）。這是一個奇妙又有效的工具，可以做為理解自己和他人、自助和助人的藍圖。任何時候我們都可以運用冰山的架構來探索人類大部分的經驗，雖然這些經驗可能是由外在事件所引發，但其運作的歷程都會在個人內在系統發生，所以這是將人類內在經驗概念化的一個完善的體系。

在個人內在系統運作中，冰山內各層次間都相互作用產生系統性的變化，彼此連動無法分割，有時這些變化還會瞬間同時發生（Gomori & Adaskin, 2009）。冰山的各個層次代表內在世界的每個部份：自我與生命力、渴望、期待、觀點、感受、感受的感受、應對和外在行為（Satir et al., 1991; Banmen, 2002, 2008; Gomori & Adaskin, 2009）。在冰山水平面上的外在行為是我們眼睛可以看到、耳朵可以聽到的具體行為，水平面之下的其他層次，就是我們不易覺察的內在歷程。

自我與生命力

薩提爾認為人類的本質是一連串的相似性與差異性的統合，我們也都是宇宙相同生命力的一部分，這份能量驅使人們想要在身體、情感、靈性上變得更為完整和豐富。這種生命能量就是生命力，是一個人安身立命的基礎，也是一個人內在核心的本質。當一個人接觸了自己的生命力，即體驗了靈性層次上的「我是」、「我的臨在」、「我的存有」。

我們每個人來到這個世界上都源於這種普同的生命力，所以每個人在本質上都存在著與生俱來平等的價值。當一個人能全然處於當下，與自己同在，體會到自己是活著的，經驗到自己內在生命能量的豐富，不論自己有多少不足或限制都可以重視自己、以慈悲對待自己、並完全認可自己生命存在的價值時，即能深刻地與自我連結（Satir et al., 1991）。

薩提爾相信每個人都是宇宙間生命能量的展現，生命的存在本身就

具備無以衡量的價值。每個人都是奇蹟，因此每個人都是平等的、一樣珍貴和有其存在的神聖性，並不需藉著外在成就和表現來證明自己的價值。薩提爾強調人們有看、聽、觸、嚐、嗅各種知覺，當我們全心安住在當下和自己的身體連結，就能體驗到自我，且保持臨在與平衡。她相信每個人都是奇妙的生命體，其中有不可思議的韌力、學習、成長和轉化的潛能；我們比自己想像的還要更有力量，我們每個人即使帶著自己的不完美，都是夠好的了。我們只要充分的體驗自己，不帶批判全然地接納自我，自然而然地就參與了宇宙而來的生命力，連結最原始的生命能量，每個人獨特的自我就可以去彰顯其中的璀璨和珍貴。

然而可惜的是，在每個人成長過程中，我們很少學到去看自己生命的美麗，甚至不知生命已然非常美麗。因為我們的父母從小也從未看到自己內在的豐富和美好，在他們成為父母後，自然也無法教給子女他們所不會的。父母因為某些特定原因的有限性不可能實現子女每個期待，也無法滿足子女每個渴望，以至於子女成長過程中，誤以為父母未能關注和滿足自己需求的原因是「我不重要」、「我不夠好」、「我沒有價值」。事實上，每位父母都有不完美、做不好、做不到的時候，薩提爾的信念是相信多數的父母都已盡力，也用他們所知道最好的方式，來愛孩子和教育孩子。但大部分人並未意識到父母是人、有其與我們一樣共通的人性，而誤用父母的不足和限制，來定義自己存在的意義，並因此否定自己的價值。

每個人生存的價值向來就跟著我們生命力的存在而存在著，所以問題不在於人活著是不是有價值，而是我們要如何去展現它（Satir et al., 1991）。薩提爾認為一個人內在自我價值感的強度會決定外在行為、感受和溝通模式（Satir, 1988）。當我們處在低自我價值感時，就極有可能以破壞性的方式來對待自己和他人。當我們處在高自我價值感時，就會重視和認可自己，允許自己成為真實的自我，珍惜內在的力量和資源，並且以相同的方式來對待親近的家人和伴侶。

如果一個人可以如實的知曉自己真實面貌，體驗到其中所蘊含的生

命力，及其與宇宙萬物生命能量息息相關，即會因此尊重自己的生命，並帶著惻隱之心與慈悲心看待自己和其他生靈，感知到自己的生命能量與宇宙能量之間的連結，這是一種自我與靈性的體驗和高自我價值的展現。所以我們能尊重自己，才會去尊重他人；能愛自己時，也才有能力去愛他人；重視自己和愛自己時，就會發展出高自我價值感（Gomori, 2017）；也在高自我價值感的狀態中，才會因為重視自己，而一致性分享自己的內在。

渴望

渴望是人類普世皆同的內在深層需求，舉凡人類在成長過程中，都會想要在生命中獲得以下的養分：愛與被愛、被接納、被認可、生命的意義和目的、自由、自我實現、被尊重、被關注、和安全感等（Satir et al., 1991; Banmen, 2002, 2008; Gomori & Adaskin, 2009）。滿足這些渴望在人們年幼時是必要的生存條件，如果孩童在成長過程中，這些渴望未能得到照顧者的滿足，他可能很難存活，或他的自我發展即因此受到重大的扭曲或斲傷。

隨著年齡的增長，在每個人生階段，就會有不同程度或不同性質的渴望突顯出來，例如學齡前的幼童，需要父母在生活上的呵護與照顧，讓他可以在愛和安全中成長；但在青春期時，許多青少年就不再像小時候那麼需要父母隨侍在側地細膩叮嚀，而可能更渴望發展自主獨立和在同儕間得到認同。

在成年之後的親密關係中，夫妻或伴侶隨著關係階段的發展，可能會表現出其個人特定的渴望。但不可否認的，大部分人在親密關係中，都想要得到連結、安全感、被愛、被尊重、被認可和被接納。因此每位伴侶都容易因為這些人性基本的渴望是否得到滿足，來定義自己生存的價值，並決定自己與世界和他人關係的品質。

如果當年父母或其他照顧者，曾經充分實現了這些成長中的渴望，我們就會感覺自己是夠好的、重要的、有價值的，在成年之後，也會因

此具備足夠的安全感、愛人和愛自己的能力，並與伴侶產生深度安全的依附關係。但如果這些重要的渴望，在人生發展的過程中一直未能被充分滋養，所造成的內在匱乏就易使人在潛意識中下一個結論，而認定自己不夠好、不值得愛與被愛、或沒有價值（Satir, 1988; Satir et al., 1991; Loeschen, 1991）。於是在親密關係中，即不斷向伴侶索求，為了得到愛和肯定不自覺地想要控制對方；或相反地為了避免自己需求落空而受傷，則先與伴侶疏離以保護自己。薩提爾認為這些防衛之下，都是因為重要的渴望未能被滿足，以致於造成低自我價值感和「我是不夠好」的信念，在外的行為上則產生失功能的互動模式，進而直接、間接影響了親密關係（Loeschen, 1991）。

期待

當我們想要在關係中滿足內在渴望時，會衍生出想要他人做出某些具體行動和表現的願望，這些期待是我們想要他人滿足內在渴望的途徑。渴望通常是普世皆同的基本需求，期待則會因人、因情境、因事情、因關係而異（Gomori & Adaskin, 2009），例如，人普遍都渴望被愛，但如何感覺到被愛（渴望）即會因人而異，有的人希望他的伴侶看著他說出甜言蜜語（期待）；有的人則希望對方給自己一個踏實的擁抱（期待），因此每個人對愛的期待都不盡相同。

這些期待如果在親密關係中未能清楚的覺察、承認和處理，極容易造成渴望的落空，使得當事人在關係中感覺自己不重要、無存在感、沒有被對方重視，因而產生內心的失落、匱乏、憤怒和痛苦（Satir et al., 1991）。

人的期待很複雜，通常可歸類為三種：對他人、對自己，和來自他人的（Satir et al., 1991; Gomori & Adaskin, 2009）。每個人都懷抱這些不同的期待進入關係中，有些來自童年父母或其他重要他人的殷殷期盼，希望我們成為一個有用的好人不讓他們失望；有些來自社會化過程中，所學到文化和教育的規範；有的則是一個人從小發展而來，對父母

或主要照顧者未滿足的期待等，這些有形無形的期待，常常不知不覺內化成我們每個人對自己的期待，而深深的主宰了個人內在和外在的運作系統。大部分人在生活或關係中最深的痛苦，常常是來自對自己、對他人、或他人對自己的高期待無法達成，造成他對自己和關係的負面解讀，因而困在層層綑綁和心靈桎梏中，使內心產生巨大壓力和沉重的負擔。

然而人在關係中都會有期待，這是正常和無可避免的現象，也是人際歷程中的一部分。重要的是我們可以去覺察它們，並意識到這些期待如何影響自己、他人和彼此的關係。這些各種各樣的期待，如果當事人未能覺察並有所取捨時，通常會在親密關係中造成彼此重大壓力使人喘不過氣來，或使伴侶感覺自我價值受到壓制無法平等相處，最後則形成阻撓伴侶相互連結的重大障礙。因此在薩提爾模式婚姻伴侶治療中，兩位伴侶一起面對和處理彼此的期待極為重要（參見本章第 291 頁），這也是其他學派目前忽略和缺乏的部分。

觀點

觀點指的是一個人認知思考的活動和內涵，包含所有的信念、推論、評價、預設立場、刻板印象、價值觀、家庭規條、文化論述、主觀解讀等（Satir et al., 1991; Gomori & Adaskin, 2009）。這些觀點是來自過去和現在經驗的總合，在大腦中所產生的思維運作系統，包括對自己、對他人、對事情、對世界、對關係的想法與評論。

其中許多觀點可能都未經確認和驗證，因此在人與人之間的關係中，經常容易形成誤解，接著產生各種不愉快的情緒，例如，一位妻子看到先生買了一份精心的禮物送給婆婆，她就立即做出一個評斷：先生這麼做，一定是只把他母親放在心中最重要的地位，那麼我算什麼？當她抱持這樣的觀點未與先生確認時，很可能就在心中產生憤怒、失望、和受傷。

許多觀點也與我們對自己的看法緊密關聯，以致這些觀點會直接影

響自我價值感、外在溝通行為和內在所有感受（Satir et al., 1991）。薩提爾認為我們大多數時候，容易在還未具備足夠觀察、也未看清楚全貌之前太快下判斷，此時即容易因為有限的資訊，產生不切實際、扭曲的解讀而不自知，使自己和他人陷入困境之中。我們也會根據自己過去的主觀經驗，對他人外顯的表象或行為賦予意義，卻不見得符合現實，因而影響人我關係。所以她鼓勵人們增加多一些觀察，減少主觀的評價，並主動與他人核對不完整的訊息，才不會造成人際互動的障礙（Satir et al., 1989）。

有時觀點也會內化或隱藏著來自社會文化脈絡下所習得的信念和偏見，直接或間接影響一個人在伴侶關係中的期待和感受，例如，在東方社會中，很多人在成長過程中學到的性別角色內涵為：女性應該成為賢妻良母，且必須做到溫柔忍耐；男性應該陽剛堅強、喜怒不形於色才有男子氣概。如果夫妻或伴侶未能檢視這些來自文化社會的論述是否適合彼此，而強加在自己或對方身上，極易因為缺乏彈性而造成衝突。

感受

人活著就有感受，即使我們有時並未覺察到它們的存在，或有時會否認自己有感受。

薩提爾相信感受是屬於我們的，每個人都有感受，也能處理自己的感受；甚至感受可以成為重要的資源，用來幫助自己（Satir, 1988; Satir et al., 1991）。感受使我們真實體驗到自己的存在，感覺到自己是活著的，使生命可以充滿豐富色彩，否則人生就會黯淡無光、缺乏生氣。在親密關係中，當一個人能覺察感受，而與伴侶分享時，他們即可彼此靠近並體驗關係中的美麗風景。

人的感受有千百種，包括生氣、傷心、害怕、愉悅、快樂、幸福、羞愧、失望、無助、興奮、驚訝等。這些感受每個人都有，也是普世皆同的體驗。研究發現，每種感受都有其獨特且相似的面部表情，在不同的文化和族群中，都一樣可以被辨識。

感受是豐富的訊息寶藏，包含了神經生理、意義詮釋、內在渴望、自我意識、外在行為等許多面向交互作用的產物。感受發生時，我們會發現冰山中每個層次，出現各種各樣的訊息在交織運作。因此，藉由對感受的覺察，可以發現當事人的冰山在某個特定的情境中，內在系統的每個層次如何被外在的人事物所影響，他又如何產生進一步行動去應對。

透過感受所傳遞出的重要訊息，可以了解某事件對於個人的意義和重要性，進一步去探索底層的渴望，覺知自己價值感的高低，體驗自己的生命力。因此，藉由接觸感受、體驗感受，和探索感受，將能開啟一道認識和貼近自己、認識和貼近伴侶的大門，使兩人在親密關係中，接觸真實的自己，並與伴侶相知、相惜和相愛。

在夫妻伴侶會談中，治療師可以善用來訪者感受的線索，進入其內在世界，探索他們在關係中與感受相關聯的觀點、期待和深層願望，鼓勵他們在此過程中轉化內在系統，並選擇所要採取的外在行動。可惜的是，大部分的夫妻或伴侶，因為積怨已深又缺乏溝通管道，常常在治療中，不願承認自己的感受，更遑論與伴侶分享。有些來訪者從原生家庭或教育過程中，學到對感受抱持負面看法，認為一個人有情緒表示他是不成熟的、情緒管理不佳、是無能的、沒用的……。此時，他若覺知到自己有感受，即會因不喜歡它們而加以否認、在親密關係中則想盡辦法驅除感受、聚焦在解決問題的方法，而避免情緒外顯或與伴侶產生情感交流。

薩提爾使用隱喻來象徵感受對人性的意義：「感受如同人類的溫度計。」（Satir et al., 1991, p. 148），溫度計可以告訴我們體感的溫度，我們就知道接下來要穿著多少衣服。感受如同溫度計般呈現我們內在身心歷程中能量的高低，以決定下一步要如何做和做什麼。薩提爾又說：「感受是人類生命內在的汁液（juice）。」（Satir, 1976, p. 43），有了感受的汁液，會使生命得到滋養而多采多姿、生機盎然；若缺乏感受，我們在關係中，即如同枯萎的樹木失去生氣，變得乾涸和空洞。

對感受的感受

在薩提爾模式中，「對於感受的感受」是個人內在系統中極為獨特的部分，也是其他學派未曾指出的論點。當我們體驗到某種感受時，會根據過去所學到關於情緒的規條或評論，來決定是否可以接受或不接受它。如果我們對已產生的感受施加負面評斷而不願接受時，就會產生「感受的感受」（Satir et al., 1991; Gomori & Adaskin, 2009）。也就是說，在過去的家庭教育或文化論點中，不允許或不接受某類感受時，我們可能會因為這個特定感受的出現，賦予「這是不應該、不對的」的評論，因而產生了另一種感受。例如，一個人在成長中學到的家庭規條是「不應該生氣」，因此當他生氣時，就會因為這個規條的影響，認為生氣是不應該出現的感受而不接受它，因而產生對生氣（感受）的羞愧感，這個羞愧感即為「感受的感受」。

我們會有感受的感受源於內在系統中，尚未接納真實完整的自己，並以過去生命中的權威來決定自己的價值，評斷自己不夠好，所以不允許自己有人性化的感受，也不承認它們的存在。所以當自己有了特定的感受時，就自動化地去否認和壓制它們，這麼做也等於拒絕個人內在某些重要和寶貴的部分，而無法擁有完整的自我。

此外，有些人會因為害怕失去他人的愛或認可，而先否認自己的感受、或假裝這些感受不存在，卻因此引起更大的痛苦，例如，一位伴侶感覺到忌妒和受傷，他不想因此顯得脆弱失去伴侶的肯定，便否認自己這些情緒，藉此保護自己或雙方的關係。但卻因這些「不應該」存在的感受出現了，因否定自己反而產生其他更痛苦的感受：自恨、抑鬱、生氣等（感受的感受）。在這種情況中，當事人因為無法自如的接納或表達原先出現的感受，進一步產生其他更多無法掌握的、複雜的、和糾結的情緒，結果不但不能得到原先他想要的人際和諧，反而造成他在人際互動中更多的困難（Gomori & Adaskin , 2009）。

應對

應對是我們對外在人事物所做出的反應（reaction）或回應（response），上一章中已說明我們在壓力下，用來做為防衛或生存機制的自動化反應，稱為不一致應對姿態，即討好、指責、超理智和打岔，但如果我們對這些應對姿態可以產生覺察，也經過有意識的選擇做出一致性的表達，即為回應。

這些都是人們面對外在或內在壓力時所產生的因應方式，反映出每個人內在的歷程，和他如何看待自己和他人。如果在人際關係中，其內心存在的是不安全感或低自我價值感時，一遇到壓力或威脅，即容易產生立即性的自動化反應而表現出不一致溝通。在親密關係中這些不一致的應對，常常是被用來處理衝突的典型做法，也是夫妻或伴侶用來保護自己和求生存的機制，但卻因此造成他們之間無效和失功能的互動模式。薩提爾的溝通理論和應對姿態對親密關係的影響，請參閱第 4 章，在此不再重複。

行為、外在事件和故事

行為意指水平面以上，我們可以聽到、看到的具體外在表現。這些行為串連在一起即為可觀察到的外在事件，當各種事件編織在一起成為有系統的次序和脈絡時，即形成來訪者口中所敘說的故事。

來訪者來到治療中，都會帶來他們的生命故事，在敘說這些故事時就帶出他們現在生活中所面臨的難題。這些難題放在夫妻或伴侶關係的脈絡中，就會因為牽涉到另一個人而變得複雜化，若彼此之間因為想法、感受、期待和渴望的差異性造成岐見，就會在關係中產生極大的壓力。如果他們可以透過溝通順利解決，這些差異就不會造成困難，但若解決不了就會形成衝突。

來訪者絕大部分都在雙方的關係已產生無法處理的衝突時，才願意將難題帶進治療尋求第三者的協助。他們所說明的衝突事件，多半都只描述外在行為和故事內容，而且都主張自己的敘說才是正確版本。治療

師在初期與他們見面時，需要花一些時間聆聽他們敘說這些難題，以逐步確定他們在治療中想要達成的目標（參見第 3 章）。

這些造成夫妻或伴侶難題的外在壓力事件常見的有（Banmen, 2012）：

1. 工作壓力影響關係

- 雙薪家庭的夫妻或伴侶，兩人無法兼顧工作和家庭的雙重壓力。
- 工作時間過長，雙方很少有時間相聚、談話、放鬆，甚至睡眠時間都不夠。
- 因工作必須分隔兩地成為「候鳥夫妻」
- 工作壓力大影響身心健康和家事分工
- 失業或工作轉換
- 破產、工作的失敗或挫折

2. 三角關係

- 最普遍的就是婆媳問題
- 與姻親的相處
- 外遇
- 因朋友、子女、家人等的介入

3. 金錢

- 價值觀的不同
- 關於金錢的祕密
- 家用收支的平衡與公平
- 重大支出的衝突
- 負債、卡債或購物上癮

4. 其他常見議題

- 性
- 家事分工
- 子女教養觀點和做法分歧

- 生活習慣與規矩的不同
- 疾病或健康問題
- 其他

　　這些外在事件會造成關係中的壓力，使兩位伴侶內在產生許多複雜的情緒，如果他們平日未建立通暢的溝通管道，關係中也未有穩定的情感資本，很容易就會因為重大或多重的壓力事件造成關係緊繃，重複或長期的循環下來，逐漸消磨彼此間的愛和情感。許多伴侶都是在這樣巨大壓力下，感覺已無法靠自己的力量解決關係難題才來見治療師，此時去探索他們目前的外在壓力源、他們如何應對這些壓力、和他們冰山下每個層次的變化，即為婚姻伴侶治療至關重要的歷程。薩提爾模式的治療師不會將主要的治療焦點放在表象的事件或壓力源上，也不會將治療重心聚焦於消除壓力的解決方案（Gomori & Adaskin, 2009; Gomori, 2013），而會透過這些外在事件，深入下列所述之個人內在和人際互動的歷程。

由外在事件的「內容」進入內在冰山的「歷程」

　　薩提爾模式重視的是「歷程」而非「內容」，即薩提爾治療師會深入外在事件對當事人的影響為何、如何被處理的過程，而不是著重在水平面以上的故事細節或內容發展上。

　　故事內容提供我們一個脈絡，使我們對難題、來訪者、伴侶關係，及其背景更加熟悉和理解。但薩提爾強調「歷程」才是改變的管道，因為當一個人內在的能量有了流動，由失功能的模式移向較為開放、自由、彈性和健康的系統時，轉化就發生了（Satir et al., 1991）。

　　在婚姻伴侶治療中的兩位伴侶，帶來了兩座內在冰山值得我們帶著尊重之心去探索和理解他們的內在和人際歷程。來訪者很可能在來治療前，因為忙著處理外在事件和壓力所帶來的困擾，而沒有機會和空間去理解難題底下的自己和對方。水平面以上的事件和故事極易吸引治療師和伴侶們大部分的注意力，此時他們會將治療的焦點放在故事的情節上

——即「內容」的部分，想去弄清楚真相並且分辨孰是孰非。一旦治療的焦點放在複雜和糾結的內容上時，就有如走入許多祕徑的迷宮般，治療師與來訪者繞進去就很快迷失在重重交疊的困境中找不到出路。

薩提爾模式治療師避免這種情況發生的做法，是引導治療由故事內容進入冰山內的每個層次，去發現來訪者如何一起處理難題？難題如何影響兩個人的關係品質？各自內在冰山有何變化？兩人的冰山如何相互碰撞和影響？接下來各自的冰山又如何創造下一步雙人的互動？使他們開始覺察個人內在系統與伴侶互動系統之間，正在進行密切交互連動的作用，這使得他們有機會看到自己在伴侶關係中參與的部分和個人需承擔的責任。

從行為的層面來看，雙方各執一詞是公說公有理、婆說婆有理，各自對事件的陳述都有其特定的版本，也都希望拉攏治療師站在自己這邊。有些治療師為了早點消弭雙方的對立立場，即各打五十大板以示公平；有的治療師則照自己所認為的正確觀點來判斷對錯；有的治療師則支持較沉默或較劣勢一方，削弱另一方的氣勢以求得平衡；有些治療師則在雙方僵持不下時，努力找到問題的解決方案等，這些都是婚姻伴侶治療中，治療師與來訪者掉入難題的陷阱而忽略了內容下的歷程常見的現象。

薩提爾模式治療師會帶著夫妻或伴侶兩人一起潛入水平面下，去認識彼此內在的冰山，藉著這樣的探索，可將焦點由「**內容**」轉向「**歷程**」，並運用此歷程做為轉變伴侶關係的關鍵。薩提爾認為治療師們能像個「**深海的潛水人**」（deep sea divers）（Banmen, 2006）般地隨著來訪者進入他們的內心深處、他們各自的冰山，並提供一個珍貴的機會，使他們發現自己過往所未知的內在經驗，不但接觸自己、也接觸伴侶。這樣的治療歷程對兩位伴侶來說，會形成一種美好的心靈探險和豐盛的學習之旅。

值得注意的是冰山內每個層次並非獨立存在，彼此都會互相作用和影響，如同一個系統般運作，任何一個層次的改變都會影響其他所有層

次，反之亦然。當一個人內在發生轉化，代表他在冰山每個層次都產生持久性的改變，因此轉化的發生，通常指的不是表層行為的改變，而是內在生命力或「我是」層次的改變（Gomori, 2009）。薩提爾曾比喻，在治療中如果能讓一個人由功能不良所造成的能量阻塞，轉化為較開放、自由和健康的狀態，這種能量轉化的過程，即如同淨化河川的工程般，能使河流順暢流動，源源不絕通向大海（Satir, 1976；Satir et al., 1991）。

人際間兩座冰山之內和之間的移動

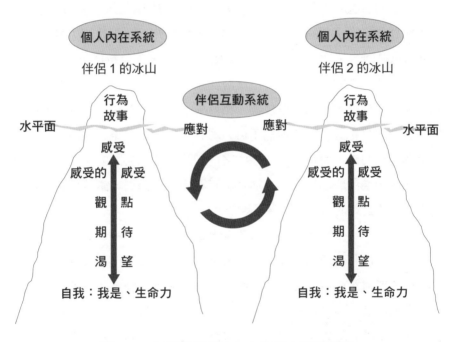

圖 5-2　人際間兩座冰山之內與之間的移動

在婚姻伴侶治療中，轉化的歷程較個人治療更加複雜和多元，且在兩座冰山之內和之間的系統裡，不斷交織進行著。治療師最困難的任務是同時在兩個人的冰山內展開工作，不只探索其中一個人的冰山，去看

外在事件下的感受、觀點、期待、渴望、自我每個層次，還要花同等時間和能量在另一位伴侶的冰山歷程中。治療師在兩座冰山之間和之內來來回回、進進出出，不是一件簡單容易的任務，有時難免顧此失彼，這種同步在兩人冰山之內和之間所有層面穿梭的能力無法一蹴即成，必須隨著時間、訓練和經驗的累積逐漸發展而來（Satir, 2008）。

從上面圖示可以看到，當夫妻或伴侶與治療師會面時，治療師看見的是夫妻或伴侶的兩座冰山。在這兩座冰山中，治療師從設立治療目標開始，就隨著治療的進程，一步一步帶領他們走向內心深處的底層，讓兩位伴侶可以透過這樣的探索去認識自己和對方真實的面貌，即到達「我是」的層次，並且在此歷程中發現自己和對方冰山的每個層面。很多伴侶都會驚嘆這個過程，讓他們重新了解彼此，而且覺知了過去相處時從未意識到的部分，使得他們可以跟自己也跟對方重新再談一次戀愛。

除了各自經驗自己冰山的每個層次外，治療師還會協助他們運用即席對話、歷程提問、反映等技術，相互表達感受、討論相同和相異的觀點、分享期待和渴望，讓他們不再只看到角色，而是重新認識自己和對方這個真實的人。這種在自己冰山之內和兩座冰山之間能量的流動，使兩位伴侶接觸深層的自我，打通互動和關係中的僵局，讓他們在生命力上相遇，並因此創造許多驚喜與親密。

一對結婚十年的夫妻明月與大雄，他們讀小一的兒子在學校被老師打了一巴掌後，回家大哭大鬧不想上學，兩人為此吵得不可開交。明月認為先生總是不關心兒子，發生了這麼大的事也不管，都得由她去學校處理與溝通，她因為必須獨自承擔安撫兒子和面對學校的壓力而震怒。大雄則認為，這種事很稀鬆平常，小孩子在學校偶爾被打沒什麼關係，就算去處理了，以後還是會遇到，所以不需大驚小怪。兩人為了彼此不同的態度和做法堅持己見、各不相讓，也為兒子的事相互攻擊，吵到要分手。

在治療師的協助下，他們一步一步瞭解自己和對方的冰

山。原來明月在十年的婚姻中，常常感到孤單和傷心（感受），但她從小被教育不可以生氣，一定得要順從夫家才是好女人（觀點），為了要得到先生和公婆的愛和重視（渴望）她就努力討好他們（應對）。但因為十年來大雄從未看到她的努力，也未稱讚她做得很好（期待），以致她感到更多的失落和受傷（感受）。其實她心中相信大雄是愛家、愛孩子的（觀點），但她很想被大雄看到、被他重視、也被他肯定，更重要的是她想要感覺大雄在乎他、愛她（渴望），而不是只把她當個做事的機器。明月內在深深感覺自己不是好母親，所以她覺得自己是不值得的、不夠好的、也是沒有價值的人（自我）。當孩子在學校出問題時，這種強烈的不被看到、不被重視的孤單和自我懷疑就被激發，隨之而來應對壓力的方式，是她對大雄的強烈指責（應對）。她想要大雄聽到她這些內心深處的孤單和委屈並支持她、說幾句安慰話（期待），但卻沒想到這麼用力指責的結果，大雄不但未能理解她，兩個人還吵得不可開交。

　　大雄被明月強烈譴責後，感到挫敗和被誤解，他很難過和委屈（感受），他清楚知道明月在這個家庭中受了這麼多苦、又這麼不快樂，但他卻無能為力。他常常在父母面前說明月的好，目的就是想要父母能更多接納她，對她態度更加友善，她才不會傷心委屈（期待），因為他很在乎她的感受也很愛她，他想要兩人的關係更加親密和幸福（渴望），而不是常常吵架。他很感激明月為他和父母所付出的一切，他看在眼中卻從未說出口，因為他總認為「愛不用說出口老婆都會明白」（觀點），所以常常理性分析父母情況，想要解決明月與父母之間的不合（超理智的應對）。孩子在學校的事，他還未清楚了解發生了什麼，下班回家就被明月劈頭臭罵，讓他感覺莫名其妙又非常生氣（感受），他慣常應對明月指責的做法，就是

說教和轉移話題（打岔和超理智的應對），沒想到這次不但不管用，還越吵越兇，衝動之下就回罵明月是歇斯底里的瘋女人（指責的應對），使她因此失去理性要離婚。他很後悔這麼做，認為自己不是好丈夫、也不是好爸爸（觀點），因而感到很自責和低自我價值感（自我）。內心深處，他很愛妻子和孩子，也希望擁有幸福快樂的家庭（渴望），所以他在聆聽明月的冰山之後，了解她的委屈、孤單，和為家庭的付出，他願意盡一切的力量來支持明月、維護婚姻，並一起幫助孩子。

當明月和大雄聆聽和理解彼此水平面下的內心世界後，發現兩人其實都想要解除長久以來的衝突，順暢溝通目前難題，讓家庭更幸福和協助兒子順利成長（治療目標）。治療師在探索冰山時，他們也看到各自對家庭、對彼此關係的願景；在冰山底層，他們都有相同渴望：想要更多交流和更親密、彼此理解和支持、渴望被重視和被愛。治療師鼓勵他們面對面，分享這些感受和渴望，當他們意識到彼此都在乎對方也仍然相愛時，就不想再爭吵下去和相互攻擊，而願意一起合作來處理孩子的事了。

以上這個探索冰山的歷程，在兩位伴侶之間重新建立了溝通管道，不但為他們打開了新的視野，也帶來新的覺察和理解。當他們將過去雙方未能核對、又說不清的訊息澄清，彼此分享了內心深處的感受和渴望，使兩人的真實自我重新連結之後，他們冰山的內在系統和人際系統的互動模式也就跟著轉化了。

探索和轉化個人內在系統

在上一章中，說明了夫妻或伴侶在親密關係中，常因外在的壓力而激發自動化的應對反應，使兩個人的互動呈現他們獨特的循環舞步，隱

藏在舞步底下的就是他們不為人知、又說不出口的內在歷程。本章將深入這些互動循環之下的冰山每個層次，來認識兩位伴侶在溝通過程中的內在運作系統，並且進行個人內在系統的探索與轉化。

由於來做治療的夫妻或伴侶經常卡在重覆的互動循環中無法好好溝通，底下埋藏的真實感受與渴求，不但無法說出來相互理解，還因此失去彼此間的情感連結。這時候兩個人都感到在此關係中缺少親密、沒有安全感、無法信任對方，因此很容易覺得失落、傷心和孤單。由於內在想要的渴望無法達成，他們就更難經驗到在此關係中，可以踏實自在的做自己。於是兩人之間的牆越來越厚、距離也越來越遠，內心深處即感覺自己可有可無、無關緊要，彷彿在對方眼中是個沒有意義和不重要的人，久而久之漸漸與自己內在生命力與價值感失去連結。在這種情況中，雙方會累積許多對伴侶的負面評價，加上彼此不斷落空的期待，使得內心的痛苦積怨就越來越深。

這些在親密關係中所發生的內在歷程，如果伴侶們能有機會去為自己探索和相互對話，就能提供一個絕佳的轉機，撥雲見日重新認識自己和對方，也重啟雙方溝通的橋樑。薩提爾的冰山隱喻即提供一個強力和完整的架構，指引清晰路徑逐步進入來訪者的內在世界，讓夫妻或伴侶不再把對方物化成「角色」，而是看到一位真實完整的個人。另一方面，藉這個認識彼此冰山的過程，可拆解投射在伴侶身上、自己所建構虛幻的理想伴侶的圖像，而能真實地看清楚對方是個怎樣的人。藉著這些冰山的內在對話，即能進一步發現具體改善自己與親密關係的方向，並達到兩位伴侶內在系統和關係系統的轉化。

探索冰山的另一個重要功能，是透過對自己和伴侶內在系統的理解，學會在日常生活中，即使沒有治療師的協助，也能自行運用冰山歷程來幫助自己。此外還能學會如何由伴侶表面行為，去理解其底下的內在世界，而避免對伴侶的外在行為產生自動化的立即反應，這樣即能在離開治療後自立自強、自助助人。

轉化個人內在系統過程

在薩提爾模式婚姻伴侶治療中，運用冰山的架構來協助夫妻或伴侶探索與轉化個人內在系統的過程很複雜，為了能化繁為簡讓讀者容易理解，在此簡單介紹轉化過程（Satir et al., 1991），下面的說明只是一些重點原則而非絕對的步驟。

1. 治療師引導兩位當事人去探索目前關係的困境，或某個壓力事件中的冰山各層次相關內涵。這個過程並非線性的、亦無一定的次序，因為當治療師跟隨他們的互動歷程時，就會在兩座冰山間上上下下、裡裡外外、來來回回地移動。

2. 當來訪者與治療師逐步發現他們冰山中某個或某幾個層次，是造成伴侶關係困境的重要關鍵時，治療師即可綜合自己的觀察評估、臨床經驗和專業判斷反映所知所見，讓夫妻或伴侶從治療師的反饋中有更多更深的覺察，這對治療的進展極具重要價值。

3. 來訪者發現這些影響伴侶關係的內在重要因素後，若願意選擇為自己或關係做改變，則可進行接下來的具體行動和承諾。但若他們選擇不改變也是可以的，薩提爾模式的治療師會尊重他們的選擇，並共同討論可能會有的後果和影響，以及他們各自要付出的代價，讓改變與否的主導權握在來訪者手中。

4. 在治療師的陪伴與支持下，來訪者轉化其冰山內功能不良或造成關係困境的部分時，內在某個層次的改變將帶動其他層次的改變；當一位伴侶的冰山發生變化時，隨之而起的是另一位伴侶的冰山也跟著轉變，這些轉化歷程可能會同步發生而沒有固定的次第或規則。

5. 由於兩位伴侶之間產生一場緊密互動的雙人舞，所以當其中一位的內在系統改變了，他外在的舞步也會跟著變化，並引動對方產生新的舞步，從而發展出他們之間連續產生的新雙人舞。治療師隨時都可以對他們之間奇妙的連動效應作出回饋，以促進他們更覺察自己內在冰山和溝通模式間的關聯性。

6. 在婚姻伴侶治療中極為重要和關鍵的一步，是探索個人冰山系統後再度進入雙人互動系統，讓夫妻或伴侶都學會不帶評價地進行冰山之間的對話，同時保有清晰的界限去尊重自己和對方的內在歷程，使彼此在獨立自我之間仍然能維持深度連結。

7. 欣賞、分享和慶祝夫妻或伴侶的改變和學習，以鞏固其進步與成長，絕對是薩提爾模式最後不可或缺的環節。

　　冰山是薩提爾對個人內在世界的隱喻，也是薩提爾模式在治療上最主要的核心工具。在探索和轉化的過程中，冰山一個層次有變化就會帶動其他層次的變化，其他層次之間也相互關聯、彼此回應而有所改變，這樣就產生內在系統與人際系統的轉化。一旦治療師為兩位伴侶建立了信任和安全的關係，這些轉化就會自然發生（Satir et al., 1991）。

　　下面我們運用冰山的架構，說明來訪者在伴侶關係脈絡中，如何發生探索和轉化的歷程，這些介入過程也可參酌應用在個別治療中。由於探索和轉化經常同步和連續發生（Gomori & Adaskin, 2009; Gomori, 2013），探索同時就可以轉化，二者之間沒有截然分野，所以接下來的討論也將二者放在一起說明。

開啟一致性對話

　　行為是應對的外在表現，應對則是內在自我價值的展現。在上一章已經提到，壓力下的不一致應對姿態有討好、指責、超理智、打岔。薩提爾模式婚姻伴侶治療的目標之一，即為促進兩位伴侶不只覺察到關係中的不一致應對姿態，還可以學習發展一致性溝通（Satir et al., 1991; Gomori & Adaskin, 2009）。其中基本的是對自己一致，接下來才有可能選擇在親密關係中與伴侶達到一致性（參見第4章）。所謂對自己一致，指的是知道自己是誰、重視自己是一個獨立完整的個體、允許自己覺察內在感受，並真實的去經驗和承認它們。如果在親密關係中，兩位伴侶都想要彼此更靠近、更了解、更親密，就可以選擇直接真實地分享自己，這意味著兩人在親密關係中擁有選擇對伴侶一致性的自由。由不

一致的應對調整到一致性溝通的過程，在上一章已詳細說明，在此不再
贅述。

為個人的感受負責

感受是屬於我們的，我們是感受的主人，它們並無對錯好壞，甚至
可以成為資源，傳遞出重要訊息，讓我們能更加認識自己和伴侶。

感受蘊含豐沛的生命能量，使人產生一種充滿動能、我是活著的存
在意識，因此，經驗感受可使人通向心靈內在自我的核心，體會生命力
的源泉，並成為我們與伴侶靈魂深處深深契合的橋樑。

薩提爾鼓勵人們覺察、承認、擁有和表達感受，而不是拒絕和否定
它們，即如實知悉和體驗感受的發生，並且不帶批判評價地去接納。她
相信每個人都可以在當下去接觸自己所擁有的感受、處理它們、為它們
做出合宜的選擇，同時也為自己的感受負責，這樣我們就能成為一個完
整的人（Satir et al., 1991）。

在婚姻伴侶治療中，多數來訪者都不願意深入體會自己和伴侶的感
受，並且會將自己情緒的責任歸咎於另一方。而薩提爾模式非常重要的
治療過程就是治療師讓兩位伴侶都去經驗自己的感受，相互聆聽和認可
這些感受。藉著治療師和伴侶個別的對話、伴侶彼此間語言及非語言的
表達，療癒就在雙方用心專注地彼此聆聽和理解中發生了。當夫妻或伴
侶願意這樣做時，感受就不會是可怕的毒蛇猛獸，反而因為他們勇於冒
險、真實面對自己和對方的內在經驗，而能將情緒的能量化為關係連結
的力量。

其他學派也有相似的論點，例如正念認知治療學者（Stahl &
Goldstein, 2010）認為，只要對身體的覺知和當下的感受不帶批判的去
覺察，這種內在的調和和共鳴會使人感覺堅強和安全，從內心產生對自
己和他人的接納、同理與智慧，從而在關係中打開了與他人的調和和共
鳴，使人我關係得以進入和諧。

情緒取向婚姻治療則著重在協助夫妻或伴侶拓展對自己情緒經驗的

覺察和了解，重整並賦予新的意義，讓這些情緒經驗在伴侶之間被接觸、被表達和被理解。在治療中的對話與互動中，重新修正對情緒經驗的新體認，以改變當事人對自己和伴侶的看法，接下來即能建設性調整他們之間的互動模式（Johnson, 2004）。

薩提爾模式是一個經驗性的治療模式，來訪者可以充分去體驗自己的感受，聆聽所有感受帶來的重要訊息。此時感受會影響冰山其他每個層次，同時每個層次也都會影響感受。感受在當下這一刻升起，可能與某個事件有關，當這些感受流淌時，被當事人意識到了，下一刻它們可能就離開、消失而不再逗留，所以不必抗拒或壓抑它們。

每個人在每時每刻都有各種感受，當它們浮現時，只需要覺察他們的存在，並負責任的選擇去表達或不表達它們，這樣就能在兩人關係中，獲得感受帶來的奇妙豐富的禮物。相反的，如果去壓抑它們時，人會逐漸感覺麻木、冷漠、沉重、空洞、虛無、抑鬱和焦慮，甚至造成身體的病痛和症狀（Satir, 1988; Satir et al., 1991; Loeschen, 1991）。

感受常常提供當事人重要的線索，通往心靈的最深處，治療師讓當事人在此時此刻透過體驗感受得以接觸自己的內在核心，感知自己在親密關係中的狀態。夫妻或伴侶在關係中產生問題，常常是因為他們使用僵化和侷限的方式去處理感受，使彼此的覺察力降低，甚至與這些珍貴的情緒寶藏隔離。雙方於是處在重複循環且功能不良的互動中，越來越失去彈性和變通，因此卡在僵局中無法脫身，使痛苦逐漸加深無法解套。

薩提爾鼓勵我們發展感受情緒的能力，這樣就能得到一種紓解、自由、和正能量，在親密關係中才能增進對他人感同身受的能力，並因此與所愛的人在情感上深刻連結，這是一個情緒健康的人極為重要的條件（Loeschen, 1991）。她協助人們接觸自己的感受時，常常直接詢問他們感受如何，因她相信我們可以藉著增加對感受的覺察來學習接觸感受。此外，薩提爾模式治療師在探索伴侶各自的感受時，會鼓勵他們共同創造異於之前的一種新的、一致性的、較有彈性的應對方式去處理感受，並進一步了解自己和對方冰山內的期待和渴望，從這裡拓展對這些情緒

經驗新的觀點和意義。薩提爾模式治療師處理感受有下列幾個重要任務：

1. 引導伴侶雙方都能在治療的當下，安全地體驗各自的感受。
2. 理解、接納並尊重兩位伴侶各自獨特的感受，即使他們的感受不相同。
3. 深入探索這些感受及其相關的、其他冰山的層次。
4. 運用「歷程式提問」來促進內在系統和外在互動的轉化。

以上的任務是薩提爾模式治療師在婚姻伴侶治療中，需要與兩位來訪者協力合作完成。他們在治療師的陪伴下，藉著治療師的「同理」、「反映」、「肯定」、「歷程式提問」等技術，可以親身體驗自己和伴侶的感受，重整了混亂又理不清的情緒經驗，並因此增進和拓展彼此的理解和接納。

夫妻或伴侶們在治療中能充分藉著治療師所創造出來的安全空間，去經驗自己感受的全光譜，同時覺察、擁有、承認、接納、和一致性地去分享這些感受時，即可因此建立彼此心靈深刻的連結。然而，有些情緒經驗可能對來訪者來說是艱難和陌生的，這會使他們想逃避或防衛，此時治療師則需帶著更多的涵容和接納，來促進當事人擴展對感受更多的關注力、承受力和覺察力。下面即簡介薩提爾模式中，治療師陪伴來訪者經驗並處理感受的過程（Satir et al., 1991; McLendon, 1992），這些階段可能會緩緩前進，但也可能在瞬間同步發生。

覺察

對許多人來說，因為從小學到的是對感受的負面評價，認為有情緒是不理性和不應該的，所以會拒絕承認自己有感受，也不想去覺察它們的存在。這樣長期與感受隔離後，就很難再跟自己的感受做朋友了。雖然這是困難的起步，但不表示來訪者是拒絕去探索的，治療師需要帶著極為敏銳的觀察和他自己人性的部分，去感同身受來訪者可能會有的情感，並引導他們去體會各種不同的感受，包括**身體知覺、明顯或表層的**

感受、以及深層和脆弱的感受。

我們在成長過程中，很少有機會可以由父母那裡學到去感知自己的身體感受，因為我們的父母也是這樣成長的。大多數人從小所學到的常是忽略自己的感受、不去關注它們，尤其會否認自己感官的知覺，認為它們都是不重要的。然而，這些**身體知覺**都是我們與生俱來的珍貴資源，也是每個人生命力對外的窗口，我們需要覺察它們、珍視它們、並且創造性的去運用它們（Satir et al., 1991）。

其實我們的身體對各種刺激都會有回應，並且形成一系列身體、感受和理智訊息的循環。這個循環開始於皮膚的數萬個毛細孔，產生接收與發送的功能外，我們身體的各個知覺器官：眼、鼻、耳、口、皮膚、內臟、肢體、每個器官，都同樣不斷地在接收各方面來的訊息。這些感官是生理、情緒和理智的接收站，使神經系統得以運作，亦使頭腦可以做出意義的解釋（Satir et al., 1991）。因此身體知覺會做為前導，不斷向我們傳遞出重要訊息，提供身體與心靈溝通的管道，也讓我們意識到自我與內外在刺激之間的關聯，例如，疼痛、肌肉緊縮、流汗、臉紅、心跳加速、熱、冷等知覺。

薩提爾經常不斷地探索來訪者的感受，除了運用語言詢問外，還使用身體有關的字眼以增加他們的覺察。語言尚且有可能使人誤判，但身體知覺是人類共通的真實感受不會有錯誤（Satir, 1979, 1983; Loeschen, 1991, 1998, 2002）。

薩提爾治療師可詢問下列例句來探索來訪者的身體感受以促進其覺察：

- 你的身體現在有何感覺？
- 你在此刻心跳加速的感覺怎麼樣？
- 進入內在，告訴我你現在肌肉緊縮是什麼感受？
- 在身體什麼部分你現在有這些感受？
- 你的身體現在有任何緊縮嗎？
- 妳現在說出肩膀疼痛時，是什麼樣的感受？

- 當身體感覺到僵硬時，你體會到什麼情緒？
- 當你說害怕時，在身體哪個部分會感覺到？

　　薩提爾不但常鼓勵來訪者去感知身體反應且將之表達出來，有時還會請他們閉上眼睛、深呼吸，更深入去體驗身體感官所要傳達的訊息。

　　有些人覺察身體知覺比覺察內在感受要更容易些，有些人則剛好相反。治療師都可以鼓勵伴侶們帶著好奇和友善，將注意力放在身體的覺知上，進一步透過這些身體線索與內在情緒經驗連結並分享出來。例如，一位先生下班後回到家裡，看到太太正對青春期女兒吼叫時，他下意識趕忙想找個地方躲起來，就逃到書房中，此時他豎起耳朵聽門外的聲音，只要一聽到太太腳步聲靠近，他就心跳加速、額頭出汗、臉上發熱。這位先生可以清楚描述身體知覺的變化，卻無法告訴妻子和治療師他內心的感受，但在分享了這些身體知覺後，他就意識到自己有多緊張和害怕──會捲進妻女戰爭中被妻子的怒火波及！

　　人們要與伴侶親近和連結，並體驗真實情感，都需要讓自己的身體知覺、內在感受和頭腦思想整合在一起。大部分的人受到文明和教育的洗禮，過度仰賴思考和理智來與伴侶互動，往往無法與對方感覺親密靠近。然而當一個人能開放自己身體的覺知，就能打開一扇門，較快地接觸自己內在的情感經驗。所以薩提爾常常引導人們去覺察身體的覺知，並藉此體驗當下的感受，在這樣的基礎上，人們即可開啟與自己和對方的心靈對話。

　　夫妻或伴侶來做治療時，較容易先說明他們不斷重複感覺到的一些**明顯或表層的感受**，例如生氣、不舒服、難受、煩躁、討厭、委屈等，這些通常是他們容易體會和表達，但卻是較籠統和表象的情緒。此時治療師不需轉移他們的注意力或說服他們不要有這些感受，而是運用「同理」和「反映」更具體和精細地去分辨和標示這些感受為何，使當事人能更深刻、更具體、真實地體驗它們。

　　當這些明顯和表層的感受，在安全信任的治療氛圍中，可以被表達

和探索時，夫妻或伴侶就更有機會和意願進一步開放自己，接觸內在隱藏和深層的感受；這些底層深埋的、具有重要意義卻不易發掘的情緒，即為**深層的脆弱感受**（Satir et al., 1991; Loeschen, 1991, 1998, 2002）。

在婚姻家庭治療時，家庭成員所顯現的強烈憤怒，往往使他們無法好好溝通，而會表現出自動化的即時反應——最常見的就是攻擊和指責——這時治療師可以探索憤怒底下所隱藏不為人知的情緒，即其**深層的脆弱感受**（Satir, 1983; Satir et al., 1991; Loeschen, 1991, 1998, 2002）。薩提爾認為憤怒通常是人們隱藏受傷或害怕而有的情緒，在家庭關係中，所有的防衛常由憤怒來表現，以致人們不去表明心中真正深入的感受而只看到憤怒。但這些憤怒無法使人親密和靠近，反而使人們因為害怕自己和對方的憤怒情緒而遠離彼此。親密需要建立在人與人之間的連結上，這種連結在受傷和脆弱的感受可以表現出來時才會發生（Satir and Baldwin, 1983）。

對多數夫妻或伴侶來說，表達憤怒的情緒似乎比較容易，但要分享憤怒底下較為柔軟和脆弱的其他感受，常常就需要在安全和信任的治療氛圍中才可能發生了。許多人甚至不知道憤怒底下還有其他感受的存在，因此有賴治療師細膩敏銳的同理，引導夫妻或伴侶撥雲見日，去發現連他們自己都無法意識到的深層感受。例如，妻子不斷抱怨先生晚上不回家晚餐，在治療中她表達很多失望和氣憤而且越說越火大，但其實她內心深處體會到的是她很難承受的深刻孤單。這種孤單使她頓時就聯想到小時候當鑰匙兒，一個人被丟在家中的害怕和無助，當她意識到這些重要且關鍵的感受，並且在先生面前分享、她的先生也願意聆聽她時，瞬間她就鬆了一口氣，感覺到深深地被理解了。

如果婚姻伴侶治療未能走到這一步，而僅停留在表層的感受，就會發現他們之間許多情緒不斷出現和重複被訴說，且像滾雪球般越滾越大，或是剪不斷理更亂。那是因為隱藏在底下深層的感受，未被承認和被表達，他們就會覺得沒有真正被看到和被理解。治療師此時就需要進入這些重複播放的訊息底層，去探索引發諸多表層情緒的深層能量和脆

弱感受。當伴侶們在治療中，能覺察到這些他自己和伴侶都不熟悉，但卻關鍵的深層感受時，就能與自己內在自我和解，也較容易與他的伴侶靠近了。

若治療師以專家姿態來對待來訪者的感受，採取認知理解和線性思考做分析時，則往往無法協助來訪者在感受層次產生覺察和轉化。薩提爾的治療師需要處在自己的一致性中，運用他所有的感官知覺，透過「歷程式提問」（第 285 頁）、「雕塑」、「冥想」、「即席對話」等介入方法，使來訪者深入覺察這些感受的存在。此外，值得注意的是，在探索過程中需兼顧伴侶雙方的情緒經驗，和接納兩人對表達同一事件的感受可能存在的差異性。

感受或情緒往往不會單獨存在，它們與我們內在冰山其他部分息息相關、緊密連動。例如，當伴侶未達到我們某些期待使我們想要的東西得不到滿足時（期待），就會感到生氣或挫敗（感受）；當一個人內在是低自我價值感時（自我），認為不會有人重視他（觀點），他就會在關係中常常悶悶不樂（感受），這時他的情緒就會依賴伴侶對他的態度而跟著高低起伏。此時薩提爾冰山的架構可以成為治療師探索情緒經驗最有效用的地圖，跟隨當事人分享的情緒經驗，由感受進入冰山其他相關聯的層次，拓展他們對感受更寬更廣的覺察，並透過冰山的途徑找到照顧自己、為自己感受負責的有效做法（Satir et al., 1991; Loeschen, 1991, 1998, 2002）。

承認

以上提到所有的感受都是我們在關係中無可避免的重要經驗，無論是愉快或不愉快的情緒，當我們有了覺察，就可以去辨識它們，找到適合的語詞將這些感受標明出來，例如，所標明的感受是「害怕」、「受傷」、「失望」等字眼。

這個命名的過程可讓來訪者正式承認這些感受的存在，使他們在經驗感受時，因為能用語言命名並標示它們，即能因此整合左右腦，以促

進理解自己的感受和所處的關係情境。很多人並不習慣這麼做，認為有情緒或感受時，不去理它就會重歸平靜，但在親密關係中，為情緒或感受命名，是伴侶間彼此了解和自我調節的重要一步。

　　治療師在夫妻或伴侶覺察到感受時，引導他們跟隨著感受，專注在身體知覺上，鼓勵他們為身體所產生的能量和知覺命名，如「發熱」、「心跳加速」、「身體在發抖」、「音量提高」等，再由這些身體知覺，進一步標示出內在經驗到的情緒，例如「生氣」、「焦慮」、「擔心」等。這些做法能讓來訪者清楚意識到自己身體和內心的感受，而能具體清楚的承認它們、擁有它們。

　　為感受命名的方式還可擴展至隱喻、影像、象徵、符號或過去的回憶等，如「這個恐懼好像海浪一波一波打上來」、「我們現在的關係好像在溜滑板車隨時會摔倒」、「我的緊張很強烈像原子彈快爆破了」、「我那時好像小時候被老師當眾罰站那麼羞愧」。當來訪者能用一些意象或隱喻形容感受、標明這些情緒經驗時，即能在當下承認和擁有自己的感受，使伴侶理解同理他，同時也因為伴侶和治療師聆聽和見證了他的感受，會使他覺得在此時此刻他這個人「我是」的存在被認可了。

　　有時夫妻或伴侶無法用語言清楚標明感受，但治療師由他們的肢體或語言觀察到一些情緒時，即可運用同理和反映的技術將他們內在的經驗用治療師的語言表達出來。這時即使這些內在感受不是由他們自己的口中說出來，但只要伴侶雙方能彼此充分聽見，對他們來說都是很珍貴的經驗，也是彼此心靈靠近的絕佳機會。在同理和反映這些感受時，治療師需要用靈敏的心、全神貫注地去感同身受，同時去發現他們未表達的訊息，用語言清晰地轉譯出來。這是一個治療師與來訪者之間、亦是伴侶與伴侶之間，在感受上同頻和共鳴的狀態（Siegel, 2007），這種同頻和共鳴也是夫妻或伴侶在自我的層次和親密關係中得到療癒的重要契機。

接納

當夫妻或伴侶能覺察和承認自己的感受時，接下來就可以鼓勵他們接納自己和對方的感受了。接納感受意味著在心中給這些情緒的存在留一個空間，不去批判或否定它們，只是如實知悉、順其自然，並接受它們在當下原原本本的存在（Satir et al., 1991）。

許多伴侶間會產生矛盾或壓力，常來自他們不能接納在關係中發生的感受，也不容許對方與自己相處時會有不舒服的情緒。他們認為，如果對方有不愉快的感受，就代表我是不行的、不好的、差勁的伴侶。會有這樣的想法，是因為他們對這些感受有負面評價，不允許自己和伴侶有感受，認為「不愉快的感受是不好的、不成熟的」、「不應該難過」、「不應該生氣」、「有不舒服的情緒表示我們關係不好」等。

這種對待自己和對方感受的態度，都源於過去在原生家庭或受教育的過程中所學到的負面評價，導致這些不愉快的情緒，例如生氣、憤怒、害怕、恐懼、受傷、失望等不被接受。於是當我們在關係中經驗到它們時，就會發現自己有批判、壓抑、逃避、否認它們的傾向，因而產生其他更多不愉快的感受，甚至認為這些感受的出現顯得我們是弱者或失敗者而感到羞恥，這就是薩提爾所說的「**感受的感受**」（Satir et al., 1991; Gomori & Adaskin, 2009）。

夫妻或伴侶間彼此的感受，若是未能被自己或對方適當的接納，就會反覆出現並像滾雪球般越滾越大，然後蓄積更大的情緒能量，在身體裡或關係中化為巨大的壓力，造成個人生理症狀或關係緊張，使親密關係更加糾結和困頓。所以在婚姻伴侶治療中，治療師在引導夫妻或伴侶探索自己和對方的感受並承認之後，即可鼓勵他們不加批判地彼此接受這些感受，藉此使伴侶們有機會在親密關係中，體驗到自己的重要性。

在這個過程中，由於兩位來訪者所呈現的情緒張力通常都非常強大，如果治療師自己未能有內在高度的穩定和一致性，就無法做到接納和涵容他們所表露的情緒。所以治療師首先要能面對自己所有的感受，經驗自己深層的痛苦，接觸內心底層的脆弱之後，才能淬鍊出對自己的

珍愛、自覺和慈悲的力量。這時，他會允許自己內在各種複雜的感受可以自由流動，願意打開心靈之眼去覺察這些不斷變化的生命之流，並且為自己內在經驗找到平衡和安寧。當治療師示範出這種對感受和情緒全然接納的態度時，來訪者即能在信任和安全的能量中，全然地經驗自己和伴侶內心深處人性的脆弱，並且彼此接納這些靈魂底層的情感經驗，自然而然一股深層的力量會油然升起，使他們勇敢地冒險走進親密關係奧祕的殿堂。

分享與對話

以上所提到探索和轉化感受的覺察、承認和接納，如果能在治療中完成，代表的是一個人**對自己的一致性**（Satir et al., 1991; Gomori & Adaskin, 2009），即真實地去體驗自己的感受，並且承認它們、擁有它們，而不會欺瞞自己、愚弄自己。這在親密關係中，是伴侶彼此靠近極為重要的基礎，因為只有當一個人能真實體驗自己、面對自己時，才能讓他的伴侶有機會認識他、與真實的他連結。

接下來夫妻或伴侶要面對的選擇，是他是否要跟自己的伴侶表達出內在經歷的感受，讓伴侶理解真實的他，這就是薩提爾所說的**一致性**（參見第 4 章）。與伴侶的一致性對話需奠基在對自己的一致性上，即真實覺察自己的內在並選擇以負責任的方式與伴侶分享自己而沒有即時反應。這是一個由個人內在系統前進到人際系統的重要轉折，例如，美英覺得她的先生常常不聽她說話而感到生氣，為了能有效的溝通，首先她要先能覺察、承認、接受、坦白自己的生氣，並以負責任且一致性的方式分享自己的感受：「我覺得生氣，因為當我跟你說話時你只滑手機沒有反應。」再進一步去表達隱藏在生氣下的深層感受是受傷：「我因為得不到你的回應覺得受傷，因為我會以為你不在乎我。」如果美英因為足夠的信任和安全而能更深入去看見自己深層感受中與童年成長經驗有關的脆弱時，即可進一步分享：「當我看見你背對我不想跟我說話時，我認為你不愛我，讓我很害怕和孤單，勾起小時候父母不理我還甩

掉我的痛苦。」這時候治療師若判斷此刻是難得的好機會,可鼓勵美英清楚的告訴先生她的內在需要:「我很需要你能看著我、聽我說話,讓我覺得你是在乎我的,我需要感覺你愛我。你可以現在放下手機給我十分鐘嗎?」如果她的先生在乎這個關係,此刻聽到她的心聲而未感覺被她指責,就會願意聆聽她並且用愛來回應她。

一致性分享感受,對許多已無法好好說話的伴侶來說,是極需要學習的艱難課題,因為之前他們落入一種重複循環的負面模式已久,不是吵個不停誰也不讓誰,就是互不搭理冷漠相待。因此需要治療師為他們準備充分的信任和安全,讓彼此願意更開放自己,去探索在爭吵或冷漠下所埋藏的許多祕密的、不為人知的深層感受。如果伴侶們願意一致性表達自己,即能將爭論和衝突轉化為對話和分享,並帶動冰山其他層次的改變。

治療師可參考下列步驟協助夫妻或伴侶分享感受,遠離批判和指責的自動化反應,並因此逐漸彼此靠近。

1. 邀請夫妻或伴侶描述身體此時此刻的知覺,特別是當治療師已經觀察到來訪者的身體有些變化時。

2. 協助夫妻或伴侶具體說出所覺察到的內在感受,此時可運用同理、反映、編織或歷程式提問等技術來進行。

3. 鼓勵他們表達現在需要的是什麼,進入夫妻或伴侶渴望的層次,去探索他們在親密關係中最核心想要的東西,並且清楚的與伴侶分享。詳細的一致性溝通請參見第 4 章。

欣賞與慶祝

感受在夫妻和伴侶關係中扮演著至關重要的角色,如果我們能重視和接納自己的感受,同時也允許伴侶可以擁有和接納他的感受時,雙方在關係中即能體驗到心靈的靠近和自由;如果兩位伴侶願意分享和聆聽,特別是那些不為人知的深層情感時,兩人之間就會產生奇妙的化學變化,使兩顆心深深連結和靠近。近年來由於情緒取向婚姻治療的發

展，使感受和情緒的表露在促進伴侶關係親密和療傷的重要性，得以被實證研究和臨床經驗證實（Johnson, 2004）。

薩提爾的治療師常經由表達出對夫妻或伴侶情緒的尊重和理解，促進他們對自己和對彼此情緒的接納。這種來訪者對感受由覺察→承認→接納→分享的過程，可以增進親密關係中對情緒的耐受力和調節力，是薩提爾婚姻伴侶治療中一項艱鉅的任務，也是極為珍貴的突破。當伴侶們能走到彼此一致性對話和分享時，他們的內心可以更靠近，彼此的關係將更穩固，生命中有什麼比這種親密感更令人動容呢？此刻即值得夫妻或伴侶盡情享受他們共有的喜悅和愛、慷慨給予相互的欣賞和感謝，同時用他們喜歡的儀式一起參與慶祝，來錨定這珍貴的一刻。

觀點的調整與添加

我們每個人都會在親密關係中建構對自己、對伴侶和對關係的觀點，且受到文化社會、教育、家庭、舊有經驗的影響，形成獨特的刻板印象、價值判斷、偏見、先入為主的印象、信念和想法，再加上與伴侶相處過程中所聽到、看到、感覺到和觀察到的所有資訊，慢慢綜合成一系列我們在關係中的評論與判斷。

這些在親密關係中所持有的觀點，常是自己內在隨著關係的發展逐漸生成，其中許多內涵不見得符合事實，經常是非理性的，也多半是未與對方核對的個人主觀、片面的認知。一旦有了這些定論之後，當事人會在許多生活經驗裡，再去找相應的證據來支持自己的觀點，而忽略其他不相符合的訊息。

研究顯示（Gottman, 1999），許多片面的、主觀的、未經核對的負面評價，對自己、對伴侶、對關係都會造成很大的破壞性，也使兩個人產生莫大的痛苦。高特曼指出在功能不彰或離婚的夫妻中，負面互動與正面互動的比例是 5：1，而在快樂且功能良好的夫妻則只有 0.8：1，值得我們警惕的是，緊緊伴隨負面互動的關鍵因素則為當事人的負面歸因與觀點。這些負面歸因與觀點，使得當事人在關係中產生強大的負面情

緒、削弱對伴侶的愛和情感，也因此重複處在負面的互動循環中使關係越來越惡化。

　　在婚姻伴侶治療中，治療師一旦發現來訪者觀點中出現了負面評論，就要提出來與雙方討論和核對。下面在探索和轉化觀點的介紹中，會聚焦在拓展和調整負面觀點並添加正向解釋上，藉此步驟轉化伴侶間的情緒和衝突。

探索負向觀點

　　當一個人有了負面思考時，就容易感覺到鬱悶、不快樂、焦慮、生氣等情緒，這時候他會更容易悲觀地相信事情就像他所想的那麼糟，也會讓這些負面想法的預言成真，於是他就更不快樂、更悲觀、更憤怒，造成惡性循環。例如，一位先生因無力買房而住在娘家提供的房屋中，之後他逐漸相信妻子和娘家看不起他的出身背景、嫌惡他配不上她，就覺得很鬱卒沮喪，於是他開始逃避妻子，不想跟她共處一室，看到妻子就避開，免得感覺被貶低而受苦。妻子感覺到先生對她的態度冷淡疏離，也很不舒服，但又不知所為何來，也不想先主動與他進行溝通，於是鬱悶怨懟的心情使她更想挑剔先生的毛病，藉著對各種小事的不滿想引起他的注意，這樣做反而使得先生更確信他在她心目中是個糟糕的人、是失敗者，而讓他原本有的負面想法變成他的主觀現實。

　　大多數人其實都不會注意到這些負面觀點的力量有多強大，而讓這些負向的思考模式自由發揮、隨意擴大，造成越來越不可收拾的負面能量，也忽略每個負面想法都會發出訊號給大腦，使大腦釋放出不愉快的化學物質從而影響我們身體的每個細胞。這些負面思考汙染我們的心情和身體，也會惡化關係中的情感和表現。

　　在婚姻伴侶治療中，治療師若發現夫妻或伴侶因為負面思考而導致不愉快情緒和負向互動時，就需要具體指出來並與他們核對，讓他們意識到這些觀點的威力，並協助他們發展新的、合理的、正向的、符合現實的思維。在夫妻或伴侶關係中最常見的負向觀點有：負向標籤、負

面解讀伴侶心思、非黑即白的二分法思考、伴侶應該為我的不快樂負責等，下面簡單說明它們如何影響親密關係的品質。

1. 負向標籤

負向標籤是一些我們在行為、人格或個性特質上為伴侶貼上的負面描述語詞，常源於過去與他相處的經驗所累積的主觀定論，最後就將這些自己深信不移的形容詞標籤套在他頭上，對方則每每聽到就會火冒三丈，覺得自己被否定或被誤解。

例如，一位妻子抱怨先生每天都不幫忙拖地、垃圾滿了也不倒、下班回家就倒在沙發上看電視，所以他很「不負責任」、「很自私」、「幼稚」。但是這位先生聽到妻子這樣說覺得莫名其妙，因為他成長過程中從來就不用參與家務事，他的母親向來打理一切，他只要專心讀書就好，所以在他的認知中家務事都是不需要做的，生活中的一切都會自動搞定。當他聽到妻子說他不負責任時，他很震驚、也很生氣，不能理解為什麼他每天為家庭辛苦工作後，回到家竟然得到這樣的待遇。

當我們替別人貼上負向標籤時，就會將某些行為類化為他的整體，而忽略了他還有更大部分的人格已被此標籤排除。難怪任何人被貼上負向標籤時，都很容易感覺到被否定和被貶抑。親密關係的發展過程中，在浪漫階段時，戀人眼中看伴侶常會自動篩掉負面的、自己不喜歡的部分。當兩人生活在一起後，這些以前自動過濾掉的負面評價就會回到眼前變成前景，而且越來越放大、越來越礙眼，造成彼此挑剔看不順眼的地方越來越多，溫暖友善的互動接著就越來越少。由此可知，這些負面標籤對親密關係的負面影響真是無遠弗屆，治療師不能對此掉以輕心。

常見的負向標籤有：自私自利、冷漠、工作狂、虛榮、幼稚、白目、笨蛋、暴君、小丑、愚蠢、任性、不負責任、情緒化、神經病、被迫害妄想、強迫症、亞斯柏格、自閉症、控制狂、白癡、豬腦等。治療師聽到這些負面標籤時，可以提出來討論，讓夫妻或伴侶有機會去澄清和分享感受，讓貼標籤的人可以因此理解對方的感覺及對關係的影響，藉著這些討論也重新修正為較符合對方整個人的合理觀點。

在治療中，伴侶雙方需要由表層的標籤化，去深入冰山其他與負面觀點有關的層次，探索感受、期待、渴望和自我的狀態，才能讓他們重建兩人人格的完整性，而不是只看見某幾個負向行為就對人格妄下定論。這個過程的目的是，讓貼標籤者自動去除負面評價回到人性的層次上與伴侶建立連結，添加對伴侶的尊重和接納，並具體清楚地表明他內在的需要；而被貼標籤者，則要添加對伴侶情緒和未滿足期待的理解，強化個人內在對自我的認同和重視，並為自己一致性分享感受和渴望。

2. 負面解讀伴侶心思

許多來訪者相信他足夠了解自己的伴侶，所以能正確讀出對方沒有表達出來的心思。然而這種推論如果與對方在治療中公開核對時，常常都不是那麼一回事。當事人主觀推論伴侶在想什麼、有什麼感覺、為什麼做這些事、為什麼說這些話及其背後原因，卻未與對方確認是否正確就往負向角度解讀時，會造成當事人自己和伴侶很大的困擾，這就是薩提爾（1976）指出的校準式溝通循環（calibrated communication cycle）。

當我們聽到來訪者說：「她跟姊妹在講我不好」、「他討厭我」、「她心裡只有女兒」、「他只在乎他媽媽」等論斷，就需要亮起紅燈，暫停下來與說話者確認是否曾與伴侶核對這些片面的推論。這類評論會對家庭成員之間造成很大的溝通障礙，使人與人之間失去信任、產生隔閡，還會因此造成人際間無法解決的痛苦。在這種負面循環中，人們會根據過去的舊經驗去類推對方所說或所做的，並依此產生不必要的情緒反應，但實際上卻未必是伴侶內在真實的狀況。薩提爾鼓勵人們最好不要妄下判斷，而要常常與家人溝通，澄清自己的推測才能減少無效的溝通。

有些人則會對伴侶的動機和意圖做負面解讀，認定對方有不良企圖、動機不純正，甚至猜測對方有邪惡的念頭，產生「水晶球效應」（Satir, 1983）。如果這些對伴侶心思意念的負面解讀沒有足夠的證據支持，而只是憑著自己不愉快的情緒、過去經驗或未滿足的需求而產生的推論，我們就需要去關注它們，因為這會對親密關係和自己產生破

壞性效力。例如，「他買禮物送給同事沒送我，他一定是想跟她有曖昧……。」這類推論如果沒有核對澄清，可預見的是，此位妻子很可能會懷疑先生出軌而怒不可遏，甚至失去對他的信任感。

　　對伴侶關係最有殺傷力的，莫過於對伴侶持有一個假設性的負面推論是「他不愛我了，因為他沒有達到我的期待」。會發展出這樣的想法，常常都是因為另一方未能意識到這一方伴侶有些明示或暗示的期待，而使這一方的期待落空；或是另一方並不知道這些期待如此重要，以致未完成它們造成嚴重的傷害。有時這些期待很細微，與生活中的小事情有關，例如，「這幾天早上他出門上班沒有給我擁抱，他一定有問題！」、「她與男同事傳簡訊，表示她對婚姻不滿足、想要婚外情」；有些期待則可能需要付出較大力氣或難度較高才能完成：「如果他愛我就應該把所有的薪水都交給我」、「他不願搬離父母家，表示我不重要，他心裡只有父母沒有我」……。這些推論都源於未滿足期待與自動化「他不愛我」的結論畫上等號。

　　治療師在此最重要的任務是提醒夫妻或伴侶：我們無法正確解讀別人的心思，更無法知道別人在想什麼，除非他親口告訴你，因此即使關係再密切也無法主觀地用自己的思維去率性推論。只要有不清楚的訊息或任何對他人心思的解讀，都需要直接詢問對方並確認，弄清楚他真正的想法和意圖，這是一種尊重自己也尊重對方的做法。在第 4 章所介紹的工具「鏡照」（第 218 頁），是一個可嘗試的好方法。

3. 非黑即白的二分法思考

　　有些夫妻或伴侶有許多絕對性的標準或規則不可以被打破，如果自己或對方做不到就是絕對不可原諒的錯誤。這樣的思考模式會使自己和伴侶處於莫大的壓力中，甚至因為打破這些規則產生內疚、自責和憤怒。二元對立的思考指的是對與錯之間、好與壞之間並沒有其他的可能性和彈性，黑與白之間也無中間的灰色地帶。在觀點中設定了一系列「應該」和「必須」的法則，要求伴侶非得要做到，否則就否定對方。例如，「你答應的任何事都一定得做到，要不然我就不相信你」、「你

看到地板髒了就應該要主動清乾淨，地上絕不可以有長頭髮」、「你應該記得並主動慶祝結婚紀念日，要不然我們的婚姻就完蛋了」。

其他很多在婚姻伴侶治療中常出現的二分法的絕對性觀點，多與原生家庭和社會文化中學來的刻板印象有關，例如，「男人應該完全承擔家庭經濟大任，否則他就是失敗者」、「當家庭中有人在忙家務時，其他人都不應該休息」、「女人和男人都應該平分家務，才能代表兩人是平等的」、「有好東西吃應該要先給他吃，才是愛他的表現」、「女人應該把家務做好才是賢妻良母」、「家中永遠都應該一塵不染，否則就無法忍受」……。

在夫妻或伴侶關係中，兩個人來自不同的家庭背景，而有許多不一樣的價值觀和生活習慣，一個人認為重要且必須遵守的，另一方可能不認為有什麼大不了。這時候兩人就可能因為原生家庭和文化族群的背景不同所衍生的觀點差異，產生彼此看不順眼的摩擦和衝突，甚至可以嚴重到水火不容、無法繼續生活下去。

通常會有這種二分法思考的人，都來自極有秩序和規矩的家庭，他很自然地把這些堅固的觀點帶到成年後的關係中而失去思考的彈性。遇到這種情形，治療師就需要探索雙方在衝突中各自的價值觀、信念、家庭規條，和他們所執著的觀點在原生家庭中背景為何，共同協力找出他們想法上差異的原由，強調這些沒有絕對的對錯，而是需要在他們兩者之間找到平衡點或協調的做法。

如果伴侶雙方都願意分享從原生家庭而來的成長經驗，即可增進兩人彼此的理解與接納。換言之，不是只以某一方的觀點為正確準則，而是雙方可以彼此學習、截長補短，甚至需要為彼此關係的良性發展有所退讓。接下來則可以詢問抱持黑白思考的一方，看看他是否願意鬆動僵固的觀點，增加一些新的彈性；並詢問另一方，是否願意不再採取另一種極端的對立，而可以從伴侶的觀點中發現一些好處、縮短彼此處理事情的差距，這樣對伴侶關係或家庭關係都會帶來正向結果。此外，治療師需要協助伴侶們，將原生家庭所學到的家庭規條轉化成生活指引

（Satir et al., 1991），使他們有更多空間可以呼吸。

4. 伴侶應該為我的不快樂負責

許多人在親密關係中會相信「伴侶應該為我的不快樂負責」、「我不快樂都是他的錯」、「他應該使我快樂才是愛我」等想法；此外，很多來訪者也認為，伴侶應該會讀心術，知道我不快樂時就能主動做些事使我開心，這才證明他像以前一樣愛我。這些都是很多人在關係中會有的非理性的觀點，雖然不一定有對錯，但抱持這種思維的後果，就是自己會越來越不快樂，也對伴侶越來越不滿意；而他的伴侶則感覺到莫大的壓力，怎麼做都無法讓對方滿意，最後乾脆什麼都不做以免惹禍上身。

當親密關係中的一位伴侶抱持這樣的觀點時，極易在自己不開心時也把對方拖下水：「他應該跟我一起受苦才是在乎我。」所以帶著這個信念的來訪者，如果自己正在辛勤工作，就不會允許他的伴侶休息和娛樂；只要我不好過，你也別想好過；如果我痛苦，你就要為此付出代價。這樣絕對性的觀點會使伴侶雙方的情緒緊緊綁在一起，無法有喘息的空間，他們如同緊緊纏繞在一起的兩株爬藤，相互共依存，而不能在關係中有獨立的自我。

事實上，沒有人能為別人的不快樂負責，每個人在不快樂的情緒中都得進入自己的內在去找到原因，並且處理這些原因。如果期待伴侶為自己的不快樂負責，會使自己和伴侶陷入依賴膠著無法獨立的處境，也會因此在關係中感覺不自由和失去自我。在關係發展的初期（即浪漫期），兩位伴侶會覺得水乳交融、「我泥中有你、你泥中有我」般的緊密共生，彼此也盡全力使對方開心，伴侶的幸福與否都是自己的責任。一旦雙方關係穩定下來，有一方開始在身體或情緒上需要更大空間，想拉開一些距離不想再黏在一起，此時另一位伴侶則害怕失去之前的緊密依附感，就給對方施加壓力，想把他抓得更緊，並且深深相信自己的不快樂都是對方造成的。

此時治療師需要協助伴侶雙方進入自己的冰山，探索與這種追與逃的模式相關的應對姿態、期待、渴望和自我，讓彼此更理解他們在關係

中的內在經驗。有此信念的伴侶還需要去發掘他過去在原生家庭中，如何學到他人應該要為他的情緒負責的觀點的源頭。治療師可由健康的界限和獨立成年人的角度，去拓展這些固著的思維，讓當事人可以與伴侶重新發展出適合雙方都想要的距離與親密。治療師也可進一步去協助當事人發現自己的內在力量，看到他是有能力和資源照顧自己情緒的人，並發展出為自己情緒負責的信念和力量。藉由這些冰山的探索，能讓兩位伴侶重新認識自己和伴侶的內在歷程，添加新的彈性思維，建立健康獨立、自我負責、但又不失親密的互動模式。

調整負向觀點

　　來訪者在治療師的引導下探索上述影響親密關係甚巨的負面觀點時，就會開始意識到負向歸因的破壞力，而有機會重新審視它們：是否合乎現實？是否合情合理？是否需要被調整？下面再介紹一些治療師可以運用的做法，來加強轉化負面觀點的效果。

　　首先，治療師可以運用下面的提問，一方面挑戰來訪者缺乏彈性的觀點，另一方面則可促進他們更多的覺察和轉化：

- 你有注意到這些觀點會給你和關係帶來什麼影響嗎？
- 當你這樣評價時你會有何感受？伴侶又會有何感受？你在乎他的感受嗎？
- 持這種觀點對你有好處嗎？又有哪些壞處呢？
- 你有什麼依據而這樣深信不移呢？要不要試試看來說服我？
- 他真的是這樣嗎？他真的這麼糟嗎？
- 這種全有全無（非黑即白）的結論是怎麼來的？
- 這些信念是從哪裡學來的？你的父親或母親也是這樣想的嗎？
- 你願意更擴展一些對伴侶的新的思維嗎？
- 你想要對一些新的想法更多開放嗎？

- 你想聽聽看他（或我）是怎麼想的嗎？

- 為這些負面思維你會付出哪些代價？有可能鬆動嗎？

- 你想聽聽看他（一般人或專家）不同的看法嗎？可能你會
  覺得很不符合你的邏輯喔！

除了引導來訪者更覺察這些負面觀點的來源、意義和影響外，治療師還可依他們的狀況，鼓勵他們加入更多彈性和可能性，協助他們調整舊的觀點，加上新的、正向的、合理的、符合現實的其他思維，同時引導來訪者將其伴侶的正向行為或正向特質添加於舊思維中，以產生觀點的轉化，並因此帶動對伴侶的新感受。

轉化負面觀點的歷程歸納如下（來訪者代表持有負面觀點的人）：

1. 邀請來訪者與伴侶現場進行對話，核對是否對方真的如他所推測的一樣？

2. 邀請來訪者為他對伴侶的絕對性負面結論，找到三個例外情況。

3. 邀請來訪者對伴侶發揮一些同理心、換位思考，從對方的角度去體會他的想法和感受。

4. 運用幽默感。

5. 挑出伴侶一個毛病或缺點後，要接著另外找到五個優點來平衡（Gottman, 1999, 2006）。

6. 如果來訪者對伴侶行為產生了負面評價，而這個行為是一般人都可能發生的，就請來訪者問問自己，是否他也會發生同樣情況，讓他有機會能接納合理的人性化反應。

7. 讓來訪者思考：這個負面評價產生的強烈感受很熟悉嗎？會讓你想到誰？小時候也有類似經驗嗎？如果來訪者思考此問題，可以回溯到原生家庭或過去生命經驗，他就可以有更多的發現，並且將焦點回到自己身上，而不是將炮火對準伴侶攻擊他。

8. 我們對伴侶的負面評價往往其來有自，大多數都是來源於過去不愉快的經驗導致不愉快的感受，因而產生負面評價。因此治療師

要引導他們去覺察和探索此脈絡，將責任歸屬回當事人身上來。

9. 有些人很堅持他對伴侶所持的負面想法就是真理，也不想要有所調整，雖然這樣會使得自己和對方很痛苦，也寧願如此而不想修正這些觀點。此時治療師可以帶著好奇心，與他一起探究堅持這些負面評價的利弊得失，並深入去了解他執著這些觀點的目的為何。

以上這些探索的過程，可使來訪者拓展對自己觀點層面的認識，更深入看到自己的思維如何影響彼此的關係，在尊重的基礎上可以自己決定是否要做出改變。轉化觀點是薩提爾常用且深具力量的介入法之一，她還善用隱喻來重新界定人們的觀點，使來訪者因此進入右腦的體驗，跨越了對改變的抗拒（Satir et al., 1991）。在此歷程中，治療師需兼顧兩方的觀點與感受，引導他們相互對話，朝向一致性和尊重差異的目標一起努力。治療師示範的是他的好奇、不評價和接納，並允許相互不同的觀點可以在關係中並存。

認回期待並做出選擇

在薩提爾模式的婚姻伴侶治療中，覺察自己與伴侶之間有哪些未滿足的期待，是極為重要的歷程。當夫妻或伴侶不能意識到這些未滿足期待，又未將之浮出檯面與對方討論、協商時，常造成兩人之間無法避免的衝突。

對持有期待的當事人來說，這些未能實現的期待如果很重要又不能實現時，他就會產生不可遏止的失落和憤恨，時間越久就越在關係中感覺挫敗和痛苦，甚至可能因為絕望而想放棄關係。

但另一方伴侶的痛苦程度也不在話下，他會因為伴侶強烈的期待而感覺有無比沉重的壓力在肩上，使他動輒得咎而且不能靠近他的愛人。因此在薩提爾模式的婚姻伴侶治療中，探索和轉化伴侶雙方未滿足的期待至關重要。

葛莫利經常在工作坊中示範相關的獨到做法（Gomori, 1999, 2003,

2006），其他學派則鮮少見到此部分臨床實務的論述。處理夫妻或伴侶未滿足的期待時，首要之務是治療師要鼓勵有期待者認清，不論對方能否實現，他才是擁有期待的所有人，所以他需要承認這些未滿足的期待都是屬於他的（Satir et al., 1991）。如果他不勇於面對、承認自己的期待，只會使傷口更大、出血更多。所以當來訪者能認領這些放在伴侶身上的期待，成為自己期待的所有者，才能為之負起責任來。

下面摘要說明探索未滿足期待的過程（Satir et al.,1991；Gomori, 1999, 2003, 2006）。本書維持葛莫利實做的重要原則，但筆者已根據不同的案例和情境調整操作過程和步驟。治療師需銘記在心的是：不論當事人放下或不放下這些未滿足的期待都是他的選擇，並無對錯好壞，只有他自己才能決定他要怎麼做（詳細做法將在第 293 頁中說明）。

1. 各自向伴侶分享未滿足的期待，承認這些期待是屬於自己的。
2. 做出適合自己的選擇：放下期待、繼續保有、降低標準，或由其他方式來取代它們。
3. 進入當事人未滿足期待底下的渴望，為自己和對方找到更適合的做法來滿足其特定渴望，並因此降低期待落空的失落感。
4. 探索與此期待相關的冰山其他層次。
5. 分享各自願意做的選擇，及其會有的後果和影響。
6. 做出承諾並相互欣賞此歷程。

上面提及在關係中期待落空會影響夫妻或伴侶的感受，也會因此對自己、對伴侶、對關係產生負面評價，影響的範圍和深度難以估量。一位常常在家獨守空閨的妻子，對先生的期待是先生可以一週回家與她晚餐三次，但她的先生因工作忙碌，時常與客戶應酬無法滿足她這個期待，妻子就因此認定「我的先生不愛我，他只在乎工作，我對他失去吸引力，所以他不願回家與我共餐」。她開始覺得自己很糟，是個失敗的妻子。長時間下來，這個未滿足的期待消磨了她的自我價值感，增長負面情緒，造成關係中的緊張與衝突。

而先生針對此期待則有另一個故事版本：他為了家庭經濟必須常常

加班應酬，感覺很無奈、很辛苦！無法常回家吃晚飯並非他所願，如果他不配合公司要求參與應酬，有可能失去重要客戶保不住飯碗，到時候又如何維持家計？因此他希望妻子不要因此常常叨唸他，而能體諒他、看到他的努力。他會盡量推辭較不重要的飯局，與家人一起用餐，即使當日不能回家，他承諾一定會致電告知妻子，讓她能感覺到先生的重視和關心。

妻子聽到先生這麼說後，願意提供對先生更多的欣賞和感謝、減少用抱怨來表達需求，想念先生時可以主動傳簡訊或打電話給他，而不是一個人生悶氣或發洩在孩子身上；先生因為知道了妻子渴望跟他更親密和感覺被愛，願意下決心做些時間的調整，列出優先順序，並顧及到妻子獨自在家的感受。他們共同努力，一起合作找到彼此都能接受的多樣選項，在此過程中坦誠地分享彼此的期待和渴望，願意做出退讓和妥協，使得兩人的需要都可以被重視和被滿足。

在親密關係中如果未去承認和正視對伴侶的期待，很容易因為期待落空而感到失望、憤怒、受傷，不斷累積這些強烈情緒的結果，終有一天會爆發而產生激烈衝突。因此，當治療中遇到充滿怨懟和憤怒的夫妻或伴侶時，去探究他們有哪些對伴侶未滿足的期待，是具有重要意義的。

滋養自己和伴侶的渴望

在親密關係中，當一個人能覺察自己要什麼、渴望什麼、想得到什麼時，意味著他是重視自己、關愛自己的，他才能有力量去意識到對方的需要，與伴侶建立一個相互滋養、互惠的親密關係。

但是，要達到兩位伴侶之間在渴望層次上的連結並非易事。很多夫妻或伴侶從未想過自己在親密關係中想要什麼，也從不知道可以有權力去渴望些什麼。來訪者常說：「我不想表達我想要被愛，因為不用說他應該就知道」、「我如果說出來，就不值錢了，好像這是我伸手求來的」、「我從來不說我真正的需要，這太丟臉了」、「我們的文化和家庭教育是不表達這些東西的」……，這些都是來訪者不情願表明內在渴

望的真實聲音，結果往往造成親密關係無法前進的障礙。

在婚姻伴侶治療中，若不能協助來訪者在渴望的層次上彼此分享，治療過程就容易只圍繞外在事件或故事表層打轉，而停留在問題解決的表相上，使得兩人在心靈深處無法靠近。但要能在治療中探索渴望並冒險說出來，則需要有安全、信任、涵容的治療氛圍才能達到。

治療師若要支持來訪者走到這一步，首先他要能夠接觸自己的深層渴望，也有能力在自己的親密關係中表達出來，才能真正體會來訪者這種又脆弱又勇敢的滋味。他也才知道如何陪伴夫妻或伴侶在這樣既陌生又使人興奮的歷程中，一步一步走入彼此內心深處、相互連結。除此之外，治療師還需善用兩座冰山的「歷程式提問」（參見第 285 頁）、「交織串連」、「同理」與「反映」、「重新界定」等技術（參見第 2 章），引導來訪者進入他們渴望的層次，並可以相互對話和分享。

在親密關係中，並不是人人都能有此福氣得到伴侶的支持和了解，使渴望得到充分的滿足。薩提爾模式治療師通常會鼓勵來訪者，在要求伴侶滿足自己之前，先為了照顧自己、滋養自己的目的，勇於探索自己內在的深層渴望，並為自己的內在需求做到自給自足（Satir, 1988; Satir et al., 1991; Gottman, 1999, 1988; Christensen & Jacobson, 1995）。當一個人能愛自己時，才有能力去愛他人，和感覺被伴侶所愛。

下面的問題可以讓治療師和來訪者用來探索自己在關係中的渴望：

1. 我在親密關係中的渴望為何？我是否願意清楚直接的向伴侶表明？我會說什麼？

2. 我有那些渴望是源自童年時期對父母或主要照顧者的未滿足需求，並將之放在伴侶身上？有這些覺察後，我的感受如何？

3. 我是否能在不改變對方的情況下，先為自己滿足這些渴望？有哪些具體做法？

4. 這些我想要伴侶來滿足的渴望，我是否願意先為對方付出來滿足他？我是否願意為我們的關係先做努力和改變？需要做些什麼具體改變？接下來對我們的關係會有何效益？

以上這些問題的目的，是讓當事人將自己的注意力和能量，從依賴伴侶滿足自己或強求伴侶改變的焦點，轉回自己身上；由索取的姿勢轉向自我照顧；將「改變」的主導權握在自己手中，並且主動做出改變的行動；先為親密關係負起自己這部分的責任，而非要求對方負全責。

　　如果在治療中發現夫妻或伴侶有共同的渴望，他們願意為彼此的關係發展出一致的目標，並在成長的路上並肩而行，這是兩人莫大的福氣和幸運。但是如果另一方的渴望與自己不同，甚至他並不想努力做改變，自己仍然可以先為滿足個人的渴望而採取行動，這樣即會產生雙人舞步的新發展。

　　這些訊息是治療師在婚姻伴侶治療情境中，可以提供給夫妻或伴侶思考的新觀點，以鼓勵他們主動為自己和關係做出調整，去重視自己的渴望、也重視伴侶的渴望，而不是向伴侶無止境的索取。許多人有了以上這種省思和決定後，開始努力先把自己照顧好，增強內在自我的力量後，即不需強求伴侶來配合自己。此時當事人即發現，當關注的焦點轉回自己身上後，會散發出異於以往的能量，許多外顯行為和應對方式也跟著有變化，而他的伴侶反而因為這些改變也開始有些新的回應，兩人因此在親密關係中隨即展開令人欣喜、新的樂章和舞步了。

與真實自我相遇

　　當夫妻或伴侶在親密關係中能成為真正的自己，而不用擔心被對方拒絕或輕視；當他們都可以自在的與核心自我接觸，也能處在自己最真實自然的狀態，感覺自己全然被接納；當他們能感覺內在與自己和伴侶之間的和諧，在一起時，彼此都覺得放鬆、自在、開放、好奇、願意改變和冒險，他們的生命力就如同河流般可以自然暢通地流動，這是許多伴侶夢寐以求的狀態，亦是兩人在自我的層次上相互連結的寫照。

　　在親密關係中帶著高自我價值感時，可以使人具備成熟、建設性和關愛的外在表現；他允許自己和伴侶可以犯錯，也願意更敞開自己冒險接近對方。這時內心深處油然而生的，是對自己和萬物生靈的惻隱之心

和悲天憫人的胸懷，因此對待自己和對待伴侶的態度，是允許人性的不完美和自然展露，並且對人的本質具備更多的接納和寬容。處在這種不帶評價、完全接納自己和伴侶真實自我的狀態時，會認可自己的價值和生命的神聖性，不必向外界乞求和索取，而能經驗到來自內心深處的一種和諧和穩定，這是個人靈性和精神本質之所在，也是維繫健康豐盛親密關係的關鍵。

遺憾的是，我們大部分人往往帶著小時候內心的匱乏和自己不夠好的結論進入成年之後的親密關係，再繼續把小時候未滿足的期待和渴望放在伴侶身上，祈求伴侶能取代父母或照顧者來填補當年的缺憾，這樣我們才能覺得自己夠好。這些小時候未滿足的願望，會使得一個人的自我停滯不前，以致外表雖已是成人內心卻像個匱乏的孩子。在親密關係中不知不覺想要伴侶來強化他內心弱小的自我，讓他有所依靠。另一方面，他可能會因低自我價值感而變得情緒異常敏感，伴侶的無心之舉，極易勾動強烈情緒爆發衝突。一旦伴侶不察或未能滿足他童年渴望時，他內在的價值感就跌落谷底，表現在外的是不斷重複的自我防衛和不一致應對，以保護自己的脆弱心靈免於受傷。在本章和下一章中，將介紹薩提爾和葛莫利所發展的家庭重塑（參見第 418 頁）、伴侶自我的雕塑（第 298 頁）、提升自我價值感（第 281 頁）、一致性分享脆弱等歷程，來協助伴侶雙方針對這些重要部分做轉化。

許多人在關係中，都掙扎在想要做自己但又害怕做自己的矛盾中。

美國詩人波蒂亞‧尼爾森（Portia Nelson）把人在關係中這種掙扎的心情描述得很生動，以下將中英文一併附上：

You say you love me for who I am.....

你說你愛我是因為我是我……

But...who you think I am is not *who* I am.

但是……你所認為的我並不是真正的我

Therefore, it's hard for me to be who I am when we're together.....

因此，當我們在一起時，我很難做真正的自己……

Because...I think I have to be who you think I am.

因為……我認為我必須成為你所認為的我。

Of course, I don't know exactly who it is you think I am.....

當然了，我並不是很明確知道你認為的我是怎樣的我……

I just know it isn't who I am.

我只是知道那不是真正的我。

who am I？

我是誰？

well...

嗯……

Who I am is something I recognize when someone tells me who I am *not*.

當有人告訴我真正的我**不應該**是什麼樣子的時候，我就意識到我是誰了。

At least, I *think* that's *not* who I am.

至少，我認為那不是我。

Maybe who I am not is who I *am*!

也許那個不是我就是真正的我！

If that's who I am...MY GAWD...you really love me.

如果那真的是我……我的老天……你是真的愛我的。

　　每個人內心都可能有詩中這種對自己的不確定感，但同時又想要在關係中真正做自己的願望，這種心情會使夫妻或伴侶在治療中產生很多複雜的感受，需要治療師帶著關心、尊重和接納，藉著「同理」、「反映」、「肯定」、「重新界定」、「隱喻」等技術，陪伴他們去經驗真實自我，引導來訪者在治療情境中覺察內在自我價值感，讓雙方能有意識的看見：彼此在關係中都能藉著滿足自己和對方的渴望、一致性對話、欣賞與感謝等方法來提升自我價值感並成為真實的自己。

高自我價值是薩提爾模式最珍貴的治療目標之一，也是薩提爾模式最核心的精髓（Satir, 1979; Gomori, 2012; Satir et al., 1991; Gomori & Adaskin, 2009）。在親密關係中，如果兩位伴侶都能珍視彼此存在的價值，也願意相互滋養內在自我，這是人生莫大的福氣！但是若伴侶因某些原因不能關注、重視他，也不會影響個人存在的價值，他仍然可以在治療師的支持下，去發現自己內在資源並認可自己的「我是」。

案例練習：探索與轉化冰山

小桃和阿隆已結婚六年，育有一子五歲，一女三歲。來見治療師時，他們常因對兒子的管教起衝突，彼此的關係緊張、水火不容。兒子也因他們時常吵架受到影響，只要阿隆在家，他就明顯的安靜、聽話，並遠離父親。

小桃來自一個充滿自由關愛的家庭，父母對子女完全的信任與尊重，所以她可以充分為自己做決定，並自由地做自己想做的事。阿隆則來自一個嚴格的家庭，他是家中長子，父母對他嚴加管教，要他做弟妹的好榜樣，所以在學業和生活上的細節都要求嚴格，稍有不慎父母就嚴厲責打體罰。阿隆從未感覺父母愛他，認為自己在童年只是他們的面子和炫耀的工具，因此心中帶著對自己、對父母的強烈憤怒長大。

他們因來自不同背景的原生家庭，當然會有不同的價值觀和理念，對待子女的管教方式也截然不同。小桃對孩子採取她原生家庭中民主自由的態度；阿隆則如同他的父母，主張對小孩要嚴格管教才不會變壞。

在治療中，他們提到有一次在家為了孩子發生嚴重爭吵，且一直都未能好好溝通。這種情況履見不鮮，因彼此管教理念差距太大，他們也不知該如何對話。小桃認為她是對的，因為阿隆對孩子過度嚴格，兒子已學會陽奉陰違，甚至不想親近父親；她認為對孩子應該保有愛和尊重，小孩在家就應該覺得放

鬆自在，而不是時常擔心父母有沒有生氣，甚至對爸爸產生恐懼。

阿隆則認為小桃太放任孩子，將來他們一定會脫序無法適應社會。小孩不嚴加管教，在外面會很沒規矩，這是父母的失敗。他小時候只要父母一聲令下，就因害怕被打而立刻執行，所以兒子也應該像他一樣，立刻去做父母要求的事不應拖延。小桃則希望阿隆可以有更多耐心，因為兒子還小，不可能一次就做到；孩子頑皮是正常的，她不期待只說一次他就會聽話，而需要重複溝通很多次。二人各執己見、誰也不服誰，每次吵完架就互相迴避冷戰，以免衝突擴大對全家都不好。但二人的差異卻始終未能有效解決，每天因為這些瑣事還是吵個不停。

治療師運用冰山的工具來進行會談，讓雙方能更深入瞭解彼此內在歷程。治療師強調這個探索過程不在判斷誰對誰錯、誰的管教方式比較好，而是讓他們有機會坐下來聆聽對方，並能完整的表達自己。說不定兩個人的管教都有彼此值得學習之處，如果能包含雙方的強項形成雙贏的局面，就能更好地合作來協助孩子成長。

最近造成爭執、衝突的事件是：阿隆有一天下班回家，看到兒子在跳沙發，他很生氣，覺得兒子不像話、沒規矩，認為小桃都不管教，就更生氣，因此大罵兒子叫他下來。小桃聽見阿隆的吼叫聲立即衝出來護著兒子，並訓斥阿隆用錯誤的方法管教會造成孩子的傷害，二人因此大吵一架，小桃見爭吵越來越激烈，就帶著孩子到別的房間哭泣，非常難過。阿隆也不理她，兩個人各自在不同房間生悶氣好幾天。

後來他們靜下心來想，發現小孩無法因為夫妻吵架學到好的規矩，這其實才是他們所擔心的。因為孩子還小，養成好習慣很重要，兩個人因為意見不同而時常爭吵，小孩也無所是從。雙方都看到為了管教爭吵的結果是孩子並未學到任何他們

想要他學到的東西，反而越來越失控，使他們心裡暗自自責自己不是好父母，同時也怪罪對方惹起戰爭，關係因此越來越惡劣，但這並不是他們要的結果。

練習

1. 請探索夫妻各自冰山內涵？

2. 如果你是治療師，你會如何與他們工作？可能的目標和介入焦點為何？

3. 他們的冰山可以如何轉化？從哪裡做出轉化？

轉化個人內在系統的工具與歷程

親密關係中的兩人世界，因為兩座內在冰山相互激盪出複雜的歷程而顯得千變萬化，雖然兩位伴侶想要達到滿足、親密、滋養的關係，但這並不會自動產生，也不會理所當然就輕易實現，而是需要雙方全心全意投入、共同學習和努力的艱難歷程。冰山最重要和有效用的功能之一，是使夫妻或伴侶能深入認識自己和對方的內在世界後，跳脫舊有循環模式冒險做出改變，才能克服關係中的障礙，轉化個人內在系統的每個層面。此時，雙方需放下改造他人的執著，蛻變一個新的自我為自己負責，並共同邁向關係的成長。下面介紹的工具，能在冰山的架構中提供豐富的情境，讓想要重建關係的夫妻或伴侶，達到與自己和與伴侶之間的和諧與親密。

提升彼此的自我價值感

夫妻或伴侶如果能在關係中彼此滋養他們被認可和被愛的渴望，並相互提升自我價值感時，即能在心與心之間產生深刻連結，在關係中日易親近。這種內在自然流露的情感共鳴，能讓他們體會到在同一條船上

的歸屬感和幸福感，這些體驗將能成為他們關係中的資本，使他們即使遇到困難和險阻也都能一起攜手度過。

這個相互扶持和連結的過程，是來訪者在薩提爾模式婚姻伴侶治療中最珍貴的力量。下列幾種做法很值得嘗試：

活動 1

請夫妻或伴侶各自回顧和分享當年如何相遇？第一眼是什麼感覺？如何被對方吸引？對方有哪些特點使自己心動、喜愛？當年如何約會、如何相愛、各自有哪些夢想？

分享越仔細越好，在分享過程中，治療師與他們一同回味當年的浪漫和甜蜜，並鼓勵他們自在地重溫舊夢、享受於其中。如果他們有興趣，還可以重新創造當年的約會情景，重回舊地，或再度安排刻意的約會重燃兩人間的熱情。

活動 2

夫妻或伴侶各自表述另一半在此關係中的具體貢獻和付出，並彼此欣賞、感謝。治療師則在旁陪伴和聆聽，見證此歷程。

活動 3

夫妻或伴侶彼此面對面表達欣賞認可另一半的優點、長處、特質、能力或閃光點。治療師則在旁陪伴和聆聽，見證此歷程。

活動 4

夫妻或伴侶各自分享、認可自己的長處、特質和資源，並舉出具體實例，他如何運用這些正向力量，讓對方和治療師能見證這個人的美好和豐富，以提昇自我價值感。

活動 5

夫妻或伴侶一起分享在此關係中曾經遭遇過的危機或低潮,在這些具體實例中,雙方如何共同合作和奮鬥以度過難關?他們看到自己和對方有哪些付出和努力?在此關係中他們有哪些優勢和資源曾經幫助了自己和這個關係?

活動 6

對於那些婚齡較長的資深夫妻或伴侶來說,提供一個機會請他們思考和表達,他們如何維持此關係到現在,其中一定有很多重要的原因、優勢、韌力和力量,支持他們走過這些歲月,並彼此分享這些動人的時刻。透過這樣的分享,可以為他們帶來正向往前的能量。

活動 7

夫妻或伴侶相互分享在他們過去生命中,有哪些珍貴、甜蜜和美麗的回憶是他們難忘的?哪些時刻曾經使他們感覺被愛、溫馨、感動的,現在重新回味時是何種感受和心情?未來可否再重新創造這些美好、充滿愛的時刻?

分享冰山

薩提爾模式中探索冰山的歷程,本身就具有療癒和轉化的力量。當夫妻或伴侶能真誠一致分享冰山,就能為彼此帶來深度的理解。即使過程中發現彼此的差異性,如果帶著尊重和接納去相互陪伴時,就能在自我的層面相遇、在靈性上相互連結。為了達到這個目的,治療師可邀請兩位伴侶帶著愛和好奇,放下評判,對伴侶產生同理和共鳴,去認識彼此冰山的每個部分。以下活動可用在個別、伴侶或工作坊中,促進探索自己和對方的冰山。

活動 1

當伴侶已理解冰山的意義和內容時，可以請他們帶著冰山的空白圖，先寫下他們之間曾發生的某個事件或衝突，以及他們各自冰山水平面之下每個層次的內涵，然後一人三十分鐘輪流分享自己的冰山。

此時的重要原則是學習專注地聆聽，完全尊重對方的冰山，即使聆聽者不同意分享者的觀點，也要謹守邊界，不評價、不指責，也不否定分享者的冰山。為了鼓勵分享者更多、更深的探索，可溫和地詢問分享者：還有其他的嗎？還有要說的嗎？能否再多說一些呢？當一位伴侶分享完自己的冰山後，再換另一位進行同樣的歷程和原則。

活動 2

兩位伴侶在紙卡上寫好冰山每個層次的標題，將每個層次的紙卡依序排放在地上後，一位是分享者另一位是陪伴者。陪伴者引導分享者站到冰山每個紙卡旁，一步一步讓分享者可以身歷其境地體驗分享者自己冰山的每個層次（Gomori, 2003, 2006, 2007）。三十分鐘後，角色對掉以同樣方式進行陪伴者的冰山歷程。

活動 3

治療師在工作坊或課程中的優勢，是可以由角色扮演者，扮演冰山每個層次，讓探索者可以雕塑每個層次的角色，或給予台詞和動作，經由扮演者動態地呈現出探索者冰山內在動力與變化，讓兩位伴侶可以更加體驗性地看到彼此的冰山在事件底下的歷程（Gomori, 2003, 2006, 2007）。

以上這些活動對於想要成長的夫妻或伴侶來說，是一個很珍貴的相互認識和滋養的過程。他們可以因此更深入接觸自己和伴侶的內在。接下來治療師可在探索和理解彼此冰山的基礎上，嘗試去協助他們一致性對話，表達在此事件中各自所體驗的真實感受和渴望，而不必再以不一致的應對來防衛或保護自己了。當夫妻或伴侶能走到這一步時，彼此間

因著深入的理解與接納，在進行一致性溝通時即會降低困難。

　　不論在冰山哪個層次有改變，必然會帶出其他部分的改變，其他各個層次間也會相互作用產生連動的變化，這是個人內在系統轉化歷程的奧妙，亦是身而為人最精采豐盛之處。

　　許多來會談的夫妻，表面上看起來有解決不完的問題和矛盾，彼此間也蘊釀著強烈的憤怒、怨恨和痛苦。但因過去重複無效的溝通循環，雙方不斷在外顯表層的問題上糾結打轉，治療師若能引導他們運用冰山的架構，由表層內容進入內在歷程，由不一致應對發展一致性溝通，就能帶動來訪者的伴侶互動系統和各自內在系統之間的轉化。

歷程式提問——在人際冰山之內和之間的移動

　　婚姻伴侶治療極富挑戰的是：如何在人際兩座冰山之間建立連結和對話的橋樑，又如何能在來訪者各自冰山內的每個層面上下來回，同時還要兼顧兩座冰山之內和之間相互的交織運作。這些複雜歷程需帶動夫妻或伴侶兩方共同的參與和投入，而非只聚焦在某一位來訪者的冰山系統中，才不會使婚姻伴侶治療歷程變成是在進行個別治療。

　　下列的歷程式提問，除了可讓治療師更自如地使用冰山這個工具達到以上目標外，還能促進來訪者內在系統和互動系統轉化的發生。治療師需要熟練第 2 章提到的所有基本技術，綜合運用之後，在兩座冰山之內和之間左右上下、來回交織的進行歷程式提問。

　　治療師首要之務是先要能自如掌握個別來訪者冰山的探索歷程，而最佳的練習對象其實就是治療師在親密關係中自己的冰山。當治療師能隨時隨地意識到自己的冰山，也在個人內在系統中為自己做轉化時，即能清楚體驗到為自己負責和與自己一致性的滋味如何。有了這些自我體認之後，治療師即能更順暢地運用冰山歷程式提問，引導治療過程由伴侶間的故事內容進到他們的個人內在系統，使來訪者深入接觸自己和對方的內在世界，連結了彼此深層的生命力而賦能，此時自己想要的答案經常就會自然地浮現出來了。

個人冰山的歷程式提問

首先介紹的是對於個人內在冰山的歷程性問句，貝曼（Banmen, 2005）曾列舉出豐富和完整的範例提供個別治療初學者參考。以下列出婚姻伴侶治療脈絡中，針對個人冰山常用的例句，讀者可根據自己的創意和經驗再行研發其他問句。

- 妳現在感受怎麼樣？身體的哪個部分會感覺到（感受）？
- 此刻你好像有些評價，是嗎？是什麼呢（觀點）？
- 當你做……（行為）時，你會怎麼想（觀點）？
- 當妳有這些感受時（感受），妳會做些什麼（應對姿態）？對他（她）會有什麼影響？
- 你此刻內在發生什麼？我看到你眼中有淚，我很關心你現在發生什麼了？
- 你在生氣時（感受），是否對他有些未滿足的期待（期待）？
- 在這個關係中，我可以體會到你對自己有很高的期待，你願意談談嗎（期待）？
- 當你說（做）……（行為）時，內在發生什麼？
- 這種感覺像是什麼，可否請你更進一步描述（感受）？
- 當你有……的感受時，你可以接納嗎？如果不能接納，你又會有何感受（感受的感受）？
- 當你認為自己是失敗的丈夫時（觀點），對自己有什麼評價？因此對自己的價值有什麼感覺（自我）？
- 當你覺得孤單時（感受），內在想要的是什麼（渴望）可以告訴她嗎？
- 當你這些渴望沒有達到時，你對自己有什麼評論或感受（自我）？
- 妳說長時間以來都忽略自己，這樣妳對內在生命力的體會如何（生命力）？自我價值感又如何（自我）？

- 你在這個伴侶關係中現在最想要得到的是什麼（渴望）？

  你得到了嗎？

- 現在我想邀請你先做個深呼吸，進入內在去接觸你此刻的感受，看看現在發生了什麼（感受）？

人際間兩座冰山的歷程式提問

運用兩座冰山之內和之間的歷程式提問，可以讓兩位來訪者由內容進入歷程，連繫個人內在系統和人際互動系統，使得雙方可在治療師的問句中，在兩人系統之間來來回回、進進出出，不但因此體驗到兩座冰山被串連起來，還可進行兩位伴侶冰山之間的對話（成蒂，2016）。

夫妻或伴侶在此歷程中會體認到，關係中自己的內在世界如何影響外在行為，這些行為接著又如何對其伴侶冰山的每個層面產生衝擊，以致伴侶又因著這些內在系統的變化做出外在行為，從而反過來影響了自己……。這些交疊的互動過程所產生的循環，是由個人內在系統和伴侶互動系統相互交織作用所形成的，當兩位伴侶意識到這些系統相互影響的作用力和反作用力時，會慢慢因著這些覺察，意識到自己參與的部分，並開始思考如何做出實質上的行動，以改變彼此的互動關係。

以下這些提問可以引導婚姻伴侶治療深入兩人冰山系統的歷程中，將他們的個人內在系統、伴侶互動系統和原生家庭系統共五個系統串連編織在一起：

- 當他說他在此關係中很不快樂時，你聽了感受是什麼？

  你在乎他現在說的嗎？你在乎他說他不快樂嗎？

  這是你要的結果嗎？

  那麼你要的是什麼呢？

- 你知道怎麼做，他會感覺快樂些呢？

  你想不想知道他需要什麼才會快樂？要不要問問他呢？

  你願意去做那些可以使他快樂的事嗎？

- 剛剛你提到在此關係中你因為感覺不安全，所以常常把心

裡的感受都隱藏起來，可以讓我們了解你是怎麼隱藏這些感覺嗎？這樣一定要花你很多力氣吧！

- 妳現在聽到他說的話已開始有些相信他，而且也有一些希望。這是一個很大的冒險，但妳會擔心害怕，萬一又發生同樣的事怎麼辦，這時候妳又開始保護自己不想跟他說話。可以幫忙我了解妳的害怕嗎？

- 當你聽到她說受不了你的時候，你內在發生了什麼？你聽到的是什麼？你怎麼解讀？你怎麼想？這樣想的時候你會有何感受？所以你此刻覺得自己是個失敗的丈夫，不能讓你的妻子感覺快樂，這時候你是否覺得自己很糟？自我價值也很低？

- 當妳聽到他罵三字經時，妳甩門而出是什麼感受？

- 當他說要重新思考你們是不是要繼續這個婚姻時，妳的眼淚流下來了，可不可以說說此刻妳的感受？

- 我明白妳並不想失去這個婚姻，可以說說看妳內心深處最想要的是什麼嗎？

- 妳雖然嘴巴上說「隨便他」，但妳的身體卻在說「我很絕望，好像怎麼做他都不滿意，我是不是很糟的人？」此時妳還會對自己說些什麼？

- 你會告訴自己，我永遠達不到他的期待，這時候你會怎麼看自己？

- 妳是不是內在有個聲音在對先生說「你從來不曾真正的愛我、在乎我，你總是覺得我不夠好，不是好太太，也不是好媳婦……」，所以妳心裡覺得自己一無是處也沒有價值？這樣想會有些什麼感受？我相信這是很痛苦的，對嗎？妳想不想問問看他、也跟他核對這些推測是否是真的？

- 妳現在這樣責怪他、挑他的毛病，是不是想要很用力的告

訴他希望他能聽見妳的需要和孤單？這樣做妳覺得有用嗎？能不能得到妳要的？

- 柏彥，我感覺到你內在現在發生了一種奇妙的變化，好像你心裡很想告訴美蘭：「我要妳真心接納我如我所是，而且不要再想改變我成為另一個人；完全的愛我就是我現在的樣子。」但這個聲音只在你內心深處不能說出來，你也不允許自己告訴美蘭，因為太困難了，你相信自己值得擁有這些嗎？

- 妳說讓他看見妳內在的脆弱是妳很害怕的事，妳知道妳怕什麼嗎？因為這個部分是妳自己也不能接受也不喜歡的？與他分享妳的脆弱，對妳來說大概是很可怕、很不安的，（對先生）你會想聽她分享她的脆弱嗎？

- 小雅，你內心深處有個微小的聲音，而且這對妳非常非常困難說出口，這個聲音在說：「我想要你靠近我、在我身邊，把我放在你心上第一位」是不是？妳現在願意直接把妳的渴望告訴偉翔嗎？
  偉翔，你願意聆聽她嗎？
  妳剛剛冒了很大的險，把妳的渴望告訴偉翔，非常不容易，現在妳的感受怎麼樣？

（未完待續，其他例句請參見附錄4）

串聯原生家庭與冰山的歷程提問

- 你從哪學到「保持距離，以策安全」呢？你的父親在你小時候與母親在一起也是如此嗎？

- 美琴，我有個奇妙的感覺，妳似乎要不斷測試自強他是不是真的愛妳，而且給他的考題越來越難，妳知道發生了什麼嗎？這與妳在原生家庭的經驗有關嗎？

- 妳剛剛說，如果告訴他妳需要他時，會覺得自己很小，自

己很不重要，能否請妳幫我多瞭解，妳內在發生了什麼嗎？

這種感覺是熟悉的嗎？

會讓妳聯想到什麼嗎？

- 妳內在有個很脆弱、孤單的部分，是妳不想讓先生看見的，這個部分讓妳覺得自己像個小女孩，妳可以說說這個經驗嗎？妳小時候在原生家庭也曾經經驗這樣的時刻嗎？

- 不知道能不能請妳多談談，剛剛妳說在妳小時候曾經也有父母拒絕妳、忽略妳的時候，那時妳也很傷心害怕，就像現在的感受，可以請妳與妳的先生分享嗎？

- 你提到過在你小時候，媽媽常常為一點小事就責打你，你老是覺得動輒得咎，常常處在焦慮害怕中，後來你就把自己訓練成關上耳朵，再也沒有什麼情緒，這樣能保護你免於受傷，而現在你對妻子也是這樣？

- 玉琳，妳知道妳的先生並不像妳父親會有暴力的，所以妳的害怕是屬於當年那個小女孩的，而妳的先生並不是妳的爸爸，妳可以為自己做個區分嗎？

- 博文，你提到當有人嚴格批評你時，你就會想到你爸爸的嚴厲，這時候你就會封閉自己，也把外界隔絕，可不可以請你現在試著告訴玉玲，當你看到她批評你時，你的經驗和感受？

- 力宏，我很欣賞你已覺察自己把小時候對父母的期待放在愛玉身上，現在可否看著她，清楚的告訴她你現在想改變的是什麼？你想要為你們現在的關係放下這些小時候的期待嗎？

- 當他這麼對你說話時，你內在感覺到想逃，因為有一種巨大的壓迫感，使你喘不過氣來，彷彿你這時候很小、很弱。這種經驗讓你想到什麼嗎？這種經驗是否是熟悉的

呢？你的伴侶是否讓你想到原生家庭的什麼人嗎？

分享和協商彼此未滿足的期待

處理夫妻或伴侶間未滿足的期待，是個非常困難和複雜的龐大工程。在探索、討論和協商這些阻礙他們相處的期待時，除了治療師和伴侶三方都要有足夠的耐心、專心和堅持，伴侶間還需具備包容、尊重和開放的態度來面對。

夫妻或伴侶因這些未滿足的期待卡在某個死結中，常不是一朝一夕的事，而是從過去生命經驗中累積許多複雜、糾葛、隱藏和外顯的因素，形成個人的執著和堅持。有些未滿足的期待來自原生家庭的成長背景，有些則與深層渴望和自我價值緊緊相連。因此往往當事人需要調整這些未滿足的期待後關係才會改善時，就覺得好像要撼動他生存的根基或支柱般有著巨大威脅感而不想改變自己。這是個艱辛的歷程，卻值得夫妻或伴侶持續不斷的努力，來面對彼此未滿足的期待，以突破生命和關係的困境。

下面說明的處理原則，可提供治療師行進之路，來陪伴來訪者分享和協商彼此的期待。其中大部分做法來自葛莫利（Gomori, 1999, 2003, 2006, 2007）在工作坊中的教學與示範，此處經作者個人詮釋和反覆實作後，將此歷程介紹如下。

覺察未滿足的期待

治療師首先邀請夫妻或伴侶各自寫下對另一半的期待清單，這是一個覺察的過程，可以發現自己有那些期待在關係中未能得到滿足，而這些期待又如何影響自己、對方和親密關係。所以他們一邊寫，可以一邊去感覺每個期待所帶來的感受及其背後的意義。

許多夫妻或伴侶在進行這個步驟時，會清楚的看到，當對方做不到或甚至根本不知道這些期待時，自己因為抓住這些期待而產生嚴重的憤怒和挫折，長期累積下來的情緒就造成沮喪、憂鬱，或不可控制的怨

恨。在關係中期待落空，不但會帶給當事人強烈的感受，也會因此使他對自己、對伴侶、對關係產生負面評價，影響的範圍和深度是無法想像的。所以這些情緒是很好的線索，讓當事人因此有機會去探索，當期待落空時，在冰山每個層次所產生的巨大衝擊。

認回這些期待並為此負責

把期待放在伴侶身上時，會使得伴侶感到肩上有無比沉重的壓力喘不過氣來，他會覺得「怎麼做你都不滿意」，而感到在親密關係中被緊緊綑綁的壓迫感。而擁有期待這一方，因期待無法實現，在關係中會感到失望、受傷和憤怒，卻從未想到需要去承認和正視它們。

其實，這些感受和期待都是屬於有期待的當事人，不屬於對方，所以當事人需要認領它們為自己所有，並為它們負責，而非將之強加在伴侶身上，使自己和伴侶都深感痛苦。換句話說，這些期待的所有人，是擁有期待的當事人自己，而非他的伴侶。當他意識到自己擁有這些期待的所有權，並且很有意識地承認這些期待是屬於自己時，才能為它們負責。如果不勇於面對和承認，只會使親密關係的傷口更深、裂痕更大。

如何認回這些期待呢？首先在當事人寫下自己的期待清單時，治療師就可以清楚告知，讓他意識到這些期待都是由自己創建的，並不屬於對方：

治療師：很欣賞你將自己的期待清楚的條列出來，不知道你在
寫的時候有什麼樣的感受？

（當事人回答後）現在我想邀請你再回顧一遍，而且
很清楚的意識到，這些期待並不屬於別人而是你個人
的，也就是你是這些期待的所有人。你能很真實的體
會到我所說的嗎？

這裡很重要的一步，是當事人若能意識到這些清單上所列出的期待是屬於他自己而非伴侶時，他才有權決定要如何去處理它們，即他想要

繼續堅持這些期待或放下它們。這一步對很多當事人來說是不易理解的，他們會說：「雖然這些是我的期待，但我要伴侶為我做到時，怎麼會是我的呢？」所以治療師要鼓勵當事人看清楚，即使他想要對方去實現這些期待，不論對方同意與否，這些期待都不屬於對方，對方只能決定做或不做，但無法為這些期待負責，也不能替當事人決定要如何處理。

評估期待是否合理

接下來當事人則要一項一項逐條檢查和評估清單上的期待：哪些是不合理的、不實際的，對方做不到或不想做的？這些不能實現的期待是否要從清單上刪除或保留？哪些是可以放在對方身上並繼續要求他來完成？對於那些不可能實現或不合理的期待，他是否要為自己做出適合的選擇，即繼續堅持下去，還是要放下？

如果要刪除不合理、不實際的期待時，當事人一定會有掙扎，也會在心中感覺不捨，因為放下之後，就意味著不再要求伴侶為他的期待負責。這對那些想要控制伴侶、強求伴侶順從的當事人來說是非常困難的。

此時當事人也需要評估放下或不放下可能會有的利弊得失，不論他做哪個選擇，都有要承擔的後果和付出的代價。對於那些不合理、不實際、對方做不到的期待，如果當事人仍要堅持下去，會有什麼後果？對自己、對對方、對關係會造成什麼樣的影響？

當事人的任何選擇都可以被尊重，並無對錯好壞，因為這是他的親密關係，也是他個人所做的重要決定。治療師不會替他做選擇，而是讓他清楚意識到放下與不放下要面對的後果。

如果伴侶做不到或拒絕去完成期待時，當事人經過損益評估後仍要繼續抓住這些期待，其結果不僅會很痛苦也會繼續折磨自己和伴侶，使關係繼續陷入膠著。若是選擇放下，可能使關係較輕鬆，兩人壓力也會減小。但擁有期待的當事人常會覺得，放下期待後就不能繼續改造或控制對方，也不能再期望對方為自己在此關係中的痛苦負責，頓時他會感覺權力降格、地位架空的嚴重失落感。這些都是在治療中很重要的歷

程，需要治療師耐心細膩的陪伴夫妻或伴侶去走過。

共同協商和處理彼此的期待

當夫妻或伴侶雙方都願意以促進彼此的關係為優先考慮，並意識到個人期待影響了親密關係而想更進一步處理時，治療師即可與他們逐項協商和處理彼此的期待了。

1. 協商期待的重要原則

將這些期待攤到抬面上公開討論，是個瑣碎冗長的過程，需要雙方共同努力，更需要他們的耐性和包容，所以治療師要先與夫妻或伴侶雙方確定幾個重要原則：

- 願意一起合作為此關係做努力，且共同協商各自不同的期待，而不是仍想要處在誰對誰錯的權力鬥爭中。
- 能平等尊重和一致性溝通，即分享者不帶批判真實表明期待時，聆聽者可說出他聽到時的感受，並且有表達同意和不同意的自由。
- 先以一位伴侶的一個期待為主，討論協商完後，再輪到另一位討論他的一個期待，以此類推。
- 每個期待要用具體清楚的行為描述，並最好是可以精確量化的。
- 要不斷核對雙方是否同意和接受，而非以文化社會規範或治療師的喜好和判斷來決定。
- 當對方不同意和不接受此期待時，失望的一方可以分享當下的感受並決定要放下與否。
- 如果對方同意也願意達成此期待，就需要說明他想要進行的具體步驟。治療師要提醒那些容易討好伴侶的當事人，他必須出於真心的願意才能同意，否則對方的傷害和失望會更大，以後彼此間則更難有信任感。

協商這些清單上的期待時，我較喜歡請當事人挑選他覺得最重要、

或最有意義的一項開始。基本上這個過程不是一件容易的事，治療師要帶著耐心、專注、堅持的精神陪伴他們，即使伴侶雙方談不下去想放棄、感覺不耐煩或引起很大的情緒，治療師都要沉住氣穩住自己，一致性的與他們同在。然後由當事人自己決定他們要休息一下、再繼續、中斷、或擇日再續。如果協商討論最後雙方能有共識，當然是非常幸運的結果，但如果未能有共識也是可以的，此時就要看雙方如何與這樣的差異共處，或為了關係更好各自能有妥協或讓步。請記得，不是每個協商都可易達到雙方滿意的結果，有些願望是永遠無法協調的。

治療師：請文華先挑出你對玉敏的期待中最重要的一項先開始
　　　　討論。

文華：我挑了一項對我來說很重要的期待。

治療師：能不能請你面對玉敏，然後唸給她聽「我期待
　　　　妳……」。

文華：（面對玉敏）我希望妳能每週末帶孩子跟我一起回我
　　　　爸爸媽媽家，因為我父母很想念孫子，他們想要每星
　　　　期都能看見他們。妳可以同意嗎？

玉敏：（聲調提高，臉色變紅）太多了吧！你知道我很不喜
　　　　歡去你父母家，除了煮飯吃飯，我只是坐在那裡看電
　　　　視，很無聊！我寧願在家休息、睡覺，做我平常沒時
　　　　間做的事。

文華：（對著治療師）你看！每次一講到要回我父母家，她
　　　　就是這樣，我們都無法再談下去。要不然就是吵架。

治療師：（對著玉敏）玉敏，妳的聲音變大，音調提高，發生
　　　　什麼了？妳聽起來有些生氣，好像有很多情緒，是不
　　　　是能請妳試著說出來妳內在現在發生什麼？

玉敏：我很不高興，因為為了他父母想看孫子，要浪費我一
　　　　整天的時間，我平常要上班，週末才放假，好不容易
　　　　可以休息，每個週末都要去公婆家，覺得好累、好

煩。太頻繁了，我做不到！

治療師：我想要請妳看著文華，讓他能了解妳的感受，並且告訴他如果每週末都回去對妳來說太多了，妳希望去幾次是妳可以接受的？

玉敏：（轉向文華）我瞭解你父母很想念孫子，我也不想讓他們失望，但如果每個週末都去，我就沒時間休息，而且我也想要有我們自己家庭的時間，或去做些平常沒時間做的事。能不能我們一個月只回去一次就好？

文華：（面露難色，停頓片刻）每個月只回去一次太少了，唔……不如這樣好了，妳可以每個月在我父母家出現一次，其他週末如果他們想念孫子，我就自己帶他們回去，這樣妳覺得如何？

玉敏：（笑！）好哇！謝謝你喔！

先生的第一個重要期待協商完畢後，治療師就要接下來轉向妻子討論她的其中一個重要期待。在此要切記的是，治療師在協助其中一位伴侶討論完畢一個期待後，就一定要再反過來至另一位伴侶的期待清單，進行同樣的歷程，讓協商的過程兼顧兩位伴侶的期待不會讓他們任何一位被忽略，而產生治療師不公平或偏袒的感覺。

2. 當期待落空時

當一位伴侶的期待協商完畢後，彼此都可以分享在此過程中的感受，尤其是當分享者的期待具有非常重要意義，但對方不能滿足時，他就會感到失望和落寞，甚至會覺得很大的痛苦或受傷。如果雙方都是高自我價值且能保有一致性、亦願意為彼此關係共同努力時，即能相互支持面對這樣的失落，看看如何能再為彼此做些什麼使失落和痛苦降低。

此時治療師穩定的陪伴至關重要，讓這位失望的當事人接下來去探索期待下面有關的渴望，使他瞭解即使他的期待不能被滿足，仍可試著找到其他可能的行動以滿足與此期待相關的渴望：

- 當期待落空無法實現時，伴侶雙方共同分享由之而來的失落和感受。
- 失望的一方可探索此期待底下相關的渴望，並與伴侶一致性分享這些重要渴望，重新開啟新的協商過程。
- 雙方理解了深層渴望後，可以共同找到其他可能性來滿足此渴望；若失望的一方仍決定要堅持抓緊原先未滿足的期待時，這也是他的選擇，但必須認清其結果和影響。
- 失望的一方重新評估：
  a. 此期待是否是維持此婚姻或關係的底線？對方做不到是否會影響他們關係的存續？
  b. 接受此現實放下期待？
  c. 繼續堅持下去會如何？

　　伴侶 A 期待伴侶 B 與網友聊天時，能維持一般朋友的清楚界線：不會隱瞞她單獨約會、不會有欺騙、沒有私人的情感和性接觸。伴侶 B 覺得窒礙難行，不想照做，因為這使他感覺像失去自由被 A 掌控。

　　伴侶 A 非常傷心，因為這對她很重要，她的前任男友就是因為與網友連繫後出軌，她因此非常難過和受傷。她說明自己最想要的不是控制伴侶 B 的行動，而是需要在此關係中感覺信任和安全。伴侶 B 知道這個期待和期待下的渴望時，較能理解伴侶 A 的感受，也願意一起討論合適的做法，使他既不會感覺自由受限又能滿足伴侶 A 的渴望。

　　他們一起協商未來新的做法，讓伴侶 A 感覺安全和信任而不會勾動過去的創傷，協商內容包括：當伴侶 B 與網友聊天時，伴侶 A 可以隨時在旁參與，或事後可以知道談話內容；伴侶 B 與網友見面可以先得到伴侶 A 的同意，並知道對方是誰、在哪見面；伴侶 A 對伴侶 B 與網友交往的底線是：不能有性接觸、不能祕密交往，要讓網友知道他已有女友。最後伴侶 B 願

意同意的底線是不與網友發生性關係，但其他兩項做法他仍堅
持會使自己犧牲太多自由而不想同意。雖然對此協商結果伴侶
A 非常傷心失望，但她從治療過程中認清自己渴望的安全和信
任，是親密關係的首要之務，也是她的底線不能妥協。因為她
不希望再一次經歷背叛而受傷，因此最後她選擇放棄與伴侶 B
的情人關係。

以上這些協商和討論期待的歷程，在薩提爾模式伴侶治療中是極為
重要的一環，也是薩提爾模式很獨到的做法。夫妻或伴侶們會學到更積
極地以負責任的態度去表達和實現內在需求，而不是去控制或強求對方
照做。此協商過程會讓他們更進一步彼此了解，更實際清晰地認識伴侶
的有限性，而不會停留在自己的浪漫幻想中。也就是說，經過了這些協
商和討論後，較能真正認識對方真實的面貌，並且平等的從人性的角度
相互尊重。

協商完畢後再分享此過程的學習和承諾，加上相互感謝和欣賞才算
告一段落。夫妻或伴侶能走到這一步是個大工程，在協商期待的過程
中，他們不但要有能力尊重自己、為自己穩定發聲，還要能尊重伴侶、
聆聽和接受對方的回應。這些對雙方都是嚴峻的挑戰，他們將從中學到
如何在滿足對方和自己的需求間得到平衡、為自己設界限、放下控制尊
重對方、接納彼此的差異性、處理衝突，並與無法得到共識的結果和平
共處。

雕塑伴侶雙方的自我

自我價值是薩提爾模式的核心基石（Satir, 1979; Gomori, 2012; Satir
et al., 1991; Gomori & Adaskin, 2009），其意義為一個人對自我重視的程
度及他是否能帶著關愛、接納和尊重來珍惜自己。薩提爾從她的個人生
活和專業經驗中，深信一個人內在自我價值感是他與自己和與他人的關
係中，最關鍵的影響要素（Satir, 1988）。她形容一個人內在的自我在

高自我價值感的狀態時，會自然流露出整合、誠實、負責、仁慈、和愛的能量；他會相信自己有能力、會運用內在資源幫助自己、為自己做決定，但同時也可以向外尋求協助；他欣賞自己存在的價值，同時也欣賞他人存在的價值，因而為親密關係帶來希望與信任。

薩提爾模式的治療師會運用雕塑來呈現夫妻或伴侶間各自自我價值的高低，透過身體雕塑使他們意識到，彼此之間的關係動力如何受到自我價值感的影響，以及自我價值感高低又如何影響彼此在關係中的感受和溝通姿態。讓兩位伴侶經由此過程學到在親密關係中可以愛自己、認可自己的價值，並且用同樣的方式去愛對方和認可對方，即在平等一致性的關係中，相互滋養和成長。

以下大部分原理取自薩提爾的教學帶（Satir, 1979, 2001）和葛莫利在工作坊的教學與示範（Gomori, 2012, 2014），再經由我在工作坊和婚姻伴侶治療的實作後，將雕塑歷程採用案例說明如下。

探索冰山和雕塑應對姿態

恆生和方玉結婚已十年，雖然他們一開始很相愛，但十年來卻爭吵不斷，衝突越來越大，過往美好的感覺越來越稀薄，怨恨和憤怒卻越來越增長。在四次的會談中，他們談到許多衝突都與恆生的母親，即方玉的婆婆有關。在這個三角關係中，方玉盡力做好媳婦的角色，但始終得不到婆婆的認可。婆婆常當著家人的面批評她懶惰、家事做不好、煮菜難吃、不會照顧恆生和孩子……。方玉一肚子苦水回到家跟恆生訴苦，恆生只會不斷勸說：「媽沒有惡意，想開一點不要理她，她講話就是那樣！」使方玉更生氣和委屈，覺得先生不是站在她這邊，所以非常怨恨他，久而久之也懶得再說，但累積的情緒使她越來越不快樂而得了憂鬱症。

恆生則是滿腹心酸、絕望無助，不知該如何調解這種局面。他夾在妻子和母親之間壓力很大、兩面不是人。母親怪他只會為妻子說話不要她這個做媽的，妻子則怪他是個媽寶，沒有為自己的家庭負起責任害她

身陷苦海。方玉長時間在婆婆的責難下越來越自卑、自我價值感越來越低，但她又捨不得孩子不想離婚，每天都在徬徨、自責和懊悔中過日子，醫生開的抗憂鬱藥物則越吃越重。

治療的前五次，他們已有共識和承諾要一起為兩人關係努力，不再讓母親或婆婆影響和介入他們的婚姻。因為恆生已了解這個婚姻狀態對方玉憂鬱症的影響，他不想讓妻子繼續生病，也不想失去婚姻。方玉很清楚她不想再生病和過這種苦日子了，她期待在治療中能找到出路並做些改變，使自己健康起來。

他們都決定彼此的關係目前是最重要的優先順位，在治療中學習一致性地分享在目前處境中的冰山，包括他們各自的感受、觀點、期待、渴望和自我價值。在渴望的部分，方玉想要的是愛和安全感，而恆生想要的是接納和理解。他們也都願意彼此幫忙，滋養滿足對方的渴望，治療一直都朝著他們想要的目標持續進展中，兩人也感覺到關係有很多進步，方玉的自我價值感也逐漸在恆生的關注和重視之下漸漸有增長。

但最困難和關鍵之處在於方玉的期待恆生很難做到：方玉期待恆生在婆婆責罵她時能站出來為她說話、制止婆婆的惡言惡語。如果恆生能做到這點，方玉才會覺得先生是愛她的，她才感覺自己是夠好的。

由於恆生一直不能同意做到此點，使方玉使始終無法信任先生重視她、會持續努力下去，因此她對自己的婚姻充滿不確定感，亦不相信先生會保護她跟她站在一起。因此他們的相處仍是高高低低、起起伏伏。直到有一次治療師與他們核對：在面對恆生母親時，他們各自對自己重視的程度如何、他們如何評估自己在此關係中的自我價值時，他們才發現原來他們內在的自我價值感都很低，並且受制於他人來決定。

首先治療師請方玉雕塑了她、先生和婆婆（她用一個老虎布偶代表）在壓力下的的三角關係。方玉將婆婆與先生放在一起面對她，婆婆放在高椅子上，她很卑微地討好婆婆、嚴屬指責先生；先生跪下來討好妻子和母親，但妻子和母親一邊一個拉住他的一支手，好像要把他撕裂。先生和方玉分享了在這個畫面的感受。方玉很心疼自己和先生，也

有很多傷心和失落，她發現自己把力氣都花在與婆婆搶恆生這件事上，很不值得。恆生同樣也發現如果他想討好兩方，不站起來走到方玉身邊與她站在一起，他就會失去一切，方玉會繼續生病，他也無法改變現狀。

與自我對話

　　此時，治療師請方玉挑選布偶代表她的自我價值，她挑了一隻小綿羊，牠躺在地上沒有力量，特別是當婆婆責罵她，而先生又未認可她時，她的自我價值感就如同弱小無力的綿羊在地上躺著站不起來。治療師先邀請方玉對著小綿羊（自我）清楚地分享自己在這個大家庭中，盡心盡力做好妻子、媳婦、和父母的角色的心情，並表達出即使婆婆在口語上批評責罵她，並不代表她就是差勁糟糕的人，她可以為自己肯定自己，而不用再依賴婆婆的認可。

　　　方玉：（抱起小綿羊以無限的欣賞和愛對牠說）我會肯定我自
　　　　　　己，因為我做得很好，我能做的都做了，我不知道為
　　　　　　什麼婆婆仍舊不滿意，也從不誇獎我，但我要很鄭重
　　　　　　的告訴妳（小綿羊），妳很好，即使婆婆不欣賞妳，
　　　　　　我欣賞妳、認可妳、也願意愛妳。

　　治療師：既然已做得這麼好，還需要婆婆決定妳是怎樣的人
　　　　　　嗎？

　　　方玉：我不用婆婆認可，我可以認可我自己，我知道我是怎
　　　　　　樣的人，我過去一直想要得到她的肯定，結果為她犧
　　　　　　牲自己一直生病，太不值得！婆婆其實從來沒真正看
　　　　　　見我，他只看見她兒子，任何人只要跟她兒子結婚，
　　　　　　她都看不上，而不是因為我真的不好。

　　接下來，方玉具體地將她對自己的欣賞用語言說出來告訴她的自我，恆生此時也加上他對方玉的感謝與欣賞，讓方玉深刻的體驗來自她自己和恆生所給予的支持和肯定，加深了她對自己的重視和認可。接著

方玉帶著她的自我面對婆婆，很清楚的表達她對婆婆的所有感受和期待，並且告訴婆婆，無論婆婆是否肯定她，她都要尊重自己，再也不會被婆婆的語言控制。如果婆婆再用惡毒的字眼罵她，她會選擇不再討好她，只做好自己的本分，其他的恕難奉陪。

恆生則分享他夾在方玉和母親的中間、討好她們兩個人，被不斷拉扯時的無力感和痛苦，他越想調解兩邊就越把情況弄得更糟。而母親和方玉還不斷指責他不中用，使他更加覺得絕望和無助。他在這樣討好的姿態中，心裡很受傷、挫折和難過，對方玉感到深深的抱歉，對母親則感到愧疚。尤其當方玉被母親責罵而心情沮喪責怪他時，他的自我價值感即如同他所挑選的小烏龜布偶，在地上俯伏前進無法強壯起來。這使得他們夫妻在遇到壓力時，因為兩人皆在內心低自我價值感的狀態中，產生各種防衛相互攻擊，造成關係長期以來的緊張和距離。

提升自我價值感相互連結

恆生接下來也與他的自我（小烏龜）對話，在經歷了方玉的自我站起來的過程後，很奇妙的是恆生感覺他的自我也可以站起來了。以前他會覺得方玉的憂鬱症是他害的，是他沒有盡到保護妻子的責任，所以他是個糟糕的丈夫和失敗的兒子。當他看到原來方玉有很多力量可以站起來，他也決定要重視自己、站到方玉身邊，因為這才是他真正要的。如果因此不能使母親滿意，他也願意承擔，反正不管他怎麼做母親都嫌不夠。但他清楚明白，母子之間不論發生什麼，這個關係絕不會破裂。他只需要忍耐母親的抱怨，安慰母親即可，或是在適當的時候多給母親一些她最在乎的東西──金錢，母親就會開心了。今後他只需要站在妻子這邊，不用說道理規勸她，而是認可她、愛她和陪伴她就夠了，這樣他也鬆了一口氣。知道自己以後可以如何保護這個關係之後，他發現自我價值感提升了，現在可以讓自我站起來（他抱起小烏龜，讓它不用趴在地上），同時也對他的自我說出欣賞的話。方玉也在此分享了對恆生的愛與認可，兩人此刻在高自我價值感的基礎上，重新建立新的連結。

方玉一旦體會到恆生的重視和肯定，即感覺更多兩人之間「我們」的共同感，她的自我價值感提升後，不再把婆婆放在至高的位置上被掌控，即開始能用不同的眼光來看婆婆，她發現其實婆婆在多年前公公過世後有很大的失落和無助，因此轉向兒子尋求慰藉，現在看到唯一的兒子被媳婦搶走，自己就更孤單了。在婆婆心目中，這個媳婦雖然不像她那麼能幹，但其實對媳婦仍有很多讚賞，只是礙於情面不能說出口。方玉因為內在力量強大了，又得到來自先生的愛與支持，在面對婆婆的責罵時不再膽怯哀怨，而視婆婆為一個不快樂、需要愛卻得不到愛的女人。當方玉能從成年女性的角度來看婆婆這位女性時，內心油然產生一些慈悲感而不再那麼憤怒了。

　　接下來的會談，方玉和恆生更落實他們在這個過程中所學到的，加強穩定內在的力量和對自己的認可，一起練習兩人如何相互支持和鼓勵，並且一致性的面對恆生的母親。他們討論出在一定的範圍內，包括金錢和時間，恆生可以孝順母親，但若母親的要求超過兩人的界限而影響兩人的相處時，方玉和恆生會一起清楚的表達他們的尺度。

　　上一節曾說明，在冰山底層一個人內在的核心是自我與生命力，而我們所經驗到自我價值感的高低即反映出對自己重視和認可的程度，同時也決定他在親密關係中的溝通與應對方式。有高自我價值感的人就會感覺強壯的生命力，他的內在是穩定和諧的，如同下了一個定錨在深海中，不會輕易地受到他人的評價來左右對個人價值的判斷。

　　但若不能重視自己而有低自我價值感時，極易因內在所產生的空洞無力、缺乏安全感，而自動化地產生立即性反應來攻擊對方或防衛自己，使彼此關係更緊張、更匱乏、距離也更遠。透過上述的雕塑歷程，可以立體呈現這些內心複雜的狀態和內在真我，治療師藉雕塑創造一些視覺與身體的畫面，透過語言和非語言的交流，讓伴侶們認識彼此真實面貌，重建內在自我價值感，使得親密關係新的一頁隨之展開。

雙人面貌舞會

每個人的個性都有許多部分，在不同的情境和時刻、面對不同的人，會展現不同的面貌。大多數人都會傾向接受自己喜歡的或自認為正向的部分，而拒絕其他自認為不好或負面的部分。當一個人拒絕、否定或壓抑自己這些不想接受的部分時，能量就無法自由流通，生命力的成長和統整亦會受到阻礙。

在薩提爾模式中，這些個性的部分都可稱之為資源（Satir, 1986），沒有對錯好壞，每個部分都可供我們去使用或轉化，讓它們成為個人的內在力量。薩提爾發展了面貌舞會（parts party）這工具來讓人們體驗自己內在有哪些美妙的資源、如何使用它們、如何轉化它們，使我們可以因為這些資源變得更加完整和一致性（Satir et al., 1991）。因此，面貌舞會是薩提爾模式中一個指認、轉化和整合我們內在資源的過程和工具。

薩提爾發展出的面貌舞會以新奇、幽默、有趣、戲劇性又創意的方式，讓當事人深刻體驗個人內在所擁有的各種資源，及它們之間如何形成豐富奇妙的互動（Gomori & Adaskin, 2009）。這是一個使人印象深刻又獨一無二的治療工具，也是薩提爾令人驚嘆的創舉。她善用矛盾、悖論、混亂讓人更深刻領悟和洞察（Satir, 1986; Satir et al., 1991），藉著角色扮演者可展現出這些資源彼此間的動力和張力，並且讓當事人在趣味性的過程中逐漸認識、運用、駕馭這些資源（Satir, 1986; Satir et al., 1991; Gomori & Adaskin, 2006, 2009）。

薩提爾用舞會的隱喻，讓每個扮演者代表主角個性特質的部分，參加一個想像中的舞會，表現出每個特質獨特的面貌，透過每個人在舞會中誇張的肢體動作來展示某個特定個性特質的能量。每個角色會用動作、聲音、肢體、接觸、姿勢、彼此的互動等，來外化出主角內在因這些能量交會時產生的衝突、合作和整合，因此過程中常常會看到許多變化、創意、笑聲、幽默和驚喜（Gomori & Adaskin, 2009）。

薩提爾喜歡用戲劇化的方式來進行人的內在歷程，因為她強調我們每個人都可以看、聽、觸、嗅、嚐、感受到各種知覺並充分地去經驗、

學習和整合。她認為每個人內在都有很多個性部分（parts），每個部分都蘊涵著能量，會自己調整和變化。如同其他的系統一樣，當這些部分的能量在其所處的系統中是和諧的，能量就會有流動和活力。

然而身為人類的我們總是會否定自己某些部分，使得被否定的那部分能量受到阻礙無法流通。如果某些部分太強或太弱，能量就會失衡。薩提爾認為每個人需要的是成為一個整體，但人們常常不是使自己「完整」（whole）而是造成「缺口」（hole），所以她想做的是讓人們找到「w」使得「缺口」轉化為「完整」（Satir, 1986）。

我們很容易會否認自己的某些部分，例如否定生氣、傷心、嫉妒等感受，那些被否定的部分，就像用繩子把它們綑起來般限制了它們，也許這樣表面上可以暫時平靜下來，或因此得到他人的認可，但實際上卻遏阻那些部分能量的流通。所以薩提爾採用「面貌舞會」的創意過程，以戲劇性的作法，加上一些趣味和新奇，來使一個人在深刻的體驗中清楚意識到他所具備的資源的每個部分，同時也釋放他所否定和壓抑的能量，讓主角能真實地擁有、認可和運用他的每個重要資源，做為療癒自己和親密關係的力量。

關於薩提爾進行面貌舞會的史料並不多見，最經典的紀錄則是蓋瑞家庭一家三口面貌舞會的錄影（Satir, 1986），之後則由葛莫利在各種工作坊中示範個人和夫妻的面貌舞會歷程，其多樣性和豐富性的應用令人嘆為觀止，有興趣的讀者可從部分文字和影像紀錄看到詳細的過程（Satir, 1986; Gomori & Adaskin, 2006, 2009）。面貌舞會不論在個人治療、或應用在夫妻或伴侶關係中，皆可獲得深入和發人深省的治療效果。以下介紹雙人面貌舞會的過程，為綜合過去薩提爾和葛莫利的做法，及筆者的親身經歷整理而成。

第一階段

首先導引者會邀請一對夫妻或伴侶當主角，請他們各自列出自己的六個個性特質，其中三個是自己喜歡的或對自己的關係有助益的、另三

個是自己不喜歡或無助益的。如果是在一個團體或是工作坊中，則各自邀請夥伴們來扮演每個部分。如果沒有角色扮演者協助，則可以請主角挑選適合的布偶來代表，或直接用紙牌寫上個性特質。

伴侶各自一一告訴每個角色扮演者要如何呈現該特質，他要說什麼、做什麼動作、發出什麼聲音來表現出那個特質的樣貌最有代表性。例如，丈夫向他的「生氣」描述自己在生氣時會大吼、罵三字經等動作；妻子向她的「關愛」說明她在關愛時會擁抱、面露微笑等。

接下來每位角色扮演者模仿主角所指示的聲音和動作，試著以一種誇大和創意的方式，在身體和心理上一一體會每個部分的感受，並在觀眾和主角面前，輪流出來展現自己並介紹自己所代表的部分。

第二階段

伴侶各自隨機請一位個性特質的角色扮演者站出來，相遇的兩個人要誇張地演出主角指定的動作且彼此互動。這樣輪流出現每個特質且以身體動作互動，直到雙方的每位個性特質之扮演者都出來展示過。

這些角色扮演者在兩兩互動的過程中會製造出有趣又熟悉的場景，伴侶在觀看和體會時，可意識到這些場景是否在日常生活中也是熟悉的畫面。

第三階段

請他們指出在平常相處時，壓力和衝突最大的畫面為何，在這些困難的時刻是由哪些個性特質會碰到一起產生張力？此時藉由角色扮演者呈現出此畫面來，並重複好幾輪，盡可能使張力極度凸顯，用誇張的方式讓兩位伴侶更深刻的體會他們在日常生活中，有哪些特質彼此碰撞時會造成他們之間的困難，藉此增進覺察。他們未來則會因這些覺察可有更多選擇去運用其他不同的個性特質來互動，以避開可能會有的衝突。例如：妻子覺得最困難的是面對先生的「壞脾氣」，她不知該如何處理時，就會使用她的「憤怒」來面對，結果兩人就會當場戰鬥起來；而

先生最受不了的是妻子的「急躁」，當先生一感覺到妻子的「急躁」出現，他就會表現出「封閉」，此時妻子越急躁，碎碎唸得更多，先生就越封閉自己把耳朵摀起來不斷晃著腦袋，妻子則追著先生跑要把她想說的話塞進先生的耳朵裏。

這些畫面極端地呈現了他們日常生活衝突的場景，現場讓這兩位角色扮演者以誇張的動作進行互動，使這對夫妻或伴侶和所有參與者都能體驗性的看到他們內在和外在衝突的動力。這些歷程都是兩位伴侶內在發生的狀態，薩提爾用舞會的隱喻將個性特質外在化，並可以具體的讓夫妻或伴侶看到他們真實生活中彼此關係的動態變化。

第四階段

請伴侶雙方各別找出一些自己可以運用的資源，去處理這些衝突的場景，即他們各自想要如何運用自己的個性部分去改變這種壓力狀況，以避開硬碰硬的較勁並且採用自己其他較有助益的資源來化解目前的僵局。這些嘗試的過程可使兩位伴侶意識到，他們其實在面對無法化解的衝突時可以有很多選擇，因為他們都具備充分的資源提供他們各種解決的可行性。

上面的案例中，當先生面對妻子的「急躁」覺察他們之間將會有衝突時，即可防範於未然，有意識的不再選擇去使用自己的「封閉」來因應，因為在前面的第三階段中他已知道這樣無法解決彼此之間的衝突，只會使狀況更形惡化。因此先生邀請了他的「耐心」、「自主」、「健忘」，都出來，嘗試看看一位一位輪流與妻子的「急躁」互動，最後發現先生在妻子「急躁」時，將他的「耐心」和「理解」共同運作，最能化解兩人的衝突。

妻子在面對先生的「壞脾氣」時也試著運用自己幾種不同的資源來互動，發現最有效的做法，則為她的「愛」和「關心」兩種資源最能化解與先生「壞脾氣」的對峙，而其他的「控制」、「靈性」或「獨立」在此則徒勞無功。

面貌舞會的精神在於，伴侶二人內在都有豐富的資源，在遇到兩造共同製造出來的困境或衝突時，他們都可以為此關係找到自己適用的資源，來協助解決當下的難題，而不是期待對方做改變、或由對方為自己負責來處理當下的難題。當兩位夫妻或伴侶嘗試邀請自己內在的資源上場與對方不易相處的部分互動，看看是否會發生新的碰撞和火花時，他們即可藉著這樣有趣又創意的過程慢慢領悟和發現，在關係困境中如何彈性運用各自多樣性的資源與伴侶共同合作解決壓力情境，並且創造彼此愛和學習的機會（Gomori & Adaskin, 2009）。

第五階段

角色扮演者去除角色後，夫妻或伴侶、角色扮演者和其他參與者接著分享此歷程中，自己的觸動、共鳴、學習和體驗。他們可以相互欣賞在過程中每位的參與、開放、幽默、創意、和努力，同時看到伴侶們將這些豐富的個性部分外在化時，他們都可以有更深刻的覺察，做出彈性選擇和改變。這些分享有助每位參與者將雙人面貌舞會的學習更加落實，將自動化的即時反應化解為有意識的新行動，而能以自我負責的方式改善夫妻或伴侶間的僵局，並將這些學習應用到日常生活中來促進自己與伴侶更和諧的親密關係。

隱喻與幽默

薩提爾認為人類的意義性是多重面向的，語言卻無法完全表達且有其限制。因此她使用隱喻來跨越語言的限制，闡釋人與關係的意義。透過隱喻可以創造圖像，傳遞語言無法傳遞的豐富訊息。這些圖像會活化我們的知覺、視覺、聽覺和觸覺，提供大腦一種可以超越思考邏輯，與直覺連結的影像，從而帶出允許深層改變的可能性（Satir et al., 1991）。

薩提爾採用大量的隱喻、雕塑和圖像來活化整個大腦和身體知覺，這樣才能與來訪者有全面和整體的互動，而非只停留在理智層面上的運作。因此隱喻可以減低來訪者的抗拒，直接和來訪者的潛意識溝通。如

果治療師使用恰當的隱喻，來訪者能對這些隱喻產生共鳴，會使他們感覺到一種洞察和領悟。這種體驗不是單由左腦的認知系統所產生的，而是經由隱喻進入右腦與潛意識連結，使來訪者將認知、情感和身體統合起來，並從中去找到一條途徑賦予意義。

舉例來說，薩提爾用「鍋子」（pot）來比喻一個人的自我價值，用「蚯蚓罐子」（a can of worms）比喻家庭成員間動態互動的複雜網絡（Satir, 1988），用「冰山」來代表一個人的內在世界（Satir et al., 1991），其他如「愛的帳戶」（Harley, 2011）、「射飛刀」（Gomori, 2006）、「對付彼此的武器」（Gomori, 2014）等，都是在婚姻伴侶治療中常用的隱喻。另外，在治療中可使用的一些隱喻，例如「兩位正在黑屋子裡跳著奇特的探戈舞」、「你的沉默像緊緊關閉的蚌殼」、「外遇後婚姻的重建，好像美麗的玉器打破了用黃金再修補起來」等。

薩提爾在「岩石和花兒」（ Satir, 1983）家庭治療中用的一個隱喻，至今仍是我們常常津津樂道的，她說：

> 我想用一個隱喻，假定有個蠟燭在我手中是點燃著的，因為我用火柴點燃了它。現在我手中有個蠟燭你就能看見我，看到了我的光。你因為看見了我的光，所以你就感覺自己周圍也有光，因為你看到的是我這裡的光，就可以讓你去點燃你自己的蠟燭。……當自己的蠟燭點燃了，我說代表我是「完整」的了，就如同在一個關係中，帶著自我價值，所以我能示範給別人看，因此他們會說在我身邊很好。…但如果你唯一能感到好的時候是在我身邊的時候，這對我的自我來說是好的，但對你就不好了。

這段隱喻在說明薩提爾模式的治療師不會鼓勵來訪者依賴他，或把自己變成偉大的全能者，而是藉著分享自己，讓來訪者能因此運用自己內在的力量來幫助自己。因為如果來訪者唯一有光的時候是在治療師身邊，而未去點燃自己的蠟燭，即與依賴沒有兩樣了（Satir, 2008）。薩提

爾治療師的功能，在支持來訪者的力量和資源，讓他們運用自己已有的這些力量來使自己的生命綻放光彩，而不是由治療師來解救他們，卻讓他們因此變得更無能。

在薩提爾的工作中我們也常常發現她使用幽默，讓治療氣氛是輕鬆愉悅的，同時在她的隱喻中也會看到她獨特的幽默感。

例如，在「一個混合家庭與不安的男孩」的家庭治療中（Satir, 1983），有位母親因為對自己有不實際的期待，想在同一個時間點注意到每個人的需求卻忽略自己，同時還要讓每個人都感覺快樂她才安心。

薩提爾說：「是啊！這是不是很好笑？妳的焦慮是『如果我不能注意到每個人就會有人被冷落』，但妳知道嗎？這樣子妳是沒辦法上廁所的！」

薩提爾另外對女兒說了一個隱喻：「我們不是魚，理解嗎？魚在頭上的兩側都有眼睛。除非我們跟魚一樣有兩個長在側面的眼睛，否則我們無法看清楚東西。現在妳打算跟誰在一起？」

冥想

冥想在薩提爾模式中是個重要且常用的工具，在個別治療、婚姻伴侶治療、工作坊或團體中，經常用來使所有參與者和領導者都能接觸自己、活在當下，並把混亂的心思得以聚焦和平穩下來（Gomori & Adaskin, 2009）。薩提爾運用冥想最重要的目的是使人與內在生命力連結，接觸到自己豐富的資源，整合自己並活化個人身心能量。她使用冥想引導來訪者進入右半腦，去連結更深層的內在身心靈體驗，因此她常將冥想放在教學或工作坊的開始、結束，或任何對大家有助益的時刻（Satir et al., 1991; Gomori & Adaskin, 2009）。

她認為進入冥想可以使人深刻地體認到自己存在的神聖性，因為我們都有學習能力，能去愛也感知到愛（Satir et al., 1991）。這時候我們將注意力集中在自己身上，開放富於情感和直覺的神經系統，在當下全

然體驗內在奇妙的生命力，並與自我連結。她深深的相信，我們每個人都是生命力的展現，每個人也都是奇蹟。我們帶著神奇的生命力才能來到這個世界，而這份生命力是一個人內在療癒的奇妙力量，也是薩提爾認為我們每個人內在靈性和精神之所在。所以薩提爾治療師經常在冥想中，讓來訪者或工作坊學員，藉由各種冥想來深刻體驗自己的生命力和豐富的自我，使人們因此在意識和潛意識中朝向個人內在深層的轉化。

在冥想中我們會對新的可能性更加開放，也能發掘更多內在資源來幫助我們。薩提爾甚至認為，人類的生命就用各種形式的冥想來表現，所以我們可以經由冥想通往靈性層面，並帶來深度的覺察和自我整合。這不是理性思考的過程，而是通往成長和改變的途徑，使我們能對自己產生正向的體驗、感受到與自己和與他人的連結，並因此體驗到對自己和對他人的愛（Satir et al., 1991）。冥想的過程，可以使人深深進入身體與心靈蘊含的生命力中心，體驗到與自我、與他人、與宇宙能量共鳴的愉悅和寧靜。

薩提爾在她常做的的冥想中，帶領人們體驗來自地下的一股穩定踏實、安頓身心的能量，以及來自上天具靈性創造力的能量，使我們有敏銳的知覺、想像力和直覺；當這兩股能量交會於心時，我們就經驗到第三股與人連結的能量（Banmen, 2003; Brothers, 1991; Satir et al., 1991; Gomori, 2003, 2006, 2007）。這個冥想使人體驗一個人存在具有的神聖性，每個人都擁有各種內在無窮的寶藏和資源，也都蘊含無限珍貴豐富的生命力，使我們去學習、成長，和與人連結。

冥想的應用：在關係中療癒傷痕

在親密關係中，免不了會使對方受傷或反過來自己感覺受傷，但有時你感覺受傷，不見得對方有意要傷害你，就像有時你也會在不知不覺中傷了對方的心，自己卻未意識到一樣。例如，先生在妻子生產時 因忙於工作走不開而錯過孩子落地的瞬間。即便當時妻子並未抱怨，但心中卻深深受傷而梗在心中，造成妻子對先生長期的不滿和怨懟。

如果在夫妻或伴侶間，發現有些傷害已經造成卻從未面對和處理時，為了修復關係中的傷口，使兩個人有力量再繼續往前走，治療師即要創造雙方對話的機會，一方面為受傷者療傷，另一方面造成傷害者可為自己的行為承擔責任。

下面的冥想可以提供伴侶或夫妻體驗如何在傷害造成後，彼此療癒傷痛並因此進一步相互靠近。

現在請找一個舒適可以放鬆、不受打擾、能安靜專注的地方，以一種自在的坐姿，很平衡地坐在椅子上。請閉上你美麗的眼睛，跟著我一起進入一個特別的旅程。首先請做幾個深呼吸，每個呼吸都深深的吸進來，再慢慢地吐出，隨著這個緩慢的呼吸，你會感覺到越來越能接觸自己深層的內在（停頓 5 秒）。

現在你可以感覺到全身是放鬆的、平衡的，如果你需要，可以輕輕調整自己，使你可以更多關注在你身體的覺知上，此時你對身體越來越敏銳覺察，也使你越來越深入地與自己在一起。

在下一個呼吸中，我想邀請你為自己送出一份欣賞。欣賞你願意在下面的旅程中冒險，去探索自己也面對自己的過去，因為你的一些作為，你的伴侶感覺受傷，當你現在願意開始理解他的感受時，這是一份值得你欣賞和肯定的勇氣，也值得你認可自己，因你願意為關係負責。

接下來，我想請你慢慢試著在眼前看到你伴侶的影像……，想像他面對你看著你時，有何表情？姿勢？他想告訴你什麼？……接著我想請你先向他表明在這份關係中，你對他的感謝和欣賞……此時他聽到這些欣賞時，可能會有什麼反應？

接下來請你看著他，進入內在，在過去的某個特定的情境……曾經你可能做了某件事、說了某些話，使他感覺受傷或

他曾抱怨你……，這時候請用以下句子簡單告訴他：「我在過去發生的一個狀況中……，我說了……或做了……。我知道你在當時感覺是受傷的，而且我理解你有生氣、失望、傷心……的感受，我想請你明白，我理解你的感受，你也有權力有這些感受，我願意接納你這些感受。

我現在要很誠心地為我這些行為向你鄭重道歉，很抱歉我說了……做了……。你感覺受傷，我也很難過、很歉疚，很……。我想請你考慮是否能原諒我，但這只是一個請求，如果你不願意原諒我，我也會尊重你。」

在心中說完這些話之後，再看看你的伴侶，他的身體、面容、姿態、聲音是否有些不同？他是否有些話想對你說？如果有，他會說什麼？現在你可以謝謝他願意聆聽你！接下來請你也欣賞自己剛剛進行的這個為伴侶療傷的心靈之旅，欣賞自己的勇氣、冒險和對伴侶的愛。

再慢慢做幾個深呼吸，用你自己的速度，當你覺得可以的時候再睜開眼睛。

彼此滋養自我的冥想

下面的冥想，可用來讓一位來訪者或兩位伴侶一起，體驗與自我深處連結，或與伴侶在渴望和自我的層次相遇的美好過程。有時來訪者會將冥想內容錄音起來，在需要的時候播放，讓自己與伴侶享受一段與純真的核心自我安在又相互潤澤的靈性之旅。

請你閉上美麗的眼睛，做幾個深呼吸……慢慢吸氣……慢慢的吐氣。隨著你的呼吸，你可以感覺身體慢慢安定下來，現在就把注意力先落在你的呼吸上，然後感覺到空氣在你的身體裡流動……，當你把注意力放在呼吸上的時候，可以更有意識的覺察到自己的存在，透過你的呼吸可以讓你更清楚覺察我這個人是活著的、我是有生命的。我的內在有一份奇妙的生命

力，讓我可以呼吸、讓我的身體可以有能量、而且讓我可以站穩在這世界上。

　　現在你能夠真正體驗到自己的存在，而你的存在就是宇宙間最美好的奇蹟。此刻去體驗自己的美好、豐盛和生命力的尊貴，這些都是別人不能拿走也不能否定的，所以透過你此刻的呼吸，認可自己存在的價值。這份價值別人不能來定義，別人也不能來影響，即使有人反對你、不贊成你、說你不好，他們都不能決定你的價值。因為只有你能決定自己是甚麼樣的人、決定你要做什麼，或去哪裡。此刻請你真真實實體驗你這個人的存在、你的價值、你內在的生命力，並與你內在自我的核心有一個很深刻的連結。

　　這個時候你可能會看到自己的長處、也會看到自己的短處，你有很優秀、美好、很有能力的地方，請現在一樣一樣告訴自己：「我欣賞自己……。」此時你說不定會看到一些關於自己的畫面、顏色、形狀……。你也會看到自己的短處、弱點和不足之處，這都是可以的，你不需要去評價他們、否定他們，這些都是你的一部分，只需要去承認與接納。此時你可能也會看到一些跟它們有關的顏色、形狀和畫面……，去覺知它們而不加以評價。這些都是你的一部分，所以不用評價、不用拒絕、也不用否認。

　　這些都是我，我可以允許自己不完美，深深吸一口氣把這個允許給自己，然後慢慢吐氣；我也允許自己犯錯，因為從錯誤中我可以成長，再深深吸一口氣，把這個許可送進來給自己；接下來再吐氣……。在下一個呼吸中，請允許自己可以脆弱，不用永遠都堅強；允許自己不用甚麼都會，仍然接納自己重視自己。如果這些都是符合你的，請你吸一口氣，把許可吸進來成為你的一部分，如果你不想要也是可以的……。

　　現在你可以做更深、更緩和的呼吸，也可以跟自己更多連

結，看到自己最真實的面貌，把愛的能量送給自己，把欣賞送給自己，因為你是值得的，你是好的⋯⋯。

　　接下來再看你過去多年來的成長奮鬥，或許在親密關係中有許多歡笑喜悅，也有很多失落傷痛，但一路走來，你的內在一定也培養很多能力，累積許許多多的資源。現在請你看著內在最真實的自己，把深深的愛和欣賞送給自己⋯⋯。

　　此刻，讓我們每個人都跟自己的伴侶、你曾經愛過的人、現在愛的人有個短暫的相遇，帶著你自己美好的生命力跟真實的自我面對他，同時給自己許可，許可自己不用完美，也允許你的伴侶不用完美。就接納他如他所是！並且體會現在的感受⋯⋯。

　　帶著你的自我和內在資源，也看到他內在的自我，可能他內在很小、很弱，也可能他內在有豐富的生命力，是強壯的、站的穩穩的。想像你們面對面，彼此介紹真實的自己，同時也聆聽他，不帶任何評價，帶著好奇、接納、包容聆聽自己，也聆聽他。在這樣真實的接觸中，你跟他說話會是甚麼感受？請現在在心中分享這些感受⋯⋯。接著，請看著對方告訴他你內在深深的渴望是甚麼？並且帶著好奇去聆聽他內在深深的渴望，這樣你們就可以在渴望的層次上連結⋯⋯。

　　當你看到他內在真實的自我，你願不願意現在出於愛而不是出於恐懼、出於對他的重視而不是控制，給他他想要的？如果你願意，可以告訴伴侶：「我願意重視你的渴望，我願意滿足你的渴望，那些是⋯⋯，因為我愛你、重視你，同時我也重視我自己的渴望。」接著告訴伴侶，讓他也能理解和聆聽。說不定你會聽到他對你有同樣的反應，如果他也是那麼愛你，你們就能在渴望與自我層次上有更多的連結。這是多麼美好的一刻，你可以握著他的手，看著他的眼睛，跟他分享此刻的感受⋯⋯。任何時候想跟他親近和對話時，你都可以這麼做。現

在慢慢跟你的伴侶揮揮手，暫時在此刻跟他告別。

　　請你現在回到自己身上，再做幾個深呼吸……，調整你的呼吸，調整你的身體，慢慢以你的速度帶著你自己回到這裡來……，用你的速度不用著急，準備讓自己慢慢張開眼睛。

　　如果你願意，現在可以分享這個冥想的經驗。

只有一位伴侶來做治療時……

　　夫妻或伴侶中，只有一個人因關係困境前來治療是極為常見的。他的另一半可能因為某些現實原因不能來參與，例如工作時間不允許、經濟條件不佳、小孩無人照顧、不想來、對治療的接受度不高、認為有病的人才要做治療、看不起治療師、不相信治療能幫得上忙、自己的問題不想由外人來協助、不想面對自己和伴侶、還不想做改變、覺得問題不嚴重撐一下就好……。對方因為這些原因而缺席時，感覺親密關係不順利又因此受苦的一方，就會主動隻身來尋求協助。

　　當然兩位伴侶一起前來接受婚姻伴侶治療，成效一定會比只有一個人前來更加迅速有效得多。許多治療師也堅持只在兩位伴侶都參與時，才會與來訪者討論關係議題，但迫於現實，治療師有時不得不接受只有單一伴侶出現的狀況。在個別治療中，如果來訪者主訴內容環繞著他和另一半之間的議題，此時未參與的那一方就會一直是不斷出現在會談中的背景。由於家庭是一個系統，夫妻或伴侶之間進行著獨特的雙人舞，一方改變了舞步，另一方很可能也會更換舞步展開新的雙人舞。所以一個人參與的治療，對親密關係仍有一定程度的價值和意義，值得治療師與來訪者一起努力。

　　冰山在婚姻伴侶治療的應用上，不論是夫妻或伴侶兩人同來，或只有一位伴侶前來，都是極有助益的工具。治療過程通常視來訪者的需求決定目標，但會兼顧其個人福祉和親密關係二者並重的治療方向。

　　治療師陪伴來訪者，由他的觀點討論關係中的難題與故事再逐步進入冰山，去探索水平面下的每一層次，和與此難題相關的內涵。當來訪

者能在治療師引導下經驗內在世界，對自己有了覺察和深入的理解，就會自動浮現出新的選擇和改變的可能性，接下來治療師即能鼓勵他為自己、為關係做適宜的轉化。如果來訪者有興趣和好奇，治療師也可與來訪者一起去探索其伴侶的冰山，使他拓展原來固著的觀點、增加新的思維，這對來訪者來說常常是一種嶄新的學習經驗。

案例：在婚姻中的掙扎與蛻變

琳達來做治療時是一個人來的，她是一家外商公司高階主管，在婚姻中已十五年，有三個可愛又聰明的孩子。但她一直想離婚，原因是她感覺不愛她的先生，並認為先生配不上她，她應該有一個更好的伴侶給她幸福。她的先生是個公務員，一直過著恬淡知足的生活，而且很照顧家庭和孩子。但她一直對先生很多不滿意，從結婚一開始就不斷有離婚的想法，但想到三個年幼的子女就打消此念頭。十五年來都在分與不分的掙扎中痛苦不堪，甚至為了能使自己較容易結束此關係，她還申請外調到其他城市工作，但終因思念孩子，自己無法獨自生活，還是又搬回家來。為此她更加自責，怪自己生活和情感都不能獨立，很怕孤單，一個人生活完全不知如何照顧自己，離不開先生和小孩，內心的矛盾更大，糾結也更深。

在治療中，琳達非常希望治療師能告訴她，她該怎麼做才能脫離這種痛苦的深淵，她實在撐不下去了。可惜薩提爾模式不是解決問題為取向的模式，也不會提供答案給來訪者，而是讓來訪者在接納和尊重的氛圍中，去深入接觸自己的內在世界，運用自己的力量來幫助自己找到出路。治療師於是陪伴她一步一步去深入冰山的歷程，使她看見自己在此關係中的全貌，當她清楚認識自己後，適當的答案就自然浮現出來了。

琳達的**外在行為**是，經常抱怨先生不好，不斷把離婚掛在嘴邊，心情不好就回娘家向父母訴苦。有時她會埋怨父母，當初結婚是因父母認為她已屆適婚年齡該結婚了，先生即使外貌不出色，倒也老實可靠，最重要的是對她很好，悉心照顧她，因此父母很放心，就催她趕快結婚。

現在她這麼痛苦，當然要跟父母埋怨幾句以得到兩老的安慰，因為她是為父母走入婚姻的。

她的**應對姿態**，很明顯的是指責父母對她逼婚、指責她先生沒用、指責自己識人不清。她的感受非常複雜強烈，而且一點都不修飾也不隱瞞，常常生氣就直接發火，但其他更隱晦的**感受**，如失望、矛盾、傷心、懊悔和愧疚，她則未能覺察。透過治療師的協助，她發現更多自己內在這些深層感受，原來都被她強壓下來，**轉變成內在巨大壓力的來源**，使她感覺像是個受害者。因為她不接受自己可以有這些感受，因此**感受之感受**是更多的生氣、羞愧，她怪自己既然不滿意自己的婚姻，為何還有這麼多的感受，因此更加指責自己。

她認為自己一定是個自私、膚淺的人，才會這樣看不起先生；先生配不上我，我應該找到一個外表更登對、條件更好的男人，我才會幸福；我無法獨立生活，我很糟，我想要給子女完整的家；我已掙扎了十五年，到底有何出路？我該如何抉擇？我卡在中間動彈不得。先生是我父母要的對象，不是我甘心選擇的，我真蠢！這些**負面觀點**，大部份都圍繞在琳達對自己和對先生的批判，使得她內心承受極大的痛苦。

她執著在許多**期待**上，使得她自己和伴侶都深感束縛和壓迫感：

1. 父母希望我不要離婚，否則他們沒面子（父母的期待）。
2. 我為了滿足他們的期待，得一直強迫自己忍受在婚姻中的痛苦（對自己的期待）。
3. 我想要與先生成為靈魂伴侶，他要能與我溝通，深度交流（對先生的期待）；先生應該更上進，更有男子氣概，而不是像現在這樣沒志氣。
4. 我應該在生活中獨立自主，能自己照顧自己不應該依賴先生和父母（對自己的期待）。

琳達因為以上所有期待都不能達到，因此困在許多強烈情緒中，很難知道自己真正要的是什麼。她大部分的精力都花在對家人的抱怨和指責上，而無法看見自己在婚姻關係中真實的內在和所需負的責任。探索

自己的渴望對她來說，是極為陌生和困難的。但是當她開始了這關鍵的一步，去接觸自己的冰山時，就慢慢沉靜下來，認真思考到底她的人生想要些什麼。經過一段時間的沉澱後，她發現自己的**渴望**是想要親密、獨立、愛、和快樂。即使她在工作上很有成就，但不快樂的婚姻使她認為自己很失敗，這些解不開的糾結使她懷疑自己有問題，因此一直處在低落的**自我價值感**中。

治療師陪伴琳達探索冰山後，他們一起討論接下來的選擇：現在如果不能改造先生成為一位她心目中的理想伴侶，要不要試試看鬆動或調整冰山某個層次？而不是一直企圖控制外界和先生？換句話說，琳達在過去十五年中一直不滿意先生，也積極花力氣試圖改變他成為一個有企圖心的男人，在此過程中使兩人都很洩氣、緊繃、很不快樂，也使關係更加惡化。

但現在她可以為自己在冰山內做些改變，嘗試看看改變之後生命是否會有些不同。治療師提醒琳達，去看先生的長處，而不是聚焦在先生缺乏的部分；她無法改變先生成為她要的理想伴侶，但如果她仍要待在這個婚姻中，就需要改變自己而不是改變別人。

新觀點和新感受

琳達願意接受治療師的看法，決定調整自己的觀點重新認識先生，開始放下批評去看到先生的長處。當她重新發現先生的優點——雖然外表不出眾，但是一個具有良好特質的人，很細心、負責任、忍耐她、體貼、善良，愛她和愛家——看到先生這麼多美好特質時，她說：「其實他是配得上我的，我可以不用外界世俗的標準來衡量他，因為他真的是很好的男人，但我從來不曾正眼瞧他，因為心中充滿對他的偏見。」就算找到一個各方面條件都很優秀的男人，也很有成就，說不定會有別的問題，也許不會有個像現在這麼安定、平穩、和充滿愛的家庭。

另外一個新的觀點是，她雖還不能獨立生活，但可以開始學習。她可以一邊成長，一邊練習照顧自己，如果有些新的行動之後提昇了自我價值，說不定就更有能力抉擇是否離婚。現在的當務之急是先讓自己的

心安頓下來，停止要求和指責先生，把眼前的家庭和自己照顧好，也許過一段時間內心就會有適合的答案了！

當觀點改變了，琳達的感受就輕鬆、自在、愉悅些，先前的憤怒、痛苦、失望、愧疚等感受就減輕許多。

調整期待

琳達在前幾次的會談中，意識到她仍抓住許多對父母和先生未滿足的期待，這些期待有些已不符合現實、有些根本不可能實現，所以她與治療師逐項核對和討論：

1. 雖然父母要我結婚又要我不離婚，但我都配合了十五年已經對得起他們了。現在我要好好自己想清楚究竟這個婚姻是不是適合我，不用再為了滿足父母的期待而使自己受苦一輩子，我有權利決定自己的人生，也要為自己負責。奇妙的是，當琳達願意放下父母對她的期待時，瞬間她覺得肩上一塊大石頭消失了，此時再看先生的角度就有很大的不同，而能真正發自內心欣賞先生的好。這讓她突然意識到，過去她在婚姻中像個叛逆的青少女，一再奮力抵抗父母的控制，卻從未真正認識自己要什麼，也從未為自己負起責任。而這些對先生的不滿情緒，其實都來自她成長過程中對父母掌控她人生的憤怒，最後卻都由先生來承受。當她有這些領悟時，似乎在心中升起一股對先生的溫暖情感，先前許多負面評價此時都不重要了，她的內在頓時感覺輕鬆起來。

2. 對自己的期待則調整為不用再委屈自己配合父母，而可以重新思考此婚姻的存續與否，為自己的人生負起責任，並能自由、自主地做出是否離婚的抉擇。終究她的父母希望看見的是她有美滿的婚姻和快樂的人生，但過去多年來在她不斷地抱怨中，父母很痛苦和後悔逼她成婚。如果她能在未來為自己的婚姻負責，相信父母和她都能因此得到解脫。

3. 對先生的期待轉化為，就算不能成為靈魂伴侶，至少現在是親近的好朋友，也是照顧孩子的好伙伴。結婚後其實她從未真正承認

自己是他的妻子，只覺得是被迫跟他生活在一起，現在對先生的感覺和觀點改變了，就願意嘗試成為他的妻子一起生活看看，如果還是行不通，至少自己已盡力了，就再思考其他的可行性。

4. 對自己新的期待是，先試著訓練獨立生活的能力，不去依賴父母和先生，而是好好照顧自己的健康與生活起居，不論在婚姻之中或之外。

渴望與自我

此時琳達開始學習愛自己、認可自己，也欣賞自己曾經有過的努力，她發現治療到這個階段，她因為增加了對自己和先生的接納、因為懂得愛自己，所以也開始感覺到對先生細微的愛，而更願意與先生分享心情，此時她心中體會到以前沒有的踏實和親近，使她對親密的渴望慢慢也被滿足。當她願意試著做先生的妻子，而不是一直想離開而藉此懲罰父母時，彷彿就可以體會對先生的情感和先生對她的愛。有了這些內在轉化之後，琳達的內在自我感覺到一種穩定的力量，自我價值感也因渴望得到滋養而跟著不斷在提昇。

一致性

治療師接下來鼓勵琳達用空椅一致性地對先生說出她十五年來的感受，琳達說：我很抱歉過去這些年一直要跟你離婚，讓你承受很大壓力（淚如雨下），我今天才發現你是一個很好的人，我都忽略你了，我很對不起你。因為我一直在當受害者，責怪我的父母逼我結婚，我雖然照做，心中卻一直在叛逆反抗，所以從未真正感覺到你的好，也未正眼看過你。今天我決定要試著留在此婚姻中，做你的妻子，跟你好好生活，並誠實面對自己，看看我們到底是否適合，希望你給我時間讓我重新想清楚。謝謝你這十多年來忍受我的任性和壞脾氣，我很清楚體會你對我的愛和包容，也對我不離不棄，而且一直支持我，我很幸福有你在。你是一個很好的人，你也值得有個好家庭，我會努力與你一起建立一個溫暖和充滿愛的家。

在上面所描述的個別治療過程中，琳達經過多次的會談才能做到這

些轉化，這個歷程雖然主軸落在冰山的架構中，但實際上，治療師與琳達在過程中已由其個人內在系統擴展到原生家庭系統和伴侶關係系統中的探索與轉化了。所以冰山的歷程似乎看起來是處理個人內在系統的工具，卻可以藉由冰山任何一個層次的轉化帶動其他層次的轉化，並進展到其他系統中，達成來訪者身心靈和其親密關係整體的轉化。

第6章

第三把金鑰匙：
親密關係與原生家庭系統

「如果你發現過去所學到的許多事已經不再有助益，可否請你允許自己，帶著祝福並且選擇放下它們？……向它們致敬，也給自己一個許可為自己添加一些你需要的、或你目前所沒有的……同時也給你自己一個許可，只保留那些對你來說可做為學習經驗，而且會使你的生命綻放光彩的。」

——薩提爾

夫妻或伴侶各自的原生家庭常對親密關係產生不易覺察、潛在又深刻的衝擊，本章討論的是薩提爾模式治療師如何與來訪者帶著好奇與開放，一起探究這些原生家庭所造成的微妙又奇特的影響。他們會像偵探般，重新認識過去的生命歷史，有哪些與主要照顧者和其他家庭成員一起生活的重要經驗，在與伴侶相處時重現在彼此的關係中。此時治療歷程的焦點在於放眼過去但展望未來，讓夫妻或伴侶能披荊斬棘、脫離困境，不再讓舊時生命歷史形成關係中的阻礙，使他們能共同攜手邁開大步往前行。

　　薩提爾相信，家庭是我們每個人世界的起點，是人生第一個學習的場域；家庭讓每個人開始準備自己，在社會中建立自己的位置；也為將來的核心家庭打下重要基礎——滋養、保護和教育，所以家庭是人類發展的導師，我們很多重要學習都源自於此（Satir, 1988; Satir et al., 1991; Schwab, 1990）。然而，多數人都沒有從原生家庭學到如何經營婚姻和伴侶關係，在摸索的過程中，多是自動化沿用過去在原生家庭中熟悉的模式。因此在伴侶關係中，常常不是單純兩人的結合，而是兩方背景中的家庭系統複雜激烈的碰撞。

　　每個人都在原生家庭裡學到各種生存的技能，有的可以幫助我們適應環境、度過困境與他人連結，有的卻可能對成年後的自己不再有幫助。薩提爾曾說：「每個人都想要生存、成長、有建設性、有意義、有次序、有創意和與他人靠近……我相信每個人都可能有成長，我也相信每個人都有改變的潛能。」（Schwab, 1990, p. vii）。因此，如同章首薩提爾的箴言，我們可以保留那些適合自己的學習經驗以豐富人生有所成長，但如果發現過去所學到的許多事已經不再有助益，則可允許自己帶著祝福並且選擇放下它們。

　　在此過程中，治療師示範的是薩提爾的重要信念（Satir et al., 1991; Banmen, 2002; Gomori & Adaskin, 2009），即我們的父母當時都已經在所知所能的範圍做到他們所能做的了；他們從上一代的父母學到如何做父母，並重複他們所熟悉的溝通與互動模式；我們雖然不能改變父母和原

生家庭過去所發生的事件，但可以改變這些事件所帶來的衝擊。除此之外，我們每個人也都從原生家庭中，發展許多資源和力量供我們取用，在成年人的親密關係中，它們仍然可以發揮美好的作用，而且還會一代一代流傳下去成為家庭中跨世代所傳承的豐盛資產。

每個人受到原生家庭的影響都不一樣，也很複雜，但在這些不同家庭背景的多樣性中，又會發現許多相似的歷程，因為人類的許多歷程是普遍性的，可適用於各種關係、文化和環境（Satir et al., 1991; Banmen, 2002; Gomori & Adaskin, 2009）。夫妻或伴侶各自的原生家庭，在他們成年以前，因著文化差異、歷史發展、族群類屬、性別角色、家庭重大事件、個人特質、家庭規條和價值觀等複雜因素，塑造了現在這兩位獨特相異的成年人，但在個人內在與人際關係中，他們仍然有著許多人性共通和普遍相似的歷程。

當兩個人相識結合，就把各自過去的背景和學習也帶到此關係中。這些原生家庭的影響，是造成兩人差異的來源之一，卻也正是雙方相互吸引或互補的重要因素。所以從薩提爾模式的角度來看，在雙人床上躺著的不只是兩個人，而是兩個家族的所有重要他人，都一起擠在婚姻的床鋪上。

原生家庭不但塑造了我們這個人，還會形塑我們看世界、看自己、看他人和看關係的方式。這些影響在每個人的成長過程中，不斷經由內化機制的作用，變成潛意識中自動化反射的即時反應，在成年後的親密關係中，即涓滴滲透產生如影隨形、揮之不去的作用。

例如，某位先生在婚姻中執著地想要妻子為他重現小時候祖父母曾經給他無條件接納的溫暖氣氛，所以他下班回家，都要求妻子準備好熱騰騰的飯菜等著他，如同當年祖父母為他做的，否則就覺得這個婚姻不幸福，也認定妻子不是他想要的理想伴侶而嫌棄她。

或者，某位太太因為小時候在家是小公主，每個家人都寵愛她，哥哥經常牽著她的小手去上學，保護她不受欺負，讓她備感呵護，所以她長大後，同樣希望她的先生走路時能十指緊扣牽著她，她才感到被愛和

安全。但先生卻不覺得有此必要，兩人因此常常吵架。類似的例子在夫妻或伴侶的治療中經常出現，薩提爾模式治療師會將這些訊息視為珍貴的機會，由此可以更深入了解這對伴侶的背景。

每個人最初學習親密關係的場域，就在自己的原生家庭中，我們很容易經由自己父母的互動，學到夫妻或伴侶的相處之道：如何對待彼此和相互溝通；如何表達或不表達愛、生氣、傷心、失望、愉悅等情緒；如何處理差異和衝突；如何展現權力與控制；性別角色的概念與實踐；教養子女的價值觀與作法等方面。常常有人說：「我以前曾發誓長大以後不要像我父親那樣亂發脾氣，但做了父親卻發現我也跟他一樣愛生氣。」「我不喜歡我母親愛嘮叨抱怨，結果我自己做了媽媽之後，也像她一樣老是碎碎唸！」這些都是我們由原生家庭不知不覺耳濡目染學到父母行為的例子。

這些學習在我們過往的生活中，可能帶來相當程度的效果和功能，但用在成年之後的親密關係中，可能就不見得適用了，此時就需要學習其他新的、有效的做法來與伴侶相處。薩提爾模式著重的不是消除而是添加（Satir et al., 1991）的概念，即不去評價和丟棄這些由原生家庭所學到的東西，但可以重新界定過去童年的應對策略是人們求生存的必要做法，並且鼓勵夫妻或伴侶發展新的互動模式來創造新的可能性。

在薩提爾婚姻伴侶治療的過程中，當下兩人之間的關係是**前景**，雙方各自成長的原生家庭為**背景**，二者間關聯密切（Gomori, 2007）。為了處理前景所顯示出來的難題，治療師常常需要與他們探討與這些難題有關的原生家庭背景。這個探索歷程，不但會令人感到興奮和有趣，同時也是個會觸動脆弱情緒的深度探險之旅。當夫妻或伴侶對自己的背景多一分覺察，就會多一些新的可能性去做改變；對伴侶的家庭多一分理解，即能產生多一些接納和體諒。許多陷在權力鬥爭、想要爭對錯輸贏的夫妻或伴侶，在深入探討彼此原生家庭的影響後，就因為新的覺察而產生深刻的理解，因理解而產生真心的接納，因接納而創造出關係中更多的彈性和連結。

薩提爾認為，我們雖然不能改變原生家庭和童年成長歷史，但可以改變這些舊時經歷所造成的影響。薩提爾模式基於這個理念，對於原生家庭影響親密關係的深層動力有其獨到的見解，也發展了探索和處理這些議題的相關技術（Satir, 1979; Satir, 1983; Satir, 1988; Satir et al., 1991; Gomori & Adaskin, 2009），這是薩提爾模式最具特色的部分，也是其他許多治療理論不重視或缺乏的。筆者長期參與葛莫利的臨場教學與示範，從中對照薩提爾及其他相關論述，歸納彙整而成下列的理念與歷程。

原生家庭影響親密關係的深層動力

　　原生家庭是一個人學到如何與人相處的最初場域，包括如何與人互動、如何表達自己、如何處理衝突、如何調節情緒，和如何與自己相處等方面。長大之後我們將這些學習經驗帶入成年親密關係，在與伴侶朝夕相處時，即自動化地反映出內在隱微不為人知——甚至連自己也不明瞭的——潛意識中深藏的動力。

　　在親密關係中，伴侶雙方因著身心靈的密切連結，隨著時間彼此產生強烈的依附，因此伴侶的一舉一動極易觸發小時候與父母或主要照顧者之間的未了情結。這些在當時因為年紀小，尚未發展出完善的認知能力去處理和表達的糾結，被儲存在情緒系統、神經系統、身體系統中，使得當事人雖已成年，在親密關係中一旦被觸動就一發不可收拾，於是兩人不知不覺跳著一場自己無法控制、苦樂交織、卻又難分難捨的雙人舞。

　　我們大部分的人在出生時都無法選擇自己的原生家庭，這個不能改變的現實，卻也因此決定了我們一生的發展。每個人都會學到兒時父母不和諧的互動關係、小時候未被滿足的渴望，和當年應對壓力的模式等，並將這些舊有的學習複製在成年後的重要關係中。原生家庭所帶給每個人的衝擊是這麼強而有力，不但進入我們的身體和潛意識，還會不由自主的主導親密關係。所以當夫妻或伴侶在治療中，有機會探索這些

深刻影響時，就能將潛意識所主導的強大力量化為意識中自己可以做主的歷程，亦能將兩人之間深層隱藏的核心糾結化解開，讓彼此的關係展開生命中嶄新的一頁。

複製父母的互動模式

　　每個人都可能從原生家庭或其他成長的家庭中學到溝通，並將之複製到親密關係裡。許多來訪者表示，在過去成長經驗中看到父母的相處，以為婚姻就是充滿衝突和紛爭的痛苦關係，要不就是彼此疏離為了責任而必須生活在一起，只有極少數表示，他們從父母身上學到夫妻之間可以有愛的連結和有效的溝通。

　　長大成人後，很多人不是不情願走入婚姻，就是不願再重複父母當年的相處方式，而想創造自己想要的理想關係。有趣的是，當這些做子女者成年後，卻仍然在壓力下，自動複製了當年父母相處的互動模式，或沿用他們失功能的溝通對待自己的伴侶（Satir, 1983, 1988）。例如：

　　　　淑梅在七、八歲時，不斷聽到母親對父親很多抱怨和指責，因為父親常在外應酬與朋友玩樂不回家，母親卻得辛苦工作還要帶大兩個孩子。當母親指責父親時，父親不但不理她，反而變本加厲，喝酒喝得更晚。母親不得已求助公婆來勸阻父親最後仍然無法奏效，於是就把父親的衣服剪破，再把他的東西都丟出家門洩憤。淑梅從小就非常敏銳觀察父母之間的糾紛和衝突，只要他們吵架後，她一定會努力想辦法搓合他們，把他們拉到一起調解他們的衝突。當他們和好後，淑梅可以感覺到父母在世界大戰後的濃情蜜意，這才放下心中大石頭。

　　　　這種父母之間由激烈爭吵到和好的強烈情感，在淑梅潛意識中深深烙印下來。她相信夫妻之間的相愛，就是要由狂風暴雨的爭鬥後，再重現甜蜜才是真正的愛情。所以在她的婚姻生活中，如果感覺風平浪靜，她就不由自主地藉故跟先生吵架，非要變得兩敗俱傷、激烈衝突不可，最後則要在先生不斷求

情、說盡好話，淑梅才破啼為笑，並享受狂風暴雨後的甜蜜，直到下個循環又再度發生。淑梅和先生就這樣反覆起伏、充滿風暴，直到她先生再也受不了而要求來做婚姻治療。淑梅深入去了解自己的內在動力與原生家庭的關聯時，才發現原來她自小所學到父母親之間的互動模式，已複製於現在的婚姻關係中。

在親密關係中重現兒時的熟悉感

很多人在戀愛交往時期並未發現另一半與父母有什麼相似之處，但經過足夠時間的相處或結婚之後，就驚訝的發現對方簡直就是小時候父親或母親的翻版。不論氣質、個性、脾氣、習慣、情緒反應等，都可能與父母有神似之處。

有些人則剛好相反，因為不想找到與父母一樣的人做伴侶，而刻意尋找完全不一樣的對象，結果卻發現是另一場災難的開始，因為這位伴侶是自己生命中嶄新陌生的經驗，反而不知如何與對方相處而感覺重重困難。

也有些人小時候，因某些因素未能得到完善的照顧、被忽略或被拋棄，甚至受到暴力對待，使得成長過程中一直覺得自己是受害者，進入婚姻後即不斷複製這種熟悉感，再度把自己變成受害者，不允許自己享受幸福和愛，且跟一位與當年未善待她的人相似的對象成為親密伴侶，並將伴侶假想成加害者，不斷與之對抗和戰鬥，繼續重複受害者與加害者之間的攻防戰。

還有些人在成長中，經歷了父母長年病痛、酒藥賭癮、精神疾病、父母離婚、家庭暴力或其他重大磨難，成年之後在發展自己的親密關係時，極易對有相似問題的對象產生不可抗拒的吸引力，發展難分難捨的情感依戀，接下來因亟欲修正小時候未能克服的困難，而對現在伴侶產生強烈意圖想改造他成功，才能覺得自己生命的完整，卻反而在不斷與對方情感糾纏的掙扎中失去自我，因此陷入一場控制和反控制的輪迴。

以上這些情況，即如薩提爾所指：我們很容易把小時候的腳本，複

製在成年之後的關係中而不自知（Satir, 1983, 1988）。這些童年成長情境所習慣的熟悉感，成為發展心理學家所說的銘印現象或腦神經科學家所提到的內隱記憶（Siegel, 1999），長期被儲存在神經系統或潛意識中，在親密關係中會因為某些相似的情境或刺激出現，身體中儲存的那些熟悉的記憶即被喚醒，使得過去的情緒經驗重新再現。這些過去未能克服的痛苦和困境所產生的熟悉感，常形成一股難以抗拒的驅力，迫使他在親密關係中更想去完成當年的未了情結。甚至因為受到這種似曾相識的感覺強烈吸引，而發生觸電般的情感，所謂的一見鍾情常常是基於這種效果而發生的。

敏珠小時候放學後，總是發現自己的父親坐在黑暗中沉思，父親話說得很少，看起來很憂鬱悲傷。後來她發現在尋找伴侶的過程中，她總是被那些具有憂鬱眼神的男性所吸引，而且一旦陷入熱戀就不可自拔。後來她與力宏相識，他非常有才華、聰明、溫柔細膩，但體弱多病有一雙憂鬱的眼睛，她整個人完全掉進戀愛的強烈漩渦中，覺得這就是她的夢中情人了。但婚後沒多久，他們就常常因為小事吵得不可開交，甚至想要離婚。

原來吸引敏珠的對象，都是像她父親一樣多病憂鬱、沉默寡言的男性。力宏時常沉浸在自己的世界中，不想跟敏珠說話。加上他很怕吵鬧，不想參與小孩的照顧，回到家只想一個人安安靜靜待著如同當年她父親一樣。這樣冷漠的丈夫使敏珠非常絕望，她要的那個溫柔體貼的伴侶去哪了？她因為無法與先生對話，情感需求得不到力宏的回應痛苦不已，感覺自己在此家庭中再次體會小時候的孤單無助。

而力宏會與她結婚，是因為敏珠像極了他的母親而對她一見鍾情：能幹顧家、很會照顧人、充滿慈愛和包容，因此兩個人最初都認定找到了彼此最適合的理想對象。婚後，力宏對待妻子就如同對待自己的母親一樣，認為無論他做什麼，敏珠都

會像母親一樣守著他、包容他和無條件愛他。所以他與敏珠婚後，就回到他小時後在原生家庭一樣的生活形態：不用關注她、不需理會她，她仍會像母親一樣默默守在身邊不離不棄；他什麼都不用做，她仍然會理解、照顧、愛他。沒想到他這種與母親的相處模式，放在與伴侶的關係中絲毫不管用，反而因此造成更大的困擾。每天他都得應付妻子的抱怨批評無法清靜過日子，敏珠無時無刻不在唸他、埋怨他，說他冷漠自私，把她當隱形人。力宏不知道怎麼辦才好，也不知道自己哪裡做錯了，他所採取的最好辦法就是更加沉默，以避免衝突，使得敏珠因此更氣憤、更不放過他，形成一方追和另一方逃的互動形態。

當夫妻或伴侶在治療中，有機會發現以上這些現象及其根源時，治療師可以欣賞他們的敏銳覺察和深度領悟，因為不是每對伴侶都可以有這樣的開放度，願意冒險看到這些隱藏在關係中的潛在動力。有了這層發現，是夫妻與伴侶間坦誠相見和深度理解的一大步。

兩個受傷的人想要療傷卻傷得更深

在婚姻伴侶治療中，常見到來訪者因為成長時有受傷經驗的歷史，他們在心中早就預先設定未來的完美伴侶，是一位充滿愛和無條件接納的對象，使內在的傷口得以復原，讓缺失的渴求得到滿足。他們可能感覺自己過去在原生家庭中是犧牲者、被忽視、被遺棄或被排擠的……，帶著這樣受傷的心情希望能得到伴侶的解藥來平撫童年的傷痛。

卻萬萬沒想到，對方不但不符合預期，還跟自己一樣抱著他來自過往未滿足的需求和傷害，也想要索取安慰和關愛來得到傷口的癒合。兩人都因為在關係中的渴求落空而更加受傷，於是開始展開各種謀略、控制、示弱、操弄、勒索等手段相互較勁與傾軋，最後形成彼此間的權力鬥爭而兩敗俱傷。

回顧前面提到敏珠和力宏的例子，敏珠因為父親長年憂鬱沉默未能得到關注和父愛，又因為父親受不了母親的指責而情緒暴怒，讓她很懼怕父親，也與父親保持疏離。母親因為在婚姻中無法得到父親的支持，積壓的情緒無處宣洩，常常對著敏珠出氣，她一直覺得自己是個受傷、沒人疼愛的小可憐，這些都是她小時候未能處理的傷痛。

　　力宏在原生家庭中，母親是全職媽媽，盡心盡力照顧家庭，父親是職業軍人長年在外地。從小他就因為父親看不起他、認為他不夠有男子氣概而倍受責備，為了訓練他，父親更常因小事不順心毒打他。當父親在外地服勤，母親即把所有注意力放在他身上，二人關係緊密相互作伴，以致父親回家看到他依賴母親就更不順眼、打罵得更兇狠。對力宏來說，父親是可怕的暴君，讓他即使成年後仍對別人的指責批評膽怯恐懼。他因為來自父親的嚴格要求和貶抑越來越抬不起頭來，而來自母親的情感索取，使他因為巨大壓力喘不過氣來而更加抑鬱寡歡。

　　他們進入婚姻後，彼此都不清楚這些深藏在內心深處的痛，力宏原來以為敏珠會像自己的媽媽一樣充滿慈愛的對待他，他就可以得到所需要的安慰不再有恐懼和傷害。但當敏珠看到力宏專心打電玩舒壓，或一個人進入抑鬱情緒中不理人時，就不斷嚴詞抱怨指責他。造成力宏感到像小時候父親傷害他的陰影再度出現，他內心的痛苦害怕越來越深切，就更想逃避敏珠。

　　敏珠則委屈的說，她小時候從未得到父母的關注和疼愛，彷彿她這個人不存在沒有價值感，這是她內心最大的傷痛。她一直想要博取父親的注意，但父親的孤獨和疏離使她得不到父愛，而母親隨時隨地對她的情緒宣洩，使她感覺遍體鱗傷，因此她非常渴望有人能保護他和愛她。原以為安靜不多話的力宏

會守護她、給她安全感、滿足她小時候的缺失，使她不再感覺孤苦無依，沒想到進入婚姻後不但大失所望，還因為力宏常常吼她叫她走開，使她更加感到被遺棄般地受傷和無助。

　　為什麼夫妻或伴侶在親密關係中想要相互取暖卻反而更受傷呢？首先因為當事人在成長過程中曾經歷某些特定、受傷的事件，其中所產生的失望、脆弱、痛苦、孤單、害怕、和不安全感等情緒，從未有機會表達或被理解，以致這些強烈感受被冰封起來成為一觸即痛的傷口。因著這些未被好好撫慰的心靈傷痛，讓他覺得自己是個不完整、缺乏力量、不值得愛、沒有存在感的人，進入親密關係後，雖然外表上是個大人，內心卻還停留在當時受傷的狀態想要向愛人索求療傷止痛的解藥。對方剛好同時也抱持相似的願望，兩位內在匱乏又像孩子般的成年人在親密關係中，既無力給予對方又得不到自己想要的撫慰而更加受傷。

　　薩提爾認為，多數人不易在成長過程中體會到父母曾經年輕過且有浪漫的愛情，亦很難由父母處習得如何彼此相愛和連結，因此父母會成為子女的愛情和性自我的原型，對子女的情感發展產生極大的影響力。但是因為大部分的父母從來不知道如何做父母，也不知如何做夫妻，他們只是依樣畫葫蘆，照著自己父母的範本來扮演這些角色。所有的愛和關心、受傷和失落，就這樣一代一代傳遞下來。因此人們在成年後常會選擇熟悉但令人不舒適，甚至痛苦的對象在一起，然後想要在伴侶身上解決當年與父母未曾解決的問題以獲得安慰和療傷（Satir, 1983, 1988），但卻徒勞無功反而在痛苦中越陷越深。

　　不少夫妻或伴侶帶著這些原生家庭的傷痛，期待在關係中得到療癒，這種期待並非不可能實現。在薩提爾模式婚姻伴侶治療中，如果兩位伴侶願意積極面對這些由原生家庭帶來的痛楚，彼此相互支持，滿足各自在冰山底層最深的渴望，並溫柔慈悲地彼此滋養，將使得親密關係成為生命的療癒之旅。因此伴侶雙方在治療歷程中都會被允許和鼓勵，一起探索童年和成年的傷痛及其根源，並逐步將這些原生家庭相關的脈

絡釐清，使他們在最深層的自我彼此相遇。

　　治療師此時最重要的任務是維護治療關係的安全與信任，使伴侶們可以開放地分享內在脆弱，說出小時候與現在未被滿足的期待與渴望，讓彼此因而更靠近和相互潤澤。這個歷程就好像在自己和對方的傷口敷上愛和慈悲的靈藥後，再輕柔的覆蓋起來，讓這些傷口透過彼此全心真意的陪伴逐漸癒合。這將是個充滿冒險和驚奇的成長過程，也是伴侶們深度連結的重要契機，相關的探索和轉化介入做法將在本章後段逐一介紹。

情緒按鈕

　　每個人都可能有自己的「情緒按鈕」，或俗稱「地雷區」、「罩門」、「情緒敏感」或「死穴」等，例如，當 A 伴侶的一個表情、動作、聲調、姿勢、眼神或言詞，在雙方毫無心理準備時，引爆 B 伴侶強烈的情緒，而且這種情況會無預警地重複發生，這些易爆點就是所謂的「情緒按鈕」（Gomori, 2007）。薩提爾模式治療師會與來訪者一起去探究那些會影響親密關係、造成重複衝突的情緒按鈕，其中有些則與原生家庭的成長經驗有關。

　　在日常生活中，人人都可能存在這些情緒敏感的特殊地帶，在伴侶表現出一些觸發的刺激時，即牽動這個敏感區內一連串、跟過去有關的情景和舊經驗，並爆發強大的憤怒、痛苦、害怕、悲傷或羞恥感等情緒（Satir, 1976; Gomori, 2007）。這些按鈕有的是夫妻或伴侶經過長期相處可以意識到的，有些則是他們自己都不清楚的。

　　這些按鈕經常是很主觀、個人化、沒有對錯、每個人也都不相同的痛點。例如，有人很忌諱別人嘲笑他是胖子、醜八怪、大鼻孔、笨蛋、沒出息、小孬孬、控制狂、小氣鬼、懦夫、性無能等，這些刺激一旦誤觸按鈕即爆發劇烈情緒。其他常見的例子，比如有些人在開車時，坐在旁邊的伴侶若指揮他應該怎麼開車，他就情緒突然爆炸；或者在夫妻關係中，當一方伴侶批評另一方的父母，或對其父母出言不遜時，被批評

的一方就會受不了而勃然大怒。

這些情緒按鈕可為治療師和來訪者提供最佳線索，循線去深入伴侶們的內在世界和相關的生命經驗。當 A 伴侶的語言或非語言行為觸發了 B 伴侶的強烈情緒時，通常在過去互動中，他們已不斷發生這種不愉快、重複的、相似的循環。A 伴侶所發出的這些訊息對 B 伴侶來說，因與其內在生命經驗有關的負面解讀和低自我價值感相連在一起，所以一旦地雷被踩到或按鈕被按到，就立即爆發巨大情緒。

一位妻子從小就不欣賞她的母親，也最不希望長大之後變成像她母親一樣的媽媽。而她的先生則在兩人吵架時，脫口而出；「妳就像妳媽媽一樣的控制和霸道！」這位妻子一聽到這句話就非常受傷而暴怒。因為這是她最害怕聽到，也是她一輩子最忌諱的脆弱點。當這些情緒按鈕被按到時，不但會使伴侶產生巨大痛苦或情緒，甚至可能變成關係中對付彼此的武器。

以上所敘述的都是很人性和普遍的現象，幾乎在每對夫妻或伴侶之間都會發生。重要的是，他們需要有敏銳的覺察，去了解自己和對方最為敏感和脆弱的地帶，並且帶著善意和關愛，包容接納彼此，而非利用這些敏感點，進行權力鬥爭或攻擊對方。

兩個相愛的人之間，如果彼此了解有哪些行為舉止會形成觸發刺激、會按到對方的「情緒按鈕」時，因為愛對方、在乎對方、並且重視彼此關係的原故，而避免踩踏這些敏感點或地雷區，相處就會容易得多。治療師協助來訪者有了這些覺察，進一步引導他們一致性地澄清和分享這些易爆點及其背後相關的深層經驗，即能清除引爆炸彈的雷管，雙方才能協力合作保護彼此的關係，並解除相互纏繞的心理糾葛（Satir, 1976）。

深層脆弱

在壓力情境中，夫妻或伴侶間的互動很容易誤觸情緒按鈕，引爆強大的情緒，其中隱藏著過去在童年封存已久的傷痛經驗，它們平常

沒有任何跡象，也不影響當事人的生活，但是當一個人的內外在壓力升高時，這些個人深藏心中不為人知的內隱記憶極易被小刺激所引發（Siegel, 1999），使當事人心靈深處感覺異常脆弱。

這些深層脆弱經驗常隱藏著深刻且難以啟齒的強烈感受，大部分與自我的完整性受到威脅、感覺被遺棄、被迫分離的恐懼、害怕被攻擊、被虐待的傷痛，或被貶抑否定等有關的痛苦經歷有關，這類情緒的發源處可稱之為內在的深層脆弱（Jenkins, 2003）。這些脆弱點隱匿在潛意識中，常常源自於小時候主要照顧者，尤其是父母或其他長輩的無心之過或不當對待，使他受到傷害而感到脆弱。這些傷口在成年後並未因時光流逝而復原，以致在親密關係中很容易因對方的言詞或動作誤踩情緒地雷而觸動這些深層感受。

這些內心深處小時候未解決的傷痛，或與原生家庭未處理的糾結，都在心中隱隱作痛，平常沒有任何表徵，但在依附緊密的親密關係中極易被引發，彷彿小時候同樣的痛處又再度重現，而引爆當年在原生家庭中相似情境中的劇烈感受（Satir, 1976; Gomori, 2007）。除此之外，這些脆弱處也可能與來訪者過去的親密關係或現在親密關係的受傷經驗相關聯，形成內在不為人知也無從表達的祕密特區。

當事人倘若未意識到自己情緒按鈕之下隱藏的深層脆弱經驗時，對方行為或語言所引發突如其來的情緒反應，會因事前未有防備而招架不住，很容易就自動化表現出壓力下的應對策略（Scheinkman & Fisbane, 2004），以保護自己當下所經驗到的核心脆弱點。這些應對策略因為要用來應付危險，所以最常見的就是攻擊、僵住或逃離，而對方此時並不知道發生了什麼，如果他也用自己壓力下的應對模式來因應，兩人即迅速進入你來我往的負面循環中，並陷入無法遏止的衝突與戰爭。

有位先生一回到家立刻先抱起小孩，父子兩人很開心的在一起轉了幾個圈，他原以為妻子也會跟他一樣開心有這樣和樂無窮的家庭。沒想到妻子卻勃然大怒，開始生悶氣，再以一些小事不斷找他吵架，一下怪先生回家太晚、一下指責先生沒有

收拾碗筷等等。不論先生如何好言相勸，妻子仍不放過他，一直吵到三更半夜，先生受不了，也對她吼叫才結束這場戰爭。

這樣的戰鬥場面因為經常重複發生，兩人都很受苦，希望能真正找出原因避免關係惡化下去。在治療中，妻子願意更開放地去探索自己，當先生每回先去抱孩子未理會她時，她內在湧現的是無法控制的強烈憤怒與嫉妒，為此妻子很難過也很自責。這些複雜的感受她不知如何處理，不但不敢承認且深以為恥，就更加指責先生。

治療師輕聲詢問她，這些感受是不是很熟悉？過去曾經有類似的畫面或經驗嗎？此時她想到的一個畫面，是她五歲時，父親每次出差回來都先去抱弟弟而忽略她，而且把玩具給弟弟卻沒她的份。為此她心中深深受傷多年，從小就相信「沒人愛我」、「我不重要」、「不會有人看見我」般被遺棄的恐懼和傷心，時至今日仍在心中隱隱作痛，就在她深愛的先生抱孩子時被引發了。

在治療師與先生溫暖和接納的陪伴下，她開始越來越深入分享，當先生只看見孩子忘記她時，她內在複雜的感受與過去這些受傷、自我懷疑和恐懼有關。治療師讓妻子一直處在當下，以成年人的身份分享此刻的心情，藉著先生專注深情的聆聽，妻子很勇敢的表達內心深處從未表達的脆弱經驗，隨後兩人深深的擁抱。先生心中有許多對妻子的疼惜，知道她不是無理取鬧，而是有一些深層的脆弱無法在當下表達出來。他理解之後願意更同理妻子，以後回家主動先擁抱妻子，讓她感覺被重視、被看見和被愛，妻子則因為先生的貼心舉動感覺很踏實和滿足。

夫妻或伴侶間因為無意識誤觸按鈕而引爆世界大戰的情形並不少見，這些深層脆弱底層的生命經驗，使當事人因為感覺脆弱和羞愧而無

法在伴侶面前啟齒，必須在高度安全和信任的治療關係中，才能具足勇氣回溯過去。夫妻或伴侶若能有這些覺察，又能一致性對話來分享這些深層脆弱經驗時，即可以在這樣的深度交流中產生安全緊密的連結，甚至讓舊傷在愛中重新得到療癒。

相互連鎖的深層脆弱

上一節已介紹夫妻或伴侶關係中，每個人內心都可能存在著某些過去潛藏的脆弱經驗，因著在親密關係中的緊密依附而不知不覺被觸發。當伴侶兩個人的內在深層脆弱在互動中同時被啟動，而且相互纏繞在一起像麻花一樣的解不開，使得兩人都卡在自己強大的情緒中出不來，即為「相互連鎖的深層脆弱」（interlocking vulnerabilities）（Jenkins, 2003）。換言之，當兩位伴侶都被勾動了內在脆弱處，他們之間就形成相互糾葛、難分難解、相互強化痛苦感受的負面互動循環。

當這一方的深層脆弱被觸動，引發了巨大情緒接著產生防衛性的應對，恰好又觸動了另一方的深層脆弱，同樣也激發他的巨大情緒和之後的應對，並因此再度反過來引發這一方的強烈情緒……，這樣不斷循環下去停不下來時，在文獻中學者將這種陷入僵局的互動循環，稱之「核心僵局」（core impasse）（Sheinkman & Fishbane, 2004）、「脆弱循環」（the vulnerability cycle）（Scheinkman & Fisbane, 2004）、或「互動間的敏感帶」（interacting sensitivities）（Wile, 2011, 2013）。

上述夫妻或伴侶之間的連鎖反應雖然很常見，但卻不易被理解。許多伴侶來做治療時，其實都明白他們在個性、意見、價值觀等方面存在著差異性，但卻不明白為何會深陷解不開的死胡同。而且只要一涉及敏感話題，就會彼此勾動強烈情緒使張力不斷升高，各自堅持固守立場絕不退讓，最後失去理性進入強迫式、破壞性的互動循環。這種不斷重複的彼此傷害和攻擊，使得兩人的關係形成痛苦萬分又無法突破的死結。

在這樣的僵局中，兩人都在困境中無法找到出路，內在強烈情緒使雙方都陷在自己的脆弱中，大幅削弱內在力量和自我價值感（Napier,

1978; Scheinkman & Fisbane, 2004）。當夫妻或伴侶像這樣鬼打牆一樣不斷在許多重複纏繞的激烈衝突中拔不出來時，除非他們能遇到適合的治療師與他們一起洞察這些相互勾纏的情結，並引領他們深入探索，一起來面對和處理內心不為人知的脆弱經驗，為彼此的關係僵局解套，否則雙方很容易落入無止境的負面循環中無法脫身。

以阿虎和玉琳為例，妻子玉琳只要看到先生阿虎「鄙視的表情」，如皺眉頭、不正眼看她、翻白眼時，她就火冒三丈、怒不可遏，並立刻大發脾氣破口大罵。阿虎對此感覺莫名其妙，他只不過有點困惑正在思考，所以轉頭看別的地方，並未意識到自己在皺眉頭，也不知道自己翻白眼，而這些表情就產生他們之間巨大的衝突，使他非常困惑，也使他越來越受不了玉琳。

在治療中，玉琳越來越深入發現原生家庭的影響，原來阿虎的表情勾到她內在覺得自己一無是處的痛苦經驗。她聯想到小時候父親嫌棄她不是男孩子，常否定她、看不起她、不讓她讀書。從小她就很怕父親，感覺自己很糟糕、她也貶抑自己，認為自己是不值得活的一個人。

當時父親不喜歡她，甚至連她出生都不來看他一眼。她最常記得父親的表情就是皺眉頭、斜眼看她、瞪她、不跟她說話，說她是沒用的賠錢貨，說完就轉身而去。所以現在婚姻中，只要看見先生相同的表情，她就受不了而崩潰，所有的新仇舊恨一湧而上無法遏止。她的深層感受是受傷、被遺棄、不想活的絕望感和巨大的憤怒；表現在外的防衛則是用盡全力反擊，大聲指責阿虎，彷彿對方已變成是小時候的父親而不是現在的先生。

阿虎亦探索自己在玉琳大聲攻擊他時的內在過程，發現小時候他有個情緒起伏很大並有躁鬱症的母親，他從小看到母親歇斯底里罵先生、罵小孩。父親受不了就摔門而去，他則必須

留在母親身邊盡力安撫她，使她的情緒平復下來。但他當時年幼的心靈充滿害怕、無助、孤單和痛苦而無處可逃，心裡的壓力無法言喻，直到現在談起這些事，他仍舊感覺到強大的絕望和無力感。所以當他看到妻子對自己生氣時，一下高聲罵他，一下痛哭流涕，他就非常恐懼痛苦，彷彿小時候的夢魘再度出現，似乎看見母親極端激烈的情緒再度壟罩他，使他頓時將彼時和此時的情緒混淆在一起，因無助害怕僵在原地動彈不得。於是他只能沉默地忍受妻子的一切，無奈地皺眉頭、眼睛看別的地方、不斷翻白眼，最後則落荒而逃。

他們週而復始不斷這樣爭吵和衝突，直到有一天願意靜下心來，與治療師一起抽絲剝繭看到各自內在深層脆弱被勾到時，相互所造成奇妙又複雜的互動循環。當他們都覺察到原生家庭所產生的深刻影響後，治療師讓他們將小時候的心情和現在做出區分，使他們清楚意識到在當下成年人的能量，兩人因此鬆了一口氣，並因為發現了這些珍貴的資訊，就可以有機會做出新的反應，來扭轉這種相互連鎖的糾結，重建新的正向循環。

因為低自我價值而無法靠近

薩提爾模式基本信念中（Satir, 1988; Satir et al., 1991; Banmen, 2008; Gomori & Adaskin, 2009），相信父母是在成為父母後才開始學做父母，而且大部分是從自己父母那裡學來的。如果父母的父母是充滿愛和滋養、允許子女能充分發展自己，那麼我們的父母必能因為親身經歷這些，而學到做這樣的父母。

只可惜大部分的人成長過程並非都能這麼幸運，他們在成為父母後，只會複製自己父母的教養方式，於是就這樣一代傳一代的延續下來。然而薩提爾模式治療師相信，就算我們的父母並非完善，也可能會犯錯，但他們已盡力做到他們所知道的，即使造成傷害，但他們的本意

並非如此。

　　許多人在孩童時期會認為，只要配合父母、讓父母滿意才是好孩子。當一個孩子處在這種情況下，就常戰戰兢兢，害怕一不小心使父母不高興就會被斥責、被懲罰、被拒絕或被遺棄。因此父母像是高高在上的巨人，決定子女的自我價值，也主導其生命。這樣的場景很多人都經歷過，帶來最大的影響是，成年後的子女會相信只有符合父母的期待自己才夠好，因此仍一直由父母的眼光來定義自己，而無法決定自我價值。許多成年人回顧童年的成長經驗，最大的痛苦莫過於從小為了得到父母的認可和愛，而必須放棄自己內在真實的自我去迎合父母，也因此自我受到扭曲而產生低自我價值感（Satir, 1988; Satir et al., 1991; Gomori & Adaskin, 2009）。

　　帶著這些對自己的負面認知來尋找另一半時，極容易因為覺得自己不夠好、不值得被愛，而想努力掩飾自己的真實面貌，甚至自慚形穢，遇到好的對象即裹足不前以為配不上他（Satir, 1983）。內心深處則相信不會有人真正愛我，所以找一個差一點的對象沒關係，只要有人要我就可以了。進入親密關係後，才發現因為當時未慎選伴侶，也未忠於自己內心的聲音，降低標準輕率地與不適合的對象在一起，最後進退維谷造成一場人生的大災難。

　　有些夫妻和伴侶在浪漫期過後得處理生活中許多差異，需要真實面對彼此，過程中這些從小內在深藏的低自我價值感就會蠢蠢欲動浮現出來。薩提爾形容低自我價值者內在的「罈子」裝的是痛苦、憤怒、羞恥、沮喪、無力感等，他會築起一道很厚的牆，把愛人排拒在外（Satir, 1988）。因為內在無法重視自己、愛自己的原故，就會更想抓住對方，向對方索取自己所匱乏的關愛，但又無法信任伴侶會真心愛他，於是在這樣的矛盾中，開始不斷用各種方法去測試另一半。

　　一開始他的伴侶會因為愛他而努力接受這些測試，但因為當事人內在「不會有人真心愛我，我是不值得的、不好的」聲音太強大了，在這些掙扎矛盾中慢慢會把自己變成一個不快樂、很難相處、不易取悅的受

害者，使他的伴侶被折磨得精疲力竭，最後因為巨大的壓力而想拉開距離或想放棄。

此時當事人就會更加感到恐慌、憤怒、焦慮，意圖用這些結果印證他對自己的負面結論；或為了防衛低自我價值所產生的被遺棄的恐懼、焦慮和不安全感，而用更大的火力攻擊對方、控制對方；或寧願自己先放棄也不要被放棄，在對方還未提出分手前就先結束關係以避免被拋棄。於是一種愛恨交織的拉扯，就這樣不斷延續下去，雙方的痛苦和衝突也越來越加深。

以上這些情況，治療師最重要的目標是協助伴侶覺察他們在這些掙扎和拉扯下的內在冰山，看到他們的渴望與自我如何在此關係產生變化？尤其當一方處於低自我價值感時，會有哪些外在的應對使兩人相互糾纏在一起？如何因此造成他們之間的負面互動循環？如果他們有意願改善關係，治療師則需要在他們各自的「我是」層次上工作來提升其自我價值（參見第 5 章），這是薩提爾模式的重要目標之一，也是夫妻或伴侶建立平等尊重的親密關係所不可或缺的條件。

與原生家庭的糾纏

許多成年人即使外表已是大人的模樣，但因為與父母之間未能有健康的界限，心理上可能還停留在離不開父母的小孩狀態，他會以父母唯命是從但未長大為真正獨立自主的成年人，這是家庭治療師常說的與父母糾纏的關係（enmeshment）（Minuchin, 1974; Satir et al., 1991）。他會密切關注父母是否贊成他、認可他、重視他，生活中許多事會以父母的願望為基準，如果讓父母失望則覺得不安和焦慮，好像自己是做錯事的孩子。

這樣的成人進入婚姻中，因為心理上仍未脫離父母成為大人，與父母之間好像有條無形的繩索栓在一起，在夫妻或伴侶關係中也會一直有著父母的影子揮之不去，而無法與伴侶建立屬於兩個人可以自己作主的家庭，他的伴侶則會感覺被排除在外無法產生我們之間的共同感。

薩提爾重視一個人成年之後，內在是一個獨立自主的成年人，有能力為自己的生命負責。她認為一個健康成熟的大人，可以不用隱藏自己，有內在力量做決定；他可以告訴別人他的希望、恐懼和期待；他可以表達自己的不同意，允許他人也可以有不同意的聲音；他會透過練習來學習和成長；他會為自己所思考的、所聽到的、所看到的負責；他瞭解自己，並且面對和處理真實的世界（Satir, 2008）。因此，兩位成熟獨立的大人在一起，才能建立健康的關係，也才能有健康的家庭，並培育出健康的子女。

　　當我們變得健康和成熟時，即能由過去的傷害中，釋放自己得到自由。在薩提爾的治療中，視長大成熟為值得鼓勵的好事，也是一個很重要的目標。她主張成熟的人會掌握自己，會做選擇，會去判斷他的選擇有哪些限制；他做決定時會依他對自己、對他人、和對情境的正確覺知為依據；他相信自己的選擇，他也擁有自己的選擇權；因為他的決定是他自己的，他會接受這些決定之後果的責任（Satir, 1983）。薩提爾說：「我認為每個人都有責任覺察對他人的影響為何，並且同時掌握是否採取行動的選擇權。這樣我既可以為自己負責也對他人負責，雖然我不能為發生的事情負責，但能為我對此事的反應負責。」（Satir, 2008, p. 80）。因此為自己和關係負責，一直都是薩提爾模式婚姻伴侶治療的重要目標之一。

　　遺憾的是許多人在成年後並未在心靈上達到薩提爾所提到的這種成熟和健康的狀態，心智上仍與原生家庭糾纏在一起，是父母的孩子、需要依賴父母，以致在親密關係中很難為自己負責，也無法為其親密關係承擔必要的責任，使得兩人之間一直有個第三者存在，這個第三者就是其中一位伴侶的父母，或兩位伴侶各自的父母都介入在彼此的關係中形成三角化關係。

與父母形成三角化關係

　　一般人都以為夫妻或伴侶間會有三角關係，是因為有外遇或第三者

介入，事實上，任何人事物，例如好朋友、孩子、工作、手機、電玩、運動、政治、嗜好或學業等，都有可能使兩人關係成為三角化關係，使其中一位感覺自己被排拒在外。

人與人之間三角化的關係隨處可見，所有的雙人關係都很容易因為第三方介入，使關係品質產生變化。薩提爾很敏銳意識到這些人際之間的動力，因此曾發展一些有趣又發人深省的互動練習，讓人們體會在三角化關係中每個人的感受。參與者在過程中有時覺得自己被另外兩人排除在外而感到被冷落的悲傷和孤獨，有時則是因為看到他人不能參與進來而感覺愧咎和抱歉等複雜心情（Satir et al., 1989）。

許多成年子女有了配偶之後，仍然必須在經濟上、生活上、心理上支持父母、滿足父母的需求，扮演好兒子或好女兒的角色；或反過來，即使已長大成人建立了自己的家庭，卻仍然要倚靠父母來照顧生活起居、幫忙帶孩子，甚至生活上、經濟上、心理上也要依賴父母支援，這時候配偶可能會被期待一起來配合和照顧父母，而不能有自己小家庭的獨立生活。因為與原生家庭父母的緊密關係，加上夫妻兩人可能自己也成為父母，使得他們為了上一代和下一代的角色和責任有越來越多必須完成的任務，伴侶關係則在這些多重的三角化關係中逐漸分裂，心理的距離也越來越遠（Satir, 1983）。

在婚姻伴侶治療中最常見的三角習題，是伴侶其中一人與原生家庭的父母關係糾纏、心理上無法分離，而影響了自己核心家庭的獨立性和完整性。即使治療師不將注意力放在此議題上，來訪者也會很快指出這種現象造成親密關係的緊張和衝突。這是一個無法避免，但卻非常困難甚至有時無解的三角習題。尤其在我們東方文化中，許多人心理上和生活上都與原生家庭緊密重疊，即使與伴侶成家後，仍舊繼續維持這種剪不斷、理還亂的狀態。

這種情形不限男女，在華人社會親子間緊緊依靠的文化中，子女成家後，因傳統孝道的要求，仍必須聽命父母而沒有自我的大有人在。他們認定婚後仍繼續順父母的意、討父母歡心，乃是天經地義的規矩不容

質疑。尤其對於多數成年的兒子來說，這樣的責任義務，是他一輩子不能拒絕的。成年女兒則在婚後多半被要求以夫家為重，即使她心中百般不願，為了維護自己的婚姻，做好妻子和媳婦的角色，常會選擇讓自己盡量配合夫家的規矩和要求。所以來做婚姻伴侶治療時，公婆、媳婦（妻子）與兒子（先生）的三角矛盾，較之妻子（女兒）、先生（女婿）與娘家的難題要多得多。

　　春天與阿賢結婚十年都與夫家同住一個屋簷下，他們有個三歲可愛的女兒，來做婚姻治療是因為春天覺得她已竭力配合夫家做好媳婦該做的事。有了孩子之後，更是每天忙得團團轉，下班後要伺候公婆、照顧小孩，還要做好家務，來自各方壓力非常大。然而公婆不但沒有因此接納她、認可她，還對她百般挑剔，要求她趕快生兒子，並且放棄工作，在家照顧兩老。

　　春天是現代女性，很生氣公婆重男輕女逼她生兒子，她想要有自己的事業和家庭，不想配合傳統規範回家做媳婦和全職主婦，何況她常被公婆責罵，更不可能辭掉工作整天待在家，因此與公婆起了很大的衝突。她感覺再也受不了這種生活，如果她的先生再不重視她的感受，讓他們有自己獨立的小家庭，她真不知如何繼續此婚姻。

　　阿賢則很無奈，因為他從小到大是父母唯一也是最重要的兒子，從未忤逆父母的要求，也一直是父母的驕傲。沒想到婚後妻子卻無法像他一樣，享受與父母同住在一起的生活。妻子每天抱怨他的父母如何不好，他實在無法想像充滿慈愛的父母怎麼會與妻子這樣水火不容。雖然他很在乎妻子，但他的父母更愛他，因此他很不想傷父母的心，去偏袒妻子搬出來住。

　　在治療中，春天不斷指責先生是公公婆婆的乖兒子不是她的丈夫，什麼都聽父母的，從來不說「不」，即使他們兩人已決定的事，父母一旦介入就得全部翻盤。春天也抱怨婆婆常批評她教育小孩的方式，甚至會跟她唱反調，故意縱容孩子，讓

她無法好好做母親。

　　當她跟先生訴苦時，先生不但未站在她那邊還替婆婆說話，力勸春天要知道感恩，因為他媽媽幫忙帶孩子很辛苦。阿賢表示這種情形他夾在中間兩面不是人，勸自己的媽媽不要生氣時，媽媽就罵他只要老婆不要媽；勸老婆想開一點、忍耐一下時，老婆則因此更氣得跟他大吵。所以他就越來越晚下班、不想回家，想到回家又要面對這些事，他就很想逃避。春天因為阿賢工作越來越晚回，一個人在家壓力越來越大，心情鬱悶孤獨，於是想要離婚的念頭與時俱增。

　　這種成年兒子與自己的父母和妻子之間所形成的三角化關係極為常見，許多妻子因為無法擁有小家庭的自主性和獨立性，又無法得到公婆的認可，因而產生極大的痛苦。她既不能阻止公婆來干擾自己的家庭，又無法控制先生不去聽從父母。先生則因為從小習慣父母之命不可違，認為妻子嫁進來一起孝順父母，是理所當然的規矩。因此對於妻子的反彈百思不解，也不知如何是好，他心中的掙扎和矛盾也無人能理解。

　　夫妻雙方處在這樣的僵局中，都感覺相當的絕望和無助，治療師首先不帶評判地聆聽雙方的敘說，創造安全的氛圍，使雙方都覺得被接納和被理解，才能心平氣和的討論出解決困境的做法，雙方也才能共同合作找到父母與家庭之間的平衡點。但若雙方各自堅持自己的立場，想証明自己才是對的、對方是錯的時，即可能演變成文化與論述之激烈辯證，而將治療師也一起拉進此論戰之中。

　　其實像春天與阿賢這樣的結果，往往不是夫妻雙方原本的初衷，因為丈夫放不下父母、做好兒子是他一輩子所學到的重要任務，他的本意也不是要忽略妻子的感受，讓家庭陷入絕境。在先生與原生家庭有濃得化不開的情感時，春天表明她的意圖不在要先生與父母一刀兩斷，而是因為她感覺被冷落、被遺棄、被利用、不被重視而充滿憤怒悲傷，最後因絕望無助而

想放棄此婚姻。

這些雙方所累積未能清楚表達的意圖和觀點，一時之間因被情緒淹沒而產生自動化的即時反應，最後演變為相互對立和攻擊，使得各自內在的真實想法，都未能完整說出來讓對方理解。他們內心都產生許多委屈、孤單和受傷，在誤解中也無法彼此分享，更不能共同合作一起找到雙方都能接受的解決辦法。

治療師可以創造一個平台，讓來訪者將這些內在經歷清楚的攤在陽光下，使他們看清楚自己選擇的應對方式，所產生的後果及其所付出的代價，讓他們在撥雲見日的探索歷程中，因為有覺察而逐漸為自己和婚姻負起責任來。

在此案例中，治療師首先讓兩位伴侶學習一致性溝通，再讓他們理解彼此內在冰山的觀點、期待、渴望和自我，從這個過程中重建信任、安全和連結。治療師也協助夫妻兩人體認到這是他們的婚姻難題，所以需要兩個人一起來面對，而不是去改變父母（公婆）；這也不是誰單方面的錯，而是雙方觀點和需求的差異，所以他們需要共同發展出兩人都可以接受的界限。

在婚姻伴侶治療中，薩提爾模式最有效的介入之一為運用雕塑呈現三角關係及其各自的應對姿態，使兩位伴侶看清楚自己參與的責任為何，並藉著雕塑出他們想要的畫面，找到各自願意改變的方向。

春天與阿賢雕塑的畫面大相逕庭，阿賢雕塑出來的是他站在母親（用獅子玩偶代表）和妻子之間，是中立客觀的超理智姿態（圖 6-1a）；春天的畫面是阿賢站在婆婆身邊摟著婆婆、兩人笑瞇瞇的看著對方，而春天自己則是跪在很遠的地方討好站在椅子上的婆婆和先生（圖 6-1b）。春天很沉痛地分享此時的心情是傷心、失望和委屈的，她感覺不到阿賢是她的先生，沒有價值感，也沒有任何支持，永遠是孤零零的一個人，非常卑微，她再也撐不下去很想離開這裡。

阿賢看到春天的畫面大驚失色，他以前從未真正理解春天的孤單是怎麼一回事，現在才知道她這種痛苦和悲屈的心情，他也感覺很痛心和懊悔，原來在春天的感覺中他離她這麼遠。

　　接下來他們雕塑各自想要的理想畫面（圖6-1c），兩人所

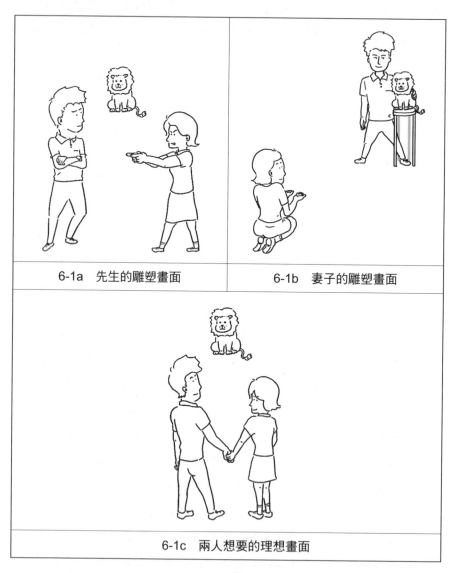

6-1a　先生的雕塑畫面　　　　6-1b　妻子的雕塑畫面

6-1c　兩人想要的理想畫面

圖 6-1　雕塑畫面

要的願景其實是相似的，即他們都希望能相互靠近並肩站在一起，面對著阿賢的母親。有了這個共同的目標，治療師即把握此時珍貴的機會，與他們討論接下來各自願意做的改變，並欣賞他們在雕塑過程中的投入和冒險。

將理想父母的形象套放在伴侶身上

夫妻或伴侶各自與原生家庭相關的議題很複雜，有些因為很明顯，來訪者很容易有覺察，有些則隱而未顯且不易被發現。這時候就需要仰賴伴侶兩造和治療師敏銳的覺知，能意識到他們是否仍然與原生家庭處在糾纏的關係中。除了上述提到與原生家庭形成三角化關係外，尚有另一種在實務上常見的現象，即來訪者心目中一直堅持某種既定理想伴侶的標準或圖像，且套放在對方身上，要求伴侶一定要達到。

薩提爾將這種把過去生命中某人的影子投射在伴侶身上的現象，稱之為放帽子（Satir et al., 1991; Gomori & Adaskin, 2009）。當這種現象出現時，治療師會發現當事人因為伴侶達不到他的要求，經常感到失落和不滿，伴侶也因為來自當事人的期待和控制，感到極大的壓力，雙方因此產生許多張力和衝突。最常見的是，當事人執著於他心中理想伴侶的圖像，堅持伴侶做到全能、全知、或無條件愛他的理想父母，來達成他生命中的重要需求才會滿意（Satir, 1983）。

臨床經驗顯示，多數的來訪者對這種狀況，心裡都有底但不見得會說出來，因為這些理想父母的形象可能已跟隨自己一輩子，他們也習以為常再熟悉不過。治療師在來訪者固著於某些特定的、理想化的執念時，可以溫和耐性的與他們一起探索，即能發現許多有趣的、僵固的觀點，例如，「妻子應該把家裡弄得一塵不染，每天都要拖地，我媽媽就是這樣！」、「男人就應該要養家、有擔當、要有肩膀，才有男子氣概，千萬不要像我爸爸那樣」、「女人應該都聽男人的，忍辱負重、順著我」、「他要能讓我在他懷中放心地哭泣，才是好丈夫，我爸以前就是這樣！」、「我媽可以對我爸任性要賴，我爸仍然愛她，我也要有這

樣的先生」。

　　有些幸運的當事人在原生家庭中曾經有很好的父親或母親，這些父母並非真的完美，而是在當事人小時候、或重要關鍵時刻，曾經讓他體會到父母親的偉大、無條件的愛、認可和肯定、安全和保護、溫柔細膩、安慰滋養等特別的感覺。由於當事人對父母的美化，把父母塑造成理想化的形像而沉醉其中，當他成年後就強烈希望伴侶符合心目中的完美形像。

　　在當事人以這樣的標準來要求伴侶時，他的伴侶會感受到一種不可言喻的壓力，「好像我怎麼做都達不到你的標準」、「你到底要什麼？」、「既然怎麼做都不夠好，乾脆就不要做了」。當伴侶發出這樣的吶喊時，其實內心充滿挫敗、自責、憤怒、傷心，他可能會在討好和指責之間來回擺盪，終於有一天當他累了、乏了，就不想再玩了。而當事人則覺得委屈、受傷、不平和失落，並對另一半有這麼大的反彈感到困惑不已。

　　當一個人將這些刻板固執的觀點帶到親密關係中，缺乏因應情境的彈性，往往會變得想操控對方或迫使對方改變，造成彼此間的緊張升高，關係因此陷入爭權奪力的拉鋸戰之中。這樣的夫妻或伴侶若能在治療師的陪伴下，發現這些狀況與原生家庭的關聯性，就有機會重新思考是要繼續改造對方成為心目中的完美伴侶，還是重新認識對方、面對現實，接受眼前這個人的真實面貌。如果當事人選擇不改變自己而要繼續改造伴侶下去，就得認清這樣做所需付出的代價，並且承擔此選擇的後果。

　　薩提爾模式強調的是，讓來訪者為自己、親密關係做出合適的抉擇並對此負責，治療師很清楚地將關係的責任交給伴侶兩人，讓他們自己決定要怎樣相處下去。如果當事人有意願放下所執著的完美伴侶形象，即可鼓勵他去看見其伴侶的長處和強項，並嘗試接納伴侶的限制與不完美。

將對父母未滿足的期待放在伴侶身上

生命是豐富又繞富趣味的寶藏，尤其伴侶關係常如照妖鏡般把我們底層不為人知的面相反映出來，更加凸顯人與人關係所蘊含的多樣與複雜。這在伴侶兩人初識、瞬間進入熱戀、愛情濃得化不開時，就已現出端倪。許多人的一見鍾情，常常是因對方讓自己一見如故，有一種似曾相識，好像在那裡見過的熟悉感。這種強烈的吸引力，極易使雙方在最短的時間內就陷入戀愛無法自拔。此時雙方都以為找到了夢中情人，不需要再花功夫認識對方，但其實兩人都可能正將自己內在潛意識中，小時候的烙印、未解決的情結、和未滿足的期待，投射在對方身上而不自知（Satir, 1983）。

很多在浪漫期的情人相信一切都是美好的，即使有不滿意，會預設結婚以後就會迎刃而解；結婚後發現解決不了，就告訴自己，有孩子之後所有問題都不是問題了。所以很少有人會理性冷靜的去探究：你和我到底是怎樣的一個人？我們的原生家庭對親密關係有什麼影響？我們各自有哪些未滿足的期待來自過去成長的背景？有哪些因文化、個性、價值觀等因素造成彼此的差異？……

此時兩人是在跟自己想像出來的夢幻伴侶相愛，而未看清楚對方的真實面貌，如同在空白銀幕上，映射出自己以為的伴侶圖像卻非真正的他。直到有一天浪漫期過去，才逐漸發現，伴侶原來跟自己所想要的標準差距甚大，因此對他和對自己都大失所望，一種難以言喻的憤怒油然而生，隨即啟動兩人之間意想不到的戰爭。

這些現象很普遍，也常是夫妻或伴侶衝突無法解決的關鍵。深究之後，發現很多深層隱藏的差異性所造成的衝突，往往來自彼此的期待不同，有些是根植於童年時期對父母未滿足的期待，兩人因未曾覺察而產生內心深處巨大矛盾的動能，這些說不出的苦即形成相處的鴻溝和溝通的障礙。

童年的期待是如何帶到親密關係的？

夫妻或伴侶在親密關係中對彼此有期待是再自然不過的事了。這些期待很多是從過去生命的家庭和社會系統中，與他人、與自己相處的經驗所累積而來的：

1. 對父母未滿足的期待

最常見的是，年幼時對父母的期待未能得到滿足，而將之放在伴侶身上。當年對父母的期待落空，在內心深處所造成的缺憾，使人感覺自卑、悔恨、失望、傷心、憤怒；嚴重者產生一生不可磨滅的傷痛，於是帶著這些尚未紓解的強烈情緒長大。

成年之後在親密關係中，如果伴侶未能滿足這些源自於小時候未滿足的期待，例如，期待父母（伴侶）說些讚賞正向的話來得到認可、期待父母（伴侶）專心耐心的陪伴、期待父母（伴侶）擁抱、期待父母（伴侶）主動表達愛和關心、期待父母（伴侶）不要偏心是公平的、期待父母（伴侶）傾聽和理解等，所有這些從小累積對父母的期待，以及因為當時父母未實現而產生的情緒，經常在伴侶不知情也未能做到時爆發，因此引起關係中不可預知的大大小小戰爭。

2. 來自文化社會的影響

有些期待則源自我們成長過程中關於性別、價值觀、生活、權力等方面的刻版化印象，是社會和文化的影響所發展而來。例如：男性是家中主導者，女人應該順從他；女人要溫柔體貼、善於家務；媳婦應該孝順公婆不應該忤逆犯上；男人要養家活口擔當所有經濟責任；男人應該事業有成，在家做家庭煮夫很丟臉；伴侶間永遠都要浪漫激情，否則就不是愛；男主外女主內；家庭主婦應該要打掃得一塵不染等。其他如生活中常遇到的澆花、關燈、倒垃圾、家事分工、金錢、性、養兒育女、對關係的承諾、溝通和互動的品質等，每對夫妻和伴侶對彼此的期待都不相同，不但因人而異，也因兩位伴侶不同的家庭、族群、宗教、文化背景的薰陶，存在很大的差異。這些來自文化社會的影響，滲透在家庭教育中，再經由父母長輩的身教言教，自然而然內化成每個人獨特的信

念和觀點，長大後即自動發展成各種對伴侶和子女的期待。

3. 來自父母或其他重要家族成員的期待

父母對子女有期待乃是天經地義的事，這是因為多數父母都帶著關心和愛，希望他們的子女能做到最好。這些期待隨著子女們逐漸長大慢慢會被調整，但也有些父母未能適應子女的成長，仍執著於不合時宜的期待。然而，即使父母未能有彈性地調整對子女的期待，成年後的子女仍然可以為自己的人生做主，選擇適合自己的期待去完成，而非停留在孩童的狀態，完全以父母的要求為生命重心。當一個人將父母的期待一直背負在自己身上，成年之後又放在伴侶或孩子身上，要求他們和自己務必達到時，會使他自己和家人感覺到無比沉重的壓力。

舉例來說，有一對父母年輕時候生活困苦，女兒長大後殷殷期盼她能嫁入有錢有勢的豪門。所以千方百計阻撓女兒與現在的先生結婚，後來發現女兒懷孕了，只好含著眼淚把女兒交給女婿。沒想到真的應驗了父母所擔心的。結婚後，他們的生活過得很艱難困苦，女兒因此覺得很對不起父母，心中充滿愧疚，又因為罪惡感、痛苦、沮喪加深而得憂鬱症。她只要想到自己的婚姻就止不住的後悔、加上對父母強烈的愧疚感，因此更加怨恨和瞧不起先生，生活中不斷找先生麻煩跟他吵架。

直到做了婚姻治療後，才發現因為他們達不到女方父母的期待變得有錢有勢，這位成年的女兒一直背負著讓父母失望的巨大罪惡感無法消化，於是轉嫁到先生身上，強力壓迫先生能升官發財，否則她會因為失去父母的認同，感覺自己是沒有價值的人；她的先生如果不能讓她父母滿意，就是個失敗者。這位妻子發現自己因執著於滿足父母的期待而傷害了對方、也傷害婚姻，這番新的領悟，使她有機會重新為自己和婚姻思考未來新的方向。

期待落空造成親密關係的深層痛苦

將小時候對父母未滿足的期待帶到成年後的生活中並執著於此，很容易使自己陷入心靈的捆綁中，也造成伴侶沉重的負擔，因此消耗兩人大量的能量，產生許多深層無法言喻的痛苦，使自己的身心靈和親密關係都付出巨額代價（Satir et al., 1991）。

在第 5 章中，我們由薩提爾模式內在冰山的隱喻可了解，期待是一個人希望對方做的一些具體行動，以滿足內在被愛、被肯定、安全、被尊重等深層渴望。雖然每個人都有普同性共同擁有的渴望，但期待伴侶能實現和滿足渴望的具體行為則各有不同。然而重要的是，當彼此間的期待不能被滿足，不論原因為何，都很容易因期待落空而觸動深層強烈的情緒（Satir et al., 1991）。

這些對父母未滿足的期待，有些是當年父母不知道也未達成的；有些是自己不知道也未曾覺察的；還有些是自己已知道，但成年後要決定是否堅持下去的。這些懸而未決的期待，如果不去面對好好處理，不只會使個人內在深層渴望落空，也會造成自我價值感低落。

很多人帶著這樣的失落、受傷和低自我價值感進入婚姻或伴侶關係，希望伴侶能滿足他這些小時候的期待，以填滿心中的空虛和失落，他才能因此成為一個完整的個體。但伴侶並不知道自己已被賦予這樣的重責大任而未做到時，即使得帶著期待的當事人，不斷感覺期待落空的失望、傷心、被忽略、和憤怒。伴侶也被他的情緒牽動，感到挫敗無力，兩人之間就這樣無止境的痛苦掙扎著。

在薩提爾模式中，非常重視人與人之間的期待如何影響親密關係，尤其是小時候對主要照顧者的未滿足期待，治療師會將之慎重提出來，與夫妻或伴侶們開放和具體的討論，其他治療學派則鮮少會關注這個重點。薩提爾模式治療師常鼓勵來訪者，承認並擁有這些小時候未滿足的期待後，再決定是否要放下、或不放下它們。這個過程可以釋放來訪者被壓抑的能量，讓他由禁梏中解放出來，然後產生改變行動和發展新的可能性（Gomori & Adaskin, 2009）。

一位妻子小時候強烈渴望父親能在她身邊陪伴她，讓她感覺有依靠和安全感，她期待父親當年能讓她坐在腿上抱著她、看著她，溫柔地跟她說話，使她覺得倍受寵愛和有安全感。然而當年父親忙於家計，常常在外奔波賺錢，回到家已三更半夜倒頭就睡，遑論可以滿足她這些特定的期待。當她長大結婚後，則一直懷抱著這些對父親未滿足的期待，希望先生為她做到，她才相信先生是真正愛她的。

　　而她的先生剛好從小被訓練要獨立自主，不可留露情感，更不可有身體接觸，認為這些都是低能的表現。他的父親是警官，恨鐵不成鋼，認為男生都要剛強獨立，不准他有一點情緒流露，要絕對理性冷靜。所以他從不擁抱、不分享感受，並與家人疏離，免得被父親羞辱。當他結婚之後，帶著這些習慣與妻子相處時，他不喜形於色，很討厭近距離的身體接觸，因為會使他渾身不自在。所以每當妻子要靠近他、坐在他腿上，他就很自然的用力推開她，讓她與他並肩而坐，以保持他舒適的距離。妻子越是黏上來，他就越推卻，久而久之妻子就因為越來越挫敗受傷，而認定先生是不愛她的。

　　直到在婚姻伴侶治療中，他們澄清了這些過去原生家庭的影響，才開始更深入認識彼此。妻子逐步意識到，先生不喜歡身體接觸其實有其背景根源，不代表他不在乎、不愛她或想拒絕她，而是他感覺不舒服。她發現對先生要求坐在他腿上才感覺被愛，是源自小時候對父親的期待時，她即意識到這些期待是屬於她的、不屬於她的先生。在了解先生的成長歷程後，她可以體諒這對先生太困難、也太沉重了。雖然先生表達愛的方式無法滿足她小時候對父親的願望，但她可以鬆動這些期待並在其他方面體會先生的關愛。

　　先生則表示，雖然他不喜歡妻子像無尾熊一樣黏坐在他腿上，但這不表示他不在乎她，他只是從無與人身體接觸的習

慣，這會讓他渾身不自在引起更多反感。他會做家事、上班接送她、陪她聊天、很有耐心地聽她訴苦、在家做飯給妻子和女兒等，這些是他表達關愛的方式。如果她真的想要身體接觸，他可以肩並肩跟她坐在一起試著用手摟著她，他也願意一步步學習擁抱她或握著她的手。如果女兒坐在他腿上他可以接受，但若是一個成年女性坐在他腿上就會感覺很不舒服。此時她豁然開朗，願意將對父親未滿足的期待放開，不再執著於勉強先生達成時，他們都鬆了一口氣，反而彼此身心更能靠近和連結了。

在處理夫妻或伴侶之間未滿足的期待時，治療師需要與當事人區辨：有哪些期待是童年成長過程中針對主要照顧者或父母的，這些都與眼前的這位伴侶無關、他也無法實現。當事人現在已長大成人，這些期待在當年雖然都非常重要，也深具意義，因為是他經驗自我價值的重要根源，但現在的情境、年齡、對象和關係狀態都與當年不符合了。藉著這些有意識的區辨和覺察，可讓當事人更多處在當下，並看清楚自己的伴侶是誰。

在薩提爾模式中，我們會欣賞這樣珍貴的覺察，並帶著善意和關愛，回顧當年的父母如何盡力做到他們能做的，和他們如何影響現在的伴侶關係。所以治療師和當事人將帶著一個重要的信念：我們雖然不能改變原生家庭和父母，也無法改造在原生家庭所發生的事件，但可以轉化原生家庭對我們所造成的衝擊，也可以用新的方式來應對（Satir et al., 1991）。

雖然父母當年不能滿足我們所有期待，但我們會由父母身上學到許多美好資源，豐富人生和親密關係。所以在此部分的探索，我們會把婚姻伴侶治療的焦點放在當年未滿足的期待對現在親密關係的影響，而不會將治療的重心放在批評和檢討父母的缺失，這個做法是許多新手治療師很容易迷失之處。

尤其需要注意的是，探索其中一位伴侶的原生家庭時，很容易越走越深，使得整個治療過程只著重在這位伴侶身上，讓另一位被冷落，這是治療師需要盡量避免的陷阱，以免將婚姻伴侶治療變成其中一位伴侶的個人治療。

探索和轉化原生家庭的影響

　　許多夫妻或伴侶因為長期處在痛苦的煎熬中找不到出路，或因為陷入反覆出現的僵局不斷掙扎，而帶著他們獨特的難題來做治療。薩提爾模式的治療師都會好奇這些難題和痛苦的根源由何處發展而來，此時歸根究底往往可追溯到原生家庭最初的影響。

　　原生家庭塑造一個人的個性，影響了人們的互動模式，形塑每個人內在的自我價值感（Satir, 1983, 1988; Satir et al., 1991; Gomori & Adaskin, 2009），許多小時候的未了情結和傷痛，在親密關係中毫不留情的被引發出來，並且冥冥中驅使我們走向生命中特定的那位伴侶，與他的生命緊密結合，藉著這樣特殊的機緣，每個人即有珍貴的機會深入發現自己最幽微隱密的生命歷史。

　　上一節已介紹了這些原生家庭的影響，最顯著的是夫妻或伴侶間失功能的互動循環，這常常是小時候由父母的應對模式學來的，或自動化反射出自己在童年壓力下的求生存姿態。

　　大多數夫妻或伴侶，或多或少都與自己的原生家庭有著不同程度的糾結，在成年後的伴侶關係中，由過去生命經驗發展而來的獨特情緒按鈕及其深藏的脆弱經驗，就會在親密關係中不斷發酵和引爆。此外，伴侶們可能也會帶著內在的低自我價值感、未滿足的期待、理想化父母形像等投射在伴侶身上，造成關係中難解的課題。

　　這些關係中的特定現象和糾纏，在薩提爾模式中，可藉由一系列探索和轉化的介入歷程，讓夫妻或伴侶建立起溝通的橋梁，彼此產生更多的理解、仁慈和接納；將僵固膠著的情結逐漸鬆綁，能更自如的掌管個

人內在系統和外在溝通循環，使彼此間的互動模式逐漸展開新的舞步。

探索原生家庭的過程可以讓夫妻或伴侶都獲得成長，使親密關係跨越鴻溝、進一步往前移動，其重要原則介紹如下：

1. 將潛意識掌控的自動化反應轉變為有意識的主導，將無意識的即時反應轉變為覺察中負責任的回應。

2. 夫妻或伴侶願意共同合作、彼此支持是此歷程的重要基礎，在此基礎上，他們才能有足夠的安全感去做深度的冒險。

3. 彼此願意發展深入的一致性對話，分享脆弱經驗和情緒敏感點並表達自己在當下的需要。

4. 各自願意帶著善意和慈悲去接納雙方原生家庭的背景，而非想要控訴父母、攻擊對方，或為自己找到不改變的藉口。

5. 願意為自己和親密關係負責，做一個有力量、會自我照顧和獨立自主的成年人；願意與原生家庭建立健康的界限，學習用愛為彼此療傷、相互滋養。

由這些原則可知，夫妻或伴侶想經由探索原生家庭的過程獲得學習和成長，並不是輕鬆容易可達到的。他們可能自己無法完成，需要藉著治療師穩定和統合的自我、完善的薩提爾模式專業知能，和敏銳同理的愛心，才能達到來訪者想要的轉化。

薩提爾婚姻伴侶治療師在此過程中，需要具備的知能，首先是薩提爾發展的家庭重塑（參見第 418 頁）歷程和相關理念（Satir et al., 1991; Gomori & Adaskin, 2009），讓他們在安全信任的治療關係中，探索和轉化原生家庭對彼此關係的影響，促進身心靈獨立自主和自我負責，重建他們之間建康成熟的親密關係。

下面闡述的是，作者多年來與葛莫利學習家庭重塑和婚姻家庭治療，再依據薩提爾及其他先進的文獻，加以整理和發展的介入歷程。

深化足夠的安全和信任

當夫妻或伴侶在治療中有意願一起努力改善彼此的關係，卻陷入不

斷重複循環的難題走不出來時，治療師基於臨床的專業判斷，認為他們之間糾葛的議題與過去原生家庭的歷史有關，需要帶領他們進入原生家庭系統去探索時，就要與兩位伴侶建立較之前更為深厚的安全和信任感。因為對他們來說，深入原生家庭的探索歷程如同動大手術般，存在極大的風險，他們會暴露那些自己或伴侶都不知道或隱藏許久的深層脆弱，展開自己最真實的陰暗面，所以這個歷程將是存在許多未知、不確定感的勇者探險之旅。

治療師與伴侶之間的安全與信任

由於探索原生家庭歷程常會觸碰來訪者內心深處過去的傷口而引發強烈的情緒，因此治療師與伴侶雙方建立安全穩固的關係至關重要（Gomori & Adaskin, 2009）。治療師首先要去除病理的眼光，以人性的角度看待伴侶各自從原生家庭所帶來的學習。當伴侶們感覺治療師具備不評價、不批判的態度時，才能有足夠的安全感開放自己，探索在親密關係中與原生家庭相關聯的未了情結。治療師需帶著接納、尊重、理解來陪伴來訪者這個探索的旅程，同時示範他的真誠一致，引導他們在相互關愛慈悲中去深入分享以得到療癒。

為了達到這個目的，治療師首先要與自己內在的穩定性、一致性連結，並保持腳踏實地，安住在自己當下的臨在感，同時也與來訪者全神貫注地同在。這樣夫妻或伴侶會感知到治療師這種平穩安定的能量，自然就會定下心來一步一步的往內走入。此外治療師也需要保有薩提爾模式的信念，相信所有的父母都在可能的範圍內盡力了，所以在探索原生家庭時，即使觸及過去的傷痛或父母所犯的錯誤，治療師的態度仍然維持在夫妻伴侶關係正面導向的目標上，並讓他們接觸自己獨特的韌力和資源，避免使來訪者陷入受害者狀態，或將焦點指向追討或控訴父母的不是。

由於許多人對於探索原生家庭議題充滿不安和忐忑，總覺得彷彿打開潘朵拉的盒子之後，會有許多自己無法控制的妖魔鬼怪衝出來。所以

治療師需要對來訪者口語和非口語的訊息非常敏銳，隨時關注他們是否能接受每一步的探詢，如果他們顯露任何疑惑或猶豫，都要停下來與之核對，也隨時預先告知治療師所要採取的每一步，及其對親密關係的意義，讓來訪者能在確認和安全的空間內，去決定治療師的方向是否適合自己，同時他們也有權利決定所要去的深度和廣度。

治療師所做的關於原生家庭系統的每一步介入，都要能敏銳細膩地跟隨貼近當事人，同時也主導其治療歷程。當事人則是自己的主人，他們對自己是否想要跟隨治療師的方向可以有自主權，而探索原生家庭的目的，應以對夫妻或伴侶關係的最大利益為考量，治療師所做的一切也都完全是以伴侶們想要的方向為依據。

伴侶間的安全與信任

並不是所有的夫妻或伴侶都需要在治療中回溯原生家庭的根源，也不是所有的夫妻或伴侶會讓治療師有此榮幸，走入他們跨代的家庭系統中。如果伴侶之間仍存在著權力抗爭，各自都想要爭取上位來壓制對方，或仍處於我對你錯的執念想改變對方時，他們之間極有可能尚無法有足夠的安全和信任，可以從探討原生家庭的過程中受益。這時候若貿然進行下去，不但無法幫助兩人增加彼此的認識，反而容易使他們因為知道對方的弱點，而擁有攻擊對方的武器。因此在這個環節中，兩人都需要感知到另一方伴侶的愛、理解與支持，才能在安全信任的基礎上，打開自己脆弱和隱藏的那些面相。

治療師要敏銳地評估和判斷：何時是進入原生家庭議題的最佳時機點？是否伴侶們有足夠的準備度要往此方向前進？在此階段中，當夫妻或伴侶兩人呈現下列特點時，再進一步去探索原生家庭則成效較佳：

- 夫妻或伴侶兩位之間的互動已逐漸減輕負面溝通循環，衝突的急性發作也在降低中，一致性對話則逐漸增多。
- 雙方對彼此的感受和渴望已有回應也可以分享之。
- 兩人已跳脫權力鬥爭的相互指責和攻擊，意識到彼此的關係不

是一個人單方面的事，而願意協力參與和共同努力。

- 伴侶兩人願意冒險、接觸和分享內在脆弱情感，他們會彼此聆聽、鼓勵和支持。
- 兩位伴侶都有意願與治療師共同合作，以修復關係、療癒彼此為目標。

治療師示範的是不帶評價、也不用病理的角度去看兩位伴侶的生命歷程，對他們原生家庭的背景保有好奇心，同時也對他們如何從過去的成長過程，成為現在的這個人產生興趣。這種示範將使得來訪者受到感染，從而學到對伴侶的好奇和慈悲，而不是評斷和指責。

治療師與一位伴侶對話時，要不忘記關照另一位伴侶，隨時將兩人的參與都包含進來；在詢問聆聽伴侶的觀察與體會時，也邀請他們帶著關心和興趣加入，使得這個探索的歷程成為他們之間，分享和回應兼顧的成長經驗，讓他們因此得以更靠近。

這個過程對伴侶雙方都充滿驚喜、興奮，但也可能是刺痛和難以忍受的，一方面他們需要有信任與安全的基礎，才可能一起探索來自原生家庭的痛處，另一方面這也會開啟一扇神祕之門，引領他們深入彼此內在隱密深邃的私人境地，進而創造他們前所未有的深刻連結，使伴侶們藉此過程獲得心靈和關係的療癒。

覺察與辨識情緒按鈕

在婚姻伴侶治療中，如果一方表示他常常因無心之過或一點小事而引發伴侶的劇烈情緒，好像誤觸地雷、引爆戰爭時，治療師即可由這些細節與他們共同探索下去，一起辨識這些情緒按鈕或地雷區，增加他們的覺察力和敏感度，瞭解未來如何避開戰爭爆發。如果雙方與治療師已有良好的合作關係，且有足夠的安全和開放，即能更進一步去發現在情緒爆發底下與原生家庭有關的生命經驗。

首先治療師需要協助伴侶們覺察：在什麼具體情況下會引爆對方的巨大情緒？當時他們之間的不一致溝通如何發生？發生了怎樣的負面互

動循環？是因為伴侶甲說了什麼？還是做了什麼？有哪些非語言的反應和動作？此時情緒爆發的伴侶乙的描述越具體越有助益，即他要很清楚精確地說明他爆發情緒時所看到和聽到的。

　　例如，妻子玉珠說：「當我先生吃飯時說我碗沒洗乾淨，又說我燒的魚太鹹時，我就立刻火冒三丈跟他大吵一架。先生覺得我小題大作不想理我，就去看電視，此時我覺得他一定是嫌我脾氣壞、討厭我，我就不准他看電視，非要找他理論不可。」雖然他們過去經過一段時間的治療，已逐漸建立了良好對話的機制，彼此都可以直接清晰地分享內在，但這些小刺激仍然可以爆發激烈且重複循環的衝突，這引起治療師的好奇與注意，花些時間去了解，他們在表面這些爭吵底層到底發生了什麼？什麼是爆發情緒的按鈕？

　　上面的例子中，玉珠聽到先生建國不經意抱怨她時，就按到她的情緒按鈕勾到她小時候所累積、尚未處理的情緒。當時她的母親總是嫌她笨手笨腳未把家事做好而對她不滿意，然後不理她，用冷漠忽視懲罰她，並且告訴她這樣下去很惹人厭，將來不會有男人愛她。那時聽到母親這麼說玉珠覺得很委屈難過、很被否定，心中感覺自己是糟糕的，很多憤怒也都不敢說出來。這樣的陰影深印在她心中，諸多情緒也一直壓抑下來，雖然她從未去注意母親對她說這些話的影響，但心中卻早已烙下深刻的印記而不自知。所以每當愛整潔的建國說她沒把碗洗淨、東西未收拾好時，就按到她的情緒按鈕，覺得建國一直在監視她，像母親一樣不信任她。這一瞬間，彷彿她聽到的是母親的責罵和否定，在喝斥她是沒用的人、是討厭鬼、沒有人要她，並應驗了永遠不會有人愛她的信念，頓時無法招架的巨大恐懼和憤怒即壟罩她而爆炸。

　　下列的幾項線索，可幫助治療師辨識來訪者的情緒反應是否可能是

因誤觸情緒按鈕而產生（Gomori, 2007）：

- 情緒發作的強度與事情嚴重性不符合比例原則
- 經常重複相似激烈衝突的負面循環
- 強烈不尋常的身體反應
- 夫妻或伴侶治療卡住在某個膠著處、無法有進展
- 急速爆發的強烈情緒
- 解離、呆住、退行、凍結或失神，身心分離不能統合
- 來訪者指出情緒敏感的脆弱點與原生家庭經驗有關聯時

在婚姻伴侶治療中，如果出現了以上的線索時，即會發現幾種情形：來訪者在當下或在當時情境中，陷入突發劇烈的情緒無法理性思考，而失去解決問題的能力；平常很聰明能幹的人，彷彿失去了良好的認知功能，進入空白或慌亂中；原本和平的家庭氣氛，因為突發的情緒爆破而全家大亂……。此時來訪者最需要的是治療師協助他們覺察自己、回到當下、處於此時此刻而不是掉回過去。當來訪者準備好在當下願意更進一步探索，即能由這些失控的情緒發現造成其關係障礙的關鍵點，並能辨識其情緒敏感的按鈕。

情緒被勾到時的應對姿態及其感受

當伴侶願意針對以上的線索更深入探索下去時，治療師即可以與他們一起描繪出，在對方踩到自己地雷區或按到情緒按鈕時，當下的應對姿態及其底下的感受，並且進一步去了解伴侶雙方當時互動循環的歷程如何發生。

> 治療師：當先生晚歸沒有通知妳，他回家後，妳看到他不發一
> 　　　　語又繼續滑手機時，妳就衝過去搶他手機、質問他為
> 　　　　什麼一整天都沒音訊回家也不理人，這時候妳內在發
> 　　　　生什麼了？

> 妻子（玉梅）：我就想他一定是大有問題！他一定是嫌棄我、
> 　　　　覺得我不好，我是黃臉婆，想到這裡我就氣憤難耐，

忍不住大罵他是不是有外遇、不要這個家……（指責）（此時她在流淚）！

治療師：那時他不理妳、只滑手機，這個動作就按到妳的情緒按鈕了！

玉梅：是！我快爆炸了！我憋了一天的情緒再也受不了了。

治療師：妳那時很氣憤，但妳現在在敘述的時候，看起來是難過傷心！

玉梅：對啊！之後我就很傷心一直哭，不想煮飯也不想理任何人，覺得是世界末日不想活了。（情緒強度與現實狀況不符合比例）

治療師：妳怎麼辦呢？妳怎麼處理這種傷心呢？

玉梅：罵完他我就不理他，跟他冷戰了好幾天（打岔）。

丈夫（光明）：我實在是搞不懂她怎麼了，最近剛好有幾個客戶很麻煩，我們團隊簡直是忙得焦頭爛額，連吃飯的時間都沒有，我只不過是回家趕快再把客戶要的資料送出去還沒來得及跟她說話，她就大罵我、又好幾天不理我說我自私、不在乎她、搞外遇。我氣起來就更不想說話（打岔），我又沒做錯什麼。她不理我、我也不想理她！

治療師：是啊！你一定也很不好受！

光明：對啊！我後來看她一直在生氣就覺得她無理取鬧找我麻煩，忍不住罵了兩句莫名其妙！神經病！（指責）結果更糟！後來過了一星期她都不理我，但我氣消了就先跟她道歉找她出去吃飯（討好），勸了她好久，她才相信我沒有外遇。我實在很不喜歡這樣常常熱戰冷戰，我又沒做什麼對不起她的事，還要一直陪不是，真受不了。

玉梅：我也不知道為什麼，當時氣起來我就控制不了，而且

有一種很大的悲哀好像要掉到黑洞裡拔不出來。（在後續治療中發現，這個黑洞對妻子來說，是小時候父親外遇離家兩年，對全家在經濟、情感、生活上造成的重大失落所產生的的陰影）

治療師：我把剛剛聽到你們所分享的內容做一個整理，如果有不對的地方你們可以修正。（對妻子說）這個過程開始於光明整天沒消息，妳在家坐立不安，不知道他在做什麼，回家後他沒看妳也沒跟妳說話，就忙著滑手機。妳一時氣起來就指責他（指責的姿態），（對先生說）你也跟著生氣並且覺得冤枉就罵回去（指責的姿態），妳接著更憤怒就說他有外遇、沒良心（更多指責），然後你們接著冷戰一星期不說話（各自打岔，內心指責），直到光明先道歉講好話（討好），玉梅才消氣……（妻子此時止不住的流淚）。這個循環的過程你們都很受苦，尤其玉梅我現在看到妳很多眼淚，看起來很傷心，可以告訴我此刻妳的心情是怎麼樣嗎？

玉梅：我真的很悲傷，我怎麼會這麼悽慘就跟我媽媽一樣（哭得更厲害了）。

上面說明的是治療師如何一步一步，陪伴這對夫妻去探索當一方情緒按鈕被觸動引發強烈情緒時，其內在歷程如何運作，表現在外的應對姿態又如何產生兩人之間的互動循環。這些複雜的過程其實都有其久遠的、來自原生家庭的淵源，值得治療師和當事人細心地探究下去，就會發現與其相關聯的、過去生命中的重要深層經驗。

探索與轉化深層脆弱經驗

當治療師與伴侶們藉著探索的歷程一步一步、深入他們的內在世界

和情緒經驗時，治療關係中信任和安全的治療聯盟就益顯重要。此時治療師要保持接納和開放的狀態，運用同理和肯定來支持他們。當他們越深入探索個人內在可能有的脆弱經驗時，相對的，因為打開得越深，他們會感受到自己越脆弱、越不安全，治療師就越需要提供他們所需要的保護和涵容（Satir, 2008）。當來訪者的情緒按鈕被觸動而引發強烈情緒時，他們所爭執的事件和故事就已不再是關注的焦點，而需要在治療中逐步進入深層經驗及各自內在所隱藏的動力。

- 哪些被勾到的情緒和想法，與當事人過去在原生家庭的經驗有關？
- 是否有些與過去主要照顧者之間，未解決的議題現在被觸發？
- 是否過去生命歷程中，情感依附的受傷在伴侶關係中，重新再被經驗？
- 處在這些被勾到的強烈情緒中，是否浮現出特定或熟悉的畫面？
- 當事人是否在伴侶身上想起了誰？看到誰的影子？

此時治療師可以提出邀請（對雙方）：
- 現在在這裡發生了一些重要的事，我可不可以與你們一起再往下冒險、多走一步，看看你們此時內在發生了什麼？
- 不知你們是否願意讓我多了解原生家庭相關的背景，這樣我們也許會一起找到解套的線索？
- 你們大概也發現了一些相互卡住的糾結點，可能與過去早期的經驗有關，不知是否能容許我與你們更進一步來探索？

串連童年時相關的脆弱經驗

　　表面上這些被引爆的情緒，導火線都是些生活上的瑣碎小事，但當治療師與來訪伴侶再繼續去了解與這些情緒相關的經驗時，多半會發現

底層隱藏了多年前未經處理的舊傷口。現在傷口被揭開了，有時輕輕一觸就痛，有時則因痛苦太大無法面對，而造成親密關係的鴻溝。薩提爾治療師可以藉著下面的歷程，幫助夫妻或伴侶們一步一步去探索這些與童年相關的脆弱經驗，並將之與現在親密關係的困境串連起來。

- 這些感受妳熟悉嗎？過去曾有類似的經驗嗎？
- 我很好奇，因為現在我看到妳淚流滿面，此刻妳內在發生了什麼？可以試著說出來嗎？
- 妳先生提高聲調指責妳時，妳是否想到了什麼人？或想到什麼畫面嗎？
- 過去在妳成長過程中也有相似的憤怒／傷心／無助嗎？

在上面光明與玉梅的例子中，治療師想進一步了解玉梅這麼強大的情緒反應出自於何處，於是就徵詢玉梅和光明的同意再往下探索，為了能看到每一步治療師可能有的做法，下面將不中斷且完整呈現探索和轉化的過程，以呼應本節所介紹的實務內涵。

治療師：玉梅，我可以深深體會妳此刻的傷心和痛苦，因為這個經驗讓妳聯想到妳媽媽以前的遭遇，她一生都是委屈和辛苦的，妳很不想跟她一樣。這似乎是一個很重要的關鍵，不知妳是否能容許我更深入一些去了解？（玉梅點頭）光明（在進行下一步時，治療師需要留意與關注另一位伴侶），現在我們可能需要在此時花一些時間陪伴玉梅進一步探索。她對你的情緒反應似乎與她的原生家庭有關，你可以接受我和玉梅現在花些時間去了解嗎？

光明：當然可以，我略知一二，但不知道我的無心之舉會引發她這些痛苦，我也希望她可以談一談，因為我希望她打開這個結、快樂起來。

治療師：謝謝你，我們可能會用十分鐘左右的時間。可以嗎？

（先生點頭）玉梅，妳聽到光明這麼說感覺到他的關心嗎（指出伴侶的正向意圖）？他也希望妳現在能談一談。妳願意說說，妳提到自己跟媽媽的遭遇一樣悽慘指的是什麼嗎？（串連相關的脆弱經驗）

玉梅：小時候我父親外遇離家兩年，我媽媽每天夜裡都偷偷的哭，白天她要去工廠做工養活我們幾個小孩，我很心疼我媽媽，因為她很辛苦，又很氣我爸爸不負責任，害我每天提心吊膽怕我媽媽想不開，我們怎麼辦？我每天都很害怕（哭得更厲害了）。

治療師：媽媽曾經有想不開做一些事嗎？

玉梅：有啊！她曾經因為付不出房租，說她要帶著我們去死算了。

治療師：那時妳一定嚇壞了！（治療師的同理）

玉梅：對啊！但我心裡想說我一定要保護媽媽不能讓她死，心裡很害怕很無助，還好那時外婆和外公很關心我們，幫我們度過難關，但我一直很氣爸爸拋棄我們。有一次媽媽還想帶我去河邊，我怕她投河就騙她說，老師要來家庭訪視。

治療師：那時妳年紀這麼小就這麼聰明！真的很令人讚佩啊！（治療師的肯定）而且看起來妳很幸運，有愛妳們的外公外婆。（治療師重新界定）

玉梅：好像是喔！我從沒這麼想過。（有些笑容）但這段遭遇至今仍常讓我隱隱作痛，而且只要他長時間沒消息、不理我，我就會覺得有可怕的事要發生，怕他會像我爸一樣有外遇，然後拋棄家庭，我就會像媽媽一樣活不下去，這時就萬分害怕恐懼（發抖）。

治療師：玉梅，這時候我可以請妳跟我一起深呼吸嗎？也請光明跟我們一起做……（慢慢穩定下來在當下）。這真

是一段辛苦又令人鼻酸的經歷，我聽了都覺得很難過。可以感覺到妳那時內在的害怕和無助，那時妳幾歲？

玉梅：我那時是八歲，晚上聽到媽媽哭我也跟著哭，因為我不知道怎麼辦，我也幫不了什麼，只能努力做乖小孩，把自己顧好，還要替家裡做很多家事。

治療師：所以當光明沒跟妳說話去滑手機時，如何讓妳想到小時候這些事情？（再更進一步將她被勾到的深層脆弱與原生家庭的經驗串連起來）

玉梅：那時我爸爸就是一聲不響走進臥室收拾好他自己的東西離開家，一去就是兩年，讓我們全家陷入苦難之中，然後兩年過去他就回來了，好像什麼事都沒發生過。他默默進去收拾東西然後離家的畫面，我永遠忘不掉。這是我心中的痛！所以當光明什麼話都不說走進書房的背影，馬上就引發我這些傷口，我就憤怒、悲傷和無助一起湧現。一時也說不清楚好像神經就斷線了，那時就無法控制我自己的情緒大發飆，而且口不擇言，我其實知道他不會外遇也不會拋下我，但就脫口而出大罵他。

治療師：好像是在罵妳爸爸？這些強烈的情緒其實是針對爸爸的，但是當時妳沒機會表達。（將潛意識主導轉變為意識中的主導）

玉梅：真的就是這樣！這些好像是我的問題，跟光明沒什麼關係。

治療師：玉梅，非常感謝妳願意分享這些深刻又痛苦的經驗，妳非常勇敢！現在我想請妳做一件很重要的事（將治療仍然聚焦在此時此刻的夫妻關係上），可否請你們兩位移動一下椅子，讓你們可以面對面？（導引對

話）（夫妻兩位移動好座位）玉梅，我想請妳把剛剛妳跟我分享的事現在告訴光明，這樣可以讓你們有個對話，將內心很難說出來的感覺和脆弱彼此分享。以後你們在家就可以自己做了（接觸當下的脆弱並與伴侶一致性分享）。

玉梅：（治療師先示範開頭：我八歲的時候……）我八歲的時候爸爸離開家，他一聲不響的進房間收拾他的東西裝在一個箱子裡，出來後他頭也不回就離家了，我看著他的背影進臥室、又看著他的背影出走，我無法挽留他，媽媽很傷心攤坐在椅子上，我心裡充滿無助和絕望，沒有人能安慰我，我也從此不相信婚姻和愛情，但我又渴望有人能愛我、永遠不會拋棄我（眼淚流個不停），我把這個期望都放在你身上（停下來，與她自己的感受待一會）。（治療師提示她說下去：所以當我看到你回家時……）所以當我看到你回家時，你不理我也不看我，臉色又難看，急速走進房間就讓我覺得沒人注意我，我不重要，我不好，所以沒有人會在乎我，就像當年爸爸完全不在乎我、拋棄我一樣。你的背影讓我覺得好熟悉又好傷心、好絕望，我當時不知道發生什麼只知道心裡很難受又說不出來，所以立刻進書房去跟你吵架。我只是想要你注意我，但不是真的要跟你吵架（微笑起來）。

治療師：玉梅，現在與光明分享這些，妳此刻內在有些什麼感受？

玉梅：現在我覺得鬆了一口氣，原來是這樣，怪不得他跟我吵架我還好過一點，可是他只要不理我直接走出去，我就受不了，一股莫名的巨大憤怒就完全讓我失控，然後我就要一直找他吵，吵到我們都受不了為止，這

樣我才不會覺得他像我爸一樣會拋棄我……，其實這
都是不必要的。

治療師：光明，剛剛玉梅的分享我看到你很專注的聆聽，你在
旁邊聽到玉梅說的話你有沒有什麼想回應的？請看著
她跟她說！

光明：我只想對玉梅說妳受苦了，我雖然知道妳爸爸的事，
但我不知道那時妳有這麼多受傷，更不知道原來我不
理妳會使妳這麼難受。我絕不會像妳爸爸那樣拋棄這
個家，我愛妳也愛孩子。有沒有什麼是我能為妳做
的，可以讓妳感覺好一些？

玉梅：如果你下次有緊急的工作要做，能不能先告訴我一
聲，讓我知道你暫時要先處理公事，這樣就會使我好
過一些，我會感覺我在你心中是重要的你並沒有忘記
我。

光明：這太簡單了，我一定做得到的！我回家也會抱抱妳，
跟妳說一聲再進書房工作，妳也可以隨時進來看我。
這樣可以嗎？

玉梅：（很開心的笑了）謝謝你！我覺得好多了，好像有塊
大石頭放下來了。

治療師：今天的會談對我們都是很深刻難忘的體驗，我很欣賞
玉梅願意冒險去探索這些原生家庭的深刻經歷，也很
感動你們之間的愛和支持（治療師的肯定）。結束之
前，玉梅可否告訴我們妳由原生家庭這麼辛苦的成長
中走到現在，一定有許多力量幫到了妳，可以跟我們
分享嗎？

玉梅：對啊！我父親離開後雖然我很害怕也很擔憂我媽媽，
但其實那時我也把自己變得很努力，很獨立、很能
幹、很會照顧人……，所以我現在才會家庭美滿、事

業成功……我也有很多貴人幫助我……

（治療過程的結尾則回到玉梅的資源，夫妻兩人彼此欣賞感謝，在正向的地方結束此次會談。）

接觸脆弱並與伴侶一致性分享

如果夫妻或伴侶進行到此階段能逐漸表達出那些在強烈感受下所連結的脆弱經驗，對雙方都將是極其深刻的體驗，也會是彼此療癒內在傷痛的珍貴時刻。此時因為伴侶們共同參與合作，在關愛和信任中相互扶持，願意相互聆聽，對於所分享的脆弱經驗已有些領悟，就可以因此更理解、更靠近。

治療師在適當的時機邀請他們接觸這些脆弱，並採取一致性對話彼此分享，將自動化的即時反應轉化為覺察中負責任的一致性回應。從前面玉梅和光明的例子，我們可以見到他們在相互支持與陪伴中如何走到這裡。一致性對話在第 4 章和第 5 章已詳細說明，在此不再贅述。

在這個過程中，因為夫妻或伴侶之間的情緒張力很強大，治療師幾乎是屏住氣息、全神貫注地與他們同在同行，所以治療師自己的內在要維持穩定的自我和個人一致性，並記得讓自己有意識的順暢呼吸。由於治療師在過程中全心全意跟隨兩位伴侶身心靈的變化，他們才會在穩固的治療同盟中，放心安全地接觸自己的深層脆弱，並勇敢地與伴侶一致性分享。

為相互連鎖的深層脆弱解套

夫妻或伴侶關係常剪不斷、理還亂，有時卻又愛得難分難捨，因此治療師很容易會跟著他們進入一種糾結混亂的情境越陷越深，彷彿大家都陷在一堆解不開的毛線團中找不到線頭。前面曾提到，夫妻或伴侶在一個互動關係中，若雙方同時都被勾到了內在脆弱處而引發激烈的情緒和行為，相互產生纏繞糾結又難分難解的循環時，即稱之為「相互連鎖的深層脆弱」。

探索和轉化這種連鎖反應的過程，與前面所描述的轉化深層脆弱經驗重點相似。只不過前段說明的是處理伴侶之中一個人的脆弱經驗，此段則為其進階版，來進行探索兩人各自的深層脆弱處如何相互密切纏繞，以及共同為彼此解套的歷程。

這個行進之路充滿挑戰，有時亦會半路折損，需要來訪者和治療師都具備高度耐心與愛心，一步一步抽絲剝繭，合力解開這些纏繞在一起的毛線團。治療師須分別處理兩位伴侶的脆弱經驗，並且不時回到他們目前關係的互動系統中。不但要在兩位伴侶之間，前後來回地交織串連不忽略任何一方，尤其重要的是，還需讓兩位伴侶一直都處於成年人的能量來處理當下的親密關係，而非讓他們退回小孩狀態的舊時經驗，失去此時此刻的臨在感。

下面用案例來說明此歷程：

> 玲玲和大偉的十二次夫妻治療中，他們各自都開放地探索了情緒按鈕和與其相關的深層脆弱經驗。玲玲的父母是山東人，有話直說，吵架也來得快去得快，全家人講話都很大聲好像在吵架，但其實感情都很好。大偉則來自一個保守含蓄的家庭，父親是家中的暴君，言詞苛刻挑剔，他常是父親的眼中釘，母親和弟妹在父親對他發脾氣時都沉默安靜、噤若寒蟬，深怕遭受池魚之殃。除了父親外，全家人在壓力下，最常用的應對是壓抑、冷淡、不溝通和逃避。

> 玲玲是一個活潑開朗、熱情的女性，坦率直接不會壓抑自己的情緒，這對大偉來說，正是他缺乏和羨慕的特點，所以他深深為玲玲所吸引，而且認為她就是最適合他的伴侶。但婚後第二年，他們就開始發現無法相處，經常爆發激烈衝突。玲玲受不了大偉常莫明其妙的生氣且暴跳如雷，發完脾氣後又搞自閉，讓她感覺莫名其妙、不知所措。他們的衝突通常懸而未決，新仇加舊恨不斷累積，使得兩人最後只要一開口就大吵小吵不斷而痛苦萬分。

經過幾次會談之後，在他們的互動循環中即發現，當大偉沒有照著玲玲的規定把事情做好，例如沒有按指示完成垃圾分類，就會引發玲玲很大的情緒（妻之情緒按鈕），她會立刻大聲斥責要求他馬上做到（指責的姿態）。此時大偉會勃然大怒（夫之情緒按鈕），他有時大聲吼叫，有時捶牆壁或敲自己的頭，讓玲玲很恐懼好像世界末日，這個恐懼是玲玲小時候與母親相處所隱藏的感受，此刻瞬間被觸發（引發妻之深層脆弱）。

但她無法告訴大偉這些恐懼感，因為當時她自己也未意識到，所以接下來她的自動化應對是壯大自己的外表，更加指責大偉情緒失控，並嚴厲厲命令大偉把家事立即完成不准發脾氣（指責），這個插腰喝斥的動作，又勾動了大偉更多與父親有關的早期受傷經驗（引發夫之深層脆弱），大偉立即凍結沉默在原地、不發一語。此時即引發玲玲進一步的無助、傷心和絕望，這些情緒是來自與母親有關的早年傷痛（引發更多妻之深層脆弱）……他們就這樣不斷循環下去，衝突也永無止境地發生，好像鬼打牆般停不下來。

即使事後他們努力溝通，想澄清到底發生什麼，卻始終摸不著頭緒、解不開這個僵局。當治療師幫忙他們去洞見這些深藏著，與過去相關的深層脆弱經驗時，對他們解除關係的膠著即開始有些鬆動。

在治療中，他們發現，當大偉當天未倒垃圾也未做好垃圾分類時，就會立刻按到玲玲的情緒按鈕，她馬上產生很大的焦慮大聲斥責大偉、罵他拖延不負責任（指責的應對姿態）。玲玲從小因為是長女，要承擔所有家事和照顧弟妹的重任，她必須很有效率在一定時間內把家務完成並寫好功課，否則會受到母親大聲責罵和嚴厲懲罰，要她在門外下跪檢討自己。

她因此從小就承受很大的壓力，也學會在壓力下急躁的大聲責罵指揮弟妹迅速完成母親交代的事項，否則她會很焦慮害

怕被懲罰。所以婚後一看到有家務未處理好，就感到自己不是好妻子、好母親般失職，彷彿回到當時糟糕的小女孩，就要大難臨頭，會有可怕的事發生，於是忍不住大聲斥喝大偉。此時她的情緒來勢洶洶，好像小時候媽媽快下班回家，她將被罰跪責打的焦慮恐懼又上身（妻之深層脆弱經驗1）。

這些來自原生家庭未處理的焦慮與恐懼，帶入與大偉的關係中，是她在夫妻衝突中完全沒有意識到的。她其實毫無要貶抑、指責大偉的意圖，而是她個人內在童年到現在尚未解開的心結被勾起，所產生的巨大情緒淹沒了她，使她在無意識的情況下做出嚴厲指責的即時反應，然而此舉剛好按到大偉的情緒按鈕、觸動了他深層的脆弱經驗。

大偉看到玲玲大聲喝斥命令他時，就引發小時候在他考試未考好、做錯事，父親大聲責罵他、痛打他所產生的情緒。那時他心中充滿害怕、憤怒卻不能說出來，只能在廁所敲自己的頭來洩憤（夫之深層脆弱經驗1）。所以當玲玲因小事指責他，聲音、口氣和表情都變得嚴厲時，他彷彿又回到小時候那個年幼、無助、心中充滿憤怒的小男孩。當他這樣長大成人進入婚姻，從來沒有機會學習表達感受，只會在盛怒之中用摔東西、吼叫或敲頭來發洩情緒（指責和打岔的應對姿態）。

當大偉這樣大發脾氣時，玲玲彷彿在他身上看到母親抓狂打罵的影子和嘶吼聲，使她頓時又再度陷入小時候的強大恐懼中不知所措（引發妻之深層脆弱經驗2）。此時玲玲身體發抖、加強防衛，避免去接觸這些激烈感受的做法，是更加失控、歇斯底里地吼罵大偉是不負責任的爛男人（指責加強），要他不可發脾氣立刻完成她的要求。大偉則在玲玲的叫罵中彷彿又重現當年父親不准他哭、不准發脾氣、不准他回嘴只准靜默，否則打得更兇的威脅之中（引發夫之深層脆弱經驗2）。他整個人陷入巨大情緒的混亂沒有出口，此時腦袋變得空白

麻木，並退化成小孩而說不出話來（打岔）。他的退縮反應使玲玲更焦慮害怕如大難臨頭般，觸動當年母親對她冷漠、不要她的那種被遺棄的恐懼而大哭（引發妻之深層脆弱經驗3）；大偉此時縮在他自己的空白世界中則更加冷漠、麻木和疏離⋯⋯。兩個人於是僵在這裡，過去與現在的情緒都糾結在一起，相互纏繞的深層脆弱經驗，使他們不斷循環在彼此的傷害和戰爭中痛苦不堪。

在治療師的陪伴下，他們一步一步地鬆綁這些糾結，在安全開放的氛圍中彼此勇敢地探索這個複雜的歷程。治療師鼓勵他們安定在成年人的能量狀態，分享小時候的經驗和現在互動過程中相關聯的深層脆弱感受，透過這些真誠的對話產生更多的理解、接納和包容。穿越這些早年的傷痛經驗，表達出自己內心想要的需求，他們即如下面所述，共同協力來幫助彼此從連鎖糾纏的情緒中解套。

玲玲首先分享了她小時候母親責罵她、叫她罰跪的心情，也表達她心中一直充滿焦慮恐懼到現在，深怕事情做不好就會被遺棄、被懲罰，使得強烈害怕和焦慮常無意識地湧現（一致性分享深層脆弱）。當大偉未如她意做好家事，以達成她想掌控局面的期待時，她立即感覺自己失職和失控的巨大焦慮，此時她的應對一如既往就是大聲責罵大偉，如同責罵小時候的弟妹。她很清楚告訴大偉，這些都是她成長中所累積的感受，與大偉無關。她只是想把家裡的事情有效率地做好避免焦慮，而不是想傷害他，希望他諒解。接下來當大偉發脾氣時，她就覺得災難馬上要發生，無法再待在他身邊，彷彿看見母親在眼前咒罵她、要趕她出去。

玲玲很勇敢地分享了這些脆弱經驗中許多焦慮、自責、自我放棄、被遺棄的恐懼，也將這些感受認回來並接納它們。大偉很專注的聆聽，了解了她的成長背景所帶來的痛楚，還發現

原來自己已對號入座。他並不需要把玲玲的焦慮和恐懼揹在自己身上，成為他的重大負擔（解除糾纏）（見下段說明）。大偉理解了玲玲小時候深藏的脆弱後，對她更加疼惜，也理解如果他未將情緒好好表達而用極端激烈的手段，只會使玲玲更害怕、更受傷，最後又反噬到他身上。

在治療中，玲玲學到的功課是，下次大偉如果未把家事如預期完成，她會先停下來分辨清楚，這不是小時候在母親的家庭中，而是在自己的、她與大偉的家裡。在這裡玲玲是成年人，她可以自己做主，不會有人像母親當時一樣嚴厲地否定她、趕她出去或處罰她。治療師引導她閉上眼睛，在簡短的冥想中想像自己將母親的帽子由大偉身上拿下來（解除糾纏）……（Satir et al., 1991）。以後當她又感覺失職而焦慮害怕時，她會先安定在自己的內在，暫停下來覺察這些感受，讓自己處在當下，並告訴自己這不是世界末日，她媽媽也不在這裡，她是大人、也是妻子和母親，她做得很好，她可以腳踏實地站穩自己並重視自己，就算有不足之處也沒關係。她面對的是愛她的大偉而非母親，所以不需責罵只要清楚告知大偉自己的焦慮即可。這些覺察和新行動能停止他們進入負面的互動循環，也終止他們之間情緒的糾纏。

治療師也引導大偉接觸小時候的深層脆弱，並嘗試表達出來讓玲玲聽見。大偉很勇敢地告訴玲玲，當她大聲責罵他不負責任時，他彷彿在玲玲身上看到當年爸爸嚴厲的影子，頓時即變成小男孩般的渺小無助，好像自己仍是個做錯事的孩子無法保護自己。當年他父親嚴厲的責打他不准他出聲，他心中因為巨大的憤怒和無助不知所措，繼之凍結退縮、躲在角落（一致性分享深層脆弱）。這些情緒在玲玲一波一波嚴厲的指責中全部湧現，但卻無法表達，悶得他快窒息只能捶牆壁或打自己。沒想到此舉使玲玲更懼怕，報之以激烈的叫罵聲，又進一步勾

到大偉小時候的強烈絕望和恐懼，使他頭腦一片空白，無法發聲，只能轉身離去沉默不語，把自己封閉隔離，像小時候縮在角落才能覺得安全。

　　玲玲專注的聆聽他，眼中含著淚水握著大偉的手。治療師邀請大偉描述當年他所有脆弱、受傷等感受後，請大偉現在將父親的帽子由玲玲身上拿下來，不需要再把玲玲當作爸爸了（解除糾纏）。接下來大偉則明確表達出在與玲玲的關係中，他希望玲玲以後不高興時，直接溫和明確指出哪些具體的事要他完成，最好是條列式的項目，而不是先發脾氣大聲吼他，這樣他會很願意心平氣和地去做，讓玲玲可以安心，他也因此不會被勾到情緒而暴怒。

　　治療師鼓勵玲玲不帶評價地聆聽大偉，當她聽到這些過去的故事，也看到大偉的脆弱、憤怒、無助時，她心中油然而起的是對她丈夫的心疼、不捨和抱歉。現在大偉分享了這些脆弱面，她很感謝他的信任和開放，也願意努力做到大偉所提出的要求。經過分享這些深層脆弱之後，她已理解自己內在的經歷，心中的結仿佛打開了，也不容易再有這些突如其來的焦慮、害怕和憤怒。同時玲玲也告知大偉，她不是他爸爸，當大偉因為玲玲的聲調語氣不舒服時，可以直接告訴她或提醒她，不要等到他受不了時才爆炸。她希望兩人在理解了這些來龍去脈後可以一起合作，避免情緒彼此激化產生連鎖反應，而是一開始有不愉快時即可直接清楚地溝通。大偉很認同玲玲的提議，願意看到玲玲開始急躁或大聲時直接提醒她放輕鬆和降低聲量，這樣他們就可以覺察自己，並相互幫助。

　　他們之間透過以上這個對話歷程，產生對彼此更多的接納和理解，在分享這些深層脆弱經驗及其感受之後，他們感覺相互間更加能體諒，心也更靠近了。此刻他們淚眼相望，深情擁抱，並且在寬容和慈悲中療癒撫平彼此童年的傷痛。

與原生家庭解除糾纏

前面曾提及許多人即使結婚生子或有了固定伴侶，心理上仍舊是個孩子離不開父母，並與父母糾纏在一起無法獨立自主成為大人。小則日常生活瑣事，大至擇偶或生涯決定，都由父母長輩定奪。當一個人順從父母、不能為自己的人生做主時，最大的特徵是無法為自己或親密關係負責，並且很難與伴侶成立他們獨立的核心家庭。

在我們的文化中，這是很普遍的現象，原本無可厚非，但若其中一位或兩位伴侶不能認同這種與父母黏在一起的生活方式，進而引起衝突時，就會造成婚姻關係極大的張力。婚姻伴侶治療實務中最常見的是夫妻或伴侶之中的一位：

1. 與父母形成三角化關係，凡事以父母指示做為處事基準，使他的伴侶覺得自己是三角關係中的局外人；

2. 在親密關係中將小時候未滿足的期待放在伴侶身上，希望他能做到父母當年未做到的事才感覺人生圓滿；

3. 將理想化的父母影像套放在伴侶身上，要求伴侶提供當年父母或照顧者一般的疼愛與照顧，或想在伴侶身上找到與父母相同或相反的特質。

這些情況即為薩提爾模式所指出，我們常會把童年重要照顧者的影子放在伴侶身上而不自覺，當遇到觸發刺激時，內在就產生相似的情感或應對（Satir, 1976）。這個重要照顧者（通常是父母）的影子如影隨行的跟隨在兩人關係中，很容易就被套用在伴侶身上，如同鬼魅一般不易被覺察，因此有時稱之為「鬼影子」（Satir, 1972; McKeen & Wong, 1996）或陰影（Gomori & Adaskin, 2009），薩提爾又稱之為將父母的帽子放在伴侶身上（Satir et al., 1991）。這些帽子或鬼影子經常成為伴侶關係的障礙，以致他們無法看見真實的對方，並且會將過去不屬於伴侶的成見和評判套放其上，造成雙方彷彿處在迷宮中無法找到出路般的無助與惶恐。

在處理這些原生家庭議題時，治療師需要認識家庭重塑（參見第

418頁）和雕塑的歷程（參見第 201 頁），並熟練冰山隱喻的運用（第 5 章），在安全和合作的治療關係中，探索雙方內在不為人知、也不為自己所知的童年經驗。由於這些影響已滲透至親密關係中，使伴侶雙方感到彼此間有一種說不出的緊張和壓迫感，如同隱形的鎖鍊將兩人與原生家庭緊緊的纏繞在一起，不但使他們感覺透不過氣來、也彷彿跳脫不了這些靈魂桎梏。此時治療師需具備足夠的專業知能和內在的穩定性，才能在巨大的張力中，逐步引導他們鬆綁這些由來已久的糾結。

如果夫妻或伴侶意識到這些原生家庭的影響，並同意這是他們想要改變的目標，薩提爾模式的治療師會與來訪者在此階段做出必要的探索與轉化，協助他們與自己的原生家庭**解除糾纏**（de-enmeshment）（Satir et al., 1991; Gomori & Adaskin, 2006）。過程中他們將學習在原生家庭與自己的核心家庭之間找到平衡，覺察在其親密關係中原生家庭所扮演的重要角色，透過這些學習與覺察，將此時此刻與彼時彼刻做出區隔；看清鬼影子或拿下舊帽子後重新認識伴侶的真實面貌；設定健康的界限，成為自我負責的成年人，使得關係在轉化過程中由僵局脫困，他們即可再度攜手往前邁進。

由三角化關係中解除糾纏

在中國傳統文化中，子女成長後盡孝道、奉養父母原本是很自然的事，與原生家庭維持緊密的關係也再正常不過，但為什麼這種稀鬆平常的狀況會引發夫妻之間的衝突和困難呢？

許多來訪者雖然已成立自己的小家庭，卻與原生家庭有著濃得化不開的情感，在心理上亦仍然是父母的孩子，必須以滿足父母的期望為依歸。這種情形男女都可能發生，但在實務上以男性居多——即婚後仍與父母維持婚前原有的兒子角色，未因結婚後身分改變跟著調整自己成為丈夫。在心理上因為仍未脫離父母成為獨立的個體，使得先生、妻子與男方父母形成三角化關係，接下來我們即以此現象為討論焦點，相似歷程也適用在其他三角化關係中。

如果這些先生的妻子們接受相同文化的洗禮，樂意在這種氛圍中扮演大家公認的好媳婦、好妻子就會皆大歡喜。然而，在這種三角化的關係中，公婆、成年兒子及其妻子三方之間的關係常很拉扯。當夫妻兩人帶著這個議題走進治療室時，他們與夫家父母的矛盾所造成的婚姻難題，都已歷經長時間無法言喻的掙扎和痛苦。其中所累積的複雜情緒、伴隨失效的溝通和緊張疏離的關係，對治療師和來訪者來說，難度和挑戰都很大。甚至，當他們找不到合適的方法解決時，兩方家庭成員為了幫忙而牽扯進來，很容易因這些衝突反目成仇，最後演變成兩個家族的激烈戰爭。

　　在婚姻治療中，夫妻或伴侶通常都公說公有理、婆說婆有理，治療師極易在這種激烈的衝突和激辯中選邊站。畢竟治療師身處與來訪者共同的社會環境中，受到文化、教育、家庭等因素綜合的影響，對於這類議題同樣也發展了他個人獨特的立場與見解。但薩提爾婚姻伴侶治療師不以問題解決為目標，不會建議伴侶們應該如何做，也不會把自己的價值觀加諸來訪者身上。他首先需要對自己的立場有深度的覺察，並將伴侶關係的主權和責任交至來訪者手裡，讓他們在治療中逐漸發展對婚姻關係的願景，並共同協力朝向此目標邁進。

　　如前所述，治療師首先要確定的是夫妻或伴侶對這個治療想要達到的目標為何？他們是否目標一致或分歧？他們想要共同努力改善此關係的意願程度如何？他們都想要讓此關係更好、還是一方想說服另一方做改變？如果他們都想要關係更好、也願意一起努力，彼此都有一致的方向，則治療歷程可能會較順利。治療師隨即針對他們要的目標，排除橫阻在前的障礙，與他們一起來努力實現願景。

　　但很多時候，治療歷程並不是這麼幸運，兩位伴侶各自想要的目標可能不盡相同，有時一方想維持原狀，另一方則想脫離此情景，此時治療師即會與兩位伴侶一同思考：究竟這個治療目標要往什麼方向去？他們是否願意同心努力維持婚姻或關係？他們各自是否願意改變？想要做哪些改變？他們是否願意有些讓步，或放棄某些既得利益來換取婚姻的

進展？他們之間還有希望嗎？他們各自的底限為何？還有多少空間可以協商或妥協？他們想要追求的婚姻品質為何？

不論是上述哪種情形，治療過程著重於親密關係與跨代系統之間的議題時，其實也同步在個人系統和兩人關係系統中工作，三把金鑰匙在此同時開啟，對治療師來說，彷彿兩位來訪者這三個系統的頻道有五個系統同時在發生作用。

這時候薩提爾兩個非常重要的工具：冰山和雕塑歷程可以引領治療師朝向他們要的正向目標邁進，並在過程中進行轉化。

運用**冰山**的探索歷程，可協助伴侶雙方彼此對話、瞭解、連結，和協力合作，以找到平衡雙方渴望，促進兩人自我價值感提昇的可能性。

運用**雕塑**則使兩位伴侶，由身體的距離、姿態、高低位置呈現出與原生家庭的關係與動力，使他們有更深的覺察，並同步看到自己所參與的責任。

將以上冰山的內在歷程與身體雕塑的圖像一起運作，在立體維度的上下左右交織進行時，能使他們深刻體驗與父母的三角關係對自己、對婚姻及對伴侶的影響，進而因此找到未來努力改善的方向。

這些多元豐富的歷程，將可提供雙方空間和對話的機會，把許多深藏未顯的內在經驗外在化，最後呈現出雙方可接受或想要的畫面，以催化兩位伴侶真實面對自己的婚姻關係，並做出重要的改變。其中關鍵性的環節，在於透過一致性對話彼此了解各自的立場與內在歷程，重建他們之間的「我們感」，然後與父母設立健康的界限，使得親密關係能在父母與伴侶間找到兩人想要的平衡。

治療師的功能在於提供開放、接納、尊重、涵容的氛圍，讓夫妻或伴侶能安心投入在其中，不用擔心被評價，而能自由安全地體驗和表達自己。這些歷程在工作坊中，因有角色扮演者協助，會使得參與者有很大的學習和領悟。若是在婚姻伴侶治療的情境中，則可利用枕頭、玩偶、椅子來扮演家人的角色，亦可收到極好的效果。下面的案例將說明治療師如何運用冰山和雕塑歷程，來解除夫妻與原生家庭的糾纏，並開

啟三把金鑰匙同步在個人系統、伴侶關係系統和原生家庭系統中工作。

1. 案例背景

建廷與儀芳結婚已三十年，來做婚姻治療時，二人已是頭髮花白的中年人，子女也都長大成人。他們的婚姻正面臨十字路口，因為儀芳認為子女都已離家自立，責任已了，是該面對自己人生、將婚姻做個處置的時候了。她很想結束婚姻關係，走出家庭，勇敢做自己。尤其退休後，長年在宗教團體做志工，結識很多好友一起修行和雲遊四海，感覺一個人生活比在婚姻中快樂。建廷是股票上市公司老闆，事業有成，一生都盡力孝順父母，成為父母最大的驕傲。在家庭中，他謹守本分給妻兒最好的生活，在外人眼中是完美兒子、丈夫和父親。他雖木訥寡言，但問到他對儀芳想離婚的提議，他卻很快表示不想離婚的決心。

儀芳能言善道，敘述婚姻中三十年來發生的故事，都是每對夫妻可能會遇到的情境。在結婚之初，儀芳因為非常愛建廷，在她眼中他善良、踏實、誠懇，是理想的好伴侶；在建廷眼中她美麗、負責、顧家、隨和，都是讓他感覺迷人的特質，因而對她一見鍾情。結婚之後幾天儀芳就想離婚，因她發現丈夫的老實厚道雖是她婚前所欣賞的個性，卻是她婚姻生活中最大的夢魘。

她敘述她的公公很傳統和大男人主義，婆婆要細心服侍他、完全順從他。先生是長子，下面還有五個弟妹，每個子女都必須服從父親權威，父親說一不二，媳婦更要完全孝順公婆，犧牲自己來配合夫家，不論是日常生活起居，或重大節日、燒香祭祖，都必須放下自己的事情全力以赴。即使他們已有三個孩子，但儀芳從未感覺他們有屬於自己的家庭，總是不斷要以公婆的需求為依歸。

終於在第十年因為孩子漸漸長大，公婆家已住不下，他們自購新房後才有正當理由搬出，但在當時卻引起巨大風暴，公婆從此非常不諒解儀芳，覺得她是惡媳婦慫恿兒子離開家，雙方誤解加深，公婆對儀芳從此更不給好臉色。

建廷在原生家庭自幼因父親的高壓教育，動輒辱罵責罰，使他內向

拘謹的個性更加沉默退縮，他因為自小恐懼父親權威不敢反抗，唯一能做的就是壓抑自己、完全服從，並達到父親所有要求。結婚後，建廷仍一直認定，唯有孝順配合才是生存之道。不但如此，妻子進門後也必須跟他一起完成父母所有的要求。

他從來不明白為何妻子會與他的感受不同，對婚姻家庭的願望也不一樣。他要的是夫妻二人共同以父母為重心，只要父母滿意他就滿意，父母高興他才高興。但儀芳要的卻是他們有自己的小家庭，不受父母和親戚干擾，有獨立生活空間和自主權，不用常常看父母臉色過日子，更不想要恐懼被公婆責罵。

兩人長期的衝突，導因於雙方對婚姻的期待和觀點差異巨大，他們只要一談論這些事就吵架，從來沒有機會把心中想說的話完整表達。從彼此指責到相互傷害，最後因絕望和無助導致關係疏離的鴻溝。即使婚後十年他們搬出父母家，儀芳能稍稍喘口氣有自己的生活空間，但長期累積的怨恨、失落、委屈並無法因此消除。建廷雖搬離父母，但他並未有任何實質的改變，甚至每天下班後先去看望父母，聽到父母對自己和妻子的批評後，回到家就將這些怨氣出在儀芳身上，兩人因此經常為父母吵架。

儀芳看到這種情形，益發對建廷失望、也越來越心寒，在婚姻中長期感受到的孤單、失落無處發洩，就對建廷大發雷霆，要不然就是不理他，最後則把注意力完全放在孩子身上，專心照顧孩子長大成人。這期間還發生了許多重大事件，使得儀芳與公婆之間徹底決裂。建廷則處在父母和妻子之間痛苦不已，因為他處理不了這麼多大衝突，最後無奈地決定做好兒子、以父母唯命是從才是正道，卻因而付出了婚姻失敗的慘痛代價。

日子就這樣又過了十多年，孩子長大成人離家後，儀芳認為責任已了。她從志工生涯中漸漸成長，累積了更多的智慧和力量，因而想好好處理婚姻關係做個決擇。她認為如果在婚姻中他們過著像陌生人又像仇人一般的生活，不如好聚好散大家輕鬆。所以她告知建廷，如果他不來

做婚姻治療，她就打算結束此婚姻，這不是威脅或勒索，而是她思考幾十年的結論。這個提議使建廷非常驚恐，他已經六十多歲，並不想一個人孑然一身步入晚年，即使他是孝順父母的，他仍然想要與儀芳共度餘生，儀芳對他來說已是生命不可切割的一部分。

於是在婚姻治療中，他們與治療師花了二十次的治療，彼此分享和聆聽過去兩人與建廷父母相處的痛苦經歷。治療一開始時，兩人相互叫罵，控訴對方的不是，無法控制地把內心的怨恨、憤怒、絕望一股腦地全盤托出。在此過程中，他們透過治療師深度同理、歷程式問句與對話、反映互動循環和使用雕塑歷程等，逐漸理解了各自的內心世界，願意承擔婚姻失敗需負的責任。他們一步一步學習一致性對話分享內在脆弱，彼此用尊重、同理和接納，重新認識對方真實的自我，並為婚姻共同的願景一起做出改變。

2. 冰山歷程

治療師逐步帶領他們進入冰山的每個層次，讓他們有機會理解兩人過去和現在的內在世界（**個人內在系統**）。儀芳敘說與公婆同住的十年中，每當公婆施壓於她、辱罵她，她心中的委屈、傷心（感受）想說給建廷聽時，內心深處很希望建廷能陪伴她、聆聽她，讓她舒解情緒，並站在她這邊保護她（期待），使她能感受到建廷是在乎她、重視她和愛她的（渴望），但她因為太多情緒不知如何表達，所說出來的話都變成對建廷及其父母的批評和抱怨（指責的應對姿態）。之後，她就更自責，因為不但夫妻關係沒處理好，反而處處顯得自己是個糟糕的媳婦和惡婆娘，對自己更多的看不起和不接納，而感到低自我價值（自我），面對公婆和建廷也越來越自卑和無助。值此同時，她看到建廷也不快樂，而且只要自公婆家回來他們就一定會吵到不可開交，她就更加沮喪絕望。

當時建廷心中也充滿害怕、擔憂（感受），不知自己是否能處理得宜，才不會使父母和妻子之間的衝突更惡化，因此陷入苦思和矛盾中，但這些感受都壓抑在心不能說出來，一方面有失面子，另一方面他認為

都是妻子不對（觀點），如果她乖乖聽話不就沒事了（期待）。因此他婚姻前十年，唯一想到最好的解決方法，就是延用舊模式（討好的應對姿態）——勸誡妻子服從父母，自己也完成父母期待做個好兒子，這是中國古老的傳統也是最正確的事（期待和觀點）。沒想到此舉不但無法解決父母與妻子之間的矛盾，反而使妻子更憤怒、更歇斯底里，排山倒海而來的撻伐，在他招架不住時心中更加緊張和憤怒（感受）。最後他選擇沉默冷戰（打岔的應對姿態），他的無聲抗議，其實真正的意圖是避免衝突息事寧人，不要再讓事態擴大，讓他能有個放鬆、快樂和和諧的家庭生活（渴望）。他當時對自己未能扮演好兒子的角色、未能馴服妻子，深感羞愧自責，認為自己很糟糕、是個失敗者（自我）。搬出父母家後，這些複雜情緒越滾越大，他不能理解妻子究竟要什麼？已經都拼了命搬出來了還不夠嗎？難道妻子是要他與父母斷絕關係才滿意嗎？（觀點）

而儀芳當時則推論（觀點）建廷未站在她這邊，是因為聽信公婆的批評認定儀芳不是好媳婦，想照父母建議把她休掉甚至已找好取代她的新媳婦（圖 6-2a 站在婆婆身邊者）。因此她一直認為建廷是個媽寶，沒有能力保護婚姻，甚至為了父母想放棄她。建廷聽到後大為驚訝，他明白表示，當時他完全沒有想放棄婚姻的念頭（觀點），而且從頭到尾都很在乎儀芳，他只是不知如何做才能使儀芳滿意、不再生氣。他也因常聽儀芳說她受不了要離婚而心中充滿不確定、不安全感，所以更加無助、絕望和挫敗（感受）。他的沉默只是不想要兩人衝突更加擴大，他以為不回應儀芳的指責和憤怒就會平靜下來，儀芳卻以為建廷是在默許公婆對她的不滿和貶抑，想要讓他另娶小三，並也因建廷的被動、沉默，而假設建廷嫌惡她、不要她（觀點），於是更加想放棄婚姻，兩人的距離則越來越疏離（打岔的應對姿態），她在婚姻中感覺越來越孤單，想要有愛和親密的願望也越來越不可得（渴望）。

藉著以上坦誠分享彼此的冰山，澄清過去諸多感受、觀點、渴望、意圖、自我價值感後，治療師引導他們一致性地表達出，內在這些年來

的複雜感受及各自的渴望，讓他們可以因此建立溝通的橋樑重新連結（**伴侶互動系統**）。這個過程創造了寶貴的機會，讓兩人可以一起勇敢面對與父母的三角關係，重建他們想要的婚姻藍圖。

3. 雕塑歷程

儀芳和建廷雕塑與父母的三角化關係中（**原生家庭系統**），各自的視角如圖 6-2a 和圖 6-2b。

治療師再請他們用小人偶雕塑未來想要的關係時，由圖 6-2c 雕塑的圖像可以看到，建廷未來想要的畫面是兩人手拉手再也不分開，於是治療師請他思考，若要從他第一個雕塑畫面（圖 6-2b）進展到未

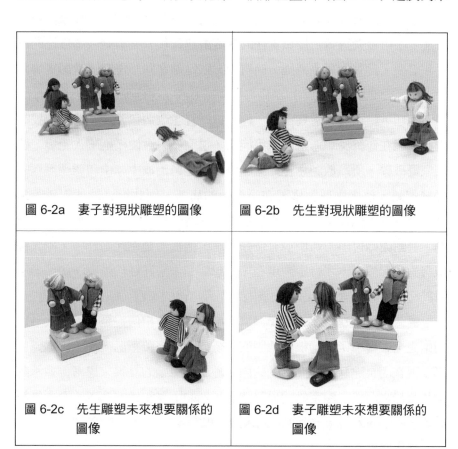

圖 6-2a　妻子對現狀雕塑的圖像	圖 6-2b　先生對現狀雕塑的圖像
圖 6-2c　先生雕塑未來想要關係的圖像	圖 6-2d　妻子雕塑未來想要關係的圖像

圖 6-2　雕塑三角化關係的畫面

來想要的畫面（圖 6-2c），他願意做的改變為何？並且面對儀芳說出他願意做的改變以及對改變的承諾。

建廷清晰地看著儀芳表示，他從今以後會選擇站在儀芳這邊來保護她，他會學習聆聽她、支持她，他也不想再為父母說情。如果能讓儀芳清楚知道，他的心是跟她在一起的，對儀芳就足夠了。他願意為了彼此的婚姻達到像畫面中手拉手一樣站在她身邊，而從過去是父母的好兒子，蛻變成妻子的好丈夫。

當儀芳看到自己所雕塑的圖像（圖 6-2a 和圖 6-2d），兩者之間做比對之後，也了解建廷過去被指責的感受，願意修正自己指責的姿態、降低對建廷和公公婆婆的批判與控訴，使用治療中學到的一致性來與先生交流，不再做受害者，以負責任的態度對建廷和公婆清楚表達自己的感受和需要。當先生更重視她、面對她、跟她站在同一邊時，她即更容易放下對公公婆婆的指責，也不用再把情緒發洩在建廷身上了。

建廷承認在過去這幾十年，他確實一直想改造儀芳成為他父母要的媳婦，現在他終於想通這是不可能的，這麼做只會使婚姻陷入絕境，造成家庭破碎，所以他願意在此刻叫停了！透過治療中冰山和雕塑歷程的抽絲剝繭，他慢慢理解儀芳在婚姻中的痛苦，因此很真誠地對儀芳道歉。因為過去他曾與父母一起壓迫她，忽略她的感受；今後他會好好愛她，並謝謝她付出一切使他有個好家庭。他很清楚在此婚姻中，兩人都很努力不想放棄，才會走到現在，他想要在未來好好珍惜妻子和婚姻；對於父母，他要清楚地區隔出界限，保護自己的家庭，站在儀芳這邊。

儀芳看到建廷現在的改變很驚喜，簡直不敢相信這是真的！因為以前她完全影響不了建廷根深蒂固的傳統觀念而痛苦不已，甚至已絕望放棄！現在因為建廷開始理解她的內在經驗，用她的立場來思考，並承認他和父母之間過去緊密的關係已造成婚姻的困難和她的痛苦，至此她終於放下心中的大石頭，似乎看到未來一線曙光。

4. 轉化歷程

上述案例顯示的轉化歷程包含幾個部分，首先儀芳在進行婚姻治療

之前即已開始重視自己，思考自己想要的人生。既然養兒育女的責任已了，她相信自己未來值得過更好的生活，並為自己有尊嚴地站起來。治療師支持她不帶指責勇敢表明清楚的界限，即她不想再委屈求全、或如以往一切以配合夫家為重；她溫和堅定表達自己的需要，邀請先生重建親密關係、呈現自己的脆弱，且清楚說出她對婚姻的願景、她的渴望和感受。

建廷看見儀芳對自己、對他、對婚姻的重視，也看到她內在的力量與堅定，使他願意重新思考自己的立場，反省在婚姻中他所錯過的。他不再逃避妻子而是面對自己的內心，反思他的作為對妻子所產生的感受，願意做出新的承諾，建立一個屬於他們想要的婚姻和家庭。

建廷選擇目前最重要、也最想努力的關係，是與妻子的婚姻關係，因為他無法承受失去婚姻的代價，所以必須為自己和為此婚姻負責。他願意重新與妻子連結，與父母親之間畫出一個他和妻子都能接受的邊界，但仍然會盡到兒子照顧父母責任。在他現在六十歲時，才逐漸感覺自己是成年人，不用再做小男孩獲取父母的認同。

在治療中，有一次治療師挑戰他，在過去人生六十年來都為父母而活、儀芳也支持他做孝順兒子三十多年，這樣是否已足夠了？他們是否都盡力了？是否可以重新思考做兒子和做丈夫未來如何平衡才是他們兩人最想要的？他的心若回到儀芳身邊是否仍然可以愛父母、關心父母？他突然想通自己一輩子原來都在盡最大力量去討好父母做好兒子，現在他可以開始思考自己真正想要的人生和願景。當他誠實面對自己時，發現與儀芳的婚姻和家庭，才是此刻最值得他重視和珍惜的。當他在觀點的層次鬆動了他一輩子所堅持的觀念時，似乎冰山其他層次的改變就容易得多了。

令人驚訝的，在治療後期，儀芳因為越來越能由建廷善意的回應感覺到兩人婚姻關係中的安全感和踏實感，反而改變了對建廷父母的觀感，不再把他們視為婚姻中的破壞者，開始對公婆產生了寬容和愛。她不再阻止建廷親近父母，還願意陪同建廷一起照顧生病的婆婆。其先決

條件是，只要建廷堅持他的承諾，願意重視婚姻和關心儀芳這個人，不再沉默以對而會跟儀芳有互動和交流，這樣即使公婆對她不滿而責罵她時，因為有建廷的支持和愛，她就不易再感覺沮喪痛苦。當建廷能安慰她、擁抱她，她就有更多力量，發自內心去關愛他們。奇妙的是，當儀芳內在的力量越來越穩固，也更感覺到建廷的愛和關注時，她即不用戰戰兢兢地面對公婆，反而可以有說有笑、自在做自己，此時公婆的態度亦逐漸改變而開始友善和平地對待她了。

由上面案例可以看到，這是一個與原生家庭解除糾纏、鬆綁三角化關係，又重構伴侶關係的珍貴成長之旅。最初他們的治療目標，是放在決定是否要離婚的抉擇，隨著治療的進程，他們逐漸調整目標，轉向想要共同努力讓婚姻關係可以更好、更愉悅和走得長久。要達到這些目標，治療師在此過程中做到的是彈性、支持，和跟隨歷程；夫妻需要的是同心協力，一起克服困難，在治療師的陪伴中，解除三角化關係的糾纏，並在個人內在、伴侶互動和原生家庭三個系統中做出實質的轉化。

將伴侶與父母做出區隔

上一節已介紹，每個人都可能將過去成長過程中尚未解決的未了情結，投射在伴侶身上，企望藉著這個成年後的親密關係克服小時候的傷痛與失落，使自己因此感覺完整，所以不知不覺就被某位具有強烈吸引力的對象擄獲，展開轟轟烈烈的愛情，卻再次掉入小時候相似的腳本情節無法自拔。

其實每個人都很容易把過去重要的人、事、物投射在伴侶身上，希望伴侶可以為自己圓夢，解決當年的未竟之事，這是人類歷程很人性的部分。有的人很幸運，可以因此達到生命缺口的完形，但大部分人卻浮浮沉沉在關係中，繼續追尋自己的幻夢而掙扎受苦著。這些重要他人的鬼影子，有時是理想化的父母、祖父母、叔伯阿姨、兄弟姊妹、長輩、老師、過去的愛人等，其中父母和小時候主要照顧者所造成的影響最為深遠。因此接下來的討論，都將這些影響至深的重要人物廣泛地以「父

母」來稱呼。

治療師在遇到跨世代家庭議題時，首先要協助當事人清楚辨識：父母與伴侶是不同的生命個體需做出區隔，即父母是父母，伴侶是伴侶，這是薩提爾所說的拿下父母的帽子（Satir et al., 1991）。治療師會請當事人，去辨識出眼前的伴侶與他的父母，有許多地方是不一樣的，例如長相、個性、表現、背景、身分等各方面都不一樣。尤其重要的是，伴侶是他生命的同行者，也是最親密的人；他們對親密關係都有共同的目標，願意彼此靠近，深入交流，讓愛在兩人之間流動。但父母在他們人生中的任務和角色業已完成，成年後的人生和親密關係是自己的責任，已與父母無關。

以上的辨識，是治療的第一步，即夫妻或伴侶需要在左腦的認知上，在當下有意識地將伴侶與父母區分開來，必要時可以運用雕塑或角色扮演來呈現他們與父母的關係，使這種糾纏的關係具像化地用身體去體驗並做出改變的行動。此外，在治療中還可用枕頭、布偶和任何合適的道具，來代表父母或其他重要家人，使當事人可以體驗性地覺察自己如何將父母的影子放在伴侶身上，並且在身體和心理上深刻意識到伴侶無法成為父母的代理人，為自己實現小時候未滿足的期待和渴望。這個體驗性的歷程，會使來訪者將無意識的自動化反應，化為意識中的覺察，進而為自己的親密關係做出合適的改變。

由伴侶肩上卸下對重要他人的期待

薩提爾模式治療師的優勢，是可以運用冰山和家庭重塑的概念與歷程，協助當事人探索和轉化原生家庭對親密關係的影響。其中至關重要的環節是處理當年對重要他人未滿足的期待。這些未滿足的期待，常在成年後不知不覺被放到伴侶身上，造成雙方無法靠近的障礙和彼此深刻的痛苦。

上一章已針對夫妻或伴侶間未滿足的期待進行詳細說明，大部分人都未能意識到這些未滿足的期待在親密關係中所扮演的重要角色，但薩

提爾治療師看到這些隱藏的動力即會將之提出成為治療不可或缺的環節。尤其要注意的是，這些未滿足的期待如果是源自來訪者小時候針對重要照顧者的，治療師就更需與之討論和核對。一方面確認這些不實際的期待是如何產生的，另一方面藉此促進當事人對自己與原生家庭的糾纏有更多覺察。

這個覺知的歷程是很重要的第一步，當事人透過認知上的覺察，才能認回這些期待，進而決定是否要放下或繼續堅守。治療師的任務在於讓夫妻或伴侶能意識到他們的選擇和後果，但最後做決定的人則在當事人自己，而不在治療師。

如果夫妻或伴侶允許治療師進一步去探索這些來自過去成長背景的未滿足期待，他們可先各自列出這些期待，並與伴侶和治療師分享。接下來治療師會鼓勵他們去檢視，哪些是屬於年幼時期、針對父母或其他重要照顧者的，而不屬於現在的伴侶。一旦來訪者能意識到自己將未曾覺察或不承認的小時候未滿足期待放在伴侶身上，使雙方都承受巨大的壓力和挫敗，甚至造成親密關係的障礙時，他才能有機會重新思考，是否要繼續再執著這些小時候的期待且放在伴侶身上？如果伴侶做不到也不能滿足，是否可以有其他的可行性來實現它們？他是否願意為親密關係做出調整？他是否要真正長大不再做小孩仰賴父母餵養？……

這些新的選擇可能會是個冒險，也可能是個挑戰！因為這些期待已跟隨他一輩子了，如果要做出新行動，可能會讓他進入一種陌生和未知的狀態，也會使他產生更多的困惑和不確定性，因此對來訪者來說常是很顛覆的抉擇。

這些當年未滿足的期待，其實與現在的伴侶沒有太大的關係，在時間、空間、情境、年齡和背景上，這些期待已經與此刻成年人的身分完全不吻合了。現在的伴侶亦不能取代當年的父母來滿足他，所以將這些小時候未滿足的期待強加在伴侶身上，要求他來填補這些空洞，既不可能實現，對伴侶可能也是不公平、不合理的。

治療師此時可進一步與當事人討論下列主題，並同步開啟伴侶間關

於冰山的對話，讓這些討論在兩人之間的個人內在系統和伴侶互動系統中交替進行：

- 如果伴侶達不到我的期待，我繼續堅持這些期待是合理的、是現實的嗎？
- 當年我的父母都無法做到，現在我的伴侶可以取代他們嗎？接下來與伴侶核對是否可行？對關係產生什麼影響？
- 我把對父母未滿足的期待放在伴侶身上適合嗎？他會有何感受？
- 哪些是合理可行的期待要保留下去？哪些期待我要放下？
- 哪些期待不但無法實現，還會破壞親密關係或造成對方壓力？哪些會使自己受傷或傷害對方？
- 是否我可以區隔現在與過去？我是否準備好要活在當下，而不是活在過去──即仍舊想要做個孩子並抓住這些期待？
- 我可以仍然擁有這些對父母的未滿足期待，但有意識的選擇不會將它套放於伴侶身上嗎？
- 做這些新的抉擇或不做抉擇我和伴侶內在感受如何？對我們有何影響？
- 我是否因為這些對父母的期待未放下，而想控制我的伴侶？我如何想控制他？他在此情況下的感覺如何？他願意接受嗎？

這些對話對兩位伴侶來說非常有意義，因為當他們開始思考這些問題時，就會產生覺察，有了覺察之後，才會願意有下一步改變的行動。但不論當事人決定放下與否，治療師在此歷程中，會成為這對伴侶的見證者，去支持他們具體清楚的表達內在歷程並與對方分享之。如果當事人仍然選擇不放下並將這些過去對父母的期待放在伴侶身上，使彼此繼續受苦下去，至少雙方可以在婚姻伴侶治療這個開放透明的平台上，有機會進行對話共同討論，接下來則各自承擔其選擇的後果。

　　妻子雅琳分享，有一次她看到十歲的兒子回家不主動做功課先去玩電動，她很生氣，痛罵兒子不長進，但兒子根本就不

理她好像沒聽見。先生阿坤回家之後，她就繼續向他抱怨兒子的不是，希望阿坤去幫忙管教兒子。沒想到這時阿坤不但不支持她，還在聽到雅琳抱怨後，沉下臉來不發一語。雅琳火冒三丈責罵阿坤是不負責任的爸爸，老是站在孩子那一邊對抗她，罵完後兩人就開始冷戰。之後雅琳更傷心，因為她看到阿坤會去安慰孩子，卻對她不理不睬。冷戰那幾天她很不好受，希望阿坤可以先主動示好、對她表示抱歉，為家庭注入愉快正向的活力來改善氣氛，但阿坤不但未這麼做，還陷入自己低落的情緒中，對她冷漠疏離，於是她就更氣憤、也更瞧不起阿坤了。

雅琳和阿坤來做婚姻治療時都很沮喪絕望，因為這樣的戲碼每天上演，爭吵內容可能不同但過程卻是不斷重複。最終雅琳越來越怨恨阿坤的無能和被動，阿坤則在雅琳的不斷指責和貶抑中，越來越沉默寡歡，夫妻倆都覺得痛苦不堪，距離也越來越遠。直到兒子在學校發生行為問題，輔導老師評估是因為他們夫妻長年失和，對管教兒子有太多衝突，造成孩子壓力太大而脫序，他們才願意積極地來做婚姻治療。

在一次會談中，雅琳非常傷心的提到，在她十歲時，父親入獄服刑，家中愁雲慘霧，母親在工廠做工撐起全家生計，回到家又唉聲嘆氣、怨天尤人，然後不斷對雅琳耳提面命，無論如何一定要積極努力、出人頭地、認真負責，千萬不要像她父親一樣沒用。因為這樣的背景，雅琳不知不覺就對父親充滿失望和嫌惡，潛意識中期待父親是個有擔當、負責任、有肩膀、積極進取、愛家人，給家庭帶來歡樂和正能量的理想爸爸。但這些期待不但從未實現，還在父親出獄沒多久後就因父親過世而全都幻滅了。

後來雅琳認識了當年風度翩翩又細膩柔情的阿坤，她以為悲慘命運從此將會展開光明燦爛的一頁，而將內心深處這些小時候對父親未滿足的期待，悄悄過度給阿坤而不自覺。但她婚

後卻發現，阿坤其實是個紙老虎，既不像她想像中那麼剛強勇敢，又不能給她陽光快樂，甚至只要雅琳責罵他或兒子時，他就可以難過好幾天不說話而躲在自己的憂鬱中，對於阿坤的多愁善感，雅琳簡直失望透了。

更糟的是，從小母親的耳提面命使她深深相信，每個人都應該積極向上努力進取，才不會變成像父親一樣的失敗者。所以她把對父親的期待也放在兒子身上，對兒子嚴格要求，不能有一絲鬆懈，並強迫阿坤一起來配合她，用這樣的信念教育孩子。如果阿坤沒有達到她的期待管教兒子時，她即不知不覺把對父親的憤怒、失望和怨恨，都發洩在阿坤和兒子身上。由於阿坤並不了解這些，他也無力處理，只知道雅琳很用心教育孩子。但她用的方法，孩子和自己都不能接受，他們不斷激烈反彈，使大家都處在水深火熱中。

談到這裡雅琳流下很多悲傷的眼淚，阿坤也表達在這種處境下他無法承受的的痛苦，希望雅琳可以放鬆一些標準和期待，否則全家人都會受不了，孩子更會因此出現許多問題不能好好成長。至此她明白這些小時候對父親未滿足的期待，不但帶給她很多失落和煎熬，也讓阿坤和孩子有很大的壓力，但這些期待並不屬於別人，而是源自於小時候的自己。

在治療師的引導下，她意識到自己因為抓住這些期待要求兒子和先生來達成時付出極大的代價，犧牲了家庭和樂和兒子的身心健康。有了這些領悟之後，治療師進一步挑戰她，是否要將這些屬於小時候對父親的期待，由阿坤的肩上卸下？

當雅琳願意這麼做時，治療師則請她面對面看著阿坤，堅定地表達出她想做的改變：

治療師：雅琳，聽到妳的分享我很感動也很欣賞妳，因為妳已看到原來在妳小時候有些對父親的期待沒完成，而妳

將這些未滿足的期待放在先生和孩子身上。如妳剛剛所說，妳曾要求阿坤不要像妳爸爸是個缺席的先生和父親，要他隨時都是光明正向帶給妳快樂和力量，也要他樂觀進取成為妳的靠山和支柱，並且能支持妳的教育方式來管教兒子。所以只要一看到阿坤顯示脆弱或心情鬱悶，妳就氣他沒有男子氣概不夠堅強，如果他袒護兒子妳就更加憤怒，認為他是個失敗的爸爸就像妳父親一樣沒用，所以你把對父親的憤怒都出在阿坤身上了，是嗎？。

雅琳：對！但我現在很清楚這些其實都不關阿坤的事，因為其實阿坤很努力要做好，他也很重視孩子的教育，我對他好像要求太高了。

治療師：現在我想邀請妳看著阿坤，然後很具體地告訴他，有哪些是妳欣賞他的？妳認為他哪些是做得好的？這樣妳可以真正看到阿坤這個人而不是後面有妳父親的影子，阿坤，可以嗎？（阿坤點頭）

雅琳：其實我知道你已經很努力了，你很認真工作，薪水從來沒延誤拿回家，給我們很好的生活，你很照顧我，常常怕我腰痛，會幫忙洗衣服做家事，放假你會帶我們全家出去玩。你也對小寶很好，會陪他玩、陪他寫功課、接送他上學……

治療師：當妳這麼說時是怎麼樣的感受？

雅琳：我感覺其實阿坤很不錯，我有些感動，也有些安心。

治療師：阿坤現在你內在發生了什麼？

阿坤：我聽了很不好意思，可是很高興！她從來沒這麼說過，我覺得好像不是真的一樣，她在家罵我比較多啦（笑）！

治療師：的確，對你來說很陌生也很少聽到！你喜歡聽見她這

麼說嗎？

阿坤：當然囉！

雅琳：我覺得對他很抱歉，以前我常常對他發脾氣，因為我把他當一個完美爸爸，希望他能全心全意愛我、保護我，替我爸爸完成全能有擔當的父親……

治療師：雅琳妳願意看著阿坤直接告訴他嗎？

雅琳：我常常希望你是我心目中的好爸爸，光明樂觀、積極向上，對我隨時都充滿溫暖呵護，我非常怕你會像我爸爸一樣不負責任，是個扶不起的阿斗，他常常唉聲嘆氣、怨天尤人充滿負能量。這是為什麼我每次看到你唉聲嘆氣就氣得要命，覺得你怎麼跟我爸一樣沒用，就更想罵你。我現在知道因為我常罵你，讓你不開心，也知道我罵小寶讓你很心疼，因為你小時候也是常常被你媽罵，所以你很難受……

治療師：雅琳妳做得很好，現在我想知道，是不是妳把小時候一些對父親未滿足的期待放在阿坤身上，以致妳看到阿坤表現不如妳意就很憤怒？

雅琳：是啊！這對阿坤很不公平，我現在意識到，阿坤是阿坤，他不是我爸！他有很多優點是我爸沒有的，他會不快樂也是因為我不開心常常罵他沒出息、沒擔當，我覺得很抱歉！

治療師：妳說得很好，能不能把妳這些對父親未滿足的期待從阿坤身上放下？

雅琳：（停頓一會）好，有點捨不得，但我現在願意了，因為我不是跟我爸爸結婚是跟阿坤（兩人都笑了）。（雅琳看著阿坤說）我現在很慎重告訴你，我不會再把你當作我爸，一定要你要符合我對爸爸的期待，你不是他，我也不再希望你變成我心目中的完美父親，

因為那是不可能的。

治療師：非常好，可不可以告訴他，妳會將哪些對父親但不屬
　　　　於阿坤的期待放下？

　雅琳：我期待我爸當年是個負責任、有擔當的爸爸，他會跟
　　　　我們生活在一起撐起我們的家，而不是犯法被抓起來
　　　　去坐牢，害我媽媽這麼辛苦，我們的生活也很困難，
　　　　我還要半工半讀，我真希望他積極努力好好工作、會
　　　　照顧我們、陪伴我、待在我身邊，而且我期望他不要
　　　　發脾氣，能樂觀開朗像個大樹一樣呵護我。這些都是
　　　　夢幻，因為我爸已經過世了，他永遠無法做到，我也
　　　　不是當年那個無助的小女孩了，我自己已經是個母
　　　　親，我有能力照顧自己和小寶，我決定不要再把這些
　　　　期待放在你身上，因為你不是他，你是阿坤，你很認
　　　　真負責，你很努力做好爸爸和好丈夫，你跟我爸完全
　　　　不一樣，你有你的情緒，當你有情緒時不代表你很差
　　　　勁像我爸一樣懦弱，我也有我的情緒，我們都可以說
　　　　出來。

治療師：雅琳，我相信妳剛剛為自己走了很大一步！現在請妳
　　　　做幾個深呼吸，看看這是不是符合妳內心的聲音。阿
　　　　坤，當你聽到雅琳這麼說有什麼感覺？

　阿坤：（對著雅琳說）我覺得妳很棒！很聰明！換成是我我
　　　　還不一定做得到，妳這麼說我覺得好像能抬得起頭來
　　　　了，心裡面輕鬆了不少，我以前一直很壓抑，覺得妳
　　　　老是看不起我、認為我不行，現在聽到妳真正看清楚
　　　　我就是我，覺得很高興！

　　　（接下來他們分享這次的學習和對彼此的欣賞，阿坤在稍
　後的會談中，也同樣處理了他因為雅琳責罵產生的脆弱感受與
　他原生家庭相關聯的經驗）

對某些當事人來說，他們在過去與原生家庭之間可能有著太深太大的糾結，並無法在夫妻或伴侶治療中充分處理。尤其這些小時候未滿足期待，經常是許多人用來與父母連結的重要途徑，如同沒有剪斷的臍帶一樣。所以維持這些連繫可以繼續依靠父母餵養不用自立自強，亦可一直做個飢渴的小孩，不用為成年人的生命負責。放下這些期待，如同剪斷臍帶、被撕裂開來的痛苦，同時也意味著自己要長大成人和自我負責，這一步對許多人來說，是很大的突破和嚴峻的挑戰。

在薩提爾模式中，放下對父母未滿足的期待，真正做個完整成熟的成年人而能自給自足、為自己負責的過程叫做「**第三度出生**」（the third birth）（Gomori & Adaskin, 2009; Ščibranyová, 2006）。若當事人想要進一步深入處理與原生家庭相關的議題，達成第三度出生，可另外參與「家庭重塑」歷程（Satir et al., 1991; Gomori and Adaskin, 2009, 2013）（參見第 418 頁）。

在婚姻伴侶治療中，並非每對伴侶都必須完成以上拆解與原生家庭糾結的過程，治療師在處理原生家庭議題時，都會有自己獨到和創意的做法，不需按表操課。這些介入和理念可以參見葛莫利（Gomori & Adaskin, 2009; Gomori, 2013）過去相關治療工作的文獻，她巧妙創意地**將家庭重塑融入在婚姻家庭治療**中，使夫妻或家庭因此化解層層糾纏的死結並修復關係，無人能出其右。這些複雜又奇妙的過程，能讓伴侶兩人真誠分享並相互支持；在同理和涵容的體驗中，不但能相互療癒陳年傷痛、產生深刻的連結，還能在對方和治療師的陪伴下，找回失聯已久的自我。因此這可以說是一趟雙方**在「我是」的層次相遇和滋養彼此生命**的神聖之旅。

落實與慶祝

對很多夫妻或伴侶來說，能走到這一步已越過千山萬水、經過狂風暴雨，各自都有生命中很大的突破和冒險。治療師也跟著他們上下裡外，經歷許多刻骨銘心的痛楚和跨越。因此他們可以在治療師的見證下

分享學習、彼此欣賞，為改變做出承諾，同時享受現在彼此之間愛的流動。

如果他們願意在此階段承諾進一步的改變，就可運用目前所得到的學習，彼此帶著愛、愉悅、創意來進行。他們可以相約安排生活**愛的儀式**，去鞏固和享受在一起的愉悅和親密，有些儀式是每天都可做的，例如：擁抱、分享感謝、關愛的短訊、共同晚餐、一起喝杯茶、聊聊天、散步等；有些儀式是特定時間完成的，例如：歡慶結婚紀念日、共同下廚、相約去旅遊、浪漫的約會日等；還有一些儀式是伴侶不知道而給他驚喜的，例如祕密的「愛情日」，由其中一方找出一個整天，盡力去做使伴侶開心的事，但不讓他知道，使對方有很多意外的喜悅。

此外，因為這個成長歷程對伴侶雙方都具有非常重大的意義，也是他們共同努力的結果，當他們攜手走出僵局、越過困境時，能一起發揮創意來慶祝他們的進展和學習，會使得彼此在生命的旅途中，添加更多美麗的風景。他們在治療時體會了親密關係如同生命週期的起起落落，有苦有樂、有悲有歡，所以理解了兩人關係不會永遠停留在某一種固定狀態，只要他們願意改變，一定會有新的進展。因此，在這個階段所進行的慶祝儀式，能讓他們身心靈都深刻記得因努力和付出之後所得到的美好豐收，並藉此鞏固兩人的學習與成長。

案例練習：探索和轉化原生家庭的影響

俊德在交友網站認識了慈玲，在網路上一來一往的互動中，他們心心相印、溝通暢快，好像在這個世界中注定了今生今世他們是最完美的神仙眷屬。雖然未有太多的相處經驗，但他們都一致認為找到了生命中的摯愛和靈魂伴侶。

沒想到婚後只要一吵架，俊德立即退化成小孩縮在角落裡，用手敲擊牆壁至流血而無法言語。這使得慈玲異常害怕，以為俊德瘋了。原來俊德小時候常受到父親暴力對待，如果他反抗，就會被關在房間裡不准出來，他那時內在積壓的情緒無

處發洩時，就不斷搥打牆壁不知道自己已受傷，父親怕他出事就會軟化不再打他。

在治療中，俊德有一次描述他們的爭吵是因為俊德忘記去公司接慈玲，當慈玲在治療現場用咄咄逼人的口氣，大聲責怪俊德忘記接她下班是很不負責任和糟糕的行為時，他也發生同樣搥打牆壁無法言語的情況……使得治療歷程必須即刻中斷。

當下治療師判斷俊德已掉入某個特定的情景中，人已不再現場了。治療師於是握著俊德的手，用溫暖堅定的聲音邀請俊德先深呼吸，再慢慢張開眼睛看看慈玲和治療師。俊德在治療師的鼓勵和支持下，逐漸回到當下，慢慢地，他能感覺到此時此刻自己是個成年人，而不是當年那個恐懼被懲罰的小男孩。治療師告訴他，現在他已長大了，有能力保護自己，此刻不會有人傷害他。讓他能在當下，區分現在成年人與過去小孩子不同的能量，將現在與過去做出區隔。

當俊德有了這些新的領悟時，治療師接下來引導他對這些新的體認更加落實，他讓俊德與妻子一同面對面站著，在身體上經驗自己是個成年人的狀態，與妻子在一起。他們眼睛看著眼睛，在此時此刻感覺到是兩個成年人從心到心的交流，他們自發地表達了在治療室中，內在真實的感受，因此創造彼此之間新的能量流動。

俊德和慈玲一起在治療師的鼓勵下體驗內在一直以來存在著的美好生命力，當他們真實感知在現場身為成人的力量與資源時，藉著深呼吸，進入內在去體驗此時此刻的「我是」和生命能量。透過呼吸和身體的覺知，他們便能將過去與現在清晰區辨，這對俊德尤其重要。這麼做的目的是讓他更清楚覺察，當年的他可能因為父母的行為造成傷痛，傷口也尚未癒合，以致現在一旦在親密關係中遇到相似的壓力，瞬間就退回到小時候無力和絕望的受傷狀態，但他現在是強壯的成年人，可以勇

敢地用雙腳站穩自己了。他們兩人透過這樣聚焦在自我內在中心的歷程，可以更深入與此刻的核心自我連結，透過彼此的經驗分享，他們感覺彼此更靠近了。

接下來的幾次會談中，治療師則邀請俊德和慈玲用一致性的對話表達深層脆弱經驗，並藉此再次讓俊德將妻子與過去的重要他人做出區隔。俊德告訴慈玲，當慈玲某次因為他帶小孩出門忘記帶尿片而指著他、吼他是白癡時，他怒不可遏的反擊，兩人因此大吵起來，之後慈玲越來越大聲，他突然看到慈玲好像有父親凶狠和暴力的臉，然後就無意識地退回孩子般的狀態，心中充滿害怕無助，腦筋一片空白，僵在那裡腦袋充血發脹，開始敲桌子、敲擊磁磚，直到受傷為止。這些都是他小時候常做的事，那時他父親就會停下來不再打他。當俊德分享了自己內在深深埋藏的脆弱經驗時，治療師鼓勵慈玲不去評價俊德，帶著接納和愛來聆聽，治療師會在一旁支持他們，而且他們可以隨時喊停。慈玲此時非常願意聆聽俊德，因為俊德是她現在生命中最重要的人，她很重視他的感受，也希望他會因此跨越心靈的困境。治療師請慈玲把這些心情與俊德分享，使俊德可以有更多的安全感去接觸內在深層的脆弱。

對他們這對夫妻來說，這個分享的過程使他們感覺在心理上向彼此跨越了一大步。治療師接下來請俊德看清楚對面的慈玲不是他父親，讓俊德此時將父親的帽子由慈玲頭上拿下來；俊德也不是當年的小男孩，而是一位有力量的成年人，他可以常常深呼吸提醒自己：我現在是一位好丈夫、好父親，我值得妻子和我自己的欣賞和認可；現在沒有任何人會傷害我，我也可以保護自己。

治療師邀請俊德帶著此刻成年人美好的生命力，看著面前的慈玲，用語言表達他內在的歷程。俊德此時確信慈玲是愛他的、並不會傷害他，過去的痛苦已經結束了，慈玲不是爸爸，

他把爸爸的帽子由慈玲頭上卸下來，清楚體驗他們之間透過兩手相握和眼神交流而感覺到愛在他們之間流動。

當俊德在治療師的協助下，清楚說出每一步他內在所發生的歷程時，即深刻感覺到與自己成年人的生命力有連結。此時慈玲則發自內在真心的感動，溫柔的分享聽到俊德這麼說時的心情。由於慈玲很心疼俊德，願意在他感覺脆弱時聆聽他、擁抱他，這樣的接納和愛，使得俊德小時候的傷口在妻子的關愛和接納中得到撫慰。

在接下來的治療中，俊德體會到自己成年人珍貴的生命力，即可更自如地運用現有的資源，為自己在婚姻中做出合宜的選擇和改變，來幫助彼此從僵局中解套。例如，他相信自己值得擁有美好的生活和家庭，他也是值得被愛的；他可以冒險去相信妻子會愛他和接納他；他可以勇敢的說出在衝突中的感受和脆弱感；他可以運用理智的思考，評估每個選擇的利弊得失；他會運用幽默自我解嘲，讓大家輕鬆一下；他也可以敏銳覺察情緒敏感之下的其他脆弱經驗等。

今後當慈玲因為生氣不耐煩而指責俊德，以致按到他的情緒按鈕，使俊德開始感覺到強烈情緒快要失控時，他希望慈玲透過俊德給的身體訊號——搖頭或停止的手勢——能意識到他接下來可能會擋不住兇猛而來的情緒而失控。此時慈玲能做的是立刻停止吼叫，大家都先冷靜下來等俊德度過這個關鍵的半小時，再回頭重新討論剛剛未結束的話題。慈玲認為這是個建設性的做法，這樣能幫她不再害怕俊德的劇烈情緒，也讓她有機會可以支持俊德，使他感覺被慈玲聆聽和尊重，即能一起度過難關，產生更多的信任和安全感。

治療師在進行俊德的這個歷程時，都不斷地關照慈玲的反應，讓她可以一起同步參與，並且在後續的治療過程中，也花同等份量的時間，來探索慈玲的原生家庭對她在此關係中的影

響。

轉化原生家庭影響的工具與歷程

由上節的討論可以看到，我們其實都或多或少從原生家庭中學到各種處理親密關係的模式，有些有用、有些則無效，端看當事人是否有覺察和彈性、如何去運用這些過去所學到的東西。如果我們學到的是控制與折磨、鬥爭與相互攻擊，自然也會將之用在與伴侶的關係中而不自覺；但如果很幸運的在成長過程中，有機會學習愛人與被愛、自我負責、重視自己與他人、欣賞自己是個獨特和完整的個人，並以此態度去對待身邊的重要他人時，那麼我們就能活出豐富的生命力，享受美好充實的親密關係。

在探索和轉化原生家庭對親密關係的影響時，夫妻或伴侶都需要帶著對彼此的善意、面對自己的決心、伴隨治療師堅定溫暖的支持，才可能逐步完成這個艱難的任務。下面介紹的工具提供給治療師和有興趣的讀者，它們可以運用在婚姻伴侶治療、個人治療或團體工作坊中，其目的在由親密關係的脈絡中探索原生家庭的影響後，可以發現轉化的契機，找到關係未來發展的方向。

舉凡製作家庭圖、家庭重塑、脆弱合約、雕塑父母與伴侶的溝通姿態等，皆是生動又饒富趣味的介入方法。這些介入歷程源自於薩提爾、葛莫利、貝曼等（Satir, 1988; Satir et al., 1991; Banmen, 2008; Gomori &

Adaskin, 2006, 2009）先進老師，我再進一步編整如下。

繪製和探索家庭圖

　　繪製家庭圖（Banmen, 2008; Gomori, 2015）是夫妻或伴侶治療中非常令人興奮和觸動的過程，如同打開個人成長過程中的神祕寶盒，裡面蘊藏了許多珍貴的回憶、與父母未解決的難題、原生家庭的發展歷史、生命經驗的酸甜苦辣、獨特的資源與韌力、文化族群背景的薰陶等。在繪製過程中，可鼓勵來訪者給自己一段安靜的時間與自己緊密接觸，慢慢體會箇中滋味，與自己和原生家庭深刻連結。細細品嘗成長歷史中，對個人生命產生影響而沉澱下來的痕跡和資源，就會是個自我認識的旅程。治療師與來訪者在會談中，有時一起完成家庭圖的製做與分享；有時則請他們在家彼此協助，透過訪談繪製對方的家庭圖。

第一步：提供家庭成員的基本資訊

1. 繪製出各自的原生家庭基本結構

　　畫一個圓圈代表女性，畫一個圓圈外加一個方形表示男性，將原生家庭中所有家庭成員或同住的其他重要成員都畫出來，包括：父母親、父母親的其他伴侶或配偶、主角和兄弟姐妹、其他同父異母、同母異父、繼父母及養父母，和他們所生的手足等，如果有過世、流產或墮胎的家庭成員也要用╳標明出來。

2. 記載每個家庭成員事實上的資料

- 基本資訊：姓名、出生年份、出生地、現在的年齡或去世的年齡、宗教信仰、職業、省籍、種族背景、教育程度、重大疾病、祕密、嗜好及興趣。
- 婚姻或伴侶關係：結婚、分居、離婚，和其他有關係的伴侶。
- 如果成長中若不只有一個家庭，請分別畫出每個家庭圖，例如，親生和收養的家庭。若沒有任何事實資料，便依據主角曾聽說過、想像、推測或認為是真實的訊息寫下來。

• 家庭圖的主角則用星號☆標明。

第二步：用十八歲以前的視角來看原生家庭

把自己帶回到過去，在十八歲以前是怎樣經驗到自己的原生家庭，主角進入當時的心情，體會當年的成長歷程和觀點，即使現在他可能對原生家庭已有不同的看法。將下列項目記錄於家庭圖上：

1. 描述每個人個性的形容詞

在主角十八歲以前，對每位家庭成員的觀察和體驗，為他們分別寫上三個形容詞，不分對錯好壞。由這些形容詞中，可以看到主角的個性學到哪些資源，有些為他所用、是他喜歡的；有些則是他不喜歡的，對他產生負面影響。

2. 標示出家庭成員之間關係的線條

畫出在十八歲前，當原生家庭有壓力或有衝突時，家庭成員間彼此的關係狀態，依照下列方式標示關係線。如果在某兩個人之間不只有一種明顯的關係，可同時加上第二種關係線。在這些線條中，主角可以看到家庭關係的動力，深入體會自己在當年原生家庭中的位置。

• 粗而實的直線 ▬▬▬▬▬ 表示糾纏的關係。
• 曲折線 ∧∧∧∧∧∧ 為風暴的、騷動的或衝突的關係。
• 細而實的直線 ——————— 代表在壓力下是普通的、正面的、少衝突的關係。
• 虛線 ------- 代表疏離、退縮、或冷淡的關係。

3. 溝通的應對姿態

根據主角十八歲以前的記憶，為每位家庭成員加上在壓力下主要的應對姿態。如果有另一個在壓力下明顯的次要應對姿態，亦將之加上。在記錄這些應對姿態時，可去體驗一下自己和家庭成員之間的應對姿態，當時如何產生互動？在互動中有哪些感受？哪些應對現在已被延用至親密關係？

4. 為原生家庭下一個標題

可使用隱喻、成語、典故、象徵、抽象或寫實的，來描述原生家庭帶來的感受。例如：逆境造英雄、風雨生信心。

第三步：畫出現任伴侶或配偶

將現在的伴侶或配偶加在與主角平行旁邊適當的位置，畫個圈代表女性伴侶，圈外加方框代表男性伴侶。如同上述步驟，為伴侶寫下現在的基本資訊、三個形容詞、畫上與主角的關係線，以及在壓力下的應對姿態。這樣就可以看到目前的伴侶關係與原生家庭或其他成員相似和相異之處，將可對跨代之間的傳承和影響一目了然。

第四步：探索與分享家庭圖

夫妻或伴侶完成自己的家庭圖後，即可與治療師或彼此分享他們在繪製家庭圖時，各自內在的體驗和發現。下列饒具意義的主題，值得來訪者在探索原生家庭時深入討論與分享（Gomori, 2015）：

1. 分享在製作家庭圖時所浮現出來的重要感受、畫面，或任何想說的話。
2. 比較各自在家庭中的排行、性別對現在關係的影響。
3. 過去有哪些重大事件影響我的原生家庭？繼之影響了我和我現在的親密關係？
4. 各自在原生家庭中如何學到溝通與互動模式、如何表達／不表達感受和愛？
5. 在原生家庭中，各自扮演何種角色，例如：拯救者、照顧者、受害者、加害者、逃離者、犧牲者、邊緣者……？這些角色如何複製在現在的親密關係中，並影響著與伴侶之間的互動？
6. 伴侶最有吸引力和最難忍受的特質是哪些？是否在過去某位家庭成員身上也看到相似的特質？伴侶最容易讓我想起小時候哪位重要他人？
7. 父母之間的關係和互動模式如何影響現在的伴侶關係？有哪些相

似或相異之處？

8. 是否將小時候對父母或重要他人未滿足的期待放在伴侶身上？是哪些？請一一列舉出。

9. 在原生家庭中如何學到性別角色的刻板印象和行為？性別間的權力位階如何表現？如何複製在現在的親密關係裡？

10. 在成長過程中每個階段，學到或發展了哪些資源？哪些對關係有助益？哪些有妨害？

雕塑原生三角和伴侶關係

在第 4 章中已介紹了運用雕塑的原則、目的、時機和過程（第 201 頁），在此段所介紹的雕塑，主要是呈現夫妻或伴侶各自與父母所形成的原生三角關係（the primary triad）的動力圖像（Satir et al., 1991）。由此雕塑中可發現當事人學到哪些關於親密關係的重要訊息，在接下來的人生旅途中，如影隨形不斷密切影響著我們與重要他人的互動模式。

所謂的原生三角關係指的是每個人出生那一刻，即與父母形成人生最初始的三角關係，即母親、父親和自己（即孩子）。在這個原生三角關係中，所有的孩子都學到關於安全與危險、溝通與互動、愛人與被愛、身體與知覺、規條與秩序、對自己、對他人和對世界的看法等（Satir et al., 1991）。這些學習都會一直不斷的跟著我們成長，在成年後的伴侶關係中，即自然而然產生綿密深遠的影響。

在進行原生三角關係和伴侶關係的雕塑時，會涵蓋個人系統、雙人互動系統和原生家庭系統三個面向，因此可能比第 4 章所介紹的雕塑伴侶兩人關係更趨複雜和豐富。甚至在雕塑過程中，極容易觸動童年時期的傷痛或與父母之間的未了情結。此時治療師除了要熟練薩提爾模式中的溝通姿態、基本雕塑歷程、一致性、冰山、家庭系統、個人與家庭生命週期、權力與界限等基礎知識，最好還需具備家庭重塑的概念才較能勝任。

由於這個雕塑是一種結合婚姻伴侶治療和家庭重塑的複雜歷程，治

療師若有輔助者來扮演各種不同的角色，較有體驗性和臨床療效，例如：丈夫的父親、母親、小時候的自己；妻子的父親、母親和小時候的自己等六個角色。在工作坊中，因為有足夠角色扮演者較容易進行。但在治療室中，因為只有治療師和兩位伴侶，即會需要創造性地善用治療室中的材料，例如娃娃、抱枕、動物玩具等。

在雕塑過程中，治療師要全然處在當下，以正向目標為前導，與夫妻或伴侶兩人創造深度的連結和信任，並且盡力取得雙方的合作，敏銳地運用時機、創意和關懷去達到兩方動力的平衡。讓他們由雕塑的過程中發現力量和資源，產生新的學習、發展新的可能性，而不是退回孩子的狀態去指控父母。

這是一種極為細膩和精緻的體驗過程，其先決條件在於治療師能整合自己的生命歷史，化解自己原生家庭對親密關係的影響，才能通透地運用自己，引導夫妻或伴侶在此歷程中獲得深刻學習。治療師在引導此歷程時，亦會鼓勵兩位伴侶覺察各自原生家庭對其親密關係的影響，藉由這些領悟可增進彼此的理解和接納，亦加深各自對關係承擔責任的意願，這些重要的學習都將一起被整合至婚姻伴侶治療的歷程中。

透過這種身心靈的體驗，最終目標在於來訪者可以有機會覺察原生家庭對互動模式的影響而達到轉化，因而朝向雙方想要的親密關係邁進。當事人有時會出現一種「啊哈！」的反應，這是在雕塑中突然產生的一種頓悟，好像撥雲見日，發現了一些清明解惑的答案。同時，這也代表著當事人在體驗自己、體驗對方和體驗關係時，產生個人內在系統、雙人關係系統和跨代系統中的改變與成長。

下面的歷程是葛莫利（2003, 2006, 2007, 2015, 2017, 2018）曾在工作坊中多次示範，經由作者親身體會並闡釋之後，將其主要原則撰寫如下，讀者可根據來訪者的需要和情境，加以靈活運用或調整其次第。

第一階段：雕塑小時候原生三角關係

如果在雕塑之前，已進行上述家庭圖的探索與分享，夫妻或伴侶對

雙方的原生家庭即有些初步認識。治療師藉著這些對話和訪談，對接下來所要做的雕塑將可有良好的準備。

前面說過，原生家庭是當下夫妻或伴侶關係形成的**背景**，眼前他們雙方所形成的互動關係即為我們所看到的**前景**（Gomori, 2015）。透過家庭圖和雕塑的歷程，不但可以使我們了解這對伴侶的基本背景，還可與他們一起從關係難題往下深化，去發現與之相關聯、背景中的系統性促成因素。

治療師在進行雕塑前與伴侶們的會談，若有幸已蒐集了原生家庭的資訊，藉著這些對話一方面為雕塑預備一個安全、接納、信任的氛圍，另一方面也為輕敲來訪者右腦的運作鋪路（Satir et al., 1991）。在與其中一方的伴侶進行對話時，也讓另一方伴侶有機會從與以往不同的視角，彼此認識各自的成長背景。

首先進行的是其中一位伴侶（伴侶一）的原生三角關係雕塑，請他用角色扮演者或道具擺出他十八歲前與父母在壓力下的溝通姿態。第一位伴侶首先雕塑出在小時候有壓力的情景下，父母各自的應對姿態、距離遠近、高低位置等，他再擺出當時自己的位置會是在父親哪邊、在母親哪邊、在中間做調解或離開不管？如果沒有角色扮演者，治療師可採用玩偶、抱枕、填充動物等來進行，一樣具有體驗性。

伴侶一透過此雕塑，可以有更多覺察和體會，看到童年時期在這個重要三角關係中，他學到了什麼？例如，父母的互動模式、如何表達情感、如何溝通、如何處理差異等，這些學習他可能不知不覺也帶到了自己的親密關係裡。如果他願意更多開放自己，則可再去覺察是否他現在亦將對父母未實現的期待和未竟之事放在伴侶身上。甚至他會無意識地找到一位與父親或母親極為相似的人成為他的伴侶，使他在伴侶身上繼續去實現小時候的需求，或試圖改造伴侶成為他的理想父母。

這些探索和發現對雙方來說都彌足珍貴，可以讓他們因為看到了自己和對方過去的成長背景、體會到各自幼年時期的掙扎，也認識原生家庭如何影響他們在關係中獨特的樣貌，而帶來對彼此更深的同理。

當伴侶一的原生家庭雕塑歷程完成，可以詢問伴侶二看到伴侶一的雕塑後，是否有些回饋可提出。接下來就輪到伴侶二，以同樣過程來呈現他小時候的原生三角關係的畫面。因為伴侶二剛剛已體驗了伴侶一的歷程，對他來說則較為容易，接下來他們可以相互分享在過程中的學習和覺察。

在此階段尤其重要的是，治療師需讓來訪者時刻都處於成年人的狀態進行此探索過程，其重點不在處理他們與原生家庭的未了情結，而是聚焦在過去背景對現在親密關係的影響，這樣才不會花費大量時間回溯某位伴侶的過去歷史，而將這個歷程變個人的家庭重塑。

第二階段：伴侶雙方如何相識和相戀

由於在上個階段中，夫妻或伴侶已進入原生家庭早年的故事，雖只是蜻蜓點水，有些童年的痛苦和傷痛難免在此時會被觸動。即使治療師很小心不去觸碰，仍很難避免因為雕塑而引動一些深層感受。所以當兩位主角達到覺察的目的、業已了解原生家庭對自己在成年後親密關係的影響時，即可在適宜的時機進入此階段。

治療師在此階段會邀請來訪者分享他們最初如何相遇？如何被吸引？如何感覺心動？如何戀愛？如何交往？誰先主動追求誰？如何約會？雙方父母的反應為何？如何求婚？訂婚和結婚的過程等。在分享其中甜蜜有趣和印象深刻的回憶時，讓兩人重新拾回關係中的浪漫、愛和熱情，並由過去的時空連結至此時此刻的情境。回顧當年的年輕、熱烈、傻勁、衝動、可愛、瘋狂等表現，夫妻或伴侶會感覺彷彿重燃愛苗，身體、心理都再次接觸到當時愛情的浪漫與感動，散發出興奮愉悅的能量。這可以蓄積更多的力量，預備進入下一階段，去探索現在互動中兩人壓力下的應對姿態。

第三階段：雕塑伴侶壓力下的應對姿態

治療師在此階段會邀請夫妻或伴侶，分別將他們在壓力下的互動模

式雕塑出來（參見第206頁），再對照他們各自原生三角關係的雕塑畫面，看看有哪些相似或相異之處。這一步可以呈現出，他們如何將原生家庭所學到的互動模式帶到自己的伴侶關係中，使他們因此有覺察。

這些重要的學習是，讓夫妻或伴侶由自己與對方所雕塑出來的畫面，看到每個人因為原生家庭的背景，塑造了當下這位伴侶獨特的樣貌。有的與自己相似，有些則造成相異的觀點和行為模式，這些由過去背景所形成的個人特點，也帶來了在互動中彼此的限制和資源。透過這些新的理解和認識，他們可以由相似處彼此連結、由相異處彼此學習。

由此過程中會發現，這世界上並沒有唯一的真理、沒有絕對的好壞對錯，也不會只有一種正確的觀點。薩提爾曾說：「每個人對所發生的事都有他或她的觀點……所以每個人的畫面，雖不一定代表完整的圖像，但都有其正當性，所以每個人的畫面都需要被看到、被聽到和被理解。」運用雕塑呈現伴侶各自與原生家庭的圖像時，可促進他們看見、聽見和體驗兩人過去的生命歷史，並學習即使伴侶與自己的背景和經驗是不同的，仍然可以相互理解和尊重。

此階段的關鍵重點在於，讓夫妻或伴侶看到原生三角關係和現在親密關係的畫面後，有機會可以發現二者之間的關聯性和他們由父母身上學到了什麼重現於目前的關係中。兩位伴侶透過這些體驗，更加能覺察自己是否複製了父母的互動模式？是否想藉伴侶來解決當年與父母之間的未竟之事？是否想在伴侶身上找到小時的熟悉感？是否想在親密關係中要伴侶來提升自我價值感？是否仍然在關係中扮演小時候的受害者、拯救者、旁觀者、逃離者等角色？由這些對照中，來訪者將會發現從原生家庭背景學到哪些饒富意義的內涵，使他們因此探索歷程產生新的領悟。

第四階段：分享並整合雕塑過程中的學習

在此階段中，治療師邀請夫妻或伴侶一起坐下來，分享在以上歷程中的體驗和發現。這些學習可以使他們更加認識自己、伴侶和彼此的關

係，並且從中共同努力找到新的方向，為自己和親密關係承擔責任，所以這個歷程的重點，不是將責任推拖於父母或原生家庭，而是放在：

1. 從各自原生家庭學到哪些應對模式和影響帶到現在的關係中？從中得到些什麼？又失去什麼？

2. 如何將理想父母的形象套放在伴侶身上？其根源為何？這樣會付出什麼代價？

3. 年幼時期對父母未滿足的期待和渴望如何影響自己、現在的關係和伴侶？是否仍舊想要藉伴侶來滿足小時候的期待和渴望？這樣會產生什麼結果？

4. 童年時期所發展自我價值感的高低，如何影響自己和彼此的互動關係？是否願意在伴侶關係中重視自己、為自己站起來？

5. 有了以上這些學習，兩位伴侶願意承諾做出那些新的行動，來為自己和伴侶開創關係的新氣象？

6. 是否從過去成長中發展了重要資源，使自己成為一個獨特的人？有哪些資源可以幫助現在的關係？

這些分享和討論都在薩提爾模式的信念和目標下進行──即原生家庭雖不是我們能決定的，但其影響和衝擊是我們可以改變的；問題本身不是問題，如何應對才是重點、也是可以選擇的。有了以上的發現，每個人都可以嘗試不再複製舊有的應對模式而產生新的行動，以避免成為過去經驗的受害者，進一步為自己想要的關係做轉化。

第五階段：落實學習和家庭作業

治療師在最後階段會邀請夫妻或伴侶落實以上的學習於自己的家庭中，並鼓勵他們將之帶到日常生活中不斷練習，且堅持下去就會有所斬獲。同時讓伴侶兩人明白，關係要有進展，只有靠雙方持續不懈的努力才能達成，甚至這是一輩子都值得做的努力。有時進兩步退一步也是正常、必然會發生的現實狀況，這時候兩人更需要相互扶持、彼此打氣，再接再厲往前邁進。

伴侶們由雕塑和對話中所獲得的領悟，不見得就能自動化產生持續性、實質上的改變，因此在此階段的落實極為重要。當雙方能更多進行一致性對話、發展彼此的體諒和接納、在關係中增長更多的彈性和連結時，他們即會了然於心自己做了哪些對關係有助益的改變。此時治療師要把握機會，鼓勵他們彼此做出承諾，回去之後朝此方向努力，並根據他們的承諾，請他們在當下實際做些練習。

如果夫妻或伴侶能落實這些學習，也願意為彼此關係做出改變的承諾，治療師則可與雙方討論家庭作業。這些作業是伴侶兩人與治療師認為合宜，亦能實踐在生活中的好方法；並且所有的家庭作業也都是治療過程中曾嘗試過、對他們有助益的新行動。在此階段中最重要的任務在於：

- 落實和練習治療過程中的學習
- 欣賞和感謝
- 雙方承諾願意做具體改變
- 確定家庭作業的內容，強化雙方學習，鞏固彼此的進步

不論在那個階段，雕塑的歷程都是流動、彈性和創意的，如薩提爾所說，雕塑沒有簡單的步驟和配方（Satir, 1972），也無公式可循（Gomori and Adaskin, 2006, 2009），以上這些原理和過程可以讓初學者做參考，但需依照治療情境和不同的來訪者靈活運用。

脆弱合約

薩提爾的一位學生邦妮·達爾（Bunny Duhl）對人性的脆弱經驗很感興趣，她發展了「脆弱合約」給夫妻或伴侶和治療師使用，以結構式的步驟來分享脆弱經驗（Duhl, 1990, 1994），這些脆弱經驗常常根植於人們成長的原生家庭，多數與父母有關。在第 5 章曾說明，親密關係中的夫妻或伴侶，如果能勇於開放和一致性分享彼此的脆弱，會使他們體驗彼此更深的親密與連結。

葛莫利（Gomori, 2003, 2007）在台灣的專業訓練和成長工作坊，常

採用「脆弱合約」來協助夫妻或伴侶在關係中一起敏銳地學習、覺察身體和語言的線索，並由這些線索進入內在的脆弱經驗。他們可以選擇採用一致性對話相互聆聽，在脆弱的分享中彼此滋養，創造靈魂與靈魂間的交流（Gomori, 2003, 2007）。

　　以下進行步驟將根據達爾和葛莫利的脆弱合約做些調整，以符合我們習慣的語言和用法。這個流程可以應用在個人、伴侶間或團體中，與薩提爾其他的工具一樣，治療師可根據臨床判斷和來訪者的狀況彈性運用，其步驟亦可能因治療情境和來訪者不同的訴求而改變。

　　因為這是個合約，治療師事前最好清楚說明其過程與目的再進行。在此過程中，夫妻或伴侶雙方都極可能進入小時候較深層的傷痛，所以彼此之間的信任和安全是必備的基礎，兩位伴侶與治療師之間有安全穩定及溫暖信任的治療聯盟亦不可或缺。下面提醒的是幾個需要注意的原則：

1. 這個過程是一個極大的冒險，所以治療師和兩位伴侶都需帶著愛、接納、尊重，專注聆聽和參與。
2. 在過程中沒有批判、沒有評價、沒有建議、不做分析，而是身心靈與對方同在。
3. 一位伴侶完成後再換另一位進行，兩位伴侶隨時不斷深呼吸，與自己和對方的生命力同在。
4. 進行此過程的目的在於共同合作、相互支持，深入分享內在深層脆弱，使彼此更加親密，而不是找到對方弱點變成攻擊的武器。
5. 在分享的過程中，謹記要讓來訪者一直維持在成年人的狀態，而不是退化成小孩或受害者的狀態。
6. 在分享脆弱經驗結束後，兩位伴侶都可以與自己的內在資源接觸，並相互欣賞感謝此過程所帶來的禮物。

第一步

　　請分享者準備與伴侶分享一段曾經發生在過去，或小時候感覺脆弱

或受傷的經驗，它至今還會影響自己在親密關係中的表現。分享者可能從未告訴別人此經驗，但卻隱藏在自己心底深處，因此需要很大的勇氣和支持才能說出。在親密關係中，這些深藏的脆弱感受會因伴侶的細微動作再度被勾動起，自己會因此覺得羞愧、不好意思、害怕說出來。

現在請分享者嘗試用語言說出來讓伴侶聽到，伴侶可能隱約知道這些，但分享者從未這麼正式完整的跟他分享。這可能是很痛的脆弱經驗，但現在能在伴侶的愛中被聽見、被看見、被理解，也被接納。

第二步

請分享者辨認出當他在談這些經驗時，可能會有的身體或內在訊號。身體反應可能是：提高聲調、發抖、大聲、說話快速、心跳加速、流汗、來回不安的走動、臉色變紅、握拳等。內在的反應可能會有強烈的生氣、害怕、羞恥、罪惡、自卑、渺小、傷心等強烈感受。當分享者覺察到這些內在和外在的反應時，就請他告訴伴侶，讓伴侶也能學習更多敏銳的覺察到分享者這些特定的訊息，而能更知道如何聆聽分享者。

第三步

請分享者試著告訴他的伴侶，當伴侶表現出哪些行為會勾到他這些脆弱經驗，造成情緒突然爆發。將伴侶觸發他情緒的表情、身體動作、語言或行為等，具體明確地指認出來；亦即分享者清晰告知伴侶，當伴侶做了什麼、說了什麼，會按到他的情緒敏感的按鈕而觸發深層脆弱經驗。在此要注意的是：此步驟目的不在指控伴侶做了什麼造成分享者這些情緒，而是讓分享者學習為自己負責任地一致性表達。這些內在觸動是分享者將過去經驗、當下情境和內在自我系統連接在一起時，在身心靈各方面所產生的震盪反應，分享者也在此過程中嘗試勇敢地去體驗，並因為重視自己、對方和彼此的關係而冒險表達出來。

第四步

當分享者發現了這些外在刺激與內在脆弱經驗的關聯性後,就可以與自己、與對方有個約定:「以後我再因為你說……或做……而經驗到這些內在脆弱時,我可以說出來,同時:

1. 我可以為自己做的是……來照顧我自己。

2. 我希望你可以做的是……以支持我更容易走過。」

第五步

彼此分享此過程中的學習和新發現,並相互表達欣賞與感謝。接下來反過來請另一位伴侶以同樣方式分享脆弱經驗。

以上這個彼此分享脆弱並訂定合約的過程,需要雙方都願意在彼此關係中更親密、更靠近、更開放、更冒險與一致性時才會進行。他們所分享的脆弱經驗,任何人都不會用邏輯推理來判斷是非對錯。這些是當事人主觀的體驗,所以需要兩人帶著同理、信任、安全、尊重來進行,且避免成為控制和脅迫對方的工具。治療師鼓勵伴侶們在進行這樣的對話時,能送給對方最寶貴的禮物就是聆聽與接納。

藉著以上這個脆弱合約,不但分享者可以更多覺察自己身體、心理的反應,同時也提供伴侶清楚的線索,使他因為知道這些線索後,能意識到分享者正處於自己的脆弱中,而能主動開啟更多溫暖和建設性的互動。

如果聆聽者發現分享者的聲調、語氣、身體反應有不尋常的變化時,則可在分享者同意下詢問:現在是否發生了什麼?現在感覺到脆弱、痛苦或其他感受嗎?現在還能繼續再談下去,還是想先暫停一下?需要我做些什麼嗎?我們可以一起深呼吸嗎?這些確認和約定可使兩人共同準備自己的身心狀態,讓彼此都能在一種放鬆、安全、自在的氣氛進行分享。而治療師則在此過程中,盡可能地提供支持與關愛,穩定他們彼此的力量,並見證他們在此深度對話中,因為愛而分享脆弱所帶來的心與心的連結。

家庭重塑

　　有些來訪者在親密關係中，因為與原生家庭的糾葛太深，必須在婚姻伴侶治療外借助特定專門的歷程才能處理，在此介紹的是為個人成長所進行的「家庭重塑」。「家庭重塑」是薩提爾模式中，協助人們在身、心、靈各方面達到轉化和改變極為重要的一種治療工具，也是一種動態、視覺性、強而有力的心理治療歷程。其主旨在解除來訪者與原生家庭的糾纏，與內在生命力和資源連結，使他能由人性的角度重新認識和接納父母，並由成年人的身分，重新建立與父母新的關係（Gomori & Adaskin, 2009; Gomori, 2017; Satir et al., 1991; Ščibranyová, 2006）。

　　主角在此過程中，將有機會探索和解決與原生家庭的未了情結，可以選擇不再去依賴父母而獨立自主、為自己的人生負責。他會以成人的視角重新認識父母和自己、發現個人內在獨特的資源，和肯定自己生存的價值。這是一個將薩提爾家族治療的家庭動力、家庭系統、代間傳承、家庭溝通、個人分化等理念，與個別治療中探索整合情感、認知、行為、需求、韌力等，二者歷程融合在一起的深度心理治療。因此，薩提爾模式「家庭重塑」具備了系統觀、體驗性、行動取向、人性化、全人整合、以正向改變為導向等特色，對專業和非專業者來說，都是值得去冒險和嘗試的體驗。

　　每個人在原生家庭中為了求生存都學到特定的行為、感受、信念和對待自己與他人的因應方式。每個家庭也用獨特的形式，將規條、道德、價值觀和文化論述在代與代之間傳遞下去。每位家庭成員也有形無形的，在意識和潛意識中，逐漸吸收和學習這些家庭傳承，並將之內化成為自己人格的一部分。長大成人後，再將這些學習到的東西自動化地實現在生活中，也將之複製在親密關係、親子關係和人際關係裡。

　　然而這些過去為了求生存所使用的行為模式，在成人時期常已不合時宜，造成與人相處的困難，並在親密關係中重現僵化和負面的互動循環。我們每個人雖然不能選擇和改變自己的原生家庭，但可以去調整由原生家庭中所學到的這些無效、阻礙目前生命進展的應對模式。藉「家庭重塑」

的歷程，可以探索這些舊有學習的根源及其影響，為現在人生的困境做出新的選擇和行動，也用新的視野來看我們的過去、現在和未來。

由「家庭重塑」中主角能真正認識自己、肯定自己、遇見自己，不需父母長輩的認可才能建立自我價值；他可以自己定義個人生存的意義和目的，為自己選擇人生未來的方向，因此這是一個令人興奮和充滿力量的旅程，包含在身體、心理和靈性多面相的體驗，也蘊藏了成長和療癒的動能。這種成為真實自我、重視認可自我、為自己負責的成長之旅，薩提爾稱之為「第三度出生」（Gomori & Adaskin, 2009）。

在「家庭重塑」的過程中，透過各種創意的角色扮演所形成的雕塑畫面，主角重新建構與原生家庭的關係，不再把父母視為角色，而是看見父母的人性面，並且與父母在人性的層次重新連結，透過這些新發現，主角也可以真實接觸內在自我和人性的部份。尤其重要的是，他可因此接觸自己在成長過程中所發展的資源，使它們更加豐富滋養生命。當主角體驗到他可以身處成人狀態，不再受到舊時情感經歷的制約，經過他意識中認知重整的過程後，可使個人生命達到整合和賦能，並因此邁向成熟、一致性和健康的人生（Gomori & Adaskin, 2009）。

這個薩提爾所發展的、獨特的、全人治療的「家庭重塑」歷程，容納當代多重的治療理念與技術，舉凡認知行為學派、人本心理治療、精神動力取向、經驗性心理劇、完形概念與技術、正念療法、後現代主義治療精神等皆可與之相容，更因為薩提爾模式接納人性和貼近人性的心路歷程，因此治療師運用此歷程來自助助人時，不但增權自己也療癒他人。

雖然這個奇妙豐盛的療癒工具，較常被用來在工作坊中進行，但有許多治療師，也經常將「家庭重塑」的概念應用在個人治療或婚姻伴侶治療中。當然，如果有角色扮演者時，當主角願意開放自己與大家分享生命故事，即能讓所有參與者都能跟隨此歷程，一起在此豐盛的心靈饗宴中獲得學習。

介紹「家庭重塑」的目的，在提供婚姻伴侶治療師另一個強而有力的途徑和新的展望，關鍵在於當來訪者因為與原生家庭存在著尚未分化

的糾纏，無法在婚姻伴侶治療的會談中深入處理，使得伴侶關係停滯不前、陷入膠著時，「家庭重塑」可成為突破僵局的另一選項。此時最佳做法是轉介來訪者給受過「家庭重塑」訓練的薩提爾模式治療師，使來訪者因此得到最適宜的協助以脫離困境。讀者若對「家庭重塑」有興趣想要更深入了解，可以參考葛莫利的（Gomori & Adaskin, 2009）《心靈的淬鍊：薩提爾家庭重塑的藝術》（*Personal Alchemy：The Art of Satir Family Reconstruction*）一書，其中對此歷程之專業理念和案例有詳盡完善的解析。

薩提爾模式詮釋關係中的親密

「當我能接觸我自己、我的感受、我的想法和我所聽到、看到的，我就是在朝向成為一個更加整合的人成長。我愈一致、愈完整，我就愈有能力與另一個人接觸。」

——薩提爾

每個人在成長過程中，都歷經千山萬水帶著各自過去生命故事累積而來的經驗、學習、行為模式、資源和個性，進入親密關係，有些會產生正向的力量，有些則會造成痛苦的掙扎。然而，親密關係最難能可貴之處，在於每對夫妻或伴侶彼此都像鏡子般，將內在隱密深處屬於個人最獨特的樣貌映照出來，攤在陽光下無所遁形。這些時刻可能變成關係中的危機或困境，使夫妻或伴侶無法跨越，而形成關係的膠著；但也可能會提供機會，讓兩人重新認識、審視自己，面對最真實核心的自我，一起學習與自己和與伴侶和好。

　　在本書前面的章節中，介紹薩提爾模式針對婚姻伴侶治療的歷程，提供個人內在系統、人際互動系統、跨代家庭系統全人和全相觀的藍圖，讓我們可以由各個方面來理解夫妻和伴侶關係的複雜、多元，和豐富。治療師在其中扮演著引導者、教育者、翻譯者、連結者等多元的角色，但不會替來訪者決定怎樣的關係才是適合他們的。薩提爾認為在治療過程中，治療師最好的工具是運用他自己，彷彿他是個奇妙的樂器，與來訪者在彼此互動中共創美麗動人的樂音。

　　夫妻或伴侶與治療師的合作關係，會創造他們兩方之間一種獨特的親密感，讓來訪者可以安全地去體驗內在的脆弱。同時，夫妻或伴侶也需要為彼此的關係，重新承諾再一起投入，彼此協力合作，形成他們之間相互滋養與共同成長的歷程。因此，來訪者與治療師短暫的相遇，是人與人、心靈與心靈、生命力與生命力珍貴美好的交流。

　　薩提爾發展出的所有工具和歷程，皆在指引治療師去支持每對夫妻或伴侶，在親密關係中覺察真實的自我、認可自己也欣賞對方、相互支持、滋養和提升彼此內在生命能量。其中最重要的關鍵是，每個人都能在親密關係中充分活出自己的生命，與自己有和諧自在的關係時，才能與伴侶有和諧自在的關係；與自己親密之後，才能與伴侶親密。

　　以上這些理念，皆在本書的論述和介入歷程中前後貫穿，接下來則由薩提爾模式的角度，將其對於親密（intimacy）獨到的詮釋摘要說明於後，在此作為本書最後的結語。

一致性的親密關係

在親密關係中當夫妻或伴侶兩人都願意選擇一致性時，意味著伴侶雙方都願意做真實的自己，同時也允許對方有相同的權利，在關係中保有自己最真實的面貌，不用帶面具，也不必與自己或對方玩遊戲，兩個人可以面對面，眼睛看眼睛，真實的表達自己內在經驗，同時也關注對方內在發生了什麼，這時他們即能發展出一致性的親密關係（Gomori, 1999, 2003, 2006）。

在一致性的親密關係中，兩位伴侶不會因為想爭輸贏、想控制對方或情境、想改變或忽略對方來防衛自己，而是兩人可以站在關懷自己和考慮伴侶的立場，帶著對當下情境的覺察去回應。這並不表示他們會永遠快樂沒有紛擾，也不表示他們之間都沒有問題，而是在彼此的關係中，他們願意尊重自己、尊重伴侶，也尊重雙方都是獨立個體，可以從心到心有連結，也願意彼此分享脆弱相互靠近（Satir et al., 1991; Gomori & Adaskin, 2009）。

當兩個人都願意選擇對彼此真實、好奇，也願意冒險去分享自己時，他們在當下會經驗到彼此心靈的同在和情感的共鳴。這是因為一方在表達自己的感受和需要時，同時也可得到另一方真心的回應和分享。這種雙方在彼此有回應的前提下進行的一致性對話，使得他們都能進入自己最真實的「我是」的層面，讓生命力在兩人之間得到豐盛和滋長（Gomori, 1999, 2003, 2006）。當兩人都願意如此真實、坦誠的向對方打開自己的內心時，即會體驗到一種踏實的親密感。情緒取向婚姻治療大師蘇珊・強森（Sue Johnson）說得好：「如果我們不讓愛人完全認識自己，或對方不願意了解我們，我永遠無法建立真正堅定、穩固的情感關係。」（Johnson, 2008, p.117）。

這種一致性的親密關係是生活上、臨床上、研究中大家都想追求的目標，這也是一個理想的境界，卻不是人人皆可達到的。如果夫妻或伴侶兩方都想朝此方向努力，治療師才能陪伴和支持他們共同邁向此目

標。高特曼（Gottman, 1999; Gottman & Gottman, 2006）在長期的研究中發現，幸福的夫妻彼此關係如同好朋友一般，他們會常常分享自己讓對方了解，也允許自己願意被對方影響；他們彼此尊重、相互欣賞，並有情感連結；他們會在壓力下建設性的處理關係中的衝突，也會聆聽對方的想法，共同找到妥協的解決辦法來考慮雙方的需求。高特曼所描述的這種幸福夫妻關係的狀態，以薩提爾模式的語言來說，就是兩人之間一致性的親密關係。

當我這個人重視自己，能覺察和承認內在的感受與經驗，不會欺騙自己或否認自己的情緒，能意識個人的界限，不去侵犯他人亦不委屈自己時，就是對自己的一致性。如果對方是我想要更多認識和我想要更加靠近的對象時，我願意在此時此刻坦誠地與他分享內在真實體驗，即為對他人的一致性。我們兩人因著身心靈投入在此關係，發展了對彼此親密伴侶身份的認同感，並形成了我們之間共有的故事和經驗，因此會發展「我們」的共同感，此時不僅有「我」和「你」，還包含了「我們」。

研究顯示，對婚姻感覺滿意和有活力的夫妻，對於「我們」有很強烈和清楚的意識（Markman, Stanley, & Blumberg, 2010; Stanley, 1998; Gottman and Silver, 1999），即夫妻或伴侶若要建立穩定、幸福的親密關係時，雙方一起形成兩個人共同的意識，協力合作為了「我們」之間的關係來努力是不可或缺的條件。每位伴侶在關係中，各自仍需要保有他個人的獨立性和完整性，但同時又可在關係中彼此連結而不會失去自我的邊界，這是薩提爾模式中所說的健康的親密關係（Satir, 1988）。

夫妻或伴侶間的親密關係往往是排他性的、唯一的，即我對你是重要的、你對我也是重要的，我們會一起保護、維繫我們之間的關係，不容任何外力破壞。有意識地給予親密關係穩固的承諾，會帶來伴侶雙方的安全和溫暖，並因此促進彼此相伴、互相依靠、相互珍惜的信任感。這種維持自我的完整性又能保有我們之間的親密，能使伴侶雙方在自我和親密之間得以趨向平衡。這樣的親密關係不會一蹴可幾，需要伴侶雙方帶著極大的接納、包容、尊重、彈性、一致性、自我負責、高自我價

值感和飽滿的愛全力以赴才有可能達成。

親密是可以分享脆弱

　　當夫妻或伴侶兩人都能自在的做自己，願意呈現出個人真實的面貌，而不用擔心害怕會受到傷害時，他們才能分享彼此心靈深處的自我，並聆聽彼此最隱密的脆弱經驗。麥基卓和黃喚詳（McKeen and Wong, 2005, P. 50）曾對親密有奧妙的解釋，即「親密是一種存有的狀態，把自己最深處的部分向他人也向自己展現，沒有任何偽裝或防衛」。當伴侶間能透過自我坦露來呈現內在的脆弱時，他們彼此可以更深入理解對方的陰暗面或不為人知的部分，使兩個人的心緊密的連結且體驗到深刻的親密感。他們這麼做是因為承諾彼此成為親密伴侶，因為相愛、相知、相惜而相伴；不是因為責任、義務、子女而必須達成的某種目的，也不是為了表面和諧和角色任務必須產生的行動。

　　這樣的分享和接觸，是需要兩個人都有高自我價值感，對自己感到安全、信任，也對對方感到安全、信任才可能做得到。換句話說，當一個人在靈魂自我的深處，全然接納自己好與不好的各個面相，才能有勇氣去冒險，在另一個人面前坦露真實的自己，而不會擔心被拒絕或被否定。唯有在這樣腳踏實地的狀態中，去敞開自己內心最脆弱的部分與伴侶分享，並且信任他會珍惜這份珍貴的禮物，對方也願意接納伴侶心靈深處所發出的幽暗神祕訊息時，兩人即能在彼此分享深層脆弱的時刻中，體驗心靈深深的契合。

　　這些時刻會成為夫妻或伴侶共同療癒生命傷痛之所在，使過去的創傷和失落可以因愛和親密而得到撫慰；他們之間這種深刻的連結和依附，讓彼此可以攜手走過生命的困頓和糾葛，並為心靈帶來豐盛的滋養。要達到這樣的結果，治療師需引導和協助他們勇敢、坦誠和開放地對話，脫掉面具和偽裝，深刻地袒露內在不為人知的脆弱經驗。近代整合式行為伴侶治療的研究也證實，在治療中加入夫妻或伴侶彼此給予的

接納和慈愛、協助他們去經驗人性中的脆弱，並接受兩個獨立個體各自不可改變的部分，他們即能發展親密和諧的互動模式，這些是治療有效果的重要關鍵（Christensen & Jacobson, 2000; Christensen & Jacobson, 1995; Jacobson & Christensen, 1996）。

親密是施與受之間的平衡

在親密關係中，常見的渴望是被愛、被肯定、被尊重、被看到、安全和信任、自由與獨立等，這些渴望都是人類普同的需要（Satir et al., 1991; Gomori & Adaskin, 2009）。薩提爾模式婚姻伴侶治療師，相信每個人都是有價值的，因此兩位伴侶在關係中同等重要。雙方都需要學習表達自己、聆聽對方的渴望、並且相互回應彼此的渴望，這是一個「施」與「受」之間相互滋養、相互滿足的歷程。

要達到伴侶雙方在渴望中施與受的平衡，最重要的基礎為兩方之間的一致性對話。即在治療中，來訪者接觸自己的感受及內在深層渴望，並以具體清晰的語言表達出來，使他們因此體驗重視自己、重視對方，並相互潤澤的豐盛。這樣他們在關係中才能因自己的渴望被看到、被聆聽、或被滿足而增進親密感，內心也將產生更多的力量、踏實和安全。在此基礎上，他們即可進一步去協調彼此不同的觀點和期待，也才較有能力和空間去處理差異和衝突。

在婚姻伴侶治療中，「愛的帳戶」（Harley, 2010, 2011）、「愛的五種語言」（Chapman, 1995）、「愛的儀式」（Doherty, 1997; Gottman, 1999）都是簡易又容易學習的方法，讓夫妻或伴侶體會在渴望的層次相互給予和接受的意義。這種伴侶雙方都願意珍視彼此的內在需要，並用對方想要的方式去滿足他、對方也以同樣方式來回報時，即產生一種平等互惠的交流、相互同在的滋養，伴侶兩人在此過程中則經驗「施與受」的平衡，愛的能量就在彼此間自由流動了。

親密是自我和生命力的連結

前面曾說明，許多人在成長過程中並未能有機會發展出高自我價值感，無法在「我是」的層次上感覺到自己是好的、有力量的，因此在親密關係中，心理上仍可能停留在自我懷疑的弱小狀態，一旦遇到壓力就與自己成年人的力量和生命力失聯。薩提爾描述（Satir, 1983）低自我價值感的人，內心會有很多焦慮和不確定，因為他很在乎別人如何看他、是不是認可他。

由於他個人價值需要依賴他人評價的好壞來決定，為了給別人好的印象，就得武裝自己或隱藏自己真實的樣子。在關係中他沒有存在感，必須時時刻刻向他人索取認可，深切期盼伴侶能看見他、認可他、關注他，這樣他的低自我價值就可以得到滋養而壯大起來。在這樣的情況下，他很難真正敞開自己，表達自己真實的感受，或直接說出內在的需求，因為內在的不安全感使得他總是需要保護自己、隱藏自己，讓伴侶主動猜到他的心思、讀懂他的心情、自動自發滿足他的需要，並且做個無條件接納他的理想化父母，他才覺得自己有完整的人格。

薩提爾主張唯有當兩人都有高自我價值感，能做自己時，不論我們彼此內在經驗有多麼不同，都可以腳踏實地、做完整尊貴的自己，同時也允許對方可以做完整尊貴的他。當兩人都以高自我價值感彼此相遇，在生命力的層次上與對方連結時，他們即能感覺親密（Gomori, 2012）。要達到這種境界，有賴兩位伴侶各自皆認可個人存在的價值，願意為內在冰山的每一層面負責，能意識到自己的獨特性和主體性，欣賞所有的內在資源，不論長處、短處都接受是自己的一部分，並願意珍愛自己和對方寶貴的生命力。

在人性的層面上，大部分的人都渴望在親密關係中感覺到自己是重要的、有價值的，讓彼此身心靈可以靠近和親密。當這個渴望得以滿足時就能體驗自己的真我得到滋養，這是一種與自己親密，也與對方親密，同時讓彼此的生命力得以充分綻放的珍貴經驗。薩提爾在教學中曾

示範，當夫妻雙方都可以有意識的重視自己，讓自我站起來，對自己表達愛，也認可自己的價值時，就不會老是企盼伴侶給自己愛，亦不會因為伴侶給的不夠而懲罰他，那麼他們就能在自我價值平等的位置上親密靠近，共組健康的家庭，也會養育出健康成長的子女（Satir, 1979）。

當夫妻或伴侶在治療情境中，一同走過艱辛的關卡，進入冰山的核心去發現關係糾葛底層的真實自我後，兩人仍願意在未來人生道路攜手同行時，就能再度重享生命的活力和彼此的熱情。這是一種雙方找到自我、與對方相遇，又重新建立親密感的美好旅程。在其中，他們結伴同行，真心地接受彼此在背景、成長、個性、需要、想法、感受各方面的差異，但仍然願意彼此相愛；允許自己和對方可以不完美、可以有犯錯的權利，即使犯錯，這個人仍然是有價值、值得愛的；他們不企圖去掌控或壓迫對方，而是接納他如其所是，雙方因此可在相互信任、相互尊重、相互接納的關係中更加真實做自己，而不用害怕被拒絕、被批判，並共同享有高自我價值的力量和內心的平安喜悅。

這是一種雙方共同成長、相互學習的美好歷程，對夫妻或伴侶來說都是極大的挑戰，需要兩人都帶著愛、包容、接納和尊重才能做得到。當他們都相互允許、接納對方真實做自己，即能在關係中體驗自己的存在感和歸屬感，並且從自我到自我、心到心，和生命力到生命力的連結中，體驗心靈深處的滿足（Satir, 1979)。

最後，讓我們由詩人蔣勳的一首詩「我們怎麼會不懂」來體會大地萬物間愛與生命力的輪迴：

> 我們怎麼會不懂
>
> 那就是愛
>
> 從鳥的啁啾
>
> 到花的芬芳
>
> 從雨的漸瀝
>
> 到大海的波濤
>
> 從河流連結著河流

平原接續著平原
從根脈交纏的小草
到枝葉相覆蓋的大樹
那一處不是生命與生命的關聯
我們怎麼會不懂
那就是愛

日月分擔著四時
江河行走於大地
若說噓氣成雲
原是地上的水
夜夜仰望星辰
竟幻化成雲
在天上飄浮久了
便落淚成雨
一點一滴
歸回大地
歸回河流
歸回海洋

迴環又迴環
從一粒種子
到一朵花
從一朵花
到一顆果實
從一顆果實
到一粒種子
只是不斷地跟我們說

那就是愛

使傷痛的忍住傷痛
寂寞的忍住寂寞
使虛空的找到了希望
徬徨的懷抱了信心
一切暫別的
都要重聚
一切殘破的
都要完全
一切遺憾的
都要圓滿
一切看來分離的
都不可分割
我們怎麼會不懂
那就是愛

薩提爾模式婚姻伴侶治療

督導評估表

受督者姓名：　　　　　督導者：　　　　　日期：　　年　　月　　日

督導地點：　　　　　　督導時間：　　　　　小時　督導人數：

下列評估項目請督導填寫

評估項目（若某些項目不適合本次督導評估時，可空白不勾選） 　　　　　　　　　　　　　　　　　　　1 表現不足　5 表現優異					
體驗性	1	2	3	4	5
治療師協助夫妻或伴侶聚焦在當下，去體驗過去或現在的事件對他們或關係造成的衝擊和影響。					
治療師能協助夫妻或伴侶在治療中充分探索冰山的每一層次，包括能體驗到內在感受和自我／生命力的存在。					
治療師能跟隨治療歷程且是歷程導向，而非內容導向的。					
治療師能在薩提爾模式的架構中主導治療歷程。					
治療師能夠對夫妻或伴侶二人冰山之間進行歷程式問句。					
治療師促進夫妻或伴侶間相互對話，且讓他們體驗彼此應對模式或做出新的溝通。					
治療師能運用薩提爾模式的介入工具或技術使夫妻或伴侶體驗雙人之間或家庭系統中動力。					
系統性	1	2	3	4	5
治療師能協助夫妻或伴侶覺察其內在系統與人際系統間的交互運作。					
治療師能引導夫妻或伴侶發現和覺察溝通循環的模式及其影響。					
治療師能在適合的時機協助夫妻或伴侶探索原生家庭對其目前親密關係的影響。					
治療師能具備家庭系統觀，協助夫妻或伴侶看到關係對子女的影響。（無小孩則免填此項）					

	1	2	3	4	5
治療師能依夫妻或伴侶實際需要去覺察其難題相關之<u>文化社會脈絡</u>。					
正向性	1	2	3	4	5
治療歷程著重夫妻或伴侶雙方的成長和關係品質的改善。					
治療師善用<u>重新架構、欣賞、肯定、感謝</u>等技術提升自我價值。					
治療師能與夫妻或伴侶發展<u>正向目標</u>,聚焦在拓展正向的、新的可能性,而非病理或問題導向。					
治療師促進夫妻或伴侶接觸個人或關係中的資源/韌力。					
治療歷程朝向夫妻或伴侶所要的<u>正向目標</u>在前進。					
改變性	1	2	3	4	5
治療師的歷程導向夫妻或伴侶內在<u>冰山</u>的改變。					
治療師的歷程導向夫妻或伴侶<u>關係</u>的改變。					
治療師能運用薩提爾模式的<u>介入工具</u>和技術來促進夫妻或伴侶的覺察和轉化。					
治療師在會談中促進夫妻或伴侶落實其改變,包括:欣賞感謝、做出承諾、家庭作業、現場練習,或分享學習等。					
運用自我	1	2	3	4	5
治療師能與夫妻或伴侶雙方建立安全信任治療關係。					
治療師是<u>一致性</u>的、自信和穩定和諧的。					
治療師言行符合<u>專業倫理</u>(如守時、界限、避免雙重關係、保密等)。					
治療師在治療中能流暢掌握自己的<u>語言表達</u>。					
治療師善用自己的<u>身體語言</u>(姿勢、聲調、語氣、表情等)。					
治療師是<u>開放、尊重和接納的</u>,而非主觀、負面評價或自以為是的。					

督導評語:

薩提爾模式治療師培訓架構

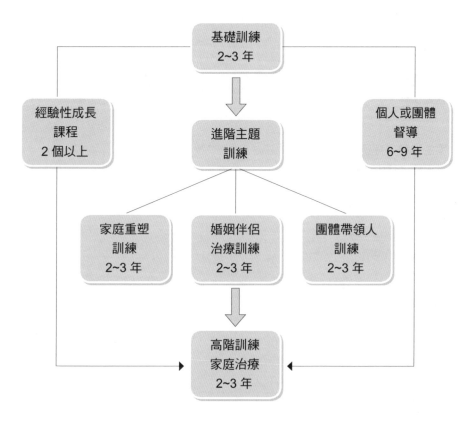

薩提爾模式婚姻伴侶治療
提案（督導）摘要

（請自行延伸表格）　　　　　　　　日期：　　年　　月　　日

提案人姓名：		服務單位：		職稱：	
會談地點：		會談期間：		會談次數：	
案主難題／背景／家庭圖／冰山					
治療師的評估、概念化和目標說明					
治療過程摘要：你做了什麼？案主的反應如何？有哪些重要介入？如何達到你要的目標？					
來訪伴侶有那些轉化或改變（個人、兩人間或與原生家庭關係等方面）？					
治療師對自己的欣賞為何？此次會談之困難為何？哪裡卡住？有何觸動？					

人際間兩座冰山的歷程式提問

- 當你看到他此時的眼淚時，你皺著眉頭，可以讓我了解你此刻的感受嗎？

- 你說感受到的是困惑，是什麼困惑呢？他說了什麼、做了什麼使你有困惑呢？

- 當你此時看著伴侶的眼睛時，你看到的是什麼？

- 當妳聽到他說他愛妳時，我看到妳眼中有淚水，妳內在發生什麼了呢？

- 當你知道他沒那個想法時，我看到你的表情好像鬆了一口氣，我是對的嗎？

- 當他在說他有多生氣時，你內在發生了什麼？可以幫助我們多了解嗎？

- 當她說出對你的評價時，你坐在這裡聆聽會不會很難熬？你的感受可以讓我們知道嗎？你會不會有不同的觀點呢？

- 他好像不太能理解妳現在說的感受，妳可以幫助他更理解妳嗎？

- 你剛剛聽到他說什麼呢？可以請你用你自己的話再說一遍嗎？

- 當他的身體靠向妳時，妳好像往後退了一步？可以讓我了解妳內在發生了什麼嗎？

- 我可以感覺到妳內在的傷心和失落，是不是呢？妳覺得很絕望，好像不管做什麼都沒用他都不會回頭？

- 你可以看著她並且告訴她你現在體會到的這些感受嗎？

- 也許你轉身逃開，不是真的想逃避她，而是你不知道怎麼辦？這種無助感會讓你害怕？

- 你並不知道怎麼做才會讓她滿意所以你感到無力和挫敗，要不要試著問問她？
- 你內在也不斷在批判自己是無能的、失敗的，使得你更無法面對他，是不是面對他就彷彿在提醒你，自己是不行的？

    你願意幫我更了解這種感覺嗎？

    你剛剛分享的是你內在很脆弱的感受，我很欣賞你的勇氣，你是不是願意現在也告訴他這些內在的脆弱呢？

- 我感覺到你們在此關係中都受了很多苦，但也都沒有放棄，我發現的這個相似處，你覺得如何呢？
- 現在我要邀請妳去接觸妳的傷心，就停留在那裡，聽聽看它要說些什麼？

    這個傷心在告訴妳什麼？妳想讓伴侶知道嗎？

- 小玲，剛剛妳提到對大偉的愛，現在我是不是可以請妳接觸這份愛的能量？我想請妳把眼睛閉起來……看看當妳接觸這份愛時，會想說什麼？做什麼？
- 你剛剛說的時候是不是有一份矛盾的感受在心中？有一個聲音在說：「這太危險了，如果我真的靠近他，會不會再次受傷？」但另一個聲音在說：「不行，我還是在乎他的，我渴望與他更靠近、更親密。」是嗎？

    這種矛盾是什麼樣的感覺？

    你怎麼經驗到？

- 你沒辦法這麼做，這對你太難了，好像告訴他你的渴望你就輸了，就被打敗了。這時候好像面子比你們的關係更重要，是不是呢？
- 跟你們相處的這段時間，我慢慢感覺到你們中間有一堵厚厚的城牆在保護自己，你們各自知道自己如何建造起這堵牆嗎？
- 芳玉，妳願意問問志雄「我是不是還有機會？你是不是還願意給我機會努力我們的婚姻？」因為我不確定他是否還願意給妳機會。如果他願意再次給妳機會，妳知道可以做些什麼努力嗎？妳想直接問

他嗎？

- 明哲，我很欣賞你願意分享你在此關係中的渴望和感受，我相信讓美玲直接聽到對你和她都是重要的，可不可以請你轉過身看著美玲，說出剛剛你所說的話，告訴她你的感受和渴望？

- 我在想是否能邀請你現在告訴曉彤，你在此關係中要不斷討好她、配合她，又一直怕她會生氣的感受像什麼？

- 當你不能符合他的期待時，你對自己是失望和生氣的，你甚至覺得有丟臉，認為自己怎麼做都做不好，這時候你怎麼看自己？

  你對自己的感受怎麼樣？

- 當他這麼說妳覺得很受傷，但妳表現出不在乎的樣子，這是妳保護自己的方法嗎？

- 在這個關係中你覺得不安全，所以如果說出心中的感受會更危險，你想他要怎麼做你才會感覺到更安全些，也才願意更多分享你自己？能不能請你自己告訴他？

  （對另一方）你願意做他剛剛說的這些事，讓他在此關係中感覺更安全嗎？

- 當阿勳又一次去打電動不理妳、背對妳時，妳覺得很傷心、難過，好像被遺棄，這時候妳內心最想要的是不是「我真希望你停下來轉過身來陪我，因為我好孤單，我好想跟你說說話」？

  但妳當時卻沒有告訴他這些話，結果妳做的是什麼呢？（「我痛罵他」）這有沒有達到妳的目的——能看見妳的孤單跟妳說話？
  （「沒有啊」）

  後來發生什麼？

- 子傑，你當時知道筱玲心裡真正的渴望嗎？你可能並不明白她真正要的，反而只看見她對你的憤怒，所以你就更生氣更不想理她。是嗎？

  筱玲，現在能不能為妳自己勇敢的對他說出當時妳心裡真正想說的話？

- 你說你在他面前什麼都不是，一無是處，可否現在讓他知道在此關係中你要的是什麼？你需要他做什麼你就可以站起來？

- 即使妳為他做了這麼多，但都不是他要的，妳也很挫敗，甚至懷疑自己，但我聽到妳已經盡力了，可否請妳現在也去看看妳曾經做過的，為妳的盡力而為欣賞妳自己？

- 自強，我這樣說是適合的嗎──你在此關係中，好像不管怎麼做都不對，美芳都不會滿意，這樣你對自己的感受是什麼呢？

  此刻大概你會覺得自己很沒用、很沒價值、對自己感覺很否定。這會是什麼感受呢？

  美芳知道你的這些感受嗎？

  你是否曾經試著告訴美芳呢？你很害怕告訴她？

  所以你就跟她保持距離，這樣可能比較安全，是嗎？

- 我可以感覺到內心深處，你渴望能接近玉敏，但你因為聽到她批評你這個、那個，使你內在感到很難過。所以強烈的希望玉敏能真正的接納你這個人，而且接受你是不完美的人，可以轉身告訴她你的渴望對嗎？

  這對你真的好難好難啊！？

  玉敏，妳知道他在說什麼嗎？妳的回應是什麼呢？

- 所以你用隱藏自己、不說自己的感受來保護自己；（對另一方）而妳用生氣、批評來保護自己，你們都很害怕讓對方走進自己的內心。這種情況你們會想要做些改變嗎？你們會想要有不同的關係嗎？

- 美慧，雖然妳看起來是生氣的，但我好像感覺到妳內心深處有一種害怕，妳害怕國強會只顧工作不在乎妳，害怕自己更孤獨、更被忽略，好像「沒有人在乎我，我是不重要的」，是這樣嗎？

  如果妳告訴他，我需要你，你對我很重要，我不能沒有你，會發生什麼呢？

  要看著他說出來真的對妳是不是很困難？

妳的困難是什麼？

- 他剛剛說他會永遠在妳身邊，他不會離開妳，妳聽見他說的嗎？妳
  願意接受他，讓他靠近妳，而不是推開他嗎？

- 你說這些害怕跟過去受傷的經驗有關，所以你是不是想到了什麼跟
  他有關的事？

- 說出害怕的感受對他來說很困難，妳能支持他嗎？妳能把身體轉向
  他、看著他嗎？這會讓他體會到妳願意靠近他，妳也是在乎他的。

- 你能在此刻聆聽他受傷的心，用你覺得自在的方式去讓他知道你聽
  到他的感受而且你是在意他的嗎？

- 誰會先講和和示好？誰會先想和好呢？

- 當時你會怎麼做？接下來你的反應會如何？

- 你想過是什麼原因使她不快樂嗎？哪些是跟你有關的因素呢？你希
  望她跟你在一起是快樂的嗎？

- 這樣告訴自己你會有什麼感受？你會不會因此更想封閉自己，因為
  這種感受太沉重、太痛苦了？結果是不是把自己關閉起來卻把他關
  在外面了？你想要幫助自己、不再關閉自己，勇敢地走向他嗎？

- 我不知道我現在理解的對不對，可以請你修正我說的嗎？你會不會
  有不同的觀點？

- 所以你會用放棄和逃避來保護自己，是不是這樣？
  這樣也許會使你好過一點，可以關閉痛苦和無助，也不用太辛苦？
  但這樣做反而使她更憤怒，對你責怪更多，你不知道該怎麼辦時，
  反而因此就更沉默？這樣是不是使你們更疏遠、衝突更大？
  你有看見這個結果嗎？
  你們好像因此都更孤單了！

- 當妳看到他背過身去時，妳就想他不愛我了，所以妳就很生氣是
  嗎？
  所以妳就決定不想再理他了！這是為什麼妳第二天就搬回娘家了，
  妳怎麼做這個決定的呢？

這樣背對背你們想會持續多久呢？

你們可以談談現在背對背是什麼感受？

你們會想為此關係做改變嗎？你們想轉過身來面對彼此嗎？

你們各自想要做什麼改變呢？

具體的行動是什麼呢？

參考文獻

成蒂（2013）。**親密關係工作坊手冊**。台北：旭立文教基金會。

成蒂（2016）。**婚姻伴侶治療訓練手冊**。台北：旭立文教基金會。

林宏川（2017）。**薩提爾模式與系統取向家族治療的學習經驗**。台北：台灣薩堤爾成長模式推展協會。

Anderson, H. (1997). *Conversation, language, and possibilities*. New York: Basic Books. 周和君譯（2008）。**合作取向治療**。台北：張老師文化。

Anderson, H. & Gehart, D. (2007). *Collaborative therapy*. 周和君、董小玲譯（2008）。**合作取向實務**。台北：張老師文化。

Andreas, S. (1991). *Virginia Satir: the patterns of her magic*. California, Polo Alto: Science and Behavior.

Aponte, H. J., & Winter, J. E. (2000). The person and practice of the therapist: Treatment and training. In M. Baldwin (Ed.), *The use of self in therapy* (pp. 127-161). New York: Haworth.

Baldwin, M. (Ed.) (2000). *The use of self in therapy*. New York: Haworth.

Bandler, R. (1991). Foreword. In S. Andreas, *Virginia Satir: the patterns of her magic* (pp. vi-viii). California: Science and Behavior.

Bandler, R., Grinder, J., & Satir, V. (1976). *Changing with families*. California, Palo Alto: Science and Behavior.

Banmen, J. (2002). The Satir model: Yesterday and today. *Contemporary Family Therapy, 24*, 7-22.

Banmen, A. & Banmen, J. (Eds.). (1991). *Meditations of Virginia Satir: Peace within, peace between, peace among*. Palo Alto, CA: Science and Behavior Books.

Banmen, J. (Ed.) (2003). *Meditation of Virginia Satir*. Washington: AVANTA The Virginia Satir Network.

Banmen, J. (2005). *Sample iceberg process questions of the Satir Model*. Hong Kong: Hong Kong Satir Center for Human Development. 林沈明瑩譯（2007）。**沙維雅模式冰山歷程提問範例**。香港：香港沙維亞人文發展中心。

Banmen, J. (Ed.) (2006). *Applications of the Satir growth model*. Seattle, WA: AVANTA, the Virginia Satir Global Network. 江麗美、魯宓譯 (2008)。**薩提爾成長模式的應用**。台北：心靈工坊。

Banmen, J. (2008). *Satir transformational systemic therapy*. CA: Science and Behavior. 鐘谷蘭、宮一棟、衛麗莉、蘇青譯（2009）。**薩提亞轉化式系統治療**。北京：中國輕工業出版。

Banmen, J. (2008). *Satir transformational systemic therapy training program－Counseling practicum workbook for professionals*. 沈明瑩譯。**薩提爾系統轉化治療訓練課程實務研習手冊**。台北：呂旭立紀念文教基金會。

Banmen, J. (2012). *Couple's relationship workshop handout-Satir transformational systemic therapy*. Beijing: Beijing Qijia. 夫妻關係工作坊手冊－薩提爾轉化式系統治療。北京：北京齊家盛業。

Banmen, J., & Banmen, K. (2006). Introduction. In J. Banmen (Ed.), *Applications of the Satir growth model* (pp. ii-vi). Seattle, WA: AVANTA, the Virginia Satir Global Network. 江麗美、魯宓譯 (2008)。**薩提爾成長模式的應用**。台北：心靈工坊。

Bitter, J. R., & Corey, G. (2001). Family systems therapy. In G. Corey (Ed.), *Theory and practice of counseling and psychotherapy* (pp. 382-458). CA: Brooks-Cole/ Wadsworth.

Brodsky, A. M. & Hare-Mustin, R. T. (1980). *Women and psychotherapy*. New York: The Gulford.

Brothers, B. J. (1991). Methods for connectedness: Virginia Satir's contribution to the process of human communication. In B. J. Brothers (Ed.), *Virginia Satir: Foundational ideas*(pp. 11-20). NY: The Haworth.

Brothers, B. J. (1996). *Couples and the tao of congruence*. New York: Haworth.

Brubacher, L. (2006). Integrating emotion-focused therapy with the Satir model. *Journal of Marital and Family Therapy, 32*(2), 141-153.

Catherall, D. R. (1992). Working with projective identification in couple. *Family Process*, 31, 355-367.

Chapman, G. (1995). *The five love languages: How to express heartfelt commitment to your mate*. Chicago: The Moody Bible Institute.

Christensen, A., Jacobson, N. S., & Babcock, J. C. (1995). Integrative behavioral couple therapy. In N. S. Jacobson & A. S. Gurman (Eds.), *Clinical handbook of marital therapy* (pp. 31-64). New York: Guilford.

Christensen, A. & Jacobson, N. S. (2000). *Reconcilable differences*. New York: Guilford.

Doherty, W. J. (1997). *The intentional family: How to build family ties in our modern world*. MA: Addison-Wesley.

Duhl, B. S. (1990). The vulnerability contract. In J. Schwab, *A resource book for Satir concepts* (pp. 139-140). CA: Science and Behavior Books.

Duhl, B. S. (1994). The interpersonal vulnerability contract form. In B. S. Duhl, K. Krestensen, J. Banmen, & S. Buckbee, (Eds.), *Training the trainer: A process manual for successfully leading experiential/cognitive workshops.* Washington: AVANTA.

Duhl, F., Duhl, B., & Kantor, D. (1973). Learning, space and action in family therapy: A primer of sculpture. In D. Block (Ed.), *Techniques of family psychotherapy* (pp.119-139). New York: Grune & Stratton.

Duhl, B. S. (Ed.), Krestensen. K., Banmen, J., & Buckbee, S. (1994). *Training the trainer: A process manual for successfully leading experiential/cognitive workshops.* Washington: AVANTA.

Englander-Golden, P. (2006). Say it straight training: Virginia Satir in practice. In J. Banmen (Ed.), *Applications of the Satir growth model* (pp. 99-112). Seattle, WA: AVANTA, the Virginia Satir Global Network.

Feldman, L. (1982). Dysfunctional marital conflict: An integrative interpersonal-intrapsychic model. *Journal of marital and Family Therapy*, 8, 417-428.

Fishbane, M. D. (2011). Facilitating relational empowerment in couple therapy. *Family Process,* 50, 337-352.

Gilbert, R. (2004). *The eight concepts of Bowen theory*. Lake Frederick: Leading Systems Press.

Goldenberg, I., & Goldenberg, H. (2011). *Family therapy: An overview* (7th ed.) CA: Brooks-Cole/ Wadsworth.

Goldner, V. (1985). Feminism and family therapy. *Family Process*, 24, 31-47.

Gomori, M. (1999). Workshop given in Taipei.

Gomori, M. (2003). Workshop given in Taipei.

Gomori, M. (2006). Workshop given in Taipei.

Gomori, M. (2007). Workshop given in Taipei.

Gomori, M. (2009). Workshop given in Taipei.

Gomori, M., & Adaskin, E. (2009). *Personal alchemy: The art of Satir family reconstruction.* Hong Kong: Hong Kong Satir Center for Human Development. 易之新譯（2009）。**心靈的淬鍊：薩提爾家庭重塑的藝術**。台北：張老師文化。

Gomori, M. (2012). Satir model family therapy professional training in Beijing. Peking University.

Gomori, M. (2013). **大象在屋裡／越過河與你相遇**。台北：張老師文化。

Gomori, M. (2014). Workshop given in Taipei.

Gomori, M. (2014). Family reconstruction advanced workshop. Shanghai Satir Center.

Gomori, M. (2014). *Passion for freedom*. Gabriola Island: Haven. 易之新譯（2015）。**愛與自由**。台北：張老師文化。

Gomori, M. (2015). Workshop given in Taipei.

Gomori, M. (2015). Congruent leadership workshop. Beijing Qijia Shengye. 北京心領袖工作坊。北京齊家薩提爾中心 .

Gomori, M. (2015). Workshop given in Beijing.

Gomori, M. (2016). Family reconstruction advanced training workshop. Shanghai.

Gomori, M. (2017). Family reconstruction advanced training workshop. Shanghai.

Gomori, M. (2017). Workshop given in Beijing.

Gomori, M. (2018). Workshop given in Taipei.

Gomori, M. (2018). Workshop given in Shanghai.

Gomori, M., & Adaskin, E. (2006). A learner's guide to sculpting in family therapy. In J. Banmen (Ed.), *Applications of the Satir growth model*. WA: ANANTA.

Gottman, J. M. (1993). The roles of conflict engagement, escalation, or avoidance in marital interaction: a longitudinal view of five types of couples. *Journal of Consulting and Clinical Psychology, 61*, 6-15.

Gottman, J. M. , (1999). *The marriage clinic: A Scientifically based marital therapy*. NY: Norton.

Gottman, J. M. (1999). *The seven principles for making marriage work*. NY: Crown.

Gottman, J. M., & Gottman, J. S., (2006). *Ten lessons to transform your marriage*. NY: Three Rivers.

Gottman, J. M., & Gottman, J. S. (2015). *10 principles for doing effective couples therapy*. New York: W.W. Norton & Company.

Greenberg, L., & Paivio, S. (1997). *Working with emotion in psychotherapy*. New York: Guilford.

Greenberg, L., Rice, L., & Elliott, R. (1993). *The moment by moment process: Facilitating emotional change*. New York: Guilford.

Hare-Mustin, R. T. (1978). A feminist approach to family therapy. *Family Process, 17*, 181-194.

Harley, W. F. (2010). *Effective marriage counseling: The his needs, her needs guide to helping couples*. MI: Revell.

Harley, W. F. (2011). *His needs, her needs: Building an affair-proof marriage*. MI: Revell.

Hendrix, H. (1988). *Getting the love you want*. New York; Henry Holt.

Jacobs, J. B., (1991). Virginia Satir's triad theory for couples therapy. In B. J. Brothers (Ed.), *Virginia Satir: Foundational ideas*. NY: The Haworth.

Jacobson, N. S., & Christensen, A. (1996). *Acceptance and change in couple therapy*. New York: Norton.

Jenkins, C. (2003).The theory of interlocking vulnerabilities: An intersubjective approach to couple therapy. In J. Sanville & E. Ruderman (Eds.), *Therapies with women in transition: toward relational perspectives with today's women* (pp. 253-273). Madison, WI: International Universities Press.

Johnson, S. M. (2004). *The practice of emotionally focused marital therapy: Creating connection*. New York:Brunner-Routledge. 劉婷譯（2011）。**情緒取向 vs. 婚姻治療**。台北：張老師文化。

Johnson, S. (2008). *Hold me tight: Seven conversations for lifetime of love*. NY: Hachette. 劉淑瓊譯（2009）。**抱緊我：扭轉夫妻關係的七種對話**。台北：張老師文化。

Konecki, J. (2006). The Satir model universality and cross-cultural applicability. In J. Banmen

(Ed.), *Applications of the Satir growth model* (pp. 1-24). Seattle, WA: AVANTA, the Virginia Satir Global Network.

Lee, B. K. (2001). The religious significance of the Satir Model: Philosophical, ritual, and empirical perspectives. Doctoral Dissertation. Ottawa: University of Ottawa.

Lee, B. K. (2002). Congruence in Satir's model: Its spiritual and religious significance. *Contemporary Family Therapy, 24*(*1*), 57-77.

Lee, W. Y., Nakamura, S. I., Chung, M. J., Chun, Y. J., Fu, M., Liang, S. H., & Liu, C. L. (2013). Asian couples in negotiation: A mixed-method observational study of cultural variations across five Asian regions. *Family Process*, 52, 3, 1-14.

Lewis, L., & Banmen, J. (2008). The positive psychology of Virginia Satir. In J. Banmen (Ed.), *Satir transformational systemic therapy* (pp. 17-40). CA: Science and Behavior.

Loeschen, S. (1998). *Systematic training in the skills of Virginia Satir.* Pacific Grove, CA: Brooks/Cole Publishing Company.

Loeschen, S. (1991). *The secrets of Satir.* CA: Event Horizon.

Loeschen, S. (1991). *The magic of Satir: Practical skills for therapists*. CA: Halcyon.

Loeschen, S. (2002). *The Satir process.* California: Halcyon Publishing Design.

Loeschen, S. (2005). *Enriching your relationship with yourself and others based on the teachings of Virginia Satir.* CA: Halcyon.

Loeschen, S. (2006). The Satir process of the Satir model. In J. Banmen (Ed.), *Applications of the Satir growth model* (pp. 25-36). Seattle, WA: AVANTA, the Virginia Satir Global Network.

Loeschen, S., & Jendrusakova, D. (2015). Enriching your relationship program through the lens of empirical research. *Satir International Journal,* 3(1),5-18.

Markman, H. J., Stanley, S. M., & Blumberg, S. L. (2010). *Fighting for your marriage*. San Francisco, CA: Jossey-Bass.

McKeen, J., & Wong, B. (1996). *The relationship garden.* Gabriola Island: Haven. 易之新譯（2005）。**關係花園**。台北：心靈工坊。

McLendon, J. (2006). Preface. In J. Banmen (Ed.), *Applications of the Satir growth model* (pp. i). Seattle, WA: AVANTA, the Virginia Satir Global Network.

McLendon, J. (1992). The Satir system: In five A's. In B. S. Duhl (Ed.), K. Krestensen, J. Banmen, & S. Buckbee (1994). *Training the trainer: A process manual for successfully leading experiential/cognitive workshops(appendix F).* Washington: AVANTA.

Minuchin, S. (1974). *Families and family therapy.* Cambridge: Harvard University. 劉瓊英譯（1992）。**結構派家族治療入門**。台北：心理。

Minuchin, S. & Fishman, H. C. (1981). *Family therapy techniques*. Cambridge, MA: Harvard University.

Minuchin, S., Nochols, M. P., & Lee, W. Y. (2007). *Assessing families and couples: From symptom to system.* Boston: Pearson Education. 林麗純、楊淑智譯（2007）。**家庭與伴**

侶評估。台北：張老師文化。

Minuchin, S., Lee, W. Y., & Simon, G. M. (1996). *Mastering family therapy: Journeys of growth and transformation.* New Jersey: John Willy & Sons.

Minuchin, S., Reiter, M. D., & Borda, C. (2014). *The craft of family therapy: Challenging certainties.* New York: Taylor & Francis.

Napier, A. Y. (1978). The rejection-intrusion pattern: A central family dynamic. *Journal of marriage and Family Counseling,* 4, 5-12.

Nerin, W. F. (1986). *Family reconstruction: Long day's journey into light.* New York: Norton.

Nichols, M. P. (2010). *Family therapy: Concepts and methods.* MA: Pearson Education.

Papp, P. (1982). Staging reciprocal metaphors in couples therapy. *Family Process,* 21, 453-467.

Papp, P. (1983). *The process of change.* New York: Guilford Press.

Papp, P., Scheinkman, M., & Malpas, J. (2013). Breaking the mold: Sculpting impasses in couples' therapy. *Family Therapy,* 52, 33-45.

Papp, P., Silverstein, O., & Carter, E. (1973). Family sculpting in preventive work with "well families". *Family Process,* 12, 197-212.

Psychotherapy Networker (2007) http://ns2.psychotherapynetworker.org/magazine/recentissues/2007-marapr/item/219-the-top-10

Rogers, C. (1951). *Client-centered therapy.* Boston: Houghton Mifflin.

Rubin, L., (1990). *Intimate strangers: Men and women together.* New York: Harper Collins.

Satir, V. (1976). *Making contact.* CA: Celestial Arts. 吳就君譯（1999）。**與人接觸**。台北：張老師文化。

Satir, V. (1979). *Families and relationships* (CD). Indian Hills: NLP Books.

Satir, V. (1983). *A step along the way: A family with a drug problem.* Kansas City, MO: Golden Triad Films. **有毒癮問題的家庭**。台北：轉機工作室。

Satir, V. (1983). *Blended family with a troubled boy.* Kansas City, MO: Golden Triad Films. **一個混合家庭與一個不安的男孩**。台北：轉機工作室。

Satir, V. (1983). *A family at the point of growth.* Kansas City, MO: Golden Triad Films. **成長與轉機**。台北：轉機工作室。

Satir, V. (1983). *Of rocks and flowers.* Kansas City, MO: Golden Triad Films. **岩石和花兒**。台北：轉機工作室。

Satir, V. (1983). *Conjoint family therapy.* CA: Science and Behvior Books. 吳就君譯（2006）。**聯合家族治療**。台北：張老師文化。

Satir, V., (1986, 1998). The Virginia Satir family series. Seattle, WA: AVANTA, the Virginia Satir Global Network. **維吉妮亞·薩提爾家庭系列影帶**。台北：轉機工作室。

Satir, V. (1988). *The new people making.* CA: Science and Behvior Books. 易春麗、葉冬梅譯（2016）。**新家庭如何塑造人**。北京：世界圖書。

Satir, V. (1995). Congruent communication builds bridge. *Journal of Couples therapy,* Vol. 5, No.

4 ,1-10.

Satir, V. (1996). Ways of viewing the world: Explanation of events, attitude toward change. *Journal of Couples therapy*, Vol. 6, No. 1/2, 1-7.

Satir, V. (2000). The personhood of the therapist: Effects on systems. *Journal of Couples therapy*. Vol. 9, No. 3/4, 1-14.

Satir, V. (2000). Hope, wholeness, and helping the flat to grow round. *Journal of Couples therapy*, Vol. 9, No. 1/2, 5-9.

Satir, V., (Speaker). (2001). *Teachings of Virginia Satir*. Colorado: The Virginia Satir Global Network.

Satir, V. (2001). Models of perceiving the world: Relationship as hierarchy. *Journal of Couples therapy*, Vol. 10, No. 1, 1-8.

Satir, V. (2008). Therapist's use of self. In J. Banmen (Ed.), *In her own words. Virginia Satir: selected papers 1963-1983* (pp. 197-210). Arizona: Zeig, Tucker & Theisen. 楊東蓉譯（2019）。**當我遇見一個人：薩提爾精選集 1963-1983**。台北：心靈工坊。

Satir, V. (2008). The growing edge of myself as a family therapist. In J. Banmen (Ed.), *In her own words. Virginia Satir selected papers 1963-1983* (pp. 49-58). Arizona: Zeig, Tucker & Theisen.

Satir, V. (2010). *Communication and cogruence*. CA: Thinking Allowed Production.

Satir, V. (2010). *Becoming more fully human*. CA: Thinking Allowed Production.

Satir, V., & Baldwin, M. (1983). *Satir step by step: A guide to creating change in families*. CA: Science and Behvior Books.

Satir, V., Banmen, J., Gerber, J. and Gomori, M. (1991). *The Satir model-family therapy and beyond*. CA: Science and Behvior Books. 林沈明瑩、陳登義、楊蓓譯（1998）。**薩提爾的家族治療模式**。台北：張老師文化。

Satir, V., Baldwin, M., Gerber, J., Gomori, M., & Schwab, J. (1989). *The Satir approach to communication: A work manual*. CA: Science and Behvior Books. 陳文玲譯（2006）。**跟薩提爾學溝通**。台北：張老師文化。

Satir, V., Stachowiak, J., and Taschman, H. A. (1983). *Helping families to change*. New Jersey: Jason Aronson Inc.

Sharff, D. E., & Sharff, J. S. (1991). *Object relations couple thearapy*. London: Jason Aronson.

Scheinkman, M. (2008). The multi-level approach: A road map for couple therapy, *Family Process,* 47, 2, 197-214.

Scheinkman, M. & Fishbane, M. (2004). The vulnerability cycle: Working with impasses in couples therapy. *Family Process,* 43, 279-99.

Schwab, J. (1990). *A resource handbook for Satir concepts*. CA: Science and Behavior Books.

Ščibranyová, H. (2006). Family reconstruction: Challenging the process of change. In J. Banmen (Ed.), *Applications of the Satir growth model*. WA: ANANTA.

Siegel, D. (1999). *The developing mind: How relationship and the brain interact to shape who we are*. New York: Guilford.

Siegel, D. (2007). *The mindful brain: Reflection and attunement in the cultivation of well-being*. New York: w. w. Norton. 李淑珺譯（2011）。喜悅的腦：大腦神經學與冥想的整合運用。台北：心靈工坊。

Simon, R. (2007). The top ten most influential therapists of the past quarter century. *Psychotherapy networker, 31*(2), 24-25.

Stahl, B. & Goldstein, E. (2010). *A mindfulness-based stress reduction workbook.* 雷淑雲譯（2012）。減壓，從一粒葡萄乾開始：正念減壓療法練習手冊。台北：心靈工坊。

Stanley, S. (1998). *The heart of commitment*. Nashville: Thomas Nelson.

Wachtel, P. L. (1993). *Therapeutic communication : Principles and effective practice*. New York: Guilford.

Walsh, F. (1998). *Strengthening family resilience*. New York: Guilford.

Walters, M., Carter, B., Papp, P., & Silverstein, O. (1988). *The invisible web: Gender patterns in family relationships*. New York: Guilford.

Watzlawick, P., Beavin, J., & Jackson, D. D. (1967). *Pragmatics of human communication*. New York: Norton.

Watzlawick, P., & Weakland, J. (Eds.). (1977). *The interactional view*. New York: Norton.

Watzlawick, P., weakland, J. H., & Fisch, R. (1974). *Change: Principles of problem formation and problem resolution*. New York: Norton.

White, M. & Epston, D. (1990). *Narrative means to therapeutic ends.* South Australia: Dulwich Centre Publications.

Wile, D. B. (2011). Collaborative couple therapy. In A. S. Gurman, & N. S. Jacobson (Eds.), *Clinical handbook of couple therapy.* New York: Guiford.

Wile, D. B. (2013). Opening the circle of pursuit and distance. *Family Process*, 52, 19-32.

Zahnd, W. (2006). Temperature reading. In J. Banmen (Ed.), *Applications of the Satir growth model* (pp. 193-212). Seattle, WA: AVANTA, the Virginia Satir Global Network.

Zimmerman, J. L., & Dickerson, V. (1993). Separating couples from restraining patterns and the relationship discourse that supports them. *Journal of Marital and Family Therapy,* 19, 403-413.

索引

1 劃————————

NLP 大師班德勒 Richard Bandler：62

一致性 congruence

 溝通：27, 62, 66, 71, 96, 146-8, 151, 170-185, 183-85, 195, 204, 213-4, 220, 251-2, 262, 285, 294, 347

 的親密關係：28, 423-5

 是一個選擇：169, 183-5

 的回應：60, 139

 溝通的要點：174-176

  是從心出發：174

  是相互尊重：175

 溝通的障礙：176-183

「一個有毒癮問題的家庭」：77

「一個混合家庭與不安的男孩」：77, 310

2 劃————————

人本心理治療：29, 419

人本心理學：21, 63, 72

人性化：19, 41, 67, 75-6, 108, 145, 156, 168, 186, 240, 271, 418

人性觀：18, 29, 70

人際互動系統：16, 230, 287, 422

人類的歷程：16, 43, 74

七項特點 Seven Cs：70-1

二分法思考：265, 267-9

「力量的眼睛」power eyes：168

3 劃————————

三人組：19, 69

三角化關係：343-9, 379-90

三角關係 the primary triad：69, 109, 128, 136, 242, 299-300, 343, 347, 379, 382, 387, 408, 412

口語／肢體語言：127, 130, 201, 202, 203-4, 301, 360

女性主義：48, 189

《大象在屋裡》：64

4 劃————————

不一致：27, 61,80-1, 89, 90, 93, 127, 130-1, 139-40, 146, 157

不一致應對姿態

 所付出的代價：81, 131, 158-160, 175, 179

 的力量：168

不合作的徵兆：134

不評價：127, 157, 272, 284, 359

不想改變／害怕改變：135, 195, 291

「不知道」：104

心理劇：29, 63, 201, 419,

《心靈的淬鍊：薩提爾家庭重塑的藝術》：64, 420

互動要素：22, 27, 52, 90, 93-5, 146, 168,

213-8

互動循環：22, 27, 51, 78, 83, 128, 139-40, 147-8, 157, 159-60, 174, 177, 188-9, 191-6, 203, 205-8, 211, 249, 264, 338, 340, 342, 357, 363, 365, 374, 377, 385, 418

互動模式：27, 46, 50, 102, 116, 127, 140, 142, 146, 150, 176, 189, 193, 195-200, 202-3, 206, 236, 241, 248, 253, 270, 324, 326, 328-9, 357-8, 407-10, 412, 426

內在經驗：17, 60, 65, 78, 81, 99, 105, 141, 160, 164-5, 170-2, 174, 178-9, 210, 216, 230-1, 233, 244, 252, 259, 261, 270, 382, 388, 423, 427

「內容」：21, 27, 81, 243-4

內隱記憶：330, 336

分享感受：218, 262, 265-6, 355

分解動作：103, 213

介入：28, 32, 38, 45, 66, 71, 88, 90, 103, 110, 112, 128-30, 134, 147-8, 168, 189, 201, 203, 213, 242, 251, 258, 272, 281, 300, 334, 343-5, 347, 357-8, 360, 399, 404, 422

反映：26, 44, 79-84

天氣報告：22, 27, 52, 138, 146, 151, 220-8

文化／社會系統：25, 46-7, 129, 352

5 劃

正向心理學 positive psychology：72, 74

正向目標：21, 43, 112, 118, 124, 137, 210, 382, 409

正向循環：144, 189, 212, 340

正向意圖：87, 143, 368

正念減壓：29

生命能量／生命力／靈性：16-20, 22-5, 27, 29, 32-3, 38-9, 40-1, 43, 45-6, 49, 52-5, 63, 65-8, 70, 74, 81, 104, 106, 108, 124, 126, 132, 138, 143-5, 148-9, 169, 172-3, 185, 201, 221, 231-5, 239, 245-6, 249, 252, 252, 276-7, 283, 285-6, 303-4, 307, 310-1, 313-5, 401-4, 415, 418-9, 422-3, 427-8

生命能量的連結：39, 106, 169, 234-5

外在壓力／壓力源：129, 203, 242-3, 336

外遇：98, 102, 121, 196, 242, 309, 343, 364-5, 368-9

外在化 externalize：202, 307-8, 382

平等：38-9, 41, 69-70, 104, 106, 116, 125, 156, 172-4, 189, 210, 233, 237, 268, 294, 298-9, 342, 426, 428

平衡：16, 17, 30, 44, 53, 71, 111, 116, 132, 147, 174, 176, 205-6, 210, 234, 242, 244, 261, 268, 271, 298, 312, 346, 380, 382, 389, 409, 424, 426

打岔：60, 109, 131, 139, 160, 166-8, 192, 207-8, 216, 241, 248, 251, 364-5, 375-6, 386

未滿足的期待：27-8, 147, 149, 237, 272-4, 277, 286, 291-8, 320, 351-7, 379, 391-9, 408, 413

世界和平：39, 65-6

主角：124-5, 204, 206, 304-6, 405-7, 411, 418-9

去專家化：104

失功能：38, 74, 102, 145, 148, 158-9, 169, 203, 206, 214, 236, 241, 243, 328, 357

由內容進入歷程：138, 387

皮膚的觸感：107

水晶球效應：266

6 劃

自我、他人、情境：162-171

自我／我是：16-7, 27-8, 32, 83-4, 107,

169-70, 230, 232, 233, 245-6, 258-9, 279, 286, 342, 385, 399, 401, 423, 427

自我保護／防衛：81, 131, 180, 224, 277

自我價值：21, 27, 42, 54-5, 60, 65, 67, 70, 156, 174, 185, 230, 235, 237, 251, 279, 288, 291, 296, 298-301, 309, 319, 340-2, 356, 385, 419, 427-8

自我價值的展現：42, 230, 235, 251

自我價值宣言：55-6

自我價值感：42-3, 55, 59, 60, 66, 81, 84-5, 89, 105, 109, 128-31, 138, 142, 147, 151, 156, 158, 160, 162-3, 166, 169, 176, 184, 203, 214-5, 220, 222, 227, 234, 236, 238, 241, 248, 258, 273、276-8, 281, 282, 286, 298-303, 319, 321, 335, 338, 342, 354, 357, 382, 386, 412-3, 425, 427

自我調節：78, 259,

自發性：21, 33, 67, 75, 126, 206

安全／信任：25-7, 49, 51, 53-4, 60-2, 71, 76, 78, 95, 100, 102-4, 106-10, 115, 135-6, 144, 148-9, 156, 159, 176, 180, 185-7, 195, 203, 205, 220, 222-4, 232, 235, 251-2, 254, 256-7, 261-2, 275, 297-8, 358, 360, 326, 334, 338, 347, 350, 354, 358-61, 366, 372, 376, 378, 380, 382, 408, 410, 415, 417, 422, 424-6

安全感：52, 76, 84, 95, 109, 120, 147, 160, 164, 184-5, 205, 218, 235-6, 300, 303, 333, 342, 346, 355, 358-9, 386, 389, 402-3, 427

安德森 Harlene Anderson：105

成年人：58, 97, 149, 168, 270, 325, 333, 337, 340-3, 358, 373, 376-7, 380, 389, 392, 399, 401-3, 411, 415, 418, 427

成長模式：38, 64

「成長與轉機」：77, 85, 87

合作：26, 49, 52, 59, 66, 69-70, 75, 84, 102, 104-6, 108, 110-1, 118-9, 122-6, 133-6, 150, 184, 203, 208, 226, 248, 254, 274, 280, 283, 294, 304, 308, 335, 346-7, 358, 261, 372, 378, 380, 382, 409, 415, 422, 424

合作式對話：126

同時性 simultaneity：100

同理 empathy：26, 44, 76-79, 81-4, 91, 95, 106, 113, 117, 140, 142, 147-9, 172, 175, 177, 179, 190, 194-6, 205, 226, 252, 254, 256-7, 259, 262, 271, 275, 278, 283, 337, 358, 366, 368, ,385, 399, 410, 417

全人：24, 28, 65, 75, 109, 150, 156, 418-9, 422

全相觀（holistic）的藍圖：24, 65

共鳴／同頻：76, 78, 91, 186, 252, 259, 281, ,283, 308-9, 311, 423

冰山

　的內涵：141, 233-43, 281

　的隱喻：22, 27, 81, 140, 231-2, 249, 354, 380

　的探索：248-9, 270, 283, 285, 319, 382

　的轉化：279-81

　的分享：27, 283-5

交織串連：26, 98-100, 195, 275, 373

回應 respond：43, 59-60, 90, 93, 111, 136, 139, 157, 165, 167, 173-4, 180, 183, 188, 216-7, 225, 227-8, 241, 251, 255, 261-2, 276, 298, 330, 358, 260-1, 371-2, 386, 389, 423, 426

在關係中犯錯：156

多元化：71

存在的／個人的價值：16, 55, 60, 144, 233, 279, 299, 314, 427

宇宙能量：74, 172, 235, 311

旭立文教基金會／薩提爾人文發展中心：18

有效的溝通：130, 158, 261, 328,

此時此刻／當下：44, 57, 71, 78-9, 86, 89, 107, 115-6, 129, 148-9, 157, 166, 169, 171-3, 184, 203, 212, 219-20, 227, 229, 233-4, 252-4, 256, 259, 260, 262, 294, 308, 310, 326, 336-7, 340, 356, 358-9, 363, 368-9, 370, 373, 377, 380, 391, 393, 401, 409, 410-2, 414, 416, 423-4

米紐慶 Salvador Minuchin：53, 88, 141

行為、外在事件和故事：241-3

7 劃

即席互動 enactment：88

即時反應 reaction：60, 90-1, 139-41, 160, 168, 174, 179, 187, 213, 216-7, 257, 261, 308, 325, 347, 358, 372, 375

身體知覺：157, 201, 254-6, 259, 308

身體動覺的反應 kinesthetic response：203

「我不重要」：81, 97, 158, 161, 166, 234, 267

我追—你逃：90, 167, 204

伴侶互動系統：25-7, 46-7, 66, 99, 103, 129, 137, 139, 146-7, 155, 157, 160, 187, 201, 244-5, 285, 287, 387, 393, 404

佛學：39

「你」、「我」、「我們」：15-16, 125, 134,172-3, 424

否定／輕視：31, 61, 95, 105, 162-3, 175, 212, 234, 240, 252, 260, 265, 237, 276, 284, 304-5, 314, 336, 339, 362, 377, 425

完形概念與技術：29, 419

希望：19-20, 22-23, 30, 38, 43, 49-50, 52, 54, 56, 58, 61-3, 74, 83-6, 93-4, 105, 110-5, 117, 119-21, 123, 134, 143-4, 146, 149, 151, 165, 170, 179, 194, 197-9, 203-6, 209-10, 221-3, 227, 236, 244, 248, 274, 280, 288-9, 295-6, 299, 317, 318, 320-1, 325, 331, 337, 343, 349-50, 353-5, 367-8, 376, 378-9, 382, 385, 390, 394, 397-8, 402-3, 417, 430

投射：21, 68, 141, 149, 158, 164, 186, 202, 216, 249, 349, 351, 357, 390

抗拒：86, 123, 171, 253, 272, 308, 329-30

轉化：17, 19, 21, 24, 26-9, 33, 39-40, 43, 45, 47, 49, 51-3, 62, 64, 74-5, 82, 89, 99, 102-3, 117, 124, 127, 129, 132, 138-9, 144-50, 157, 159-60, 168, 187, 189, 198, 200-4, 211, 214, 230-1, 234, 239, 243, 245, 248-51, 254, 258, 261-2, 264, 268, 270-2, 277, 279, 281, 283, 285, 304-5, 311, 317, 320-2, 334, 356-8, 365, 367, 372-3, 380, 382, 388, 390-1, 400, 404, 409, 413, 418

改變是有可能的：110, 115, 135, 151

攻擊：57, 61, 90, 130, 134, 140, 161-3, 223, 246, 248, 257, 271, 302-3, 335-6, 338-9, 342, 347, 358, 360, 404, 415

每個人都是神聖的／是奇蹟／是獨一無二的：33, 40-1, 55, 234, 311

求生存：41, 74, 131, 139, 148, 160, 168, 191, 214, 216, 230, 241, 326, 357, 418

角色扮演：68, 108, 214, 284, 304, 306-8, 382, 391, 409-10, 419

邦妮．達爾 Bunny Duhl：414

社會文化脈絡：46, 189, 238

8 劃

治療目標：26, 39, 49, 54, 57-58, 61, 71, 100-113, 116, 118-120, 122, 125-126, 128, 130, 135-136, 145, 156, 200, 203,

246, 248, 279, 381, 390

治療合約：51, 120

治療計畫：112, 116, 128-129

治療師

運用自我：18, 21, 23, 25, 52-54, 101, 145, 159, 186

的自我：54, 126,

的一致性：108-109, 134, 157, 175, 185-187, 191, 196, 258, 260, 295, 359, 372

的養成過程：40, 52, 67-72, 75

的情感投射：21

的真誠：63, 359,

的挑戰：21, 49, 65, 124, 164, 186

預備自己：26, 105-7

的彈性／開放：26, 28, 38, 51, 69, 75, 127, 189, 221, 359, 366, 382

主導歷程：44

跟隨歷程：44, 65, 103, 110, 189, 390

的人性：39, 52, 69, 100, 186

的角色：71-72, 86, 107, 126, 175

個人成長／自我整合：17, 68

的資源：26

的魔力：19, 62-3

的自我價值：21

的統整：21, 29, 67

的風格：19, 28

的涵容：68, 70-1, 106, 254, 260, 366, 382

的謙遜：102, 104, 205

的中立／公平：109-11, 116, 147, 205, 244

的自我覺察：110

治療

效果：24, 26, 29, 31, 51, 124, 134,

150, 305

情境：49, 75, 100, 105, 108, 117, 159, 186, 214, 221, 276, 278, 414-5, 428

階段：103

聯盟：75, 76, 84, 148, 366, 415

關係：26, 40, 52, 68, 78, 100-1, 104-7, 109-10, 112, 122, 125, 134-5, 144, 176, 186-7, 203, 205, 334, 338, 358, 366, 380

依附關係：79, 96, 236

依賴：42, 58, 150, 161, 204, 258, 269, 276, 301, 309, 318, 321, 332, 343, 344, 418, 427

承認：31, 40, 51, 65, 102, 137, 146-7, 161, 166, 171, 183, 190, 199, 202, 204, 227, 236, 239-40, 251-2, 254, 257-61, 263, 273-4, 292, 3114, 320, 337, 354, 388, 392, 424,

承諾：26, 32, 57, 61, 64, 69-70, 120, 124, 136, 150-1, 173, 184-5, 198, 212-3, 223, 226, 250, 273-4, 298, 300, 352, 388-90, 400, 413-4, 422, 424-5

法官帽 judge's hat：104

欣賞、慶祝：15, 26, 42, 49-50, 55, 57, 59-60, 68-70, 84-5, 102, 106-7, 109, 113, 117, 144, 150, 169, 198, 212-3, 221-2, 225, 228, 251, 262-3, 173-4, 278, 282, 290, 292, 298-9, 301-2, 308, 312-5, 320-1, 331, 335, 349, 356, 371-2, 383, 395-6, 398, 400, 402, 404, 414-5, 417, 422, 424, 427

兩座冰山：27, 231, 245-6, 250, 275, 285, 287

初談：128

刻板印象：64, 106, 145, 147, 232, 237, 263, 268, 408

受害者：40, 57, 162, 224, 318, 321, 329, 359, 388, 407, 412-3, 415

和解：53, 60, 143, 159, 218, 224, 258, 418,

孤單：59, 92, 122, 124, 163, 165, 183, 200,
　　247-9, 257, 261, 286, 289, 290, 303,
　　317, 330, 333, 340, 347-8, 384, 387

性別內涵：47

武器：134, 140, 309, 335, 360, 415

直覺：63-4, 67, 71, 77, 107, 142, 174, 197,
　　308, 310-1, 329, 332

糾結：27, 57, 117, 129, 149, 202, 240, 244,
　　260, 285, 317, 319, 327-8, 336, 340,
　　357, 366, 372, 376, 380, 399

肯定

　　自己：55, 60, 212, 301, 418-9

　　來訪者：84-5

花園的園丁：68

表層感受：91

金鑰匙：26-7, 33, 103-4, 129, 137, 139-41,
　　155, 157, 229, 323, 381, 383

非病理：43, 63, 74, 157

《協助家庭改變》：102

「岩石和花兒」：77, 85, 309

9 劃

負向循環：146, 167, 177, 187, 189, 192,
　　194-195, 197, 203, 208

負向觀點／標籤：218, 264-5, 270

負面解讀：141, 214, 237, 266, 335

負責

　　為自己負責：58, 69, 114, 281, 285,
　　　　308, 320, 343, 399, 416, 419

　　為親密關係負責：178

　　為婚姻負責：320, 389

相互連鎖的深層脆弱：338, 372

相似性：30, 41, 74, 233

相遇：16, 18, 25, 33, 41, 45, 48, 54, 63-4,
　　67, 75, 107-8, 126, 155, 172, 187, 246,

276, 282-3, 306, 313, 315, 334, 399,
　　411, 422, 427-8

後現代主義：29, 48, 53, 102, 104-5, 122,
　　419

後設溝通 metacommunication：197

重視自己：55, 60, 63, 89, 112, 129, 130,
　　136, 161, 170, 172, 174, 176, 184, 226-
　　7, 233, 235, 251, 274, 276, 302-3, 314,
　　341, 377, 389, 404, 413, 416, 424, 426,
　　428

重新界定：26, 49, 86-7, 109, 111, 113,
　　143, 147-8, 195, 272, 275, 278, 326,
　　368

保護機制：53, 86, 223,

信任／安全：25-7, 31, 49, 51-5, 60-2, 71,
　　76, 78-9, 84, 95-6, 100-4, 106-10, 115,
　　120-1, 129, 135-6, 139-40, 144, 147-
　　9, 156, 159-60, 164-5, 169, 175-6, 180,
　　184-7, 195, 203, 205, 217-8, 220, 222-
　　4, 232, 235-6, 241, 249, 251-2, 254,
　　256, 257, 261-2, 266-7, 275, 279, 287,
　　289, 294, 297-8, 299, 300, 303, 326,
　　333-4, 338, 341-2, 346-7, 350, 354-5,
　　358-62, 366, 372, 376, 378, 380, 382,
　　386, 389, 402-3, 408-10, 415, 417,
　　422, 424, 425-7, 428

冒險：33, 38, 43, 49, 50-1, 55, 57, 61, 71,
　　79, 85, 89, 101-2, 104, 107-8, 120,
　　126, 138-9, 141, 146-9, 156, 168-9,
　　176, 184, 187, 205, 252, 261, 275-6,
　　281, 288, 312-3, 331, 334, 349, 358,
　　361, 366, 371, 392, 399, 403, 415-8,
　　423, 425

前景：46, 133, 215, 265, 326, 410

幽默：27, 52, 104, 168, 174, 205, 271, 304,
　　308, 310, 403

拯救者：69, 106, 407, 412

指責：17, 26, 59, 60-1, 69, 70, 78-9, 80-1,
　　86, 90-1, 93-5, 99, 102, 109, 117, 121,

127, 131, 136, 139, 158, 160, 162-4,
168, 177, 190, 192, 195-6, 200, 207-
9, 212, 216-7, 222, 241, 247-8, 251,
257, 262, 284, 300, 302, 318, 320, 328,
332, 336-7, 339, 345, 350, 360-1, 364-
5, 367, 374-5, 377, 384-6, 388-9, 394,
403

派普 P. Papp：201, 204

界限：21, 57, 69, 120, 126, 161, 202-3,
251, 298, 303, 342, 347, 358, 380, 382,
388-9, 408, 424,

約翰・貝曼 John Banmen：18, 25, 39, 64,
74, 201, 286, 404

美國詩人波蒂亞・尼爾森 Portia Nelson：
277

背景：23-4, 28, 30, 45-6, 48, 55, 65-6, 70,
85, 105, 112, 116, 119, 131, 170, 215,
222, 230, 243, 264, 268, 279, 291, 316,
324-6, 351-2, 355, 358, 361, 366, 376,
383, 391-2, 394, 405, 410-2, 428

面貌舞會 parts party：22, 27-8, 52, 304-5,
308

追與逃：102, 140, 269

10 劃
家庭

　關係：18, 30, 38, 49, 54, 65, 88, 132,
158, 201, 224, 257, 268, 406

　動力：21, 38, 100, 201-2, 418

　系統：25-7, 29, 38-9, 45-8, 63, 66, 90,
96, 99, 103, 126-9, 131-3, 135, 137,
141, 149, 201-2, 204-5, 230, 287, 322-
4, 359, 360, 383, 387, 404, 408, 418,
422

　權力關係：21

　結構：21

家庭中存在一頭大象：126

家庭作業：26, 150-2, 189, 198, 213, 221,

413-4,

家庭系統的僵化／彈性：38, 132-3

家庭系統理論：63

家庭治療：17-8, 20, 26, 38-9, 40, 43, 45,
48, 53, 66-8, 74-5, 77, 85, 87, 100,
102, 126, 141-2, 201, 205, 218, 221,
257, 309, 310, 358, 399

家庭重塑

　的概念：39, 142, 148-9, 277, 358,
391, 399, 408, 411, 418-20

　的歷程：27, 113, 391, 399, 404, 408,
419

　的專業訓練：18, 68, 379

　的專業資格：18

家庭規條：30, 128, 131-2, 189, 214, 216,
237, 240, 268, 325

家庭圖：27, 128, 149, 404-7, 409-10

《家庭與伴侶評估》：141

家庭關係：18, 30, 38, 49, 54, 65, 88, 132,
158, 201, 224, 257, 268, 406

核心家庭：46, 324, 344, 379-80

核心價值：65, 75, 145

核心議題：21, 79

核對：94, 106, 119, 138, 147, 177, 203,
212, 215, 217-20, 238, 248, 263-4,
266-7, 271, 288, 294, 300, 320, 360,
392-3

原生家庭

　的影響：18, 27, 67-8, 116, 128, 141-
3, 148-9, 215, 250, 325-7, 339-40, 355,
357-8, 380, 391, 400, 404, 409-10

　深層動力：27, 327

　系統：25-6, 46-7, 66, 90, 96, 99, 103,
129, 137, 141, 287, 322-3, 359-60,
381, 387, 404, 408

原始（生）三角關係：69, 382, 387, 408-
12

個人內在系統：22, 25-7, 46-7, 51, 66, 103, 110, 129, 137, 140, 147, 149, 229-31, 233, 240, 244-5, 248-50, 261, 281, 285, 287, 322, 385, 393, 404, 409, 422

個別治療：26, 29, 40, 43, 54, 116, 141, 205, 251, 285-6, 310, 316, 321, 418

脆弱：16, 27-8, 31, 37, 54, 60-2, 85, 91, 100, 121, 122, 131, 137-8, 142, 147-9, 163, 165-6, 169, 178, 183-4, 186, 196, 205, 226, 228, 240, 255, 257, 260-1, 275, 277, 289-90, 314, 326, 333-40, 357-61, 363, 365-70, 372-8, 385, 389, 396, 398, 402-4, 414-7, 422, 423, 425-6

脆弱合約：27-8, 149, 404, 414-5, 417

真實：16, 50, 52, 55-6, 59, 60, 62, 65, 70, 79, 80-2, 94, 104, 107, 117, 119, 126, 130-1, 133, 138, 140-1, 147, 156-61, 163, 165, 169-73, 175-6, 178, 183-4, 186, 194-5, 203, 211, 213, 215-6, 219, 226-8, 231, 234, 238, 239-40, 246, 248-9, 251-2, 255-6, 261, 266, 275-8, 284, 292, 294, 298, 303, 305, 307, 314-5, 318, 341, 343, 347, 350-1, 359, 379-80, 382, 385, 401, 405, 419, 422-5, 427-8

真德薩克娃 Jendrusakova：31

冥想：22, 27, 44, 52, 106, 138, 258, 310-3, 316, 377

哲學思維／哲學觀：39, 52, 70, 220

高特曼 John M. Gottman：24, 31, 59, 61, 134, 160, 189, 230, 263, 424

唐・傑克森 Don Jackson：39

害怕／恐懼：43, 56, 59, 60, 77, 80, 83, 88, 91, 108, 120, 126, 131, 135, 138, 162-3, 168, 170, 172, 180, 183, 223, 232, 238, 240, 256-61, 269, 277, 280, 288-90, 315, 332-7, 340-3, 362, 368-9, 371, 374-8, 384-5, 400-3, 416, 425, 428

「家之生工作坊」：17

差異性：30, 41, 70, 119, 142, 175, 184, 203, 233, 241, 258, 283, 298, 338, 351

案例：32, 77, 85, 95-6, 120, 198, 219, 273, 279, 299, 307, 317, 347, 373, 382-3, 388, 390, 400, 404, 420

病理、症狀：43, 45, 49, 63,, 74, 111, 114, 125, 128, 133, 138, 157, 188, 253, 260, 359, 361

討好：60, 109, 131, 139, 145, 160-2, 168, 193, 207-8, 216, 241, 247, 251, 294, 300-2, 347, 350, 364-5, 386, 389

逃避／退縮：61, 160, 166-7, 177, 182, 187-8, 216, 223, 254, 260, 264, 332, 346, 373, 376-7, 384, 389, 406

馬丁・布伯所說的「我─汝」：186

鬼影子／陰影：142, 332, 362, 365, 379, 380, 390

凍結：160, 363, 374, 377

《訓練者的訓練》：64

校準式溝通循環 calibrated communication cycle：266

11 劃─────────

深層次反映：81-2

深層脆弱／核心僵局／脆弱循環：335-8, 340, 359, 365, 369, 372-8, 402, 404, 415-6, 425

深層脆弱經驗：336, 338, 365, 373-6, 378, 402, 404, 416

深層感受：85, 90-1, 202, 226, 257-8, 261-2, 318, 336, 339, 411

做自己：18-9, 55, 60, 104, 131, 156, 161, 169-70, 183, 185, 249, 277, 278, 383, 390, 425, 427-8

做深海的潛水人：22, 244

做選擇

為自己做選擇：43, 56

為伴侶關係做選擇：56, 57-58

情緒取向婚姻治療：31, 188, 252, 262, 423

情緒按鈕／地雷：27-8, 140, 142, 334-7, 361-6, 373-5, 403-4

情緒被勾到：363

接納

　來訪者：69, 106

　自己、自我：60, 65, 69, 71, 106, 183, 216, 234, 314, 425

　伴侶：350, 425

　感受：65, 260

接觸：17, 21, 22, 28, 33, 40, 45, 49, 52, 54, 60, 63, 65, 67, 73, 75, 81, 104, 106-8, 111, 113, 126, 138, 140, 143, 145, 148, 156, 170-3, 175, 181, 184, 202, 223, 225-6, 230, 232-3, 239, 244, 246, 252-3, 256-7, 260, 275-6, 284-5, 287, 304, 310, 312, 315, 317, 319, 355-6, 359, 361, 370, 372, 375, 377, 402, 405, 411, 415, 419, 422, 425-6

第一次會談：112

「第三度出生」：399, 419

問題本身不是問題：42, 125, 138, 145, 230, 413

問題解決：49, 102, 165, 170, 275, 381

健康

　的家庭：59, 185, 343, 428

　的關係：88, 343

探索：17, 21-3, 26-9, 45-6, 48-9, 51, 69, 76, 79, 81, 86, 90-1, 95-6, 98-9, 102-3, 108, 110, 114-6, 119, 123, 127, 129, 137-44, 146-8, 157, 168, 175, 183, 187, 189, 191-3, 196, 198, 203, 210, 230, 233, 239, 243-6, 248-51, 253-5, 257-8, 260-2, 264, 266, 268-70, 272-3, 275, 279-81, 283-5, 291-2, 296-7, 312 316-9, 322, 326-7, 333-4, 337, 339, 347, 349, 356-61, 363, 365-7, 371, 373, 376, 380, 382, 391-2, 400, 403-5, 407, 409-12, 418-9

偵探帽：33, 104

國際阿凡他網絡 Avanta Network：68

基本資料：128

婚姻家庭治療師：16, 45, 189

敘事治療：188

混亂階段 Caos stage：137

添加的概念 add-on concept：33, 148

理想父母：349, 410, 413

疏離／冷漠：50, 87, 102, 121-3, 140, 160, 162, 164, 168, 180-3, 188, 202, 224, 236, 253, 262, 264-5, 328, 330-32, 355, 362, 376, 381, 384, 386, 394, 406

統整：21, 29, 42, 55, 67, 145, 156, 304

聆聽難題：26, 110

處理衝突／差異：57, 130, 132, 175, 188, 241, 298, 326-7, 410, 426

蚯蚓罐 The can of worms：45, 309

階級模式：38

12 劃

創造力：33, 60, 63, 67, 311

創傷／傷痛：30, 49, 72, 102, 106, 109, 147, 224, 227-8, 297, 312, 315, 331-3, 335-6, 352, 357, 359, 372, 374, 376, 378, 390, 399, 401, 408, 411, 415, 425, 430

期待：17, 27-8, 30-1, 42, 46, 61, 66, 82-3, 90, 95-6, 110, 128, 133, 141, 147, 149, 163, 179, 199, 200, 232-4, 236-9, 241, 246-7, 249, 253, 258, 266-7, 269, 272-4, 277, 280, 286, 288, 290-8, 300, 302, 308, 310, 318, 320-1, 333-4, 341, 343-

4, 347, 349, 351-7, 376, 379, 384-6, 391-9, 408, 410, 413, 426

期待落空：267, 273-4, 292, 296-7, 352, 354

尊重

　　來訪者：68, 104-5, 139, 205, 317

　　自己：30, 60, 129, 130, 210, 235, 251, 266, 298, 302, 423

　　夫妻或伴侶：130, 173, 175, 184, 203, 210, 251, 266-7, 283-4, 291, 298, 342, 385, 412, 415, 423-4, 428

帽子：71, 349, 377, 378-80, 391, 402-3

提昇自我價值：282

普同性／共通性：30, 60, 354

智慧盒：33, 76

渴望：16, 27, 30, 45-6, 49, 57, 62, 66, 82-3, 87-90, 95, 102, 112-3, 118, 125, 130, 138, 141-3, 147, 156, 158, 183-4, 195, 200, 210, 222, 230, 232-6, 239, 241, 246-9, 253, 262, 266, 269, 273-8, 281, 284, 286-7, 289, 291, 296-8, 300, 313, 315, 319, 321, 327, 332-4, 342, 347, 354-5, 360, 370, 382, 385-7, 389, 391, 413, 426-7

湯姆‧安德森 Tom Anderson：122

滋養：16, 41, 51-2, 62, 109, 147, 151-2, 156, 158, 195, 210, 224, 230, 236, 239, 274-5, 279, 281, 284, 299, 300, 313, 321, 324, 333, 340, 350, 358, 399, 415, 419, 422, 425-7

無力感：90, 302, 340-1

焦慮：77, 80, 84, 108, 138, 166-7, 170, 184, 188, 232, 253, 259, 264, 290, 310, 342, 374-8, 427

痛苦：21, 33, 38, 42, 50, 57-8, 61, 68-9, 78, 92, 95, 102, 105-6, 111, 114, 122-4, 135-8, 140, 142-4, 149, 162, 176-8, 184, 187, 191, 194, 196, 204-5, 223-8,

236-7, 240, 249, 253, 260, 262-3, 266, 269, 272, 285, 288, 292-3, 296, 302, 317-8, 320, 328, 330, 332-6, 338-42, 346, 348, 353-4, 357, 367, 369, 373, 376, 381, 384-5, 388, 390-1, 394-5, 399, 402, 411, 417, 422

發展週期：21

結構派家族治療：28

絕望：59, 82, 85-6, 111, 138, 196, 272, 288, 299, 302, 330, 339, 340, 346, 370, 374, 378, 384-6, 388, 394, 401

瓦茲拉威克 Paul Watzlawick：187-189

診斷：45, 49, 112, 125, 188

超理智：60, 82, 109, 111, 131, 139, 160, 164-5, 168, 216, 241, 247-8, 251, 347

《越過河與你相遇》：64

「集合式語言」：126

韌力 resilience：30, 38, 49, 74, 85, 104, 144, 169, 283, 359, 405, 418

酗酒：110

「黃金男孩」：201

達爾等人 Duhl, Duhl, & Kantor：201

13 劃——————

感受：27, 38, 41, 44, 54-9, 60, 62-3, 65-6, 70-1, 76-91, 93-9, 106-7, 109, 111, 114-7, 119, 121-3, 125, 129-31, 133, 138, 140-2, 144, 147-9, 151, 156-8, 160-5, 167, 169-76, 179-80, 182-6, 190-1, 193-6, 199, 202, 204, 206, 208-11, 213, 215-8, 220, 222, 224-7, 231-4, 238-41, 245-9, 251-63, 265-6, 270-5, 278, 283-4, 286-92, 294, 296-7, 299, 300, 302, 304-6, 311-3, 315, 318-21, 333, 336-9, 344-6, 350, 355, 360, 363, 366-7, 370, 372, 374-8, 384-8, 389, 393, 396, 398, 401-3, 406-7, 411, 416-8, 421, 423-4, 426-8

感受的感受：141, 215-7, 232-3, 240, 245, 260, 286, 318

「感官知覺用語」：115

《新家庭如何塑造人》：64

新舞步：146

溝通

　模式：17, 21, 47, 66, 88, 127, 130-1, 160, 184, 193, 197, 202-3, 234, 250,

　應對姿態：18, 22, 27, 80, 90, 99, 131, 140-1, 146, 148, 158-9, 160, 168-9, 191, 216, 241, 251, 269, 286, 318, 347, 363, 365, 374-5, 385-6, 406-7, 410-1

　理論：27, 65, 157, 204, 241

溝通循環：130, 139-40, 144, 189, 193, 197, 200, 217, 266, 285, 358, 360

意義：17, 19, 20, 26, 31, 39, 49, 53, 56, 76, 85-7, 98, 112, 114, 125, 130, 156, 158, 162, 167-70, 179, 182, 189, 197, 199, 203, 209, 215, 217-9, 224, 227, 232, 234-5, 238-9, 249, 253-5, 257, 271, 274, 284, 291, 295-6, 298, 308-9, 316, 324, 356, 360, 393, 400, 407, 412, 419, 426

愛：15, 19, 20, 33, 38, 42, 50, 52-3, 55-7, 60, 62, 66, 68, 69, 74, 77, 80, 83, 88, 96-8, 106, 111, 130, 136, 142, 149, 151-2, 157, 159-60, 161-3, 168-9, 171, 173, 183-5, 195-7, 200, 212, 224, 232, 234-6, 240, 243, 247-8, 261-4, 267-9, 273-5, 277-9, 281, 283, 288-9, 299, 300-3, 307-11, 313, 315, 317, 319, 321, 325-6, 328-35, 337-8, 340-2, 345, 349-50, 352-6, 358, 360, 362, 368, 370-2, 377, 383, 385-6, 388-91, 394, 397, 400, 402-4, 407-8, 415-7, 425-30

愧疚：58, 61, 162, 168, 194, 232, 318, 320, 353

慈悲：33, 46, 52-3, 55, 70, 75, 106, 156, 172, 226, 233, 235, 261, 303, 333-4,

358-9, 361, 378

概念化：49, 122, 128-9, 233

《當代家族治療》期刊：39

督導：44, 64, 129

腦神經科學：78, 330

解除糾纏 de-enmeshment：149, 377-80, 390

資源：21, 24-6, 30, 33, 38-9, 41-3, 49, 50-2, 57, 63, 68, 74, 84-5, 87, 91, 102, 104, 106, 110-1, 114, 123, 128, 138, 143-5, 148, 151, 156, 168-9, 175, 211-2, 232, 234, 238, 252, 255, 270, 279, 282-3, 299, 304-5, 307-8, 310-1, 315, 325, 356, 359, 372, 401, 403, 405-6, 408-9, 412-3, 415, 418-9, 422, 427

落實：23, 26, 102-3, 149-52, 198, 212-3, 303, 308, 399, 401, 413-4

《跟薩提爾學溝通》：64

14 劃

對父母的期待：290, 352, 393

對他人／伴侶一致性：173, 251

對自己一致性：172-173

對改變的態度：135

對關係的承諾：136, 352

《與人接觸》：156

與來訪者／夫妻或伴侶連結：21-22, 29, 108

與原生家庭的糾纏：27, 342, 382, 392, 418

團隊：59, 119, 123-4, 132, 134, 183, 364

摘要：111, 117-8, 129, 150, 273, 422

漣漪效應：66

瑪莉亞・葛莫利 Maria Gomori：18, 25, 28, 62-4, 67, 74, 103, 107, 108-9, 111, 113, 126, 173, 205, 221, 272-3, 277, 291, 299, 305, 327, 358, 399, 404, 409,

414, 415, 420

精神動力取向：29, 419

認知行為學派：29, 419

語言／非語言：17, 44, 53, 60, 65, 71, 76, 78, 80-2, 85, 119, 126-7, 130, 136, 157-60, 163, 166, 169, 171-2, 175, 180, 183, 185-6, 192-3, 196-7, 202-4, 213-5, 220, 252, 255, 258-9, 301-3, 308, 335-6, 362, 402, 415-6, 424, 426

領悟：17, 24, 138, 141, 144, 198, 211, 304, 308-9, 320, 331, 353, 372, 382, 395, 401, 409, 412, 414

15 劃————————————

複製父母

　的互動模式：27, 328

　的溝通姿態：142

僵化／制式／機械化：28, 45, 48, 65, 74-5, 100, 103, 132, 176, 187, 206, 253, 418

僵局／膠著：17, 29, 44, 49, 51, 60, 84-5, 102, 110, 113, 146, 176, 188, 204-5, 208, 214, 246, 253, 269, 293, 307-8, 338-9, 346, 357, 363, 374, 380, 400, 403, 420, 422

價值觀：30, 41, 47, 69, 119, 232, 237, 242, 268, 279, 325-6, 338, 351-2, 381, 418

審判官：110, 224

彈性：26, 28, 32, 38, 75, 100, 103, 113, 120, 132-3, 169, 189, 206, 210, 221, 238, 243, 253, 267-8, 270-1, 308, 326, 350, 353, 390, 404, 414-5, 424, 426

憂鬱症：110, 299, 300, 302, 353

憤怒：56, 59, 82, 89, 90-1, 93-5, 132, 137-8, 162, 180-3, 196, 199, 209, 217, 223-4, 228, 232, 236-7, 257, 260, 264, 267, 274, 279, 285, 291-2, 299, 303, 306, 320, 334, 337, 339, 341-2, 346, 350-2,

354, 362, 365, 367, 369, 370, 375, 377, 378, 385-6, 395-7

暴力：117, 128, 180, 224, 290, 329, 400, 402

樂生 Sharon Loeschen：31, 75, 88, 95-6

標明情緒／感受：258-259

潛意識：48, 142, 162, 164, 236, 308-9, 311, 325, 327-8, 330, 336, 351, 358, 369, 394, 418

熱情：18, 22, 24, 104, 282, 373, 411, 428

線性因果關係：48

編織：81, 98-9, 139-40, 241, 262, 287

緩解指責：26, 90, 93, 195

蔣動：428

衝突／矛盾：16-7, 31, 44, 48, 57, 59-62, 102, 109, 110, 113, 122-3, 125-6, 130-3, 140-1, 143, 147, 164, 166-7, 175, 179-80, 184-5, 194, 197-9, 204, 209, 210, 216-7, 220, 230, 238, 241-2, 248, 262, 264, 268, 272-4, 277, 279-80, 284, 298-9, 304, 306-8, 326-8, 331, 334, 336, 339-40, 342, 344-5, 349, 351, 360, 362-3, 373-5, 379-81, 384-6, 394, 403, 406, 424, 426

賦予意義：130, 167, 215, 217-8, 238, 309

鞏固：26, 75, 102-3, 149-50, 198, 212, 251, 400, 414

賭博：97, 110

16 劃————————————

親密：31, 61, 65-6, 79, 83, 91, 100, 104, 115, 118, 125, 130, 136, 139, 142, 156, 168-9, 171, 176, 184-6, 188, 223, 230, 246-9, 251, 256-7, 263, 270, 274, 281, 319, 321, 386, 391, 400, 414-5, 417, 422, 424-8

親密關係：16-8, 23-33, 39, 43-5, 47-51, 55, 57-61, 68, 75, 81, 96, 98-9, 105,

109, 123-4, 130-2, 134, 136, 139, 141-9, 156-8, 160, 162-3, 165, 167-70, 172-4, 176, 178-9, 183, 185, 189, 197-8, 200, 203, 205, 211, 222-4, 226, 228, 230-1, 235-9, 241, 248-9, 251, 253, 259-63, 265-6, 269-70, 274-7, 279, 281, 285, 291-4, 298-9, 303, 305, 308, 311, 315-6, 322, 324-30, 333-4, 336, 338, 341-4, 350-2, 354, 356-60, 367, 373, 380, 382, 389-93, 400-1, 404, 406-14, 416, 418, 422-4, 426-7

親密關係的殺手：61, 134

導引者：18, 305

導引對話：26, 88, 117, 140, 195-196

整合：17-8, 21, 23, 28-9, 53-4, 68, 70, 78, 99, 125, 169, 188, 256, 258, 299, 304-5, 310-1, 409, 412, 418-9, 421, 425

整合式行為伴侶治療：188, 425

歷程：16-7, 19, 21, 23-9, 31-3, 38-40, 43-5, 48, 50-1, 53-4, 57-8, 62-9, 71, 74-6, 79-82, 84, 89-91, 93, 99, 100, 103-5, 107, 110, 112-5, 117, 119, 128-9, 134, 137-8, 140-1, 143-51, 157, 159, 171, 179, 185, 189-90, 193, 195, 197, 201, 203-6, 208, 211-3, 217, 220, 223, 225, 230-1, 233, 237, 239, 241, 243-6, 248-51, 254, 258, 262, 270-3, 275, 277, 280-7, 289, 291, 296, 298-9, 303-5, 307-8, 317, 322, 324-8, 333-4, 347, 355, 357-61, 363, 365-7, 373, 376, 378, 380-2, 385, 387-8, 390-3, 399, 400-4, 406, 408-14, 418-20, 422, 426, 428

歷程式問句：51, 385

橋：52-3, 60, 81, 93, 104, 159, 180, 182, 194, 249, 252, 285, 357, 397

諮商：17, 29, 32, 105, 107, 121, 198-9

雕塑

　　身體：17, 22, 44, 189, 299, 382,

的功用：202, 203

的目的：203

的適合時機：203-205

壓力下的溝通姿態：206-207, 410

伴侶雙方的自我：27, 28, 298

想要的理想關係：210-1, 328

17 劃—————————————

應對姿態：18, 22, 27, 80, 90, 99, 131, 140-1, 146, 148, 158-60, 168-9, 191, 216, 241, 251, 269, 286, 318, 347, 363, 365, 374-5, 385-6, 406-7, 410-1

牆：93, 146, 159, 163, 176, 180-3, 224, 249, 341

療癒：29, 49, 53-4, 57, 72, 74, 78, 145, 147, 149, 184, 186-7, 224-8, 252, 259, 283, 305, 311-2, 333, 338, 359, 361, 372, 378, 399, 419, 425

隱喻：22, 26-7, 52, 81, 86, 103,105, 126, 137, 140, 207, 231-3, 239, 249, 251, 259, 272, 278, 304, 307-10, 354, 380, 407

《聯合家族治療》：39, 64, 189

18 劃—————————————

薩提爾

　　的養成／訓練：17-19, 22, 26, 39-40, 44, 52-53, 64-5, 67-72, 74, 77, 88, 129, 204-5, 246, 414, 420

　　教學：19, 23, 29, 38, 39, 74

　　的智慧：18-9

　　的魔力／獨特魅力／創意／親和力：19-20, 22, 32, 62, 67, 75, 90, 100, 104, 156, 201, 205-6, 304-5, 324, 399, 414

　　歷程社群：19

　　模式：17-33, 37, 39, 41, 43-6, 49-54,

58-9, 62-76, 81-2, 84-5, 88-105, 107-8, 110-2, 114, 118, 124, 128-30, 135, 138-44, 147-50, 156, 169-71, 183, 195, 201-5, 210, 218, 224, 230, 233, 237, 240, 243, 244, 250-4, 272, 275, 279, 282-3, 298-9, 304, 309-10, 317, 324-7, 333-4, 340, 342-3, 347, 350, 354, 356-9, 379-80, 391, 399, 408, 413, 418-22, 424, 426

的精隨：18

治療歷程：19, 21, 23, 26, 28, 29, 31-2, 40-4, 50, 53-4, 62-3, 66, 68, 71, 74-5, 79, 84, 89, 100, 103-4, 107, 115, 128, 134, 137-8, 143, 146-7, 150, 244, 285, 324, 333, 360, 381, 401, 418

治療效果：24, 26, 29, 31, 51, 124, 134, 150, 305

模式的應用：39

理論架構：63-4, 186

實證研究：24, 31, 59, 263

家庭治療：16-8, 20, 26, 38-40, 43, 45, 48-9, 53, 62, 66-8, 74-5, 77, 85, 87-8, 100, 102, 126, 141-2, 189, 201, 208, 218, 221, 257, 309, 310, 342, 358, 399

的困難／限制：21, 28, 30, 202

婚姻伴侶治療：20, 23-26, 28-9, 31-3, 37, 40, 44, 46, 49, 52, 57, 66, 71, 73, 75, 78, 81, 91, 99, 101-3, 105, 108-9, 116, 118-9, 122, 124-5, 129, 135, 139, 141, 143, 147, 150, 157, 159, 168, 176, 187-8, 137, 203, 213, 224, 230-1, 237, 243-5, 250-2, 254, 257, 260, 263-4, 268, 272, 275-6, 282, 285, 287, 299, 309-10, 316, 326, 331, 333, 343-4, 347, 355-6, 358, 361, 363, 379, 381-2, 393, 399, 404, 409, 418-9, 422, 426

的技術：26, 31, 44, 52, 62, 64, 73-100

信念：33, 40-43

五個基本要素：44-54

治療目標：54-62

倫理：186

理論：16, 19-21, 23, 25-8, 30-1, 35-72

工具／歷程：21-3, 25, 27-9, 32, 39, 44-5, 52-3, 64, 67-9, 71, 74, 90, 93, 101, 105, 108, 130, 138-9, 141, 145-7, 149, 201, 213, 217-8, 220, 233, 251, 267, 279-81, 285, 304, 310, 316, 322, 382, 404, 415, 417-9, 422

專業訓練：17-8, 44, 65, 67-70, 415

薩提爾取向的潤澤親密關係方案：31

《薩提爾成長模式的應用》：64

《薩提爾技巧的系統訓練》：88

《薩提爾治療實務》：64

《薩提爾的家族治療模式》：19, 39, 64

《薩提爾歷程》：64

《薩提爾轉化式系統治療》：64

轉化和系統治療：40

轉化性改變：146, 148

雙重矛盾的訊息：134

離婚：24, 61, 83, 160, 189, 248, 263, 300, 317-21, 329-30, 346, 383, 386, 390, 405

19 劃

羅傑斯 C. Rogers：76

蹺蹺板症候群 teeter-totter syndrome：178

鏡照 Mirroring／賦予意義 Making Meaning：27, 130, 167, 146, 215, 217-20, 267

關係之舞／雙人舞：88, 131, 146, 177, 187-188, 208-209, 316, 327

20 劃

覺察：21-2, 26-8, 42-5, 53, 56, 58-60, 65, 68, 70-1, 74-6, 79, 81-2, 96, 98-9, 102-3, 109-10, 113, 125-7, 129, 131, 134-

5, 137-48, 151, 157, 159-60, 164, 168, 170-2, 174-6, 178-9, 183, 186-7, 189-90, 193, 195, 197-8, 202-5, 208-9, 211-4, 217, 231, 233, 236-9, 241, 244, 248, 250-6, 258-63, 270-2, 274-5, 278, 287, 290-1, 306-8, 311-3, 317-8, 324, 326, 331, 335, 338, 340, 342-3, 347, 349, 351, 354, 356, 358, 361, 363, 372, 377, 378-82, 391-3, 401, 403-4, 409-12, 415-7, 422-4

覺察感受：238

寶藏盒：102

蘇珊・強森 Sue Johnson：31, 423

22 劃————————————

權力／控制：21, 45, 47, 61, 95, 102, 122-3, 128, 143, 160-2, 164, 173, 175-6, 178, 180, 184, 188-9, 194, 199, 202, 204, 223, 236, 265, 274, 291, 293-4, 297-8, 302, 307, 313, 315, 319-20, 326-7, 329, 331, 334-5, 337, 342, 346, 349, 352, 359-60, 364, 369, 385, 393, 404, 408, 417, 423

權力爭鬥：45

25 劃————————————

觀察／評估：23, 26, 38, 44, 61, 66-7, 71, 79, 86, 88, 90, 112, 117-9, 122, 127-31, 135, 141, 148-50, 157-60, 168, 176-7, 183, 189-90, 203, 206-7, 217, 238, 241, 250, 254, 259, 262-3, 293, 297, 300, 328, 360-1, 394, 403, 406

觀點：27, 33, 46, 49, 50, 53, 62, 65-6, 68, 76, 78, 82-4, 86-7, 99, 102, 106, 111, 115-7, 119, 133, 139, 141, 144, 147, 165, 201-3, 207, 214, 218, 220, 232-3, 237-9, 242, 244, 246-8, 254, 258, 263-72, 276, 284, 286, 300, 316-21, 347, 349, 350, 353, 384, 386, 389, 406, 412, 426

Master 066

我們之間：薩提爾模式婚姻伴侶治療
The Practice of the Satir Model in Couple Therapy

作者：成蒂

出版者—心靈工坊文化事業股份有限公司
發行人—王浩威　總編輯—徐嘉俊
責任編輯—林妘嘉　特約編輯—鄭秀娟
封面設計—羅文岑　6-1 插圖—piecefive
內頁排版—龍虎電腦排版股份有限公司
通訊地址—10684 台北市大安區信義路四段 53 巷 8 號 2 樓
郵政劃撥—19546215　戶名—心靈工坊文化事業股份有限公司
電話—02）2702-9186　傳真—02）2702-9286
Email—service@psygarden.com.tw　網址—www.psygarden.com.tw

製版・印刷—中茂分色製版印刷股份有限公司
總經銷—大和書報圖書股份有限公司
電話—02）8990-2588　傳真—02）2290-1658
通訊地址—248 新北市新莊區五工五路二號
初版一刷—2019 年 09 月　初版七刷—2023 年 07 月
ISBN—978-986-357-158-2　定價—560 元

國家圖書館出版品預行編目資料

我們之間：薩提爾模式婚姻伴侶治療 / 成蒂著 . -- 初版 .
-- 臺北市：心靈工坊文化，2019.09
面；　公分 . -- (Master ; 66)
ISBN 978-986-357-158-2(平裝)

1. 家族治療 2. 婚姻治療法

178.8　　　　　　　　　　　　　　　　　　　108014646